【国家审计法律法规汇编丛书】

矿产资源、森林资源和草原资源审计法律法规汇编

KUANGCHAN ZIYUAN SENLIN ZIYUAN HE CAOYUAN ZIYUAN SHENJI FALÜ FAGUI HUIBIAN

◆本书编写组／编

中国时代经济出版社有限公司

图书在版编目（CIP）数据

矿产资源、森林资源和草原资源审计法律法规汇编／《矿产资源、森林资源和草原资源审计法律法规汇编》编写组编．—北京：中国时代经济出版社有限公司，2020.8

（国家审计法律法规汇编丛书）

ISBN 978－7－5119－3040－8

Ⅰ．①矿…　Ⅱ．①矿…　Ⅲ．①矿产资源—审计法—汇编—中国②森林资源—审计法—汇编—中国③草原资源—审计法—汇编—中国　Ⅳ．①D922.279

中国版本图书馆 CIP 数据核字（2020）第 141463 号

书　　名：矿产资源、森林资源和草原资源审计法律法规汇编
作　　者：《矿产资源、森林资源和草原资源审计法律法规汇编》编写组

出版发行：中国时代经济出版社有限公司
社　　址：北京市丰台区玉林里 25 号楼
邮政编码：100069
发行热线：（010）63508271　63508273
传　　真：（010）63508274
网　　址：www.icnao.cn
电子邮箱：sdjj1116@163.com
经　　销：各地新华书店
印　　刷：北京盛通印刷股份有限公司
开　　本：710 毫米×1000 毫米　1/16
字　　数：483 千字
印　　张：20.5
版　　次：2020 年 8 月第 1 版
印　　次：2020 年 8 月第 1 次印刷
书　　号：ISBN 978－7－5119－3040－8
定　　价：48.00 元

出版说明

为了帮助审计人员全面了解和正确运用相关法律法规，有效提高依法审计能力和工作效率，中国时代经济出版社组织审计专家和审计一线人员，按照国家审计业务范围，如财政审计、金融审计、企业审计、经济责任审计、民生审计、资源环境审计等，编写出版《国家审计法律法规汇编丛书》。在编写过程中，我们以满足审计人员业务需求为目的，以常用法律法规为重点，按照法律、行政法规、中共中央国务院文件、部门规章以及规范性文件等进行分类，同时按照时间先后进行梳理排序，旨在为审计人员提供实用、便利的工具书。随着审计事业的发展和法律法规的不断变化，我们将关注最新的立改废释情况，适时进行修订。

《矿产资源、森林资源和草原资源审计法律法规汇编》收录了矿产资源开发利用保护、矿业权审批管理、矿业权交易及相关资金征收管理，森林资源开发利用保护、资金管理使用、项目建设运行，草原资源保护利用、生态保护项目相关资金征收管理使用等方面法律法规，便于审计人员快速进行法律法规应用检索。

由于编者水平有限，难免有疏漏之处，敬请指正。

编　者

2020 年 8 月

目　　录

矿产资源

中华人民共和国矿产资源法（2009 年 8 月 27 日修正） ……………………………… (1)
中华人民共和国煤炭法（2016 年 11 月 7 日修正） ……………………………… (6)
中华人民共和国矿山安全法（2009 年 8 月 27 日修正） ……………………………… (11)
中华人民共和国矿产资源法实施细则（1994 年 3 月 26 日） ……………………………… (15)
中华人民共和国对外合作开采陆上石油资源条例（2013 年 7 月 18 日修订） ……………… (23)
矿产资源开采登记管理办法（2014 年 7 月 29 日修订） ……………………………… (27)
探矿权采矿权转让管理办法（2014 年 7 月 29 日修订） ……………………………… (30)
矿产资源勘查区块登记管理办法（2014 年 7 月 29 日修订） ……………………………… (32)
矿产资源监督管理暂行办法（1987 年 4 月 29 日） ……………………………… (37)
矿产资源权益金制度改革方案（2017 年 4 月 13 日） ……………………………… (39)
矿山地质环境保护规定（2019 年 7 月 16 日修正） ……………………………… (41)
矿产资源统计管理办法（2020 年 4 月 29 日修正） ……………………………… (45)
关于矿产资源勘查登记、开采登记有关规定的通知（1998 年 4 月 10 日） ……………… (47)
关于印发《矿产资源储量规模划分标准》的通知（2000 年 4 月 24 日） ……………… (52)
矿业权出让转让管理暂行规定（2000 年 11 月 1 日） ……………………………… (60)
关于规范勘查许可证采矿许可证权限有关问题的通知（2005 年 9 月 30 日） ……………… (65)
保护性开采的特定矿种勘查开采管理暂行办法（2009 年 11 月 24 日） ……………… (67)
关于停止执行《关于印发〈矿业权出让转让管理暂行规定〉的通知》第五十五条规定的通知（2014 年 7 月 16 日） ……………………………… (69)
关于加快建设绿色矿山的实施意见（2017 年 3 月 22 日） ……………………………… (70)
矿业权交易规则（2017 年 9 月 6 日） ……………………………… (74)
关于进一步规范矿产资源勘查审批登记管理的通知（2017 年 12 月 14 日） ……………… (80)
关于进一步规范矿业权申请资料的通知（2017 年 12 月 18 日） ……………………………… (83)
关于完善矿产资源开采审批登记管理有关事项的通知（2017 年 12 月 29 日） ……………… (85)
关于进一步规范稀土矿钨矿矿业权审批管理的通知（2018 年 12 月 14 日） ……………… (89)
关于调整《矿业权交易规则》有关规定的通知（2018 年 12 月 27 日） ……………… (90)
关于推进矿产资源管理改革若干事项的意见（试行）（2019 年 12 月 31 日） ……………… (91)
矿产资源节约与综合利用专项资金管理办法（2013 年 3 月 26 日） ……………………………… (94)

关于印发《矿业权出让收益征收管理暂行办法》的通知（2017 年 6 月 29 日）…………（97）
关于进一步明确矿业权出让收益征收管理有关问题的通知（2019 年 4 月 2 日）………（100）
矿业权登记信息管理办法（2020 年 6 月 16 日）…………（101）
关于加快推进露天矿山综合整治工作实施意见的函（2019 年 5 月 29 日）…………（104）
最高人民法院　最高人民检察院关于办理非法采矿、破坏性采矿刑事案件适用法律若干问题的解释（2016 年 11 月 28 日）…………（105）
最高人民法院关于审理矿业权纠纷案件适用法律若干问题的解释（2017 年 6 月 24 日）…………（108）

森林资源

中华人民共和国森林法（2019 年 12 月 28 日修订）…………（111）
中华人民共和国森林法实施条例（2018 年 3 月 19 日修订）…………（120）
退耕还林条例（2016 年 2 月 6 日修订）…………（127）
森林采伐更新管理办法（2011 年 1 月 8 日修订）…………（134）
国有林场改革方案（2015 年 3 月 17 日）…………（137）
国有林区改革指导意见（2015 年 3 月 17 日）…………（141）
国务院关于完善退耕还林政策的通知（2007 年 8 月 9 日）…………（145）
国务院关于全国“十三五”期间年森林采伐限额的批复（2016 年 2 月 4 日）…………（147）
天然林保护修复制度方案（2019 年 7 月 23 日）…………（149）
国务院办公厅关于进一步推进三北防护林体系建设的意见（2009 年 8 月 15 日）……（153）
沿海国家特殊保护林带管理规定（2011 年 1 月 25 日修改）…………（156）
林木和林地权属登记管理办法（2011 年 1 月 25 日修改）…………（158）
建设项目使用林地审核审批管理办法（2018 年 8 月 4 日修改）…………（159）
全国造林绿化规划纲要（2011—2020 年）（2011 年 6 月 16 日）…………（163）
国有林场管理办法（2011 年 11 月 11 日）…………（173）
中国林业遗传资源保护与可持续利用行动计划（2015—2025 年）（2015 年 6 月 23 日）…………（177）
关于印发《国家级公益林区划界定办法》和《国家级公益林管理办法》的通知（2017 年 4 月 28 日）…………（184）
全国沿海防护林体系建设工程规划（2016—2025 年）（2017 年 5 月 4 日）…………（191）
关于进一步放活集体林经营权的意见（2018 年 5 月 8 日）…………（224）
关于促进森林康养产业发展的意见（2019 年 3 月 6 日）…………（226）
国家级森林公园总体规划审批管理办法（2019 年 7 月 16 日）…………（229）
关于深入推进林木采伐“放管服”改革工作的通知（2019 年 11 月 8 日）…………（231）
关于促进林业和草原人工智能发展的指导意见（2019 年 11 月 8 日）…………（233）
森林植被恢复费征收使用管理暂行办法（2002 年 10 月 25 日）…………（238）

关于调整森林植被恢复费征收标准引导节约集约利用林地的通知
（2015年11月18日） …… （240）
关于扩大新一轮退耕还林还草规模的通知（2015年12月31日） …… （242）
林业草原生态保护恢复资金管理办法（2020年4月24日） …… （244）
林业改革发展资金管理办法（2020年6月2日） …… （249）
关于林权抵押贷款的实施意见（2013年7月5日） …… （253）
关于加强长江经济带造林绿化的指导意见（2016年2月24日） …… （256）
关于加快推进长江两岸造林绿化的指导意见（2018年9月25日） …… （260）
森林草原资源培育工程中央预算内投资专项管理办法（2019年12月31日） …… （263）
关于进一步规范林权类不动产登记　做好林权登记与林业管理衔接的通知
（2020年6月3日） …… （265）
最高人民法院关于审理破坏森林资源州事案件具体应用法律若干问题的解释
（2000年11月22日） …… （268）
最高人民法院关于审理破坏林地资源刑事案件具体应用法律若干问题的解释
（2005年12月26日） …… （270）

草原资源

中华人民共和国草原法（2013年6月29日修正） …… （272）
草原防火条例（2008年11月29日修订） …… （280）
国务院关于加强草原保护与建设的若干意见（2002年9月16日） …… （285）
关于促进林草产业高质量发展的指导意见（2019年2月14日） …… （288）
关于进一步加强草原禁牧休牧工作的通知（2020年4月2日） …… （292）
草原征占用审核审批管理规范（2020年6月19日） …… （293）
推进草原保护制度建设工作方案（2016年6月22日） …… （296）
全国草原保护建设利用“十三五”规划（2016年12月30日） …… （298）
关于同意收取草原植被恢复费有关问题的通知（2010年4月27日） …… （310）
关于做好建立草原生态保护补助奖励机制前期工作的通知（2010年12月31日） …… （311）
关于深入推进草原生态保护补助奖励机制政策落实工作的通知
（2014年5月20日） …… （313）
新一轮草原生态保护补助奖励政策实施指导意见（2016—2020年）
（2016年3月1日） …… （315）
最高人民法院关于审理破坏草原资源刑事案件应用法律若干问题的解释
（2012年11月2日） …… （317）

矿产资源

中华人民共和国矿产资源法

（1986年3月19日第六届全国人民代表大会常务委员会第十五次会议通过，1986年3月19日中华人民共和国主席令第三十六号公布　根据1996年8月29日第八届全国人民代表大会常务委员会第二十一次会议《关于修改〈中华人民共和国矿产资源法〉的决定》第一次修正　根据2009年8月27日第十一届全国人民代表大会常务委员会第十次会议《关于修改部分法律的决定》第二次修正）

第一章　总　则

第一条　为了发展矿业，加强矿产资源的勘查、开发利用和保护工作，保障社会主义现代化建设的当前和长远的需要，根据中华人民共和国宪法，特制定本法。

第二条　在中华人民共和国领域及管辖海域勘查、开采矿产资源，必须遵守本法。

第三条　矿产资源属于国家所有，由国务院行使国家对矿产资源的所有权。地表或者地下的矿产资源的国家所有权，不因其所依附的土地的所有权或者使用权的不同而改变。

国家保障矿产资源的合理开发利用。禁止任何组织或者个人用任何手段侵占或者破坏矿产资源。各级人民政府必须加强矿产资源的保护工作。

勘查、开采矿产资源，必须依法分别申请、经批准取得探矿权、采矿权，并办理登记；但是，已经依法申请取得采矿权的矿山企业在划定的矿区范围内为本企业的生产而进行的勘查除外。国家保护探矿权和采矿权不受侵犯，保障矿区和勘查作业区的生产秩序、工作秩序不受影响和破坏。

从事矿产资源勘查和开采的，必须符合规定的资质条件。

第四条　国家保障依法设立的矿山企业开采矿产资源的合法权益。

国有矿山企业是开采矿产资源的主体。国家保障国有矿业经济的巩固和发展。

第五条　国家实行探矿权、采矿权有偿取得的制度；但是，国家对探矿权、采矿权有偿取得的费用，可以根据不同情况规定予以减缴、免缴。具体办法和实施步骤由国务院规定。

开采矿产资源，必须按照国家有关规定缴纳资源税和资源补偿费。

第六条　除按下列规定可以转让外，探矿权、采矿权不得转让：

（一）探矿权人有权在划定的勘查作业区内进行规定的勘查作业，有权优先取得勘查作业区内矿产资源的采矿权。探矿权人在完成规定的最低勘查投入后，经依法批准，可以将探矿权转让他人。

（二）已取得采矿权的矿山企业，因企业合并、分立，与他人合资、合作经营，或者因企业资产出售以及有其他变更企业资产产权的情形而需要变更采矿权主体的，经依法批准可以将采矿权转让他人采矿。

前款规定的具体办法和实施步骤由国务院规定。

禁止将探矿权、采矿权倒卖牟利。

第七条 国家对矿产资源的勘查、开发实行统一规划、合理布局、综合勘查、合理开采和综合利用的方针。

第八条 国家鼓励矿产资源勘查、开发的科学技术研究，推广先进技术，提高矿产资源勘查、开发的科学技术水平。

第九条 在勘查、开发、保护矿产资源和进行科学技术研究等方面成绩显著的单位和个人，由各级人民政府给予奖励。

第十条 国家在民族自治地方开采矿产资源，应当照顾民族自治地方的利益，作出有利于民族自治地方经济建设的安排，照顾当地少数民族群众的生产和生活。

民族自治地方的自治机关根据法律规定和国家的统一规划，对可以由本地方开发的矿产资源，优先合理开发利用。

第十一条 国务院地质矿产主管部门主管全国矿产资源勘查、开采的监督管理工作。国务院有关主管部门协助国务院地质矿产主管部门进行矿产资源勘查、开采的监督管理工作。

省、自治区、直辖市人民政府地质矿产主管部门主管本行政区域内矿产资源勘查、开采的监督管理工作。省、自治区、直辖市人民政府有关主管部门协助同级地质矿产主管部门进行矿产资源勘查、开采的监督管理工作。

第二章　矿产资源勘查的登记和开采的审批

第十二条 国家对矿产资源勘查实行统一的区块登记管理制度。矿产资源勘查登记工作，由国务院地质矿产主管部门负责；特定矿种的矿产资源勘查登记工作，可以由国务院授权有关主管部门负责。矿产资源勘查区块登记管理办法由国务院制定。

第十三条 国务院矿产储量审批机构或者省、自治区、直辖市矿产储量审批机构负责审查批准供矿山建设设计使用的勘探报告，并在规定的期限内批复报送单位。勘探报告未经批准，不得作为矿山建设设计的依据。

第十四条 矿产资源勘查成果档案资料和各类矿产储量的统计资料，实行统一的管理制度，按照国务院规定汇交或者填报。

第十五条 设立矿山企业，必须符合国家规定的资质条件，并依照法律和国家有关规定，由审批机关对其矿区范围、矿山设计或者开采方案、生产技术条件、安全措施和环境保护措施等进行审查；审查合格的，方予批准。

第十六条 开采下列矿产资源的，由国务院地质矿产主管部门审批，并颁发采矿许可证：

（一）国家规划矿区和对国民经济具有重要价值的矿区内的矿产资源；

（二）前项规定区域以外可供开采的矿产储量规模在大型以上的矿产资源；

（三）国家规定实行保护性开采的特定矿种；

（四）领海及中国管辖的其他海域的矿产资源；

（五）国务院规定的其他矿产资源。

开采石油、天然气、放射性矿产等特定矿种的，可以由国务院授权的有关主管部门审批，并颁发采矿许可证。

开采第一款、第二款规定以外的矿产资源，其可供开采的矿产的储量规模为中型的，由省、自治区、直辖市人民政府地质矿产主管部门审批和颁发采矿许可证。

开采第一款、第二款和第三款规定以外的矿产资源的管理办法，由省、自治区、直辖市人民代表大会常务委员会依法制定。

依照第三款、第四款的规定审批和颁发采矿许可证的，由省、自治区、直辖市人民政府地质矿产主管部门汇总向国务院地质矿产主管部门备案。

矿产储量规模的大型、中型的划分标准，由国务院矿产储量审批机构规定。

第十七条　国家对国家规划矿区、对国民经济具有重要价值的矿区和国家规定实行保护性开采的特定矿种，实行有计划的开采；未经国务院有关主管部门批准，任何单位和个人不得开采。

第十八条　国家规划矿区的范围、对国民经济具有重要价值的矿区的范围、矿山企业矿区的范围依法划定后，由划定矿区范围的主管机关通知有关县级人民政府予以公告。

矿山企业变更矿区范围，必须报请原审批机关批准，并报请原颁发采矿许可证的机关重新核发采矿许可证。

第十九条　地方各级人民政府应当采取措施，维护本行政区域内的国有矿山企业和其他矿山企业矿区范围内的正常秩序。

禁止任何单位和个人进入他人依法设立的国有矿山企业和其他矿山企业矿区范围内采矿。

第二十条　非经国务院授权的有关主管部门同意，不得在下列地区开采矿产资源：

（一）港口、机场、国防工程设施圈定地区以内；

（二）重要工业区、大型水利工程设施、城镇市政工程设施附近一定距离以内；

（三）铁路、重要公路两侧一定距离以内；

（四）重要河流、堤坝两侧一定距离以内；

（五）国家划定的自然保护区、重要风景区，国家重点保护的不能移动的历史文物和名胜古迹所在地；

（六）国家规定不得开采矿产资源的其他地区。

第二十一条　关闭矿山，必须提出矿山闭坑报告及有关采掘工程、不安全隐患、土地复垦利用、环境保护的资料，并按照国家规定报请审查批准。

第二十二条　勘查、开采矿产资源时，发现具有重大科学文化价值的罕见地质现象以及文化古迹，应当加以保护并及时报告有关部门。

第三章　矿产资源的勘查

第二十三条　区域地质调查按照国家统一规划进行。区域地质调查的报告和图件按照国家规定验收，提供有关部门使用。

第二十四条　矿产资源普查在完成主要矿种普查任务的同时，应当对工作区内包括共生或者伴生矿产的成矿地质条件和矿床工业远景作出初步综合评价。

第二十五条　矿床勘探必须对矿区内具有工业价值的共生和伴生矿产进行综合评价，并计算其储量。未作综合评价的勘探报告不予批准。但是，国务院计划部门另有规定的矿床勘探项目除外。

第二十六条　普查、勘探易损坏的特种非金属矿产、流体矿产、易燃易爆易溶矿产和含有放射性元素的矿产，必须采用省级以上人民政府有关主管部门规定的普查、勘探方法，并有必要的技术装备和安全措施。

第二十七条 矿产资源勘查的原始地质编录和图件，岩矿心、测试样品和其他实物标本资料，各种勘查标志，应当按照有关规定保护和保存。

第二十八条 矿床勘探报告及其他有价值的勘查资料，按照国务院规定实行有偿使用。

第四章 矿产资源的开采

第二十九条 开采矿产资源，必须采取合理的开采顺序、开采方法和选矿工艺。矿山企业的开采回采率、采矿贫化率和选矿回收率应当达到设计要求。

第三十条 在开采主要矿产的同时，对具有工业价值的共生和伴生矿产应当统一规划，综合开采，综合利用，防止浪费；对暂时不能综合开采或者必须同时采出而暂时还不能综合利用的矿产以及含有有用组分的尾矿，应当采取有效的保护措施，防止损失破坏。

第三十一条 开采矿产资源，必须遵守国家劳动安全卫生规定，具备保障安全生产的必要条件。

第三十二条 开采矿产资源，必须遵守有关环境保护的法律规定，防止污染环境。

开采矿产资源，应当节约用地。耕地、草原、林地因采矿受到破坏的，矿山企业应当因地制宜地采取复垦利用、植树种草或者其他利用措施。

开采矿产资源给他人生产、生活造成损失的，应当负责赔偿，并采取必要的补救措施。

第三十三条 在建设铁路、工厂、水库、输油管道、输电线路和各种大型建筑物或者建筑群之前，建设单位必须向所在省、自治区、直辖市地质矿产主管部门了解拟建工程所在地区的矿产资源分布和开采情况。非经国务院授权的部门批准，不得压覆重要矿床。

第三十四条 国务院规定由指定的单位统一收购的矿产品，任何其他单位或者个人不得收购；开采者不得向非指定单位销售。

第五章 集体矿山企业和个体采矿

第三十五条 国家对集体矿山企业和个体采矿实行积极扶持、合理规划、正确引导、加强管理的方针，鼓励集体矿山企业开采国家指定范围内的矿产资源，允许个人采挖零星分散资源和只能用作普通建筑材料的砂、石、粘土以及为生活自用采挖少量矿产。

矿产储量规模适宜由矿山企业开采的矿产资源、国家规定实行保护性开采的特定矿种和国家规定禁止个人开采的其他矿产资源，个人不得开采。

国家指导、帮助集体矿山企业和个体采矿不断提高技术水平、资源利用率和经济效益。

地质矿产主管部门、地质工作单位和国有矿山企业应当按照积极支持、有偿互惠的原则向集体矿山企业和个体采矿提供地质资料和技术服务。

第三十六条 国务院和国务院有关主管部门批准开办的矿山企业矿区范围内已有的集体矿山企业，应当关闭或者到指定的其他地点开采，由矿山建设单位给予合理的补偿，并妥善安置群众生活；也可以按照该矿山企业的统筹安排，实行联合经营。

第三十七条 集体矿山企业和个体采矿应当提高技术水平，提高矿产资源回收率。

禁止乱挖滥采，破坏矿产资源。

集体矿山企业必须测绘井上、井下工程对照图。

第三十八条 县级以上人民政府应当指导、帮助集体矿山企业和个体采矿进行技术改造，改善经营管理，加强安全生产。

第六章 法律责任

第三十九条 违反本法规定，未取得采矿许可证擅自采矿的，擅自进入国家规划矿区、对国民经济具有重要价值的矿区范围采矿的，擅自开采国家规定实行保护性开采的特定矿种的，责令停止开采、赔偿损失，没收采出的矿产品和违法所得，可以并处罚款；拒不停止开采，造成矿产资源破坏的，依照刑法有关规定对直接责任人员追究刑事责任。

单位和个人进入他人依法设立的国有矿山企业和其他矿山企业矿区范围内采矿的，依照前款规定处罚。

第四十条 超越批准的矿区范围采矿的，责令退回本矿区范围内开采、赔偿损失，没收越界开采的矿产品和违法所得，可以并处罚款；拒不退回本矿区范围内开采，造成矿产资源破坏的，吊销采矿许可证，依照刑法有关规定对直接责任人员追究刑事责任。

第四十一条 盗窃、抢夺矿山企业和勘查单位的矿产品和其他财物的，破坏采矿、勘查设施的，扰乱矿区和勘查作业区的生产秩序、工作秩序的，分别依照刑法有关规定追究刑事责任；情节显著轻微的，依照治安管理处罚法有关规定予以处罚。

第四十二条 买卖、出租或者以其他形式转让矿产资源的，没收违法所得，处以罚款。

违反本法第六条的规定将探矿权、采矿权倒卖牟利的，吊销勘查许可证、采矿许可证，没收违法所得，处以罚款。

第四十三条 违反本法规定收购和销售国家统一收购的矿产品的，没收矿产品和违法所得，可以并处罚款；情节严重的，依照刑法有关规定，追究刑事责任。

第四十四条 违反本法规定，采取破坏性的开采方法开采矿产资源的，处以罚款，可以吊销采矿许可证；造成矿产资源严重破坏的，依照刑法有关规定对直接责任人员追究刑事责任。

第四十五条 本法第三十九条、第四十条、第四十二条规定的行政处罚，由县级以上人民政府负责地质矿产管理工作的部门按照国务院地质矿产主管部门规定的权限决定。第四十三条规定的行政处罚，由县级以上人民政府工商行政管理部门决定。第四十四条规定的行政处罚，由省、自治区、直辖市人民政府地质矿产主管部门决定。给予吊销勘查许可证或者采矿许可证处罚的，须由原发证机关决定。

依照第三十九条、第四十条、第四十二条、第四十四条规定应当给予行政处罚而不给予行政处罚的，上级人民政府地质矿产主管部门有权责令改正或者直接给予行政处罚。

第四十六条 当事人对行政处罚决定不服的，可以依法申请复议，也可以依法直接向人民法院起诉。

当事人逾期不申请复议也不向人民法院起诉，又不履行处罚决定的，由作出处罚决定的机关申请人民法院强制执行。

第四十七条 负责矿产资源勘查、开采监督管理工作的国家工作人员和其他有关国家工作人员徇私舞弊、滥用职权或者玩忽职守，违反本法规定批准勘查、开采矿产资源和颁发勘查许可证、采矿许可证，或者对违法采矿行为不依法予以制止、处罚，构成犯罪的，依法追究刑事责任；不构成犯罪的，给予行政处分。违法颁发的勘查许可证、采矿许可证，上级人民政府地质矿产主管部门有权予以撤销。

第四十八条 以暴力、威胁方法阻碍从事矿产资源勘查、开采监督管理工作的国家工作人员依法执行职务的，依照刑法有关规定追究刑事责任；拒绝、阻碍从事矿产资源勘查、开采监督管理工作的国家工作人员依法执行职务未使用暴力、威胁方法的，由公安机关依照治安管理处罚法的规定处罚。

第四十九条 矿山企业之间的矿区范围的争议，由当事人协商解决，协商不成的，由有关县级以上地方人民政府根据依法核定的矿区范围处理；跨省、自治区、直辖市的矿区范围的争议，由有关省、自治区、直辖市人民政府协商解决，协商不成的，由国务院处理。

第七章 附 则

第五十条 外商投资勘查、开采矿产资源，法律、行政法规另有规定的，从其规定。

第五十一条 本法施行以前，未办理批准手续、未划定矿区范围、未取得采矿许可证开采矿产资源的，应当依照本法有关规定申请补办手续。

第五十二条 本法实施细则由国务院制定。

第五十三条 本法自1986年10月1日施行。

中华人民共和国煤炭法

（1996年8月29日第八届全国人民代表大会常务委员会第二十一次会议通过 根据2009年8月27日第十一届全国人民代表大会常务委员会第十次会议《关于修改部分法律的决定》第一次修正 根据2011年4月22日第十一届全国人民代表大会常务委员会第二十次会议《关于修改〈中华人民共和国煤炭法〉的决定》第二次修正 根据2013年6月29日第十二届全国人民代表大会常务委员会第三次会议《关于修改〈中华人民共和国文物保护法〉等十二部法律的决定》第三次修正 根据2016年11月7日第十二届全国人民代表大会常务委员会第二十四次会议《关于修改〈中华人民共和国对外贸易法〉等十二部法律的决定》第四次修正）

第一章 总 则

第一条 为了合理开发利用和保护煤炭资源，规范煤炭生产、经营活动，促进和保障煤炭行业的发展，制定本法。

第二条 在中华人民共和国领域和中华人民共和国管辖的其他海域从事煤炭生产、经营活动，适用本法。

第三条 煤炭资源属于国家所有。地表或者地下的煤炭资源的国家所有权，不因其依附的土地的所有权或者使用权的不同而改变。

第四条 国家对煤炭开发实行统一规划、合理布局、综合利用的方针。

第五条 国家依法保护煤炭资源，禁止任何乱采、滥挖破坏煤炭资源的行为。

第六条 国家保护依法投资开发煤炭资源的投资者的合法权益。

国家保障国有煤矿的健康发展。

国家对乡镇煤矿采取扶持、改造、整顿、联合、提高的方针，实行正规合理开发和有序发展。

第七条 煤矿企业必须坚持安全第一、预防为主的安全生产方针，建立健全安全生产的责任制度和群防群治制度。

第八条 各级人民政府及其有关部门和煤矿企业必须采取措施加强劳动保护，保障煤矿职工的安全和健康。

国家对煤矿井下作业的职工采取特殊保护措施。

第九条 国家鼓励和支持在开发利用煤炭资源过程中采用先进的科学技术和管理方法。

煤矿企业应当加强和改善经营管理，提高劳动生产率和经济效益。

第十条 国家维护煤矿矿区的生产秩序、工作秩序，保护煤矿企业设施。

第十一条 开发利用煤炭资源，应当遵守有关环境保护的法律、法规，防治污染和其他公害，保护生态环境。

第十二条 国务院煤炭管理部门依法负责全国煤炭行业的监督管理。国务院有关部门在各自的职责范围内负责煤炭行业的监督管理。

县级以上地方人民政府煤炭管理部门和有关部门依法负责本行政区域内煤炭行业的监督管理。

第十三条 煤炭矿务局是国有煤矿企业，具有独立法人资格。

矿务局和其他具有独立法人资格的煤矿企业、煤炭经营企业依法实行自主经营、自负盈亏、自我约束、自我发展。

第二章 煤炭生产开发规划与煤矿建设

第十四条 国务院煤炭管理部门根据全国矿产资源勘查规划编制全国煤炭资源勘查规划。

第十五条 国务院煤炭管理部门根据全国矿产资源规划规定的煤炭资源，组织编制和实施煤炭生产开发规划。

省、自治区、直辖市人民政府煤炭管理部门根据全国矿产资源规划规定的煤炭资源，组织编制和实施本地区煤炭生产开发规划，并报国务院煤炭管理部门备案。

第十六条 煤炭生产开发规划应当根据国民经济和社会发展的需要制定，并纳入国民经济和社会发展计划。

第十七条 国家制定优惠政策，支持煤炭工业发展，促进煤矿建设。

煤矿建设项目应当符合煤炭生产开发规划和煤炭产业政策。

第十八条 煤矿建设使用土地，应当依照有关法律、行政法规的规定办理。征收土地的，应当依法支付土地补偿费和安置补偿费，做好迁移居民的安置工作。

煤矿建设应当贯彻保护耕地、合理利用土地的原则。

地方人民政府对煤矿建设依法使用土地和迁移居民，应当给予支持和协助。

第十九条 煤矿建设应当坚持煤炭开发与环境治理同步进行。煤矿建设项目的环境保护设施必须与主体工程同时设计、同时施工、同时验收、同时投入使用。

第三章　煤炭生产与煤矿安全

第二十条　煤矿投入生产前，煤矿企业应当依照有关安全生产的法律、行政法规的规定取得安全生产许可证。未取得安全生产许可证的，不得从事煤炭生产。

第二十一条　对国民经济具有重要价值的特殊煤种或者稀缺煤种，国家实行保护性开采。

第二十二条　开采煤炭资源必须符合煤矿开采规程，遵守合理的开采顺序，达到规定的煤炭资源回采率。

煤炭资源回采率由国务院煤炭管理部门根据不同的资源和开采条件确定。

国家鼓励煤矿企业进行复采或者开采边角残煤和极薄煤。

第二十三条　煤矿企业应当加强煤炭产品质量的监督检查和管理。煤炭产品质量应当按照国家标准或者行业标准分等论级。

第二十四条　煤炭生产应当依法在批准的开采范围内进行，不得超越批准的开采范围越界、越层开采。

采矿作业不得擅自开采保安煤柱，不得采用可能危及相邻煤矿生产安全的决水、爆破、贯通巷道等危险方法。

第二十五条　因开采煤炭压占土地或者造成地表土地塌陷、挖损，由采矿者负责进行复垦，恢复到可供利用的状态；造成他人损失的，应当依法给予补偿。

第二十六条　关闭煤矿和报废矿井，应当依照有关法律、法规和国务院煤炭管理部门的规定办理。

第二十七条　国家建立煤矿企业积累煤矿衰老期转产资金的制度。

国家鼓励和扶持煤矿企业发展多种经营。

第二十八条　国家提倡和支持煤矿企业和其他企业发展煤电联产、炼焦、煤化工、煤建材等，进行煤炭的深加工和精加工。

国家鼓励煤矿企业发展煤炭洗选加工，综合开发利用煤层气、煤矸石、煤泥、石煤和泥炭。

第二十九条　国家发展和推广洁净煤技术。

国家采取措施取缔土法炼焦。禁止新建土法炼焦窑炉；现有的土法炼焦限期改造。

第三十条　县级以上各级人民政府及其煤炭管理部门和其他有关部门，应当加强对煤矿安全生产工作的监督管理。

第三十一条　煤矿企业的安全生产管理，实行矿务局长、矿长负责制。

第三十二条　矿务局长、矿长及煤矿企业的其他主要负责人必须遵守有关矿山安全的法律、法规和煤炭行业安全规章、规程，加强对煤矿安全生产工作的管理，执行安全生产责任制度，采取有效措施，防止伤亡和其他安全生产事故的发生。

第三十三条　煤矿企业应当对职工进行安全生产教育、培训；未经安全生产教育、培训的，不得上岗作业。

煤矿企业职工必须遵守有关安全生产的法律、法规、煤炭行业规章、规程和企业规章制度。

第三十四条　在煤矿井下作业中，出现危及职工生命安全并无法排除的紧急情况时，作业现场负责人或者安全管理人员应当立即组织职工撤离危险现场，并及时报告有关方面负责人。

第三十五条　煤矿企业工会发现企业行政方面违章指挥、强令职工冒险作业或者生产过程中发现明显重大事故隐患，可能危及职工生命安全的情况，有权提出解决问题的建议，煤矿企业行政方面必须及时作出处理决定。企业行政方面拒不处理的，工会有权提出批评、检举和控告。

第三十六条 煤矿企业必须为职工提供保障安全生产所需的劳动保护用品。

第三十七条 煤矿企业应当依法为职工参加工伤保险缴纳工伤保险费。鼓励企业为井下作业职工办理意外伤害保险，支付保险费。

第三十八条 煤矿企业使用的设备、器材、火工产品和安全仪器，必须符合国家标准或者行业标准。

第四章 煤炭经营

第三十九条 煤炭经营企业从事煤炭经营，应当遵守有关法律、法规的规定，改善服务，保障供应。禁止一切非法经营活动。

第四十条 煤炭经营应当减少中间环节和取消不合理的中间环节，提倡有条件的煤矿企业直销。

煤炭用户和煤炭销区的煤炭经营企业有权直接从煤矿企业购进煤炭。在煤炭产区可以组成煤炭销售、运输服务机构，为中小煤矿办理经销、运输业务。

禁止行政机关违反国家规定擅自设立煤炭供应的中间环节和额外加收费用。

第四十一条 从事煤炭运输的车站、港口及其他运输企业不得利用其掌握的运力作为参与煤炭经营、谋取不正当利益的手段。

第四十二条 国务院物价行政主管部门会同国务院煤炭管理部门和有关部门对煤炭的销售价格进行监督管理。

第四十三条 煤矿企业和煤炭经营企业供应用户的煤炭质量应当符合国家标准或者行业标准，质级相符，质价相符。用户对煤炭质量有特殊要求的，由供需双方在煤炭购销合同中约定。

煤矿企业和煤炭经营企业不得在煤炭中掺杂、掺假，以次充好。

第四十四条 煤矿企业和煤炭经营企业供应用户的煤炭质量不符合国家标准或者行业标准，或者不符合合同约定，或者质级不符、质价不符，给用户造成损失的，应当依法给予赔偿。

第四十五条 煤矿企业、煤炭经营企业、运输企业和煤炭用户应当依照法律、国务院有关规定或者合同约定供应、运输和接卸煤炭。

运输企业应当将承运的不同质量的煤炭分装、分堆。

第四十六条 煤炭的进出口依照国务院的规定，实行统一管理。

具备条件的大型煤矿企业经国务院对外经济贸易主管部门依法许可，有权从事煤炭出口经营。

第四十七条 煤炭经营管理办法，由国务院依照本法制定。

第五章 煤矿矿区保护

第四十八条 任何单位或者个人不得危害煤矿矿区的电力、通信、水源、交通及其他生产设施。

禁止任何单位和个人扰乱煤矿矿区的生产秩序和工作秩序。

第四十九条 对盗窃或者破坏煤矿矿区设施、器材及其他危及煤矿矿区安全的行为，一切单位和个人都有权检举、控告。

第五十条 未经煤矿企业同意，任何单位或者个人不得在煤矿企业依法取得土地使用权的有效期间内在该土地上种植、养殖、取土或者修建建筑物、构筑物。

第五十一条 未经煤矿企业同意，任何单位或者个人不得占用煤矿企业的铁路专用线、专用道路、专用航道、专用码头、电力专用线、专用供水管路。

第五十二条 任何单位或者个人需要在煤矿采区范围内进行可能危及煤矿安全的作业时，应当经煤矿企业同意，报煤炭管理部门批准，并采取安全措施后，方可进行作业。

在煤矿矿区范围内需要建设公用工程或者其他工程的，有关单位应当事先与煤矿企业协商并达成协议后，方可施工。

第六章 监督检查

第五十三条 煤炭管理部门和有关部门依法对煤矿企业和煤炭经营企业执行煤炭法律、法规的情况进行监督检查。

第五十四条 煤炭管理部门和有关部门的监督检查人员应当熟悉煤炭法律、法规，掌握有关煤炭专业技术，公正廉洁，秉公执法。

第五十五条 煤炭管理部门和有关部门的监督检查人员进行监督检查时，有权向煤矿企业、煤炭经营企业或者用户了解有关执行煤炭法律、法规的情况，查阅有关资料，并有权进入现场进行检查。

煤矿企业、煤炭经营企业和用户对依法执行监督检查任务的煤炭管理部门和有关部门的监督检查人员应当提供方便。

第五十六条 煤炭管理部门和有关部门的监督检查人员对煤矿企业和煤炭经营企业违反煤炭法律、法规的行为，有权要求其依法改正。

煤炭管理部门和有关部门的监督检查人员进行监督检查时，应当出示证件。

第七章 法律责任

第五十七条 违反本法第二十二条的规定，开采煤炭资源未达到国务院煤炭管理部门规定的煤炭资源回采率的，由煤炭管理部门责令限期改正；逾期仍达不到规定的回采率的，责令停止生产。

第五十八条 违反本法第二十四条的规定，擅自开采保安煤柱或者采用危及相邻煤矿生产安全的危险方法进行采矿作业的，由劳动行政主管部门会同煤炭管理部门责令停止作业；由煤炭管理部门没收违法所得，并处违法所得一倍以上五倍以下的罚款；构成犯罪的，由司法机关依法追究刑事责任；造成损失的，依法承担赔偿责任。

第五十九条 违反本法第四十三条的规定，在煤炭产品中掺杂、掺假，以次充好的，责令停止销售，没收违法所得，并处违法所得一倍以上五倍以下的罚款；构成犯罪的，由司法机关依法追究刑事责任。

第六十条 违反本法第五十条的规定，未经煤矿企业同意，在煤矿企业依法取得土地使用权的有效期间内在该土地上修建建筑物、构筑物的，由当地人民政府动员拆除；拒不拆除的，责令拆除。

第六十一条 违反本法第五十一条的规定，未经煤矿企业同意，占用煤矿企业的铁路专用线、专用道路、专用航道、专用码头、电力专用线、专用供水管路的，由县级以上地方人民政府责令限期改正；逾期不改正的，强制清除，可以并处五万元以下的罚款；造成损失的，依法承担赔偿责任。

第六十二条 违反本法第五十二条的规定，未经批准或者未采取安全措施，在煤矿采区范围内进行危及煤矿安全作业的，由煤炭管理部门责令停止作业，可以并处五万元以下的罚款；造成损失的，依法承担赔偿责任。

第六十三条 有下列行为之一的，由公安机关依照治安管理处罚法的有关规定处罚；构成犯罪的，由司法机关依法追究刑事责任：

（一）阻碍煤矿建设，致使煤矿建设不能正常进行的；

（二）故意损坏煤矿矿区的电力、通信、水源、交通及其他生产设施的；

（三）扰乱煤矿矿区秩序，致使生产、工作不能正常进行的；

（四）拒绝、阻碍监督检查人员依法执行职务的。

第六十四条 煤矿企业的管理人员违章指挥、强令职工冒险作业，发生重大伤亡事故的，依照刑法有关规定追究刑事责任。

第六十五条 煤矿企业的管理人员对煤矿事故隐患不采取措施予以消除，发生重大伤亡事故的，依照刑法有关规定追究刑事责任。

第六十六条 煤炭管理部门和有关部门的工作人员玩忽职守、徇私舞弊、滥用职权的，依法给予行政处分；构成犯罪的，由司法机关依法追究刑事责任。

第八章　附　则

第六十七条 本法自 1996 年 12 月 1 日起施行。

中华人民共和国矿山安全法

（1992 年 11 月 7 日第七届全国人民代表大会常务委员会第二十八次会议通过，1992 年 11 月 7 日中华人民共和国主席令第六十五号公布　根据 2009 年 8 月 27 日中华人民共和国主席令第十八号《全国人民代表大会常务委员会关于修改部分法律的决定》修正）

第一章　总　则

第一条 为了保障矿山生产安全，防止矿山事故，保护矿山职工人身安全，促进采矿业的发展，制定本法。

第二条 在中华人民共和国领域和中华人民共和国管辖的其他海域从事矿产资源开采活动，必须遵守本法。

第三条 矿山企业必须具有保障安全生产的设施，建立、健全安全管理制度，采取有效措施改善职工劳动条件，加强矿山安全管理工作，保证安全生产。

第四条 国务院劳动行政主管部门对全国矿山安全工作实施统一监督。

县级以上地方各级人民政府劳动行政主管部门对本行政区域内的矿山安全工作实施统一监督。

县级以上人民政府管理矿山企业的主管部门对矿山安全工作进行管理。

第五条 国家鼓励矿山安全科学技术研究，推广先进技术，改进安全设施，提高矿山安全生产水平。

第六条 对坚持矿山安全生产，防止矿山事故，参加矿山抢险救护，进行矿山安全科学技术研究方面取得显著成绩的单位和个人，给予奖励。

第二章 矿山建设的安全保障

第七条 矿山建设工程的安全设施必须和主体工程同时设计、同时施工、同时投入生产和使用。

第八条 矿山建设工程的设计文件，必须符合矿山安全规程和行业技术规范，并按照国家规定经管理矿山企业的主管部门批准；不符合矿山安全规程和行业技术规范的，不得批准。

矿山建设工程安全设施的设计必须有劳动行政主管部门参加审查。

矿山安全规程和行业技术规范，由国务院管理矿山企业的主管部门制定。

第九条 矿山设计下列项目必须符合矿山安全规程和行业技术规范：

（一）矿井的通风系统和供风量、风质、风速；

（二）露天矿的边坡角和台阶的宽度、高度；

（三）供电系统；

（四）提升、运输系统；

（五）防水、排水系统和防火、灭火系统；

（六）防瓦斯系统和防尘系统；

（七）有关矿山安全的其他项目。

第十条 每个矿井必须有两个以上能行人的安全出口，出口之间的直线水平距离必须符合矿山安全规程和行业技术规范。

第十一条 矿山必须有与外界相通的、符合安全要求的运输和通信设施。

第十二条 矿山建设工程必须按照管理矿山企业的主管部门批准的设计文件施工。

矿山建设工程安全设施竣工后，由管理矿山企业的主管部门验收，并须有劳动行政主管部门参加；不符合矿山安全规程和行业技术规范的，不得验收，不得投入生产。

第三章 矿山开采的安全保障

第十三条 矿山开采必须具备保障安全生产的条件，执行开采不同矿种的矿山安全规程和行业技术规范。

第十四条 矿山设计规定保留的矿柱、岩柱，在规定的期限内，应当予以保护，不得开采或者毁坏。

第十五条 矿山使用的有特殊安全要求的设备、器材、防护用品和安全检测仪器，必须符合国家安全标准或者行业安全标准；不符合国家安全标准或者行业安全标准的，不得使用。

第十六条 矿山企业必须对机电设备及其防护装置、安全检测仪器，定期检查、维修，保证使用安全。

第十七条 矿山企业必须对作业场所中的有毒有害物质和井下空气含氧量进行检测，保证符合安全要求。

第十八条 矿山企业必须对下列危害安全的事故隐患采取预防措施：

（一）冒顶、片帮、边坡滑落和地表塌陷；

（二）瓦斯爆炸、煤尘爆炸；

（三）冲击地压、瓦斯突出、井喷；

（四）地面和井下的火灾、水害；

（五）爆破器材和爆破作业发生的危害；

（六）粉尘、有毒有害气体、放射性物质和其他有害物质引起的危害；

（七）其他危害。

第十九条 矿山企业对使用机械、电气设备，排土场、矸石山、尾矿库和矿山闭坑后可能引起的危害，应当采取预防措施。

第四章 矿山企业的安全管理

第二十条 矿山企业必须建立、健全安全生产责任制。

矿长对本企业的安全生产工作负责。

第二十一条 矿长应当定期向职工代表大会或者职工大会报告安全生产工作，发挥职工代表大会的监督作用。

第二十二条 矿山企业职工必须遵守有关矿山安全的法律、法规和企业规章制度。

矿山企业职工有权对危害安全的行为，提出批评、检举和控告。

第二十三条 矿山企业工会依法维护职工生产安全的合法权益，组织职工对矿山安全工作进行监督。

第二十四条 矿山企业违反有关安全的法律、法规，工会有权要求企业行政方面或者有关部门认真处理。

矿山企业召开讨论有关安全生产的会议，应当有工会代表参加，工会有权提出意见和建议。

第二十五条 矿山企业工会发现企业行政方面违章指挥、强令工人冒险作业或者生产过程中发现明显重大事故隐患和职业危害，有权提出解决的建议；发现危及职工生命安全的情况时，有权向矿山企业行政方面建议组织职工撤离危险现场，矿山企业行政方面必须及时作出处理决定。

第二十六条 矿山企业必须对职工进行安全教育、培训；未经安全教育、培训的，不得上岗作业。

矿山企业安全生产的特种作业人员必须接受专门培训，经考核合格取得操作资格证书的，方可上岗作业。

第二十七条 矿长必须经过考核，具备安全专业知识，具有领导安全生产和处理矿山事故的能力。

矿山企业安全工作人员必须具备必要的安全专业知识和矿山安全工作经验。

第二十八条 矿山企业必须向职工发放保障安全生产所需的劳动防护用品。

第二十九条 矿山企业不得录用未成年人从事矿山井下劳动。

矿山企业对女职工按照国家规定实行特殊劳动保护，不得分配女职工从事矿山井下劳动。

第三十条 矿山企业必须制定矿山事故防范措施，并组织落实。

第三十一条 矿山企业应当建立由专职或者兼职人员组成的救护和医疗急救组织，配备必要的装备、器材和药物。

第三十二条 矿山企业必须从矿产品销售额中按照国家规定提取安全技术措施专项费用。安全技术措施专项费用必须全部用于改善矿山安全生产条件，不得挪作他用。

第五章 矿山安全的监督和管理

第三十三条 县级以上各级人民政府劳动行政主管部门对矿山安全工作行使下列监督职责：

（一）检查矿山企业和管理矿山企业的主管部门贯彻执行矿山安全法律、法规的情况；

（二）参加矿山建设工程安全设施的设计审查和竣工验收；

（三）检查矿山劳动条件和安全状况；

（四）检查矿山企业职工安全教育、培训工作；

（五）监督矿山企业提取和使用安全技术措施专项费用的情况；

（六）参加并监督矿山事故的调查和处理；

（七）法律、行政法规规定的其他监督职责。

第三十四条 县级以上人民政府管理矿山企业的主管部门对矿山安全工作行使下列管理职责：

（一）检查矿山企业贯彻执行矿山安全法律、法规的情况；

（二）审查批准矿山建设工程安全设施的设计；

（三）负责矿山建设工程安全设施的竣工验收；

（四）组织矿长和矿山企业安全工作人员的培训工作；

（五）调查和处理重大矿山事故；

（六）法律、行政法规规定的其他管理职责。

第三十五条 劳动行政主管部门的矿山安全监督人员有权进入矿山企业，在现场检查安全状况；发现有危及职工安全的紧急险情时，应当要求矿山企业立即处理。

第六章 矿山事故处理

第三十六条 发生矿山事故，矿山企业必须立即组织抢救，防止事故扩大，减少人员伤亡和财产损失，对伤亡事故必须立即如实报告劳动行政主管部门和管理矿山企业的主管部门。

第三十七条 发生一般矿山事故，由矿山企业负责调查和处理。

发生重大矿山事故，由政府及其有关部门、工会和矿山企业按照行政法规的规定进行调查和处理。

第三十八条 矿山企业对矿山事故中伤亡的职工按照国家规定给予抚恤或者补偿。

第三十九条 矿山事故发生后，应当尽快消除现场危险，查明事故原因，提出防范措施。现场危险消除后，方可恢复生产。

第七章 法律责任

第四十条 违反本法规定，有下列行为之一的，由劳动行政主管部门责令改正，可以并处罚款；情节严重的，提请县级以上人民政府决定责令停产整顿；对主管人员和直接责任人员由其所在单位或者上级主管机关给予行政处分：

（一）未对职工进行安全教育、培训，分配职工上岗作业的；

（二）使用不符合国家安全标准或者行业安全标准的设备、器材、防护用品、安全检测仪器的；

（三）未按照规定提取或者使用安全技术措施专项费用的；

（四）拒绝矿山安全监督人员现场检查或者在被检查时隐瞒事故隐患、不如实反映情况的；

（五）未按照规定及时、如实报告矿山事故的。

第四十一条 矿长不具备安全专业知识的，安全生产的特种作业人员未取得操作资格证书上岗作业的，由劳动行政主管部门责令限期改正；逾期不改正的，提请县级以上人民政府决定责令停产，调整配备合格人员后，方可恢复生产。

第四十二条 矿山建设工程安全设施的设计未经批准擅自施工的，由管理矿山企业的主管部门责令停止施工；拒不执行的，由管理矿山企业的主管部门提请县级以上人民政府决定由有关主管部门吊销其采矿许可证和营业执照。

第四十三条 矿山建设工程的安全设施

未经验收或者验收不合格擅自投入生产的，由劳动行政主管部门会同管理矿山企业的主管部门责令停止生产，并由劳动行政主管部门处以罚款；拒不停止生产的，由劳动行政主管部门提请县级以上人民政府决定由有关主管部门吊销其采矿许可证和营业执照。

第四十四条 已经投入生产的矿山企业，不具备安全生产条件而强行开采的，由劳动行政主管部门会同管理矿山企业的主管部门责令限期改进；逾期仍不具备安全生产条件的，由劳动行政主管部门提请县级以上人民政府决定责令停产整顿或者由有关主管部门吊销其采矿许可证和营业执照。

第四十五条 当事人对行政处罚决定不服的，可以在接到处罚决定通知之日起十五日内向作出处罚决定的机关的上一级机关申请复议；当事人也可以在接到处罚决定通知之日起十五日内直接向人民法院起诉。

复议机关应当在接到复议申请之日起六十日内作出复议决定。当事人对复议决定不服的，可以在接到复议决定之日起十五日内向人民法院起诉。复议机关逾期不作出复议决定的，当事人可以在复议期满之日起十五日内向人民法院起诉。

当事人逾期不申请复议也不向人民法院起诉、又不履行处罚决定的，作出处罚决定的机关可以申请人民法院强制执行。

第四十六条 矿山企业主管人员违章指挥、强令工人冒险作业，因而发生重大伤亡事故的，依照刑法有关规定追究刑事责任。

第四十七条 矿山企业主管人员对矿山事故隐患不采取措施，因而发生重大伤亡事故的，依照刑法有关规定追究刑事责任。

第四十八条 矿山安全监督人员和安全管理人员滥用职权、玩忽职守、徇私舞弊，构成犯罪的，依法追究刑事责任；不构成犯罪的，给予行政处分。

第八章 附 则

第四十九条 国务院劳动行政主管部门根据本法制定实施条例，报国务院批准施行。

省、自治区、直辖市人民代表大会常务委员会可以根据本法和本地区的实际情况，制定实施办法。

第五十条 本法自1993年5月1日起施行。

中华人民共和国矿产资源法实施细则

（1994年3月26日 国务院令第152号）

第一章 总 则

第一条 根据《中华人民共和国矿产资源法》，制定本细则。

第二条 矿产资源是指由地质作用形成的，具有利用价值的，呈固态、液态、气态的自然资源。

矿产资源的矿种和分类见本细则所附《矿产资源分类细目》。新发现的矿种由国务院地质矿产主管部门报国务院批准后公布。

第三条 矿产资源属于国家所有，地表或者地下的矿产资源的国家所有权，不因其所依附的土地的所有权或者使用权的不同而改变。

国务院代表国家行使矿产资源的所有权。国务院授权国务院地质矿产主管部门对全国矿产资源分配实施统一管理。

第四条 在中华人民共和国领域及管辖的其他海域勘查、开采矿产资源，必须遵守《中华人民共和国矿产资源法》（以下简称《矿产资源法》）和本细则。

第五条 国家对矿产资源的勘查、开采实行许可证制度。勘查矿产资源，必须依法申请登记，领取勘查许可证，取得探矿权；开采矿产资源，必须依法申请登记，领取采矿许可证，取得采矿权。

矿产资源勘查工作区范围和开采矿区范围，以经纬度划分的区块为基本单位。具体办法由国务院地质矿产主管部门制定。

第六条 《矿产资源法》及本细则中下列用语的含义：

探矿权，是指在依法取得的勘查许可证规定的范围内，勘查矿产资源的权利。取得勘查许可证的单位或者个人称为探矿权人。

采矿权，是指在依法取得的采矿许可证规定的范围内，开采矿产资源和获得所开采的矿产品的权利。取得采矿许可证的单位或者个人称为采矿权人。

国家规定实行保护性开采的特定矿种，是指国务院根据国民经济建设和高科技发展的需要，以及资源稀缺、贵重程度确定的，由国务院有关主管部门按照国家计划批准开采的矿种。

国家规划矿区，是指国家根据建设规划和矿产资源规划，为建设大、中型矿山划定的矿产资源分布区域。

对国民经济具有重要价值的矿区，是指国家根据国民经济发展需要划定的，尚未列入国家建设规划的，储量大、质量好、具有开发前景的矿产资源保护区域。

第七条 国家允许外国的公司、企业和其他经济组织以及个人依照中华人民共和国有关法律、行政法规的规定，在中华人民共和国领域及管辖的其他海域投资勘查、开采矿产资源。

第八条 国务院地质矿产主管部门主管全国矿产资源勘查、开采的监督管理工作。国务院有关主管部门按照国务院规定的职责分工，协助国务院地质矿产主管部门进行矿产资源勘查、开采的监督管理工作。

省、自治区、直辖市人民政府地质矿产主管部门主管本行政区域内矿产资源勘查、开采的监督管理工作。省、自治区、直辖市人民政府有关主管部门，协助同级地质矿产主管部门进行矿产资源勘查、开采的监督管理工作。

设区的市人民政府、自治州人民政府和县级人民政府及其负责管理矿产资源的部门，依法对本级人民政府批准开办的国有矿山企业和本行政区域内的集体所有制矿山企业、私营矿山企业、个体采矿者以及在本行政区域内从事勘查施工的单位和个人进行监督管理，依法保护探矿权人、采矿权人的合法权益。

上级地质矿产主管部门有权对下级地质矿产主管部门违法的或者不适当的矿产资源勘查、开采管理行政行为予以改变或者撤销。

第二章 矿产资源勘查登记和开采审批

第九条 勘查矿产资源，应当按照国务院关于矿产资源勘查登记管理的规定，办理申请、审批和勘查登记。

勘查特定矿种，应当按照国务院有关规定办理申请、审批和勘查登记。

第十条 国有矿山企业开采矿产资源，应当按照国务院关于采矿登记管理的规定，办理申请、审批和采矿登记。开采国家规划矿区、对国民经济具有重要价值矿区的矿产和国家规定实行保护性开采的特定矿种，办理申请、审批和采矿登记时，应当持有国务院有关主管部门批准的文件。

开采特定矿种，应当按照国务院有关规定办理申请、审批和采矿登记。

第十一条 开办国有矿山企业，除应当具备有关法律、法规规定的条件外，并应当具备下列条件：

（一）有供矿山建设使用的矿产勘查报告；

（二）有矿山建设项目的可行性研究报告（含资源利用方案和矿山环境影响报告）；

（三）有确定的矿区范围和开采范围；

（四）有矿山设计；

（五）有相应的生产技术条件。

国务院、国务院有关主管部门和省、自治区、直辖市人民政府，按照国家有关固定资产投资管理的规定，对申请开办的国有矿山企业根据前款所列条件审查合格后，方予批准。

第十二条 申请开办集体所有制矿山企业、私营矿山企业及个体采矿的审查批准、采矿登记，按照省、自治区、直辖市的有关规定办理。

第十三条 申请开办集体所有制矿山企业或者私营矿山企业，除应当具备有关法律、法规规定的条件外，并应当具备下列条件：

（一）有供矿山建设使用的与开采规模相适应的矿产勘查资料；

（二）有经过批准的无争议的开采范围；

（三）有与所建矿山规模相适应的资金、设备和技术人员；

（四）有与所建矿山规模相适应的，符合国家产业政策和技术规范的可行性研究报告、矿山设计或者开采方案；

（五）矿长具有矿山生产、安全管理和环境保护的基本知识。

第十四条 申请个体采矿应当具备下列条件：

（一）有经过批准的无争议的开采范围；

（二）有与采矿规模相适应的资金、设备和技术人员；

（三）有相应的矿产勘查资料和经批准的开采方案；

（四）有必要的安全生产条件和环境保护措施。

第三章　矿产资源的勘查

第十五条 国家对矿产资源勘查实行统一规划。全国矿产资源中、长期勘查规划，在国务院计划行政主管部门指导下，由国务院地质矿产主管部门根据国民经济和社会发展中、长期规划，在国务院有关主管部门勘查规划的基础上组织编制。

全国矿产资源年度勘查计划和省、自治区、直辖市矿产资源年度勘查计划，分别由国务院地质矿产主管部门和省、自治区、直辖市人民政府地质矿产主管部门组织有关主管部门，根据全国矿产资源中、长期勘查规划编制，经同级人民政府计划行政主管部门批准后施行。

法律对勘查规划的审批权另有规定的，依照有关法律的规定执行。

第十六条 探矿权人享有下列权利：

（一）按照勘查许可证规定的区域、期

限、工作对象进行勘查；

（二）在勘查作业区及相邻区域架设供电、供水、通讯管线，但是不得影响或者损害原有的供电、供水设施和通讯管线；

（三）在勘查作业区及相邻区域通行；

（四）根据工程需要临时使用土地；

（五）优先取得勘查作业区内新发现矿种的探矿权；

（六）优先取得勘查作业区内矿产资源的采矿权；

（七）自行销售勘查中按照批准的工程设计施工回收的矿产品，但是国务院规定由指定单位统一收购的矿产品除外。

探矿权人行使前款所列权利时，有关法律、法规规定应当经过批准或者履行其他手续的，应当遵守有关法律、法规的规定。

第十七条 探矿权人应当履行下列义务：

（一）在规定的期限内开始施工，并在勘查许可证规定的期限内完成勘查工作；

（二）向勘查登记管理机关报告开工等情况；

（三）按照探矿工程设计施工，不得擅自进行采矿活动；

（四）在查明主要矿种的同时，对共生、伴生矿产资源进行综合勘查、综合评价；

（五）编写矿产资源勘查报告，提交有关部门审批；

（六）按照国务院有关规定汇交矿产资源勘查成果档案资料；

（七）遵守有关法律、法规关于劳动安全、土地复垦和环境保护的规定；

（八）勘查作业完毕，及时封、填探矿作业遗留的井、硐或者采取其他措施，消除安全隐患。

第十八条 探矿权人可以对符合国家边探边采规定要求的复杂类型矿床进行开采；但是，应当向原颁发勘查许可证的机关、矿产储量审批机构和勘查项目主管部门提交论证材料，经审核同意后，按照国务院关于采矿登记管理法规的规定，办理采矿登记。

第十九条 矿产资源勘查报告按照下列规定审批：

（一）供矿山建设使用的重要大型矿床勘查报告和供大型水源地建设使用的地下水勘查报告，由国务院矿产储量审批机构审批；

（二）供矿山建设使用的一般大型、中型、小型矿床勘查报告和供中型、小型水源地建设使用的地下水勘查报告，由省、自治区、直辖市矿产储量审批机构审批；

矿产储量审批机构和勘查单位的主管部门应当自收到矿产资源勘查报告之日起六个月内作出批复。

第二十条 矿产资源勘查报告及其他有价值的勘查资料，按照国务院有关规定实行有偿使用。

第二十一条 探矿权人取得临时使用土地权后，在勘查过程中给他人造成财产损害的，按照下列规定给以补偿：

（一）对耕地造成损害的，根据受损害的耕地面积前三年平均年产量，以补偿时当地市场平均价格计算，逐年给以补偿，并负责恢复耕地的生产条件，及时归还；

（二）对牧区草场造成损害的，按照前项规定逐年给以补偿，并负责恢复草场植被，及时归还；

（三）对耕地上的农作物、经济作物造成损害的，根据受损害的耕地面积前三年平均年产量，以补偿时当地市场平均价格计算，给以补偿；

（四）对竹木造成损害的，根据实际损

害株数，以补偿时当地市场平均价格逐株计算，给以补偿；

（五）对土地上的附着物造成损害的，根据实际损害的程度，以补偿时当地市场价格，给以适当补偿。

第二十二条 探矿权人在没有农作物和其他附着物的荒岭、荒坡、荒地、荒漠、沙滩、河滩、湖滩、海滩上进行勘查的，不予补偿；但是，勘查作业不得阻碍或者损害航运、灌溉、防洪等活动或者设施，勘查作业结束后应当采取措施，防止水土流失，保护生态环境。

第二十三条 探矿权人之间对勘查范围发生争议时，由当事人协商解决；协商不成的，由勘查作业区所在地的省、自治区、直辖市人民政府地质矿产主管部门裁决；跨省、自治区、直辖市的勘查范围争议，当事人协商不成的，由有关省、自治区、直辖市人民政府协商解决；协商不成的，由国务院地质矿产主管部门裁决。特定矿种的勘查范围争议，当事人协商不成的，由国务院授权的有关主管部门裁决。

第四章 矿产资源的开采

第二十四条 全国矿产资源的分配和开发利用，应当兼顾当前和长远、中央和地方的利益，实行统一规划、有效保护、合理开采、综合利用。

第二十五条 全国矿产资源规划，在国务院计划行政主管部门指导下，由国务院地质矿产主管部门根据国民经济和社会发展中、长期规划，组织国务院有关主管部门和省、自治区、直辖市人民政府编制，报国务院批准后施行。

全国矿产资源规划应当对全国矿产资源的分配作出统筹安排，合理划定中央与省、自治区、直辖市人民政府审批、开发矿产资源的范围。

第二十六条 矿产资源开发规划是对矿区的开发建设布局进行统筹安排的规划。

矿产资源开发规划分为行业开发规划和地区开发规划。

矿产资源行业开发规划由国务院有关主管部门根据全国矿产资源规划中分配给本部门的矿产资源编制实施。

矿产资源地区开发规划由省、自治区、直辖市人民政府根据全国矿产资源规划中分配给本省、自治区、直辖市的矿产资源编制实施；并作出统筹安排，合理划定省、市、县级人民政府审批、开发矿产资源的范围。

矿产资源行业开发规划和地区开发规划应当报送国务院计划行政主管部门、地质矿产主管部门备案。

国务院计划行政主管部门、地质矿产主管部门，对不符合全国矿产资源规划的行业开发规划和地区开发规划，应当予以纠正。

第二十七条 设立、变更或者撤销国家规划矿区、对国民经济具有重要价值的矿区，由国务院有关主管部门提出，并附具矿产资源详查报告及论证材料，经国务院计划行政主管部门和地质矿产主管部门审定，并联合书面通知有关县级人民政府。县级人民政府应当自收到通知之日起一个月内予以公告，并报国务院计划行政主管部门、地质矿产主管部门备案。

第二十八条 确定或者撤销国家规定实行保护性开采的特定矿种，由国务院有关主管部门提出，并附具论证材料，经国务院计划行政主管部门和地质矿产主管部门审核同意后，报国务院批准。

第二十九条 单位或者个人开采矿产资源前，应当委托持有相应矿山设计证书的单位进行可行性研究和设计。开采零星分散矿产资源和用作建筑材料的砂、石、粘土的，可以不进行可行性研究和设计，但是应当有开采方案和环境保护措施。

矿山设计必须依据设计任务书，采用合理的开采顺序、开采方法和选矿工艺。

矿山设计必须按照国家有关规定审批；未经批准，不得施工。

第三十条 采矿权人享有下列权利：

（一）按照采矿许可证规定的开采范围和期限从事开采活动；

（二）自行销售矿产品，但是国务院规定由指定的单位统一收购的矿产品除外；

（三）在矿区范围内建设采矿所需的生产和生活设施；

（四）根据生产建设的需要依法取得土地使用权；

（五）法律、法规规定的其他权利。

采矿权人行使前款所列权利时，法律、法规规定应当经过批准或者履行其他手续的，依照有关法律、法规的规定办理。

第三十一条 采矿权人应当履行下列义务：

（一）在批准的期限内进行矿山建设或者开采；

（二）有效保护、合理开采、综合利用矿产资源；

（三）依法缴纳资源税和矿产资源补偿费；

（四）遵守国家有关劳动安全、水土保持、土地复垦和环境保护的法律、法规；

（五）接受地质矿产主管部门和有关主管部门的监督管理，按照规定填报矿产储量表和矿产资源开发利用情况统计报告。

第三十二条 采矿权人在采矿许可证有效期满或者在有效期内，停办矿山而矿产资源尚未采完的，必须采取措施将资源保持在能够继续开采的状态，并事先完成下列工作：

（一）编制矿山开采现状报告及实测图件；

（二）按照有关规定报销所消耗的储量；

（三）按照原设计实际完成相应的有关劳动安全、水土保持、土地复垦和环境保护工作，或者缴清土地复垦和环境保护的有关费用。

采矿权人停办矿山的申请，须经原批准开办矿山的主管部门批准、原颁发采矿许可证的机关验收合格后，方可办理有关证、照注销手续。

第三十三条 矿山企业关闭矿山，应当按照下列程序办理审批手续：

（一）开采活动结束的前一年，向原批准开办矿山的主管部门提出关闭矿山申请，并提交闭坑地质报告；

（二）闭坑地质报告经原批准开办矿山的主管部门审核同意后，报地质矿产主管部门会同矿产储量审批机构批准；

（三）闭坑地质报告批准后，采矿权人应当编写关闭矿山报告，报请原批准开办矿山的主管部门会同同级地质矿产主管部门和有关主管部门按照有关行业规定批准。

第三十四条 关闭矿山报告批准后，矿山企业应当完成下列工作：

（一）按照国家有关规定将地质、测量、采矿资料整理归档，并汇交闭坑地质报告、关闭矿山报告及其他有关资料；

（二）按照批准的关闭矿山报告，完成有关劳动安全、水土保持、土地复垦和环境保护工作，或者缴清土地复垦和环境保护的有关费用。

矿山企业凭关闭矿山报告批准文件和有关部门对完成上述工作提供的证明，报请原颁发采矿许可证的机关办理采矿许可证注销手续。

第三十五条 建设单位在建设铁路、公路、工厂、水库、输油管道、输电线路和各种大型建筑物前，必须向所在地的省、自治区、直辖市人民政府地质矿产主管部门了解拟建工程所在地区的矿产资源分布情况，并在建设项目设计任务书报请审批时附具地质矿产主管部门的证明。在上述建设项目与重要矿床的开采发生矛盾时，由国务院有关主管部门或者省、自治区、直辖市人民政府提出方案，经国务院地质矿产主管部门提出意见后，报国务院计划行政主管部门决定。

第三十六条 采矿权人之间对矿区范围发生争议时，由当事人协商解决；协商不成的，由矿产资源所在地的县级以上地方人民政府根据依法核定的矿区范围处理；跨省、自治区、直辖市的矿区范围争议，当事人协商不成的，由有关省、自治区、直辖市人民政府协商解决；协商不成的，由国务院地质矿产主管部门提出处理意见，报国务院决定。

第五章 集体所有制矿山企业、私营矿山企业和个体采矿者

第三十七条 国家依法保护集体所有制矿山企业、私营矿山企业和个体采矿者的合法权益，依法对集体所有制矿山企业、私营矿山企业和个体采矿者进行监督管理。

第三十八条 集体所有制矿山企业可以开采下列矿产资源：

（一）不适于国家建设大、中型矿山的矿床及矿点；

（二）经国有矿山企业同意，并经其上级主管部门批准，在其矿区范围内划出的边缘零星矿产；

（三）矿山闭坑后，经原矿山企业主管部门确认可以安全开采并不会引起严重环境后果的残留矿体；

（四）国家规划可以由集体所有制矿山企业开采的其他矿产资源。

集体所有制矿山企业开采前款第（二）项所列矿产资源时，必须与国有矿山企业签订合理开发利用矿产资源和矿山安全协议，不得浪费和破坏矿产资源，并不得影响国有矿山企业的生产安全。

第三十九条 私营矿山企业开采矿产资源的范围参照本细则第三十八条的规定执行。

第四十条 个体采矿者可以采挖下列矿产资源：

（一）零星分散的小矿体或者矿点；

（二）只能用作普通建筑材料的砂、石、粘土。

第四十一条 国家设立国家规划矿区、对国民经济具有重要价值的矿区时，对应当撤出的原采矿权人，国家按照有关规定给予合理补偿。

第六章 法律责任

第四十二条 依照《矿产资源法》第三十九条、第四十条、第四十二条、第四十三条、第四十四条规定处以罚款的，分别按照下列规定执行：

（一）未取得采矿许可证擅自采矿的，擅自进入国家规划矿区、对国民经济具有重要价值的矿区和他人矿区范围采矿的，擅自开采国家规定实行保护性开采的特定矿种的，处以违法所得50%以下的罚款；

（二）超越批准的矿区范围采矿的，处以违法所得30%以下的罚款；

（三）买卖、出租或者以其他形式转让矿产资源的，买卖、出租采矿权的，对卖

方、出租方、出让方处以违法所得一倍以下的罚款；

（四）非法用采矿权作抵押的，处以5000元以下的罚款；

（五）违反规定收购和销售国家规定统一收购的矿产品的，处以违法所得一倍以下的罚款；

（六）采取破坏性的开采方法开采矿产资源，造成矿产资源严重破坏的，处以相当于矿产资源损失价值50%以下的罚款。

第四十三条 违反本细则规定，有下列行为之一的，对主管人员和直接责任人员给予行政处分；构成犯罪的，依法追究刑事责任：

（一）批准不符合办矿条件的单位或者个人开办矿山的；

（二）对未经依法批准的矿山企业或者个人颁发采矿许可证的。

第七章 附 则

第四十四条 地下水资源具有水资源和矿产资源的双重属性。地下水资源的勘查，适用《矿产资源法》和本细则；地下水资源的开发、利用、保护和管理，适用《水法》和有关的行政法规。

第四十五条 本细则由地质矿产部负责解释。

第四十六条 本细则自发布之日起施行。

附件：

矿产资源分类细目

（一）能源矿产

煤、煤成气、石煤、油页岩、石油、天然气、油砂、天然沥青、铀、钍、地热。

（二）金属矿产

铁、锰、铬、钒、钛；铜、铅、锌、铝土矿、镍、钴、钨、锡、铋、钼、汞、锑、镁；铂、钯、钌、锇、铱、铑；金、银；铌、钽、铍、锂、锆、锶、铷、铯；镧、铈、镨、钕、钐、铕、钇、钆、铽、镝、钬、铒、铥、镱、镥；钪、锗、镓、铟、铊、铪、铼、镉、硒、碲。

（三）非金属矿产

金刚石、石墨、磷、自然硫、硫铁矿、钾盐、硼、水晶（压电水晶、熔炼水晶、光学水晶、工艺水晶）、刚玉、蓝晶石、硅线石、红柱石、硅灰石、钠硝石、滑石、石棉、蓝石棉、云母、长石、石榴子石、叶腊石、透辉石、透闪石、蛭石、沸石、明矾石、芒硝（含钙芒硝）、石膏（含硬石膏）、重晶石、毒重石、天然碱、方解石、冰洲石、菱镁矿、萤石（普通萤石、光学萤石）、宝石、黄玉、玉石、电气石、玛瑙、颜料矿物（赭石、颜料黄土）、石灰岩（电石用灰岩、制碱用灰岩、化肥用灰岩、熔剂用灰岩、玻璃用灰岩、水泥用灰岩、建筑石料用灰岩、制灰用灰岩、饰面用灰岩）、泥灰岩、白垩、含钾岩石、白云岩（冶金用白云岩、化肥用白云岩、玻璃用白云岩、建筑用白云岩）、石英岩（冶金用石英岩、玻璃用石英岩、化肥用石英岩）、砂岩（冶金用砂岩、玻璃用砂岩、水泥配料用砂岩、砖瓦用砂岩、化肥用砂岩、铸型用砂岩、陶瓷用砂岩）、天然石英砂（玻璃用砂、铸型用砂、建筑用砂、水泥配料用砂、水泥标准砂、砖瓦用砂）、脉石英（冶金用脉石英、玻璃用脉石英）、粉石英、天然油石、含钾砂页岩、硅藻土、页岩（陶粒页岩、砖瓦用页岩、水泥配料用页岩）、高岭土、陶瓷土、耐火粘土、凹凸棒石粘土、海泡石粘土、伊利石粘土、累托石粘土、膨润土、铁矾土、其他粘土（铸型用粘土、砖瓦用粘土、陶粒用粘土、水泥配料用粘土、水泥配料用红土、水泥配料用黄土、水泥配料用泥岩、保温材料用粘土)、橄榄岩(化肥用橄榄岩、建筑用橄榄岩)、蛇纹岩(化肥用蛇纹岩、熔剂用蛇纹岩、饰面用蛇纹岩)、玄武岩(铸石用玄武岩、岩棉用玄武岩)、辉绿岩(水泥用辉绿岩、铸石用辉绿岩、饰面用辉绿岩、建筑用辉绿岩)、安山岩(饰面用安山岩、建筑用安山岩、水泥混合材用安山玢岩)、闪长岩(水泥混合材用闪长玢岩、建筑用闪长岩)、花岗岩(建筑用花岗岩、饰面用花岗岩)、麦饭石、珍珠岩、黑曜岩、松脂岩、浮石、粗面岩(水泥用粗面岩、铸石用粗面岩)、霞石正长岩、凝灰岩(玻璃用凝灰岩、水泥用凝灰岩、建筑用凝灰岩)、火山灰、火山渣、大理岩(饰面用大理岩、建筑用大理岩、水泥用大理岩、玻璃用大理岩)、板岩(饰面用板岩、水泥配料用板岩)、片麻岩、角闪岩、泥炭、矿盐(湖盐、岩盐、天然卤水)、镁盐、碘、溴、砷。

(四)水气矿产

地下水、矿泉水、二氧化碳气、硫化氢气、氦气、氡气。

中华人民共和国对外合作开采陆上石油资源条例

(1993年10月7日国务院令第131号发布　根据2001年9月23日《国务院关于修改〈中华人民共和国对外合作开采陆上石油资源条例〉的决定》第一次修订　根据2007年9月18日《国务院关于修改〈中华人民共和国对外合作开采陆上石油资源条例〉的决定》第二次修订　根据2011年9月30日《国务院关于修改〈中华人民共和国对外合作开采陆上石油资源条例〉的决定》第三次修订　根据2013年7月18日《国务院关于废止和修改部分行政法规的决定》第四次修订)

第一章　总　则

第一条　为保障石油工业的发展，促进国际经济合作和技术交流，制定本条例。

第二条　在中华人民共和国境内从事中外合作开采陆上石油资源活动，必须遵守本条例。

第三条　中华人民共和国境内的石油资源属于中华人民共和国国家所有。

第四条　中国政府依法保护参加合作开采陆上石油资源的外国企业的合作开采活动及其投资、利润和其他合法权益。

在中华人民共和国境内从事中外合作开采陆上石油资源活动，必须遵守中华人民共和国的有关法律、法规和规章，并接受中国政府有关机关的监督管理。

第五条　国家对参加合作开采陆上石油资源的外国企业的投资和收益不实行征收。在特殊情况下，根据社会公共利益的需要，可以对外国企业在合作开采中应得石油的一部分或者全部，依照法律程序实行征收，并给予相应的补偿。

第六条 国务院指定的部门负责在国务院批准的合作区域内，划分合作区块，确定合作方式，组织制定有关规划和政策，审批对外合作油（气）田总体开发方案。

第七条 中国石油天然气集团公司、中国石油化工集团公司（以下简称中方石油公司）负责对外合作开采陆上石油资源的经营业务；负责与外国企业谈判、签订、执行合作开采陆上石油资源的合同；在国务院批准的对外合作开采陆上石油资源的区域内享有与外国企业合作进行石油勘探、开发、生产的专营权。

第八条 中方石油公司在国务院批准的对外合作开采陆上石油资源的区域内，按划分的合作区块，通过招标或者谈判，确定合作开采陆上石油资源的外国企业，签订合作开采石油合同或者其他合作合同，并向中华人民共和国商务部报送合同有关情况。

第九条 对外合作区块公布后，除中方石油公司与外国企业进行合作开采陆上石油资源活动外，其他企业不得进入该区块内进行石油勘查活动，也不得与外国企业签订在该区块内进行石油开采的经济技术合作协议。

对外合作区块公布前，已进入该区块进行石油勘查（尚处于区域评价勘查阶段）的企业，在中方石油公司与外国企业签订合同后，应当撤出。该企业所取得的勘查资料，由中方石油公司负责销售，以适当补偿其投资。该区块发现有商业开采价值的油（气）田后，从该区块撤出的企业可以通过投资方式参与开发。

国务院指定的部门应当根据合同的签订和执行情况，定期对所确定的对外合作区块进行调整。

第十条 对外合作开采陆上石油资源，应当遵循兼顾中央与地方利益的原则，通过吸收油（气）田所在地的资金对有商业开采价值的油（气）田的开发进行投资等方式，适当照顾地方利益。

有关地方人民政府应当依法保护合作区域内正常的生产经营活动，并在土地使用、道路通行、生活服务等方面给予有效协助。

第十一条 对外合作开采陆上石油资源，应当依法纳税。

第十二条 为执行合同所进口的设备和材料，按照国家有关规定给予减税、免税或者给予税收方面的其他优惠。具体办法由财政部会同海关总署制定。

第二章 外国合同者的权利和义务

第十三条 中方石油公司与外国企业合作开采陆上石油资源必须订立合同，除法律、法规另有规定或者合同另有约定外，应当由签订合同的外国企业（以下简称外国合同者）单独投资进行勘探，负责勘探作业，并承担勘探风险；发现有商业开采价值的油（气）田后，由外国合同者与中方石油公司共同投资合作开发；外国合同者并应承担开发作业和生产作业，直至中方石油公司按照合同约定接替生产作业为止。

第十四条 外国合同者可以按照合同约定，从生产的石油中回收其投资和费用，并取得报酬。

第十五条 外国合同者根据国家有关规定和合同约定，可以将其应得的石油和购买的石油运往国外，也可以依法将其回收的投资、利润和其他合法收益汇往国外。

外国合同者在中华人民共和国境内销售其应得的石油，一般由中方石油公司收购，也可以采取合同双方约定的其他方式销售，但是不得违反国家有关在中华人民共和国境内销售石油产品的规定。

第十六条 外国合同者开立外汇账户和办理其他外汇事宜，应当遵守《中华人民共和国外汇管理条例》和国家有关外汇管理的其他规定。

外国合同者的投资，应当采用美元或者其他可自由兑换货币。

第十七条 外国合同者应当依法在中华人民共和国境内设立分公司、子公司或者代表机构。

前款机构的设立地点由外国合同者与中方石油公司协商确定。

第十八条 外国合同者在执行合同的过程中，应当及时地、准确地向中方石油公司报告石油作业情况，完整地、准确地取得各项石油作业的数据、记录、样品、凭证和其他原始资料，并按规定向中方石油公司提交资料和样品以及技术、经济、财会、行政方面的各种报告。

第十九条 外国合同者执行合同，除租用第三方的设备外，按照计划和预算所购置和建造的全部资产，在其投资按照合同约定得到补偿或者该油（气）田生产期期满后，所有权属于中方石油公司。在合同期内，外国合同者可以按照合同约定使用这些资产。

第三章 石油作业

第二十条 作业者必须根据国家有关开采石油资源的规定，制定油（气）田总体开发方案，并经国务院指定的部门批准后，实施开发作业和生产作业。

第二十一条 石油合同可以约定石油作业所需的人员，作业者可以优先录用中国公民。

第二十二条 作业者和承包者在实施石油作业中，应当遵守国家有关环境保护和安全作业方面的法律、法规和标准，并按照国际惯例进行作业，保护农田、水产、森林资源和其他自然资源，防止对大气、海洋、河流、湖泊、地下水和陆地其他环境的污染和损害。

第二十三条 在实施石油作业中使用土地的，应当依照《中华人民共和国土地管理法》和国家其他有关规定办理。

第二十四条 本条例第十八条规定的各项石油作业的数据、记录、样品、凭证和其他原始资料，所有权属于中方石油公司。

前款所列数据、记录、样品、凭证和其他原始资料的使用、转让、赠与、交换、出售、发表以及运出、传送到中华人民共和国境外，必须按照国家有关规定执行。

第四章 争议的解决

第二十五条 合作开采陆上石油资源合同的当事人因执行合同发生争议时，应当通过协商或者调解解决；不愿协商、调解，或者协商、调解不成的，可以根据合同中的仲裁条款或者事后达成的书面仲裁协议，提交中国仲裁机构或者其他仲裁机构仲裁。

当事人未在合同中订立仲裁条款，事后又没有达成书面仲裁协议的，可以向中国人民法院起诉。

第五章 法律责任

第二十六条 违反本条例规定，有下列行为之一的，由国务院指定的部门依据职权责令限期改正，给予警告；在限期内不改正的，可以责令其停止实施石油作业；构成犯罪的，依法追究刑事责任。

（一）违反本条例第九条第一款规定，擅自进入对外合作区块进行石油勘查活动或者与外国企业签订在对外合作区块内进行石油开采合作协议的；

（二）违反本条例第十八条规定，在执行合同的过程中，未向中方石油公司及时、准确地报告石油作业情况的，未按规定向中方石油公司提交资料和样品以及技术、经济、财会、行政方面的各种报告的；

（三）违反本条例第二十条规定，油（气）田总体开发方案未经批准，擅自实施开发作业和生产作业的；

（四）违反本条例第二十四条第二款规定，擅自使用石油作业的数据、记录、样品、凭证和其他原始资料或者将其转让、赠与、交换、出售、发表以及运出、传送到中华人民共和国境外的。

第二十七条 违反本条例第十一条、第十六条、第二十二条、第二十三条规定的，由国家有关主管部门依照有关法律、法规的规定予以处罚；构成犯罪的，依法追究刑事责任。

第六章 附 则

第二十八条 本条例下列用语的含义：

（一）“石油”，是指蕴藏在地下的、正在采出的和已经采出的原油和天然气。

（二）“陆上石油资源”，是指蕴藏在陆地全境（包括海滩、岛屿及向外延伸至5米水深处的海域）的范围内的地下石油资源。

（三）“开采”，是指石油的勘探、开发、生产和销售及其有关的活动。

（四）“石油作业”，是指为执行合同而进行的勘探、开发和生产作业及其有关的活动。

（五）“勘探作业”，是指用地质、地球物理、地球化学和包括钻探井等各种方法寻找储藏石油圈闭所做的全部工作，以及在已发现石油的圈闭上为确定它有无商业价值所做的钻评价井、可行性研究和编制油（气）田的总体开发方案等全部工作。

（六）“开发作业”，是指自油（气）田总体开发方案被批准之日起，为实现石油生产所进行的设计、建造、安装、钻井工程等及其相应的研究工作，包括商业性生产开始之前的生产活动。

（七）“生产作业”，是指一个油（气）田从开始商业性生产之日起，为生产石油所进行的全部作业以及与其有关的活动。

第二十九条 本条例第四条、第十一条、第十二条、第十五条、第十六条、第十七条、第二十一条的规定，适用于外国承包者。

第三十条 对外合作开采煤层气资源由中联煤层气有限责任公司、国务院指定的其他公司实施专营，并参照本条例执行。

第三十一条 本条例自公布之日起施行。

矿产资源开采登记管理办法

（1998年2月12日国务院令第241号发布　根据2014年7月29日《国务院关于修改部分行政法规的决定》修订）

第一条　为了加强对矿产资源开采的管理，保护采矿权人的合法权益，维护矿产资源开采秩序，促进矿业发展，根据《中华人民共和国矿产资源法》，制定本办法。

第二条　在中华人民共和国领域及管辖的其他海域开采矿产资源，必须遵守本办法。

第三条　开采下列矿产资源，由国务院地质矿产主管部门审批登记，颁发采矿许可证：

（一）国家规划矿区和对国民经济具有重要价值的矿区内的矿产资源；

（二）领海及中国管辖的其他海域的矿产资源；

（三）外商投资开采的矿产资源；

（四）本办法附录所列的矿产资源。

开采石油、天然气矿产的，经国务院指定的机关审查同意后，由国务院地质矿产主管部门登记，颁发采矿许可证。

开采下列矿产资源，由省、自治区、直辖市人民政府地质矿产主管部门审批登记，颁发采矿许可证：

（一）本条第一款、第二款规定以外的矿产储量规模中型以上的矿产资源；

（二）国务院地质矿产主管部门授权省、自治区、直辖市人民政府地质矿产主管部门审批登记的矿产资源。

开采本条第一款、第二款、第三款规定以外的矿产资源，由县级以上地方人民政府负责地质矿产管理工作的部门，按照省、自治区、直辖市人民代表大会常务委员会制定的管理办法审批登记，颁发采矿许可证。

矿区范围跨县级以上行政区域的，由所涉及行政区域的共同上一级登记管理机关审批登记，颁发采矿许可证。

县级以上地方人民政府负责地质矿产管理工作的部门在审批发证后，应当逐级向上一级人民政府负责地质矿产管理工作的部门备案。

第四条　采矿权申请人在提出采矿权申请前，应当根据经批准的地质勘查储量报告，向登记管理机关申请划定矿区范围。

需要申请立项，设立矿山企业的，应当根据划定的矿区范围，按照国家规定办理有关手续。

第五条　采矿权申请人申请办理采矿许可证时，应当向登记管理机关提交下列资料：

（一）申请登记书和矿区范围图；

（二）采矿权申请人资质条件的证明；

（三）矿产资源开发利用方案；

（四）依法设立矿山企业的批准文件；

（五）开采矿产资源的环境影响评价报告；

（六）国务院地质矿产主管部门规定提交的其他资料。

申请开采国家规划矿区或者对国民经济具有重要价值的矿区内的矿产资源和国家实行保护性开采的特定矿种的，还应当提交国务院有关主管部门的批准文件。

申请开采石油、天然气的，还应当提交国务院批准设立石油公司或者同意进行石油、天然气开采的批准文件以及采矿企业法人资格证明。

第六条 登记管理机关应当自收到申请之日起40日内，作出准予登记或者不予登记的决定，并通知采矿权申请人。

需要采矿权申请人修改或者补充本办法第五条规定的资料的，登记管理机关应当通知采矿权申请人限期修改或者补充。

准予登记的，采矿权申请人应当自收到通知之日起30日内，依照本办法第九条的规定缴纳采矿权使用费，并依照本办法第十条的规定缴纳国家出资勘查形成的采矿权价款，办理登记手续，领取采矿许可证，成为采矿权人。

不予登记的，登记管理机关应当向采矿权申请人说明理由。

第七条 采矿许可证有效期，按照矿山建设规模确定：大型以上的，采矿许可证有效期最长为30年；中型的，采矿许可证有效期最长为20年；小型的，采矿许可证有效期最长为10年。采矿许可证有效期满，需要继续采矿的，采矿权人应当在采矿许可证有效期届满的30日前，到登记管理机关办理延续登记手续。

采矿权人逾期不办理延续登记手续的，采矿许可证自行废止。

第八条 登记管理机关在颁发采矿许可证后，应当通知矿区范围所在地的有关县级人民政府。有关县级人民政府应当自收到通知之日起90日内，对矿区范围予以公告，并可以根据采矿权人的申请，组织埋设界桩或者设置地面标志。

第九条 国家实行采矿权有偿取得的制度。采矿权使用费，按照矿区范围的面积逐年缴纳，标准为每平方公里每年1000元。

第十条 申请国家出资勘查并已经探明矿产地的采矿权的，采矿权申请人除依照本办法第九条的规定缴纳采矿权使用费外，还应当缴纳国家出资勘查形成的采矿权价款；采矿权价款按照国家有关规定，可以一次缴纳，也可以分期缴纳。

国家出资勘查形成的采矿权价款，由具有矿业权评估资质的评估机构进行评估；评估报告报登记管理机关备案。

第十一条 采矿权使用费和国家出资勘查形成的采矿权价款由登记管理机关收取，全部纳入国家预算管理。具体管理、使用办法，由国务院地质矿产主管部门会同国务院财政部门、计划主管部门制定。

第十二条 有下列情形之一的，由采矿权人提出申请，经省级以上人民政府登记管理机关按照国务院地质矿产主管部门会同国务院财政部门制定的采矿权使用费和采矿权价款的减免办法审查批准，可以减缴、免缴采矿权使用费和采矿权价款：

（一）开采边远贫困地区的矿产资源的；

（二）开采国家紧缺的矿种的；

（三）因自然灾害等不可抗力的原因，造成矿山企业严重亏损或者停产的；

（四）国务院地质矿产主管部门和国务院财政部门规定的其他情形。

第十三条 采矿权可以通过招标投标的方式有偿取得。

登记管理机关依照本办法第三条规定的

权限确定招标的矿区范围，发布招标公告，提出投标要求和截止日期；但是，对境外招标的矿区范围由国务院地质矿产主管部门确定。

登记管理机关组织评标，采取择优原则确定中标人。中标人缴纳本办法第九条、第十条规定的费用后，办理登记手续，领取采矿许可证，成为采矿权人，并履行标书中承诺的义务。

第十四条 登记管理机关应当对本行政区域内的采矿权人合理开发利用矿产资源、保护环境及其他应当履行的法定义务等情况依法进行监督检查。采矿权人应当如实报告有关情况，并提交年度报告。

第十五条 有下列情形之一的，采矿权人应当在采矿许可证有效期内，向登记管理机关申请变更登记：

（一）变更矿区范围的；

（二）变更主要开采矿种的；

（三）变更开采方式的；

（四）变更矿山企业名称的；

（五）经依法批准转让采矿权的。

第十六条 采矿权人在采矿许可证有效期内或者有效期届满，停办、关闭矿山的，应当自决定停办或者关闭矿山之日起30内，向原发证机关申请办理采矿许可证注销登记手续。

第十七条 任何单位和个人未领取采矿许可证擅自采矿的，擅自进入国家规划矿区和对国民经济具有重要价值的矿区范围采矿的，擅自开采国家规定实行保护性开采的特定矿种的，超越批准的矿区范围采矿的，由登记管理机关依照有关法律、行政法规的规定予以处罚。

第十八条 不依照本办法规定提交年度报告、拒绝接受监督检查或者弄虚作假的，由县级以上人民政府负责地质矿产管理工作的部门按照国务院地质矿产主管部门规定的权限，责令停止违法行为，予以警告，可以并处5万元以下的罚款；情节严重的，由原发证机关吊销采矿许可证。

第十九条 破坏或者擅自移动矿区范围界桩或者地面标志的，由县级以上人民政府负责地质矿产管理工作的部门按照国务院地质矿产主管部门规定的权限，责令限期恢复；情节严重的，处3万元以下的罚款。

第二十条 擅自印制或者伪造、冒用采矿许可证的，由县级以上人民政府负责地质矿产管理工作的部门按照国务院地质矿产主管部门规定的权限，没收违法所得，可以并处10万元以下的罚款；构成犯罪的，依法追究刑事责任。

第二十一条 违反本办法规定，不按期缴纳本办法规定应当缴纳的费用的，由登记管理机关责令限期缴纳，并从滞纳之日起每日加收千分之二的滞纳金；逾期仍不缴纳的，由原发证机关吊销采矿许可证。

第二十二条 违反本办法规定，不办理采矿许可证变更登记或者注销登记手续的，由登记管理机关责令限期改正；逾期不改正的，由原发证机关吊销采矿许可证。

第二十三条 违反本办法规定开采石油、天然气矿产的，由国务院地质矿产主管部门按照本办法的有关规定给予行政处罚。

第二十四条 采矿权人被吊销采矿许可证的，自采矿许可证被吊销之日起2年内不得再申请采矿权。

第二十五条 登记管理机关工作人员徇私舞弊、滥用职权、玩忽职守，构成犯罪的，依法追究刑事责任；尚不构成犯罪的，依法给予行政处分。

第二十六条 采矿许可证由国务院地质

矿产主管部门统一印制。申请登记书、变更申请登记书和注销申请登记书的格式，由国务院地质矿产主管部门统一制定。

第二十七条 办理采矿登记手续，应当按照规定缴纳登记费。收费标准和管理、使用办法，由国务院物价主管部门会同国务院地质矿产主管部门、财政部门规定。

第二十八条 外商投资开采矿产资源，依照本办法的规定办理；法律、行政法规另有特别规定的，从其规定。

第二十九条 中外合作开采矿产资源的，中方合作者应当在签订合同后，将合同向原发证机关备案。

第三十条 本办法施行前已经取得采矿许可证的，由国务院地质矿产主管部门统一组织换领新采矿许可证。

本办法施行前已经开办的矿山企业，应当自本办法施行之日起开始缴纳采矿权使用费，并可以依照本办法的规定申请减缴、免缴。

第三十一条 登记管理机关应当对颁发的采矿许可证和吊销的采矿许可证予以公告。

第三十二条 本办法所称矿区范围，是指经登记管理机关依法划定的可供开采矿产资源的范围、井巷工程设施分布范围或者露天剥离范围的立体空间区域。

本办法所称开采方式，是指地下开采或者露天开采。

第三十三条 本办法附录的修改，由国务院地质矿产主管部门报国务院批准后公布。

第三十四条 本办法自发布之日起施行。1987 年 4 月 29 日国务院发布的《全民所有制矿山企业采矿登记管理暂行办法》和 1990 年 11 月 22 日《国务院关于修改〈全民所有制矿山企业采矿登记管理暂行办法〉的决定》同时废止。

附录：国务院地质矿产主管部门审批发证矿种目录（略）

探矿权采矿权转让管理办法

（1998 年 2 月 12 日国务院令第 242 号发布　根据 2014 年 7 月 29 日《国务院关于修改部分行政法规的决定》修订）

第一条 为了加强对探矿权、采矿权转让的管理，保护探矿权人、采矿权人的合法权益，促进矿业发展，根据《中华人民共和国矿产资源法》，制定本办法。

第二条 在中华人民共和国领域及管辖的其他海域转让依法取得的探矿权、采矿权的，必须遵守本办法。

第三条 除按照下列规定可以转让外，探矿权、采矿权不得转让：

（一）探矿权人有权在划定的勘查作业区内进行规定的勘查作业，有权优先取得勘查作业区内矿产资源的采矿权。探矿权人在完成规定的最低勘查投入后，经依法批准，可以将探矿权转让他人。

（二）已经取得采矿权的矿山企业，因企业合并、分立，与他人合资、合作经营，或者因企业资产出售以及有其他变更企业资产产权的情形，需要变更采矿权主体的，经依法批准，可以将采矿权转让他人采矿。

第四条 国务院地质矿产主管部门和省、自治区、直辖市人民政府地质矿产主管部门是探矿权、采矿权转让的审批管理机关。

国务院地质矿产主管部门负责由其审批发证的探矿权、采矿权转让的审批。

省、自治区、直辖市人民政府地质矿产主管部门负责本条第二款规定以外的探矿权、采矿权转让的审批。

第五条 转让探矿权，应当具备下列条件：

（一）自颁发勘查许可证之日起满 2 年，或者在勘查作业区内发现可供进一步勘查或者开采的矿产资源；

（二）完成规定的最低勘查投入；

（三）探矿权属无争议；

（四）按照国家有关规定已经缴纳探矿权使用费、探矿权价款；

（五）国务院地质矿产主管部门规定的其他条件。

第六条 转让采矿权，应当具备下列条件：

（一）矿山企业投入采矿生产满 1 年；

（二）采矿权属无争议；

（三）按照国家有关规定已经缴纳采矿权使用费、采矿权价款、矿产资源补偿费和资源税；

（四）国务院地质矿产主管部门规定的其他条件。

国有矿山企业在申请转让采矿权前，应当征得矿山企业主管部门的同意。

第七条 探矿权或者采矿权转让的受让人，应当符合《矿产资源勘查区块登记管理办法》或者《矿产资源开采登记管理办法》规定的有关探矿权申请人或者采矿权申请人的条件。

第八条 探矿权人或者采矿权人在申请转让探矿权或者采矿权时，应当向审批管理机关提交下列资料：

（一）转让申请书；

（二）转让人与受让人签订的转让合同；

（三）受让人资质条件的证明文件；

（四）转让人具备本办法第五条或者第六条规定的转让条件的证明；

（五）矿产资源勘查或者开采情况的报告；

（六）审批管理机关要求提交的其他有关资料。

国有矿山企业转让采矿权时，还应当提交有关主管部门同意转让采矿权的批准文件。

第九条 转让国家出资勘查所形成的探矿权、采矿权的，必须进行评估。

国家出资勘查形成的探矿权、采矿权价款，由具有矿业权评估资质的评估机构进行评估；评估报告报探矿权、采矿权登记管理机关备案。

第十条 申请转让探矿权、采矿权的，审批管理机关应当自收到转让申请之日起 40 日内，作出准予转让或者不准转让的决定，并通知转让人和受让人。

准予转让的，转让人和受让人应当自收到批准转让通知之日起 60 日内，到原发证机关办理变更登记手续；受让人按照国家规定缴纳有关费用后，领取勘查许可证或者采矿许可证，成为探矿权人或者采矿权人。

批准转让的，转让合同自批准之日起

生效。

不准转让的，审批管理机关应当说明理由。

第十一条 审批管理机关批准转让探矿权、采矿权后，应当及时通知原发证机关。

第十二条 探矿权、采矿权转让后，探矿权人、采矿权人的权利、义务随之转移。

第十三条 探矿权、采矿权转让后，勘查许可证、采矿许可证的有效期限，为原勘查许可证、采矿许可证的有效期减去已经进行勘查、采矿的年限的剩余期限。

第十四条 未经审批管理机关批准，擅自转让探矿权、采矿权的，由登记管理机关责令改正，没收违法所得，处10万元以下的罚款；情节严重的，由原发证机关吊销勘查许可证、采矿许可证。

第十五条 违反本办法第三条第（二）项的规定，以承包等方式擅自将采矿权转给他人进行采矿的，由县级以上人民政府负责地质矿产管理工作的部门按照国务院地质矿产主管部门规定的权限，责令改正，没收违法所得，处10万元以下的罚款；情节严重的，由原发证机关吊销采矿许可证。

第十六条 审批管理机关工作人员徇私舞弊、滥用职权、玩忽职守，构成犯罪的，依法追究刑事责任；尚不构成犯罪的，依法给予行政处分。

第十七条 探矿权转让申请书、采矿权转让申请书的格式，由国务院地质矿产主管部门统一制定。

第十八条 本办法自发布之日起施行。

矿产资源勘查区块登记管理办法

（1998年2月12日国务院令第240号发布　根据2014年7月29日《国务院关于修改部分行政法规的决定》修订）

第一条 为了加强对矿产资源勘查的管理，保护探矿权人的合法权益，维护矿产资源勘查秩序，促进矿业发展，根据《中华人民共和国矿产资源法》，制定本办法。

第二条 在中华人民共和国领域及管辖的其他海域勘查矿产资源，必须遵守本办法。

第三条 国家对矿产资源勘查实行统一的区块登记管理制度。矿产资源勘查工作区范围以经纬度1′×1′划分的区块为基本单位区块。每个勘查项目允许登记的最大范围：

（一）矿泉水为10个基本单位区块；

（二）金属矿产、非金属矿产、放射性矿产为40个基本单位区块；

（三）地热、煤、水气矿产为200个基本单位区块；

（四）石油、天然气矿产为2500个基本单位区块。

第四条 勘查下列矿产资源，由国务院地质矿产主管部门审批登记，颁发勘查许可证：

（一）跨省、自治区、直辖市的矿产

资源；

（二）领海及中国管辖的其他海域的矿产资源；

（三）外商投资勘查的矿产资源；

（四）本办法附录所列的矿产资源。

勘查石油、天然气矿产的，经国务院指定的机关审查同意后，由国务院地质矿产主管部门登记，颁发勘查许可证。

勘查下列矿产资源，由省、自治区、直辖市人民政府地质矿产主管部门审批登记，颁发勘查许可证，并应当自发证之日起10日内，向国务院地质矿产主管部门备案：

（一）本条第一款、第二款规定以外的矿产资源；

（二）国务院地质矿产主管部门授权省、自治区、直辖市人民政府地质矿产主管部门审批登记的矿产资源。

第五条 勘查出资人为探矿权申请人；但是，国家出资勘查的，国家委托勘查的单位为探矿权申请人。

第六条 探矿权申请人申请探矿权时，应当向登记管理机关提交下列资料：

（一）申请登记书和申请的区块范围图；

（二）勘查单位的资格证书复印件；

（三）勘查工作计划、勘查合同或者委托勘查的证明文件；

（四）勘查实施方案及附件；

（五）勘查项目资金来源证明；

（六）国务院地质矿产主管部门规定提交的其他资料。

申请勘查石油、天然气的，还应当提交国务院批准设立石油公司或者同意进行石油、天然气勘查的批准文件以及勘查单位法人资格证明。

第七条 申请石油、天然气滚动勘探开发的，应当向登记管理机关提交下列资料，经批准，办理登记手续，领取滚动勘探开发的采矿许可证：

（一）申请登记书和滚动勘探开发矿区范围图；

（二）国务院计划主管部门批准的项目建议书；

（三）需要进行滚动勘探开发的论证材料；

（四）经国务院矿产储量审批机构批准进行石油、天然气滚动勘探开发的储量报告；

（五）滚动勘探开发利用方案。

第八条 登记管理机关应当自收到申请之日起40日内，按照申请在先的原则作出准予登记或者不予登记的决定，并通知探矿权申请人。对申请勘查石油、天然气的，登记管理机关还应当在收到申请后及时予以公告或者提供查询。

登记管理机关应当保证国家地质勘查计划一类项目的登记，具体办法由国务院地质矿产主管部门会同国务院计划主管部门制定。

需要探矿权申请人修改或者补充本办法第六条规定的资料的，登记管理机关应当通知探矿权申请人限期修改或者补充。

准予登记的，探矿权申请人应当自收到通知之日起30日内，依照本办法第十二条的规定缴纳探矿权使用费，并依照本办法第十三条的规定缴纳国家出资勘查形成的探矿权价款，办理登记手续，领取勘查许可证，成为探矿权人。

不予登记的，登记管理机关应当向探矿权申请人说明理由。

第九条 禁止任何单位和个人进入他人依法取得探矿权的勘查作业区内进行勘查或者采矿活动。

探矿权人与采矿权人对勘查作业区范围

和矿区范围发生争议的，由当事人协商解决；协商不成的，由发证的登记管理机关中级别高的登记管理机关裁决。

第十条 勘查许可证有效期最长为3年；但是，石油、天然气勘查许可证有效期最长为7年。需要延长勘查工作时间的，探矿权人应当在勘查许可证有效期届满的30日前，到登记管理机关办理延续登记手续，每次延续时间不得超过2年。

探矿权人逾期不办理延续登记手续的，勘查许可证自行废止。

石油、天然气滚动勘探开发的采矿许可证有效期最长为15年；但是，探明储量的区块，应当申请办理采矿许可证。

第十一条 登记管理机关应当自颁发勘查许可证之日起10日内，将登记发证项目的名称、探矿权人、区块范围和勘查许可证期限等事项，通知勘查项目所在地的县级人民政府负责地质矿产管理工作的部门。

登记管理机关对勘查区块登记发证情况，应当定期予以公告。

第十二条 国家实行探矿权有偿取得的制度。探矿权使用费以勘查年度计算，逐年缴纳。

探矿权使用费标准：第一个勘查年度至第三个勘查年度，每平方公里每年缴纳100元；从第四个勘查年度起，每平方公里每年增加100元，但是最高不得超过每平方公里每年500元。

第十三条 申请国家出资勘查并已经探明矿产地的区块的探矿权的，探矿权申请人除依照本办法第十二条的规定缴纳探矿权使用费外，还应当缴纳国家出资勘查形成的探矿权价款；探矿权价款按照国家有关规定，可以一次缴纳，也可以分期缴纳。

国家出资勘查形成的探矿权价款，由具有矿业权评估资质的评估机构进行评估；评估报告报登记管理机关备案。

第十四条 探矿权使用费和国家出资勘查形成的探矿权价款，由登记管理机关收取，全部纳入国家预算管理。具体管理、使用办法，由国务院地质矿产主管部门会同国务院财政部门、计划主管部门制定。

第十五条 有下列情形之一的，由探矿权人提出申请，经登记管理机关按照国务院地质矿产主管部门会同国务院财政部门制定的探矿权使用费和探矿权价款的减免办法审查批准，可以减缴、免缴探矿权使用费和探矿权价款：

（一）国家鼓励勘查的矿种；

（二）国家鼓励勘查的区域；

（三）国务院地质矿产主管部门会同国务院财政部门规定的其他情形。

第十六条 探矿权可以通过招标投标的方式有偿取得。

登记管理机关依照本办法第四条规定的权限确定招标区块，发布招标公告，提出投标要求和截止日期；但是，对境外招标的区块由国务院地质矿产主管部门确定。

登记管理机关组织评标，采取择优原则确定中标人。中标人缴纳本办法第十二条、第十三条规定的费用后，办理登记手续，领取勘查许可证，成为探矿权人，并履行标书中承诺的义务。

第十七条 探矿权人应当自领取勘查许可证之日起，按照下列规定完成最低勘查投入：

（一）第一个勘查年度，每平方公里2000元；

（二）第二个勘查年度，每平方公里5000元；

（三）从第三个勘查年度起，每个勘查

年度每平方公里10000元。

探矿权人当年度的勘查投入高于最低勘查投入标准的，高于的部分可以计入下一个勘查年度的勘查投入。

因自然灾害等不可抗力的原因，致使勘查工作不能正常进行的，探矿权人应当自恢复正常勘查工作之日起30日内，向登记管理机关提交申请核减相应的最低勘查投入的报告；登记管理机关应当自收到报告之日起30日内予以批复。

第十八条 探矿权人应当自领取勘查许可证之日起6个月内开始施工；在开始勘查工作时，应当向勘查项目所在地的县级人民政府负责地质矿产管理工作的部门报告，并向登记管理机关报告开工情况。

第十九条 探矿权人在勘查许可证有效期内进行勘查时，发现符合国家边探边采规定要求的复杂类型矿床的，可以申请开采，经登记管理机关批准，办理采矿登记手续。

第二十条 探矿权人在勘查石油、天然气等流体矿产期间，需要试采的，应当向登记管理机关提交试采申请，经批准后可以试采1年；需要延长试采时间的，必须办理登记手续。

第二十一条 探矿权人在勘查许可证有效期内探明可供开采的矿体后，经登记管理机关批准，可以停止相应区块的最低勘查投入，并可以在勘查许可证有效期届满的30日前，申请保留探矿权。但是，国家为了公共利益或者因技术条件暂时难以利用等情况，需要延期开采的除外。

保留探矿权的期限，最长不得超过2年，需要延长保留期的，可以申请延长2次，每次不得超过2年；保留探矿权的范围为可供开采的矿体范围。

在停止最低勘查投入期间或者探矿权保留期间，探矿权人应当依照本办法的规定，缴纳探矿权使用费。

探矿权保留期届满，勘查许可证应当予以注销。

第二十二条 有下列情形之一的，探矿权人应当在勘查许可证有效期内，向登记管理机关申请变更登记：

（一）扩大或者缩小勘查区块范围的；

（二）改变勘查工作对象的；

（三）经依法批准转让探矿权的；

（四）探矿权人改变名称或者地址的。

第二十三条 探矿权延续登记和变更登记，其勘查年度、探矿权使用费和最低勘查投入连续计算。

第二十四条 有下列情形之一的，探矿权人应当在勘查许可证有效期内，向登记管理机关递交勘查项目完成报告或者勘查项目终止报告，报送资金投入情况报表和有关证明文件，由登记管理机关核定其实际勘查投入后，办理勘查许可证注销登记手续：

（一）勘查许可证有效期届满，不办理延续登记或者不申请保留探矿权的；

（二）申请采矿权的；

（三）因故需要撤销勘查项目的。

自勘查许可证注销之日起90日内，原探矿权人不得申请已经注销的区块范围内的探矿权。

第二十五条 登记管理机关需要调查勘查投入、勘查工作进展情况，探矿权人应当如实报告并提供有关资料，不得虚报、瞒报，不得拒绝检查。

对探矿权人要求保密的申请登记资料、勘查工作成果资料和财务报表，登记管理机关应当予以保密。

第二十六条 违反本办法规定，未取得勘查许可证擅自进行勘查工作的，超越批准的勘查区块范围进行勘查工作的，由县级以上人民政府负责地质矿产管理工作的部门按照国务院地质矿产主管部门规定的权限，责令停止违法行为，予以警告，可以并处10万元以下的罚款。

第二十七条 违反本办法规定，未经批准，擅自进行滚动勘探开发、边探边采或者试采的，由县级以上人民政府负责地质矿产管理工作的部门按照国务院地质矿产主管部门规定的权限，责令停止违法行为，予以警告，没收违法所得，可以并处10万元以下的罚款。

第二十八条 违反本办法规定，擅自印制或者伪造、冒用勘查许可证的，由县级以上人民政府负责地质矿产管理工作的部门按照国务院地质矿产主管部门规定的权限，没收违法所得，可以并处10万元以下的罚款；构成犯罪的，依法追究刑事责任。

第二十九条 违反本办法规定，有下列行为之一的，由县级以上人民政府负责地质矿产管理工作的部门按照国务院地质矿产主管部门规定的权限，责令限期改正；逾期不改正的，处5万元以下的罚款；情节严重的，原发证机关可以吊销勘查许可证：

（一）不按照本办法的规定备案、报告有关情况、拒绝接受监督检查或者弄虚作假的；

（二）未完成最低勘查投入的；

（三）已经领取勘查许可证的勘查项目，满6个月未开始施工，或者施工后无故停止勘查工作满6个月的。

第三十条 违反本办法规定，不办理勘查许可证变更登记或者注销登记手续的，由登记管理机关责令限期改正；逾期不改正的，由原发证机关吊销勘查许可证。

第三十一条 违反本办法规定，不按期缴纳本办法规定应当缴纳的费用的，由登记管理机关责令限期缴纳，并从滞纳之日起每日加收2‰的滞纳金；逾期仍不缴纳的，由原发证机关吊销勘查许可证。

第三十二条 违反本办法规定勘查石油、天然气矿产的，由国务院地质矿产主管部门按照本办法的有关规定给予行政处罚。

第三十三条 探矿权人被吊销勘查许可证的，自勘查许可证被吊销之日起6个月内，不得再申请探矿权。

第三十四条 登记管理机关工作人员徇私舞弊、滥用职权、玩忽职守，构成犯罪的，依法追究刑事责任；尚不构成犯罪的，依法给予行政处分。

第三十五条 勘查许可证由国务院地质矿产主管部门统一印制。申请登记书、变更申请登记书、探矿权保留申请登记书和注销申请登记书的格式，由国务院地质矿产主管部门统一制定。

第三十六条 办理勘查登记手续，应当按照规定缴纳登记费。收费标准和管理、使用办法，由国务院物价主管部门会同国务院地质矿产主管部门、财政部门规定。

第三十七条 外商投资勘查矿产资源的，依照本办法的规定办理；法律、行政法规另有特别规定的，从其规定。

第三十八条 中外合作勘查矿产资源的，中方合作者应当在签订合同后，将合同向原发证机关备案。

第三十九条 本办法施行前已经取得勘查许可证的，由国务院地质矿产主管部门统一组织换领新的勘查许可证。探矿权使用费、最低勘查投入按照重新登记后的第一个勘查年度计算，并可以依照本办法的规定申请减缴、免缴。

第四十条 本办法附录的修改，由国务院地质矿产主管部门报国务院批准后公布。

第四十一条 本办法自发布之日起施行。1987年4月29日国务院发布的《矿产资源勘查登记管理暂行办法》和1987年12月16日国务院批准、石油工业部发布的《石油及天然气勘查、开采登记管理暂行办法》同时废止。

附录：国务院地质矿产主管部门审批发证矿种目录（略）

矿产资源监督管理暂行办法

（1987年4月29日　国发〔1987〕42号）

第一条 为加强对矿山企业的矿产资源开发利用和保护工作的监督管理，根据《中华人民共和国矿产资源法》的有关规定，制定本办法。

第二条 本办法适用于在中华人民共和国领域及管辖海域内从事采矿生产的矿山企业（包括有矿山的单位，下同），但本办法另有规定的除外。

第三条 国务院地质矿产主管部门对执行本办法负有下列职责：

一、制定有关矿产资源开发利用与保护的监督管理规章；

二、监督、检查矿产资源管理法规的执行情况；

三、会同有关部门建立矿产资源合理开发利用的考核指标体系及定期报表制度；

四、会同有关主管部门负责大型矿山企业的非正常储量报销的审批工作；

五、组织或者参与矿产资源开发利用与保护工作的调查研究，总结交流经验。

第四条 省、自治区、直辖市人民政府地质矿产主管部门对执行本办法负有下列职责：

一、根据本办法和有关法规，对本地区矿山企业的矿产资源开发利用与保护工作进行监督管理和指导。

二、根据需要向重点矿山企业派出矿产督察员，向矿山企业集中的地区派出巡回矿产督察员；派出督察员的具体办法，由国务院地质矿产主管部门会同有关部门另行制定。

第五条 国务院和各省、自治区、直辖市人民政府的有关主管部门对贯彻执行本办法负有下列职责：

一、制定本部门矿产资源开发利用和保护工作的规章、规定，并报同级地质矿产主管部门备案；

二、根据本办法和有关法规，协助地质矿产主管部门对本部门矿山企业的矿产资源开发利用与保护工作进行监督管理；

三、负责所属矿山企业的矿产储量管理，严格执行矿产储量核减的审批规定；

四、总结和交流本部门矿山企业矿产资源合理开发利用和保护工作的经验。

第六条 矿山企业的地质测量机构是本企业矿产资源开发利用与保护工作的监督管理机构，对执行本办法负有以下职责：

一、做好生产勘探工作，提高矿产储量

级别，为开采提供可靠地质依据；

二、对矿产资源开采的损失、贫化以及矿产资源综合开采利用进行监督；

三、对矿山企业的矿产储量进行管理；

四、对违反矿产资源管理法规的行为及其责任者提出处理意见并可越级上报。

第七条 矿山企业开发利用矿产资源，应当加强开采管理，选择合理的采矿方法和选矿方法，推广先进工艺技术，提高矿产资源利用水平。

第八条 矿山企业在基建施工至矿山关闭的生产全过程中，都应当加强矿产资源的保护工作。

第九条 矿山企业应当按照国家有关法规及其主管部门的有关规章、规定，建立、健全本企业开发利用和保护矿产资源的各项制度，并切实加以贯彻落实。

第十条 矿山开采设计要求的回采率、采矿贫化率和选矿回收率，应当列为考核矿山企业的重要年度计划指标。

第十一条 矿山企业应当加强生产勘探，提高矿床勘探程度，为开采设计提供可靠依据；对具有工业价值的共生、伴生矿产应当系统查定和评价。

第十二条 矿山企业的开采设计应当在可靠地质资料基础上进行。中段（或阶段）开采应当有总体设计，块段开采应当有采矿设计。

第十三条 矿山的开拓、采准及采矿工程，必须按照开采设计进行施工。应当建立严格的施工验收制度，防止资源丢失。

第十四条 矿山企业必须按照设计进行开采，不准任意丢掉矿体。对开采应当加强监督检查，严防不应有的开采损失。

第十五条 矿山企业在开采中必须加强对矿石损失、贫化的管理，建立定期检查制度，分析造成非正常损失、贫化的原因，制定措施，提高资源的回采率，降低贫化率。

第十六条 选矿（煤）厂应当根据设计要求定期进行选矿流程考察；对选矿回收率和精矿（洗精煤）质量没有达到设计指标的，应当查明原因，提出改进措施。

第十七条 在采、选主要矿产的同时，对具有工业价值的共生、伴生矿产，在技术可行、经济合理的条件下，必须综合回收；对暂时不能综合回收利用的矿产，应当采取有效的保护措施。

第十八条 矿山企业应当加强对滞销矿石、粉矿、中矿、尾矿、废石和煤矸石的管理，积极研究其利用途径；暂时不能利用的，应当在节约土地的原则下，妥善堆放保存，防止其流失及污染环境。

第十九条 矿山企业对矿产储量的圈定、计算及开采，必须以批准的计算矿产储量的工业指标为依据，不得随意变动。需要变动的，应当上报实际资料，经主管部门审核同意后，报原审批单位批准。

第二十条 报销矿产储量，应当经矿山企业地质测量机构检查鉴定后，向矿山企业的主管部门提出申请。

属正常报销的矿产储量，由矿山企业的主管部门审批。属非正常报销和转出的矿产储量，由矿山企业的主管部门会同同级地质矿产主管部门审批。同一采区应当一次申请报销的矿产储量，不得化整为零，分几次申请报销。

第二十一条 地下开采的中段（水平）或露天采矿场内尚有未采完的保有矿产储量，未经地质测量机构检查验收和报销申请尚未批准之前，不准擅自废除坑道和其他工程。

第二十二条 矿山企业应当向其上级主

管部门和地质矿产主管部门上报矿产资源开发利用情况报表。

第二十三条 矿山企业有下列情形之一的，应当追究有关人员的责任，或者由地质矿产主管部门责令其限期改正，并可处以相当于矿石损失50%以下的罚款，情节严重的，应当责令停产整顿或者吊销采矿许可证：

一、因开采设计、采掘计划的决策错误，造成资源损失的；

二、开采回采率、采矿贫化率和选矿回收率长期达不到设计要求，造成资源破坏损失的；

三、违反本办法第十三条、第十四条、第十七条、第十九条、第二十一条的规定，造成资源破坏损失的。

第二十四条 当事人对行政处罚决定不服的，可以在收到处罚通知之日起15日内，向人民法院起诉。对罚款的行政处罚决定期满不起诉又不履行的，由作出处罚决定的机关申请人民法院强制执行。

第二十五条 矿山企业上报的矿产资源开发利用资料数据必须准确可靠。虚报瞒报的，依照《中华人民共和国统计法》的有关规定追究责任。对保密资料，应当按照国家有关保密规定执行。

第二十六条 对乡镇集体矿山企业和个体采矿的矿产资源开发利用与保护工作的监督管理办法，由省、自治区、直辖市人民政府参照本办法制定。

第二十七条 本办法由国务院地质矿产主管部门负责解释。

第二十八条 本办法自发布之日起施行。

矿产资源权益金制度改革方案

（2017年4月13日　国发〔2017〕29号）

为落实党中央、国务院决策部署，更好地发挥矿产资源税费制度对维护国家权益、调节资源收益、筹集财政收入的重要作用，推进生态文明领域国家治理体系和治理能力现代化，现就矿产资源权益金制度改革制定以下方案。

一、总体要求

（一）指导思想。全面贯彻党的十八大和十八届三中、四中、五中、六中全会精神，深入贯彻习近平总书记系列重要讲话精神和治国理政新理念新思想新战略，认真落实党中央、国务院决策部署，统筹推进“五位一体”总体布局和协调推进“四个全面”战略布局，坚持稳中求进工作总基调，牢固树立和贯彻落实新发展理念，适应把握引领经济发展新常态，按照《生态文明体制改革总体方案》要求，坚持以推进供给侧结构性改革为主线，以维护和实现国家矿产资源权益为重点，以营造公平的矿业市场竞争环境为目的，建立符合我国特点的新型矿产资源权益金制度。

（二）基本原则。一是坚持维护国家矿产资源权益，完善矿产资源税费制度，推进矿业权竞争性出让，营造公平竞争的市场环境，合理调节矿产资源收入，有效遏制私挖乱采、贱卖资源行为。二是坚持落实矿业企业责任，督促企业高效利用资源、治理恢复环境，促进资源集约节约利用，同时按照“放管服”改革要求，加强事中事后监管，维护企业合法权益。三是坚持稳定中央和地方财力格局，兼顾矿产资源国家所有与矿产地利益，合理确定中央与地方矿产资源收入分配比例。

二、主要措施

（一）在矿业权出让环节，将探矿权采矿权价款调整为矿业权出让收益。将现行只对国家出资探明矿产地收取、反映国家投资收益的探矿权采矿权价款，调整为适用于所有国家出让矿业权、体现国家所有者权益的矿业权出让收益。以拍卖、挂牌方式出让的，竞得人报价金额为矿业权出让收益；以招标方式出让的，依据招标条件，综合择优确定竞得人，并将其报价金额确定为矿业权出让收益。以协议方式出让的，矿业权出让收益按照评估价值、类似条件的市场基准价就高确定。矿业权出让收益在出让时一次性确定，以货币资金方式支付，可以分期缴纳。具体征收办法由财政部会同国土资源部另行制定。同时，加快推进矿业权出让制度改革，实现与矿产资源权益金制度有机衔接。全面实现矿业权竞争性出让，严格限制协议出让行为，合理调整矿业权审批权限。

矿业权出让收益中央与地方分享比例确定为4∶6，兼顾矿产资源国家所有与矿产地利益，保持现有中央和地方财力格局总体稳定，与我国矿产资源主要集中在中西部地区的国情相适应，同时有效抑制私挖乱采、贱卖资源行为。

（二）在矿业权占有环节，将探矿权采矿权使用费整合为矿业权占用费。将现行主要依据占地面积、单位面积按年定额征收的探矿权采矿权使用费，整合为根据矿产品价格变动情况和经济发展需要实行动态调整的矿业权占用费，有效防范矿业权市场中的“跑马圈地”、“圈而不探”行为，提高矿产资源利用效率。

矿业权占用费中央与地方分享比例确定为2∶8，不再实行探矿权采矿权使用费按照登记机关分级征收的办法。具体办法由财政部会同国土资源部制定。

（三）在矿产开采环节，组织实施资源税改革。贯彻落实党中央、国务院决策部署，做好资源税改革组织实施工作，对绝大部分矿产资源品目实行从价计征，使资源税与反映市场供求关系的资源价格挂钩，建立税收自动调节机制，增强税收弹性。同时，按照清费立税原则，将矿产资源补偿费并入资源税，取缔违规设立的各项收费基金，改变税费重复、功能交叉状况，规范税费关系。

（四）在矿山环境治理恢复环节，将矿山环境治理恢复保证金调整为矿山环境治理恢复基金。按照“放管服”改革的要求，将现行管理方式不一、审批动用程序复杂的矿山环境治理恢复保证金，调整为管理规范、责权统一、使用便利的矿山环境治理恢复基金，由矿山企业单设会计科目，按照销售收入的一定比例计提，计入企业成本，由企业统筹用于开展矿山环境保护和综合治理。有关部门根据各自职责，加强事中事后监管，建立动态监管机制，督促企业落实矿山环境治理恢复责任。

三、配套政策

（一）将矿业权出让收益、矿业权占用费纳入一般公共预算管理，并按照矿产资源法、物权法、预算法和《国务院关于印发推进财政资金统筹使用方案的通知》（国发

〔2015〕35号）等有关规定精神，由各级财政统筹用于地质调查和矿山生态保护修复等方面支出。

（二）取消国有地勘单位探矿权采矿权价款转增国家资本金政策，营造公平竞争的市场环境，维护国家矿产资源权益，推动国有地勘单位加快转型，促进实现市场化运作。已转增国家资本金的探矿权采矿权价款可不再补缴，由国家出资的企业履行国有资本保值增值责任，并接受履行国有资产出资人职责的机构监管。

（三）建立健全矿业权人信用约束机制。建立以企业公示、社会监督、政府抽查、行业自律为主要特点的矿业权人信息公示制度，将矿山环境治理恢复与土地复垦方案、矿产资源税费缴纳情况纳入公示内容，设置违法“黑名单”，形成政府部门协同联动、行业组织自律管理、信用服务机构积极参与、社会舆论广泛监督的治理格局。

四、组织实施

各地区、各有关部门要充分认识矿产资源权益金制度改革的重要性和紧迫性，按照党中央、国务院决策部署，进一步加强对改革工作的组织领导。财政部、国土资源部要牵头建立矿产资源权益金制度改革部际协调机制，强化统筹协调，明确职责分工，会同有关部门抓紧制定矿产资源权益金征收使用的具体管理办法，妥善做好新旧政策的过渡衔接。各省级政府要切实承担起组织推进本地区矿产资源权益金制度改革的主体责任，扎实稳妥推进各项改革。各地区、各有关部门要强化对改革工作的检查指导，及时发现问题、解决问题，确保矿产资源权益金制度改革顺利实施，重大情况及时报告党中央、国务院。

矿山地质环境保护规定

（2009年3月2日国土资源部令第44号公布　根据2015年5月6日国土资源部第2次部务会议《国土资源部关于修改〈地质灾害危险性评估单位资质管理办法〉等5部规章的决定》第一次修正　根据2016年1月5日国土资源部第1次部务会议《国土资源部关于修改和废止部分规章的决定》第二次修正　根据2019年7月16日自然资源部第2次部务会议《自然资源部关于第一批废止修改的部门规章的决定》第三次修正）

第一章　总　则

第一条　为保护矿山地质环境，减少矿产资源勘查开采活动造成的矿山地质环境破坏，保护人民生命和财产安全，促进矿产资源的合理开发利用和经济社会、资源环境的协调发展，根据《中华人民共和国矿产资源法》《地质灾害防治条例》《土地复垦条例》，制定本规定。

第二条　因矿产资源勘查开采等活动造成矿区地面塌陷、地裂缝、崩塌、滑坡，含水层破坏，地形地貌景观破坏等的预防和治理恢复，适用本规定。

开采矿产资源涉及土地复垦的，依照国

家有关土地复垦的法律法规执行。

第三条 矿山地质环境保护，坚持预防为主、防治结合，谁开发谁保护、谁破坏谁治理、谁投资谁受益的原则。

第四条 自然资源部负责全国矿山地质环境的保护工作。

县级以上地方自然资源主管部门负责本行政区的矿山地质环境保护工作。

第五条 国家鼓励开展矿山地质环境保护科学技术研究，普及相关科学技术知识，推广先进技术和方法，制定有关技术标准，提高矿山地质环境保护的科学技术水平。

第六条 国家鼓励企业、社会团体或者个人投资，对已关闭或者废弃矿山的地质环境进行治理恢复。

第七条 任何单位和个人对破坏矿山地质环境的违法行为都有权进行检举和控告。

第二章 规 划

第八条 自然资源部负责全国矿山地质环境的调查评价工作。

省、自治区、直辖市自然资源主管部门负责本行政区域内的矿山地质环境调查评价工作。

市、县自然资源主管部门根据本地区的实际情况，开展本行政区域的矿山地质环境调查评价工作。

第九条 自然资源部依据全国矿山地质环境调查评价结果，编制全国矿山地质环境保护规划。

省、自治区、直辖市自然资源主管部门依据全国矿山地质环境保护规划，结合本行政区域的矿山地质环境调查评价结果，编制省、自治区、直辖市的矿山地质环境保护规划，报省、自治区、直辖市人民政府批准实施。

市、县级矿山地质环境保护规划的编制和审批，由省、自治区、直辖市自然资源主管部门规定。

第十条 矿山地质环境保护规划应当包括下列内容：

（一）矿山地质环境现状和发展趋势；

（二）矿山地质环境保护的指导思想、原则和目标；

（三）矿山地质环境保护的主要任务；

（四）矿山地质环境保护的重点工程；

（五）规划实施保障措施。

第十一条 矿山地质环境保护规划应当符合矿产资源规划，并与土地利用总体规划、地质灾害防治规划等相协调。

第三章 治理恢复

第十二条 采矿权申请人申请办理采矿许可证时，应当编制矿山地质环境保护与土地复垦方案，报有批准权的自然资源主管部门批准。

矿山地质环境保护与土地复垦方案应当包括下列内容：

（一）矿山基本情况；

（二）矿区基础信息；

（三）矿山地质环境影响和土地损毁评估；

（四）矿山地质环境治理与土地复垦可行性分析；

（五）矿山地质环境治理与土地复垦工程；

（六）矿山地质环境治理与土地复垦工作部署；

（七）经费估算与进度安排；

（八）保障措施与效益分析。

第十三条 采矿权申请人未编制矿山地质环境保护与土地复垦方案，或者编制的矿山地质环境保护与土地复垦方案不符合要求的，有批准权的自然资源主管部门应当告知申请人补正；逾期不补正的，不予受理其采矿权申请。

第十四条 采矿权人扩大开采规模、变更矿区范围或者开采方式的，应当重新编制矿山地质环境保护与土地复垦方案，并报原批准机关批准。

第十五条 采矿权人应当严格执行经批准的矿山地质环境保护与土地复垦方案。

矿山地质环境保护与治理恢复工程的设计和施工，应当与矿产资源开采活动同步进行。

第十六条 开采矿产资源造成矿山地质环境破坏的，由采矿权人负责治理恢复，治理恢复费用列入生产成本。

矿山地质环境治理恢复责任人灭失的，由矿山所在地的市、县自然资源主管部门，使用经市、县人民政府批准设立的政府专项资金进行治理恢复。

自然资源部，省、自治区、直辖市自然资源主管部门依据矿山地质环境保护规划，按照矿山地质环境治理工程项目管理制度的要求，对市、县自然资源主管部门给予资金补助。

第十七条 采矿权人应当依照国家有关规定，计提矿山地质环境治理恢复基金。基金由企业自主使用，根据其矿山地质环境保护与土地复垦方案确定的经费预算、工程实施计划、进度安排等，统筹用于开展矿山地质环境治理恢复和土地复垦。

第十八条 采矿权人应当按照矿山地质环境保护与土地复垦方案的要求履行矿山地质环境保护与土地复垦义务。

采矿权人未履行矿山地质环境保护与土地复垦义务，或者未达到矿山地质环境保护与土地复垦方案要求，有关自然资源主管部门应当责令采矿权人限期履行矿山地质环境保护与土地复垦义务。

第十九条 矿山关闭前，采矿权人应当完成矿山地质环境保护与土地复垦义务。采矿权人在申请办理闭坑手续时，应当经自然资源主管部门验收合格，并提交验收合格文件。

第二十条 采矿权转让的，矿山地质环境保护与土地复垦的义务同时转让。采矿权受让人应当依照本规定，履行矿山地质环境保护与土地复垦的义务。

第二十一条 以槽探、坑探方式勘查矿产资源，探矿权人在矿产资源勘查活动结束后未申请采矿权的，应当采取相应的治理恢复措施，对其勘查矿产资源遗留的钻孔、探井、探槽、巷道进行回填、封闭，对形成的危岩、危坡等进行治理恢复，消除安全隐患。

第四章　监督管理

第二十二条 县级以上自然资源主管部门对采矿权人履行矿山地质环境保护与土地复垦义务的情况进行监督检查。

相关责任人应当配合县级以上自然资源主管部门的监督检查，并提供必要的资料，如实反映情况。

第二十三条 县级以上自然资源主管部门应当建立本行政区域内的矿山地质环境监测工作体系，健全监测网络，对矿山地质环境进行动态监测，指导、监督采矿权人开展矿山地质环境监测。

采矿权人应当定期向矿山所在地的县级自然资源主管部门报告矿山地质环境情况，如实提交监测资料。

县级自然资源主管部门应当定期将汇总

的矿山地质环境监测资料报上一级自然资源主管部门。

第二十四条 县级以上自然资源主管部门在履行矿山地质环境保护的监督检查职责时，有权对矿山地质环境与土地复垦方案确立的治理恢复措施落实情况和矿山地质环境监测情况进行现场检查，对违反本规定的行为有权制止并依法查处。

第二十五条 开采矿产资源等活动造成矿山地质环境突发事件的，有关责任人应当采取应急措施，并立即向当地人民政府报告。

第五章 法律责任

第二十六条 违反本规定，应当编制矿山地质环境保护与土地复垦方案而未编制的，或者扩大开采规模、变更矿区范围或者开采方式，未重新编制矿山地质环境保护与土地复垦方案并经原审批机关批准的，责令限期改正，并列入矿业权人异常名录或严重违法名单；逾期不改正的，处3万元以下的罚款，不受理其申请新的采矿许可证或者申请采矿许可证延续、变更、注销。

第二十七条 违反本规定，未按照批准的矿山地质环境保护与土地复垦方案治理的，或者在矿山被批准关闭、闭坑前未完成治理恢复的，责令限期改正，并列入矿业权人异常名录或严重违法名单；逾期拒不改正的或整改不到位的，处3万元以下的罚款，不受理其申请新的采矿权许可证或者申请采矿权许可证延续、变更、注销。

第二十八条 违反本规定，未按规定计提矿山地质环境治理恢复基金的，由县级以上自然资源主管部门责令限期计提；逾期不计提的，处3万元以下的罚款。颁发采矿许可证的自然资源主管部门不得通过其采矿活动年度报告，不受理其采矿权延续变更申请。

第二十九条 违反本规定第二十一条规定，探矿权人未采取治理恢复措施的，由县级以上自然资源主管部门责令限期改正；逾期拒不改正的，处3万元以下的罚款，5年内不受理其新的探矿权、采矿权申请。

第三十条 违反本规定，扰乱、阻碍矿山地质环境保护与治理恢复工作，侵占、损坏、损毁矿山地质环境监测设施或者矿山地质环境保护与治理恢复设施的，由县级以上自然资源主管部门责令停止违法行为，限期恢复原状或者采取补救措施，并处3万元以下的罚款；构成犯罪的，依法追究刑事责任。

第三十一条 县级以上自然资源主管部门工作人员违反本规定，在矿山地质环境保护与治理恢复监督管理中玩忽职守、滥用职权、徇私舞弊的，对相关责任人依法给予处分；构成犯罪的，依法追究刑事责任。

第六章 附 则

第三十二条 本规定实施前已建和在建矿山，采矿权人应当依照本规定编制矿山地质环境保护与土地复垦方案，报原采矿许可证审批机关批准。

第三十三条 本规定自2009年5月1日起施行。

矿产资源统计管理办法

（2004 年 1 月 9 日国土资源部令第 23 号公布　根据 2020 年 4 月 29 日自然资源部第 3 次部务会议《自然资源部关于第三批废止和修改的部门规章的决定》修正）

第一章　总　则

第一条　为加强矿产资源统计管理，维护国家对矿产资源的所有权，根据《中华人民共和国矿产资源法》《中华人民共和国统计法》及有关行政法规，制定本办法。

第二条　在中华人民共和国领域及管辖的其他海域从事矿产资源勘查、开采或者工程建设压覆重要矿产资源的，应当依照本办法的规定进行矿产资源统计。

第三条　本办法所称矿产资源统计，是指县级以上人民政府自然资源主管部门对矿产资源储量变化及开发利用情况进行统计的活动。

第四条　自然资源部负责全国矿产资源统计的管理工作。

县级以上地方人民政府自然资源主管部门负责本行政区域内矿产资源统计的管理工作，但石油、天然气、页岩气、天然气水合物、放射性矿产除外。

第二章　矿产资源统计

第五条　矿产资源统计调查计划，由自然资源部负责制定，报国务院统计行政主管部门批准后实施。

全国矿产资源统计信息，由自然资源部定期向社会发布。

第六条　矿产资源统计，应当使用由自然资源部统一制定并经国务院统计行政主管部门批准的矿产资源统计基础表及其填报说明。

矿产资源统计基础表，包括采矿权人和矿山（油气田）基本情况、生产能力和实际产量、采选技术指标、矿产组分和质量指标、矿产资源储量变化情况、共伴生矿产综合利用情况等内容。

未列入矿产资源统计基础表的查明矿产资源、压覆矿产资源储量、残留矿产资源储量及其变化情况等的统计另行规定。

第七条　开采矿产资源，以年度为统计周期，以采矿许可证划定的矿区范围为基本统计单元。但油气矿产以油田、气田为基本统计单元。

第八条　采矿权人应当于每年 1 月底前，完成矿产资源统计基础表的填报工作，并将矿产资源统计基础表一式三份，报送矿区所在地的县级自然资源主管部门。统计单元跨行政区域的，报共同的上级自然资源主管部门指定的县级自然资源主管部门。

开采石油、天然气、页岩气、天然气水合物和放射性矿产的，采矿权人应当于每年 3 月底前完成矿产资源统计基础表的填报工作，并将矿产资源统计基础表一式二份报送自然资源部。

第九条 上级自然资源主管部门负责对下一级自然资源主管部门上报的统计资料和采矿权人直接报送的矿产资源统计基础表进行审查、现场抽查和汇总分析。

省级自然资源主管部门应当于每年3月底前将审查确定的统计资料上报自然资源部。

第十条 县级自然资源主管部门履行下列统计职责：

（一）本行政区域内采矿权人的矿产资源统计基础表的组织填报、数据审查、录入、现场抽查；

（二）本行政区域内采矿权人矿产资源储量变化情况的统计；

（三）本行政区域内采矿权人的开发利用情况的统计；

（四）向上一级自然资源主管部门报送本条第（二）项、第（三）项统计资料。

第十一条 填报矿产资源统计基础表，应当如实、准确、全面、及时，并符合统计核查、检测和计算等方面的规定，不得虚报、瞒报、迟报、拒报。

第三章 统计资料管理

第十二条 自然资源主管部门应当建立矿产资源统计资料档案管理制度，加强对本行政区域内矿产资源统计资料、统计台账及数据库的管理。

上报矿产资源统计资料应当附具统一要求的电子文本。

全国矿产资源统计数据库由自然资源部统一制定。

探矿权人、采矿权人和建设单位应当建立矿产资源统计资料档案管理制度，妥善保管本单位的矿产资源统计资料、统计台账及其他相关资料，并接受县级以上人民政府自然资源主管部门的监督检查。

第十三条 自然资源主管部门审查和现场抽查矿产资源统计资料时，探矿权人、采矿权人和建设单位应当予以配合，并如实提供相关数据资料。

第十四条 探矿权人、采矿权人或者建设单位要求保密的矿产资源统计资料，自然资源主管部门应当依法予以保密。

县级以上人民政府自然资源主管部门发布本行政区矿产资源统计信息，提供有关信息服务时，应当遵守国家保密法律、法规的规定。

第十五条 县级以上人民政府自然资源主管部门应当确定具有相应专业知识的人员具体承担统计工作，定期对统计工作人员进行考评；对成绩显著、贡献突出的，应当给予表彰和奖励。

第四章 法律责任

第十六条 采矿权人不依照本办法规定填报矿产资源统计基础表，虚报、瞒报、拒报、迟报矿产资源统计资料，拒绝接受检查、现场抽查或者弄虚作假的，依照《矿产资源开采登记管理办法》第十八条、《中华人民共和国统计法》及其实施细则的有关规定进行处罚。

第十七条 自然资源主管部门工作人员在矿产资源统计工作中玩忽职守、滥用职权、徇私舞弊的，依法给予处分；构成犯罪的，依法追究刑事责任。

第五章 附 则

第十八条 本办法自2004年3月1日起施行。1995年1月3日原地质矿产部发布的《矿产储量登记统计管理暂行办法》同时废止。

关于矿产资源勘查登记、开采登记有关规定的通知

（1998 年 4 月 10 日　国土资发〔1998〕7 号）

各省、自治区、直辖市地质矿产厅（局）、海南省环境资源厅：

1998 年 2 月 12 日国务院发布了《矿产资源勘查区块登记管理办法》（国务院第 240 号令）和《矿产资源开采登记管理办法》（国务院第 241 号令），为认真贯彻实施国务院第 240 号令和第 241 号令，规范、指导全国矿产资源勘查登记、开采登记管理工作，部制定了《矿产资源勘查登记有关规定》和《矿产资源开采登记有关规定》。现下发你们，请认真组织实施，执行中出现的问题随时与部沟通。

国土资源部

1998 年 4 月 10 日

附件 1：

矿产资源勘查登记有关规定

一、矿产资源勘查登记有关问题的说明

（一）申请登记资料要求

1. 申请登记书及区块范围图

申请登记书应使用国务院地质矿产主管部门统一制定的格式，并按照填表要求填写。申请登记书填报一式三份，若申请登记范围跨省（区、市）的，则按所跨省（区、市）数增加相应份数，申请登记书其他附件一式一份。

探矿权申请应附探矿权申请登记区块范围图，并标明拐点经纬度坐标。附图基础图件样式由登记管理机关提供。

2. 勘查单位的资格证书

提交的地质勘查单位资格证书应当是国务院地质矿产主管部门或各省（区、市）地质矿产主管部门颁发的地质勘查单位资格证书。勘查资格证书的业务范围应与本次探矿权申请业务范围相符。

3. 勘查计划、合同或委托及资金的证明文件

（1）国家出资勘查的，提交国家下达的具有资金保证的地质勘查工作计划任务书；其他勘查工作计划需附具有资金保证的证明文件；

（2）探矿权申请人与地质勘查实施单位不是同一主体的，需提交勘查合同，同时附银行出具的资金证明；

（3）委托他人申请探矿权的，应提交出资人的勘查委托书和银行出具的资金证明；

（4）用自有资金下达的地质勘查工作计划，需附银行出具的资金证明。

4. 勘查工作实施方案及其附件

指与完成勘查工作任务相符的勘查工作任务设计书及其工程布置图等附件。

5. 申请登记所必需的其他文件资料

（1）申请国家出资勘查并已探明矿产地的探矿权，或转让由国家出资勘查的探矿

权，应提交由国务院地质矿产主管部门对探矿权评估结果确认的文件，以及对探矿权价款处置方式的批准文件。

（2）外商投资企业（包括三资企业）申请勘查，是独资、合资企业的，应提交企业法人营业执照；合作勘查的，应提交合作合同。

（3）交通位置图。

（二）勘查申请应审查的主要内容

登记管理机关审查时，应重点审查以下几方面内容：

1. 申请范围内是否有其他申请人先递交了申请书；

2. 申请登记书的填写是否符合填表说明要求，附件是否齐全，提交的申请登记资料是否符合要求；

3. 申请登记的区块范围是否超出允许登记的最大范围，且为连续区块范围；

4. 申请登记区块范围是否设置探矿权或采矿权；

5. 申请国家出资勘查并已形成矿产地探矿权的，是否对探矿权价款进行了评估，评估结果是否已经国务院地质矿产主管部门确认，探矿权价款的处置方式是否已经有关部门批准；

6. 申请人在提交申请之日前9日内，是否注销过申请区块范围内的探矿权；

7. 申请人，在提交申请之日前6个月内，是否受到被吊销勘查许可证的处罚。

（三）审批表中审查人意见的填写

1. 填写申请登记项目的基本事项

（1）申请登记资料是否符合要求；

（2）申请区块范围的大小及是否已设置其他矿业权；

（3）勘查单位是否具备勘查资格；

（4）应缴纳的探矿权使用费及说明；

（5）探矿权价款处置方式说明。

2. 填写拟批准勘查许可证的内容

（1）探矿权人；

（2）探矿权人地址；

（3）勘查项目名称；

（4）地理位置；

（5）图幅号；

（6）批准范围内基本区块数、勘查面积；

（7）有效期；

（8）勘查单位。

第（1）、（2）、（3）、（4）、（8）项的内容的填写，可按探矿权申请登记书上相应的栏目填写。

第（5）项图幅号应填写拟批准的勘查区块范围所处1/5万地形图的国家标准图幅号。

第（6）项批准范围内基本单位区块数，应填写拟批准的基本单位区块数，不足一个基本单位区块的，折算为基本单位区块，保留小数点后两位。勘查面积应以平方公里为单位，保留小数点后一位。

第（7）项只填写拟批准的年限。许可证上的有效期起始日期以签发日期为准。

3. 不同意登记的，应说明理由。

（四）备案要求

各登记管理机关自发证之日起10日内，完成下列工作。

1. 国务院地质矿产主管部门发放勘查许可证后，向勘查项目所在地的有关省（区、市）登记管理机关发：

（1）探矿权申请登记书一份（不含附件）；

（2）颁发矿产资源勘查许可证通知。

省（区、市）登记管理机关向勘查项目所在地的有关地（市）、县级人民政府负责地质矿产管理工作的部门转发颁发矿产资源勘查许可证通知。

2. 省（区、市）登记管理机关发放勘查许可证后，向国务院地质矿产主管部门及勘查项目所在地的有关地（市）、县级人民政府负责地质矿产管理工作的部门发：

颁发矿产资源勘查许可证通知。

3. 以下资料留发证机关存档：

（1）探矿权申请登记书一份；

（2）探矿权申请登记书全套附件一份；

（3）矿产资源勘查许可证备案卡片。

（五）变更、延续、保留探矿权登记程序

探矿权变更、延续、保留登记程序比照勘查登记程序执行。在颁发新的勘查许可证的同时，收回原勘查许可证。

（六）登记范围的核定

在勘查、采矿登记管理信息系统全国联网运行前，各登记管理机关在审查发证时，基层地质矿产管理机关应协助登记机关审查探矿权申请范围是否已设立其他矿业权。

（七）地质调查项目登记规定

申请地质调查的应填写地质调查申请登记书，并附地质调查项目申请登记区块范围图。调查项目的区块范围是领海及中国管辖的其他海域、跨省（区、市）的，应向国务院地质矿产主管部门申请，并办理地质调查项目审核备案登记，申请其他地质调查项目到项目所在地的省级登记管理机关审核备案登记，领取地质调查证。地质调查证工作面积不限，不具排他性，无须缴纳探矿权使用费。持证人不享受探矿权人的权利。

（八）勘查许可证、地质调查证、申请登记书及印章

自《矿产资源勘查区块登记管理办法》颁布之日起，全国统一使用国务院地质矿产主管部门印制的矿产资源勘查许可证、地质调查证及由国务院地质矿产主管部门制定格式的探矿权申请登记书，探矿权变更、延续、保留申请登记书，地质调查申请登记书；

矿产资源勘查登记专用章在新印章启用前暂用原章代。

（九）勘查登记手续费

勘查登记手续费收费标准暂按地发〔1987〕289号文执行，新规定出台后，从其规定。

二、矿产资源勘查登记程序

（一）申请

申请人按照《矿产资源勘查区块登记管理办法》规定的审批登记权限，及国务院地质矿产主管部门对各省（区、市）地矿主管部门勘查审批登记授权的权限规定，向有管辖权的登记管理机关递交勘查登记申请资料。

（二）受理

登记管理机关经办人清点申请登记资料，资料齐全，予以受理。收取勘查登记手续费。填写探矿权申请登记一览表，并在有关栏目内记录收到申请时间及收到申请顺序号并由申请人签字。

申请资料不齐全的退回申请，不予受理。

（三）审查

审查人按照收到申请的先后顺序进行审查，提出审查人意见，填写探矿权申请审批表；

需要修改或补充资料的，登记管理机关应向申请人发出探矿权申请补报资料通知，申请人在规定期限内未能补报资料的，视为自动放弃申请。

（四）报批

审查人将审批表及申请登记资料报送主

管领导审批签发。

（五）通知

准予登记的，登记管理机关自领导签发之日向申请人发出领取矿产资源勘查许可证通知，通知探矿权申请人缴纳探矿权使用费，办理领取勘查许可证手续；不予登记的，登记管理机关向申请人发出矿产资源勘查申请不予登记通知。

（六）领证

申请人自收到领证通知之日起30日内，向指定机构缴纳有关费用后，凭领证通知及缴费证明，领取勘查许可证。

逾期不办理手续的，视为自动放弃。

（七）发证

申请人领取勘查许可证后，发证登记管理机关应将所发放勘查许可证的内容分别填入矿产资源勘查许可证发证一览表和矿产资源勘查登记项目年检情况一览表。

（八）通报与公告

国务院地质矿产主管部门颁发、注销、吊销勘查许可证之日起10日内，通知有关省（区、市）地质矿产主管部门。有关省（区、市）地质矿产主管部门收到通知后，转发给项目所在地的地（市）、县级人民政府负责地质矿产管理工作的部门。

省级勘查登记管理机关颁发、注销、吊销勘查许可证之日起10日内，通知国务院地质矿产主管部门和项目所在地的地（市）、县级人民政府负责地质矿产管理工作的部门。

省级勘查登记管理机关应在每季度的第一旬内向国务院地质矿产主管部门报送上一季度的矿产资源勘查登记项目通报表。

各级登记管理机关对其登记发证情况定期予以公告。

附件2：

矿产资源开采登记有关规定

一、矿区范围的申请和审批

（一）矿区范围的申请

采矿权申请人应按《矿产资源开采登记管理办法》规定的审批、发证权限和地矿部对省（区、市）地质矿产主管部门采矿权审批、发证的授权，将矿区范围申请资料报采矿登记管理机关进行审查。

（二）应提交的申请资料

1. 划定矿区范围的申请报告，包括以下内容：

（1）办矿理由及简要论证。

（2）地质工作概况。

（3）矿产资源开发利用初步方案，包括以下内容：拟申请开采矿产资源范围、矿种、位置；拟申请开采矿产资源储量、质量及其可靠程度；拟建矿山生产规模、服务年限、矿产资源综合开发利用方案；当申请范围为整体矿床中的一部分时，应说明与整体矿床的关系以及与矿区总体开发的衔接；并附申请开采的矿区范围图（以地质地形图或地质图为底图，以国家直角坐标标定）。

（4）矿山建设投资安排及资金来源。

（5）其他需要说明的问题。

2. 与矿山建设相适应的地质报告。

矿山企业应提交有资格的地勘单位编制的地质报告。开采零星分散矿产资源或只能用作普通建筑材料的砖瓦砂石、粘土的，应提交相应的地质资料。

3. 探矿权人申请办矿的，应出具该区域的勘查许可证影印件；探矿权经转让取得的，还应出具转让审批的有关文件。

（三）划定矿区范围

采矿登记管理机关在收到申请人报送的申请资料后，应组织对申请的矿区范围内是否存在矿业权交叉重复情况以及矿产资源开发利用初步方案等进行审查。下一级地质矿产主管部门应协助登记管理机关对上述情况进行调查，并出具书面调查意见。经登记管理机关审查，同意开采的，划定矿区范围并下发审批意见；不同意开采的，说明理由，将申请资料退回。

审批机关在划定矿区范围时，应依据以下原则确定：

1. 对矿产资源开发实行统一规划，合理布局、合理开采和综合利用。

2. 矿山建设规模、服务年限要与申请开采的储量相适应。

3. 矿山建设体现规模生产、集约化经营的方针。

4. 保护已有探矿权、采矿权人利益。申请人申请划定的矿区范围，其地面投影或地表塌陷区与已设立探矿权、采矿权的区块范围、矿区范围重叠或有其他影响的，采矿登记管理机关在审批矿区范围时应以不影响已有的探矿权人或采矿权人权益为原则。采矿权申请人应与已有的探矿权人或采矿权人就可能造成对探矿权或采矿权影响的诸方面签有协议。探矿权人或采矿权人同意开采的，采矿登记管理机关可划定矿区范围；探矿权人或采矿权人认为有影响且出具充分证明的，采矿登记管理机关可以组织技术论证。论证结果确有影响且无法进行技术处理的，不予划定矿区范围。

审批意见应包括下列主要内容：

1. 同意开采的矿种、储量及矿区地理位置。

2. 以国家标准坐标标定的矿区范围（标明坐标的拐点数及开采深度）。

3. 对矿产资源综合开发利用的意见和要求（包括矿山建设规模，矿山预计服务年限、矿产资源开发综合利用、综合回收等方面的要求）。

4. 矿区范围预留期限。

5. 其他需要说明的问题。

审批意见须及时送申请人，抄送有关地质矿产主管部门、地方人民政府、其他有关主管部门等。

（四）矿区范围预留期限

矿区范围划定后各级采矿登记管理机关在该区域不再受理新的采矿权申请。矿区范围预留期：大型矿山不得超过 3 年，中型矿山不得超过 2 年，小型矿山不得超过 1 年。

二、矿区范围划定后，申请人应做的主要工作

矿区范围划定后，申请人应在矿区范围预留期内办理矿山建设项目的立项和企业设立手续；并编制矿产资源开发利用方案。

申请由国家出资探明矿产地的采矿权的，须由合法的评估机构对采矿权价款进行评估，评估结果由国务院地质矿产主管部门确认。但勘查单位与申请开采的国有矿山企业隶属于共同上级（部门、企业、单位）的，可以根据其共同上级的意见，决定是否评估。但是该项矿业权价款应按国家关于资产转移的有关规定进行处置。

矿区范围划定后，采矿权申请人，应每半年向采矿登记管理机关通报矿山建设项目和企业设立的有关进展情况。采矿权申请人逾期不办理采矿登记手续、未领取采矿许可证的，视为自动放弃采矿权申请，矿区范围不予保留，采矿登记管理机关可以在该矿区范围内受理其他采矿权的申请。

三、采矿登记

（一）采矿权的申请

采矿权申请人应按《矿产资源开采登记管理办法》规定的审批、发证权限和地矿部对省（区、市）地质矿产主管部门审批、发证的授权，将采矿登记申请资料报采矿登记管理机关进行审查。

（二）应提交的申请资料

1. 采矿权申请登记书。

2. 以地质地形图或地质图为底图的矿区范围图（以拐点标定，并附国家直角坐标和矿区面积）。

3. 有设计资格的单位编制的矿产资源开发利用方案。包括以下内容：矿山位置、地形、地貌，储量、质量及其可靠程度等；矿区范围、开采矿种、设计利用储量、矿山生产规模、服务年限、开采方式、开采方法、综合开发、综合利用等方面的技术、经济论证及确定的方案。

4. 法人营业执照或个体营业执照。

5. 具有与矿山建设规模相适应的资金、技术和设备条件的证明材料。

6. 申请由国家出资探明矿产地的采矿权的，还应报采矿权评估、确认的有关资料。

7. 环境影响报告及环保部门的审批意见。

（三）审批

采矿登记管理机关在收到采矿权申请人报送的采矿登记申请资料和下一级登记管理机关的调查意见后，应对下列内容进行审查：

1. 申请范围和面积与登记管理机关批准划定的矿区范围和面积是否相一致。

2. 矿山生产规模是否有变化、是否与设计利用储量相适应。

3. 矿山设计服务年限是否合理。

4. 矿产资源综合开发、综合利用、综合回收是否合理。

5. 采矿权申请人是否具备必要的资质条件。

6. 其他需要审查的内容。

采矿登记管理机关应自收到登记资料40日内（资料不全或需进行补充和修改的时间除外），作出是否同意办理采矿登记的决定。同意登记的，采矿登记管理机关通知采矿权申请人交纳有关费用后，颁发采矿许可证；不同意登记的，说明理由，将申请登记资料退回。

四、通知和公告

采矿登记管理机关在颁发采矿许可证后，应通知矿区范围所在地的县级人民政府对矿区范围予以公告。县级人民政府应当自收到通知之日起90日内予以公告，并可根据采矿权人的申请，组织埋设界桩或者设置地面标志。

关于印发《矿产资源储量规模划分标准》的通知

（2000年4月24日　国土资发〔2000〕133号）

根据《中华人民共和国矿产资源法》第十六条第六款规定，我部组织制定了《矿产资源储量规模划分标准》，现予印发执行。

附件:

矿产资源储量规模划分标准

序号	矿种名称	单位	规模		
			大型	中型	小型
1	煤				
	(煤田)	原煤(亿吨)	≥50	10~50	<10
	(矿区)	原煤(亿吨)	≥5	2~5	<2
	(井田)	原煤(亿吨)	≥1	0.5~1	<0.5
2	油页岩	矿石(亿吨)	≥20	2~20	<2
3	石油	原油(万吨)	≥10000	1000~10000	<1000
4	天然气	气量(亿立方米)	≥300	50~300	<50
5	铀				
	(地浸砂岩型)	金属(吨)	≥10000	3000~10000	<3000
	(其他类型)	金属(吨)	≥3000	1000~3000	<1000
6	地热	电(热)能(兆瓦)	≥50	10~50	<10
7	铁				
	(贫矿)	矿石(亿吨)	≥1	0.1~1	<0.1
	(富矿)	矿石(亿吨)	≥0.5	0.05~0.5	<0.05
8	锰	矿石(万吨)	≥2000	200~2000	<200
9	铬铁矿	矿石(万吨)	≥500	100~500	<100
10	钒	V_2O_5(万吨)	≥100	10~100	<10
11	钛				
	(金红石原生矿)	TiO_2(万吨)	≥20	5~20	<5
	(金红石砂矿)	矿物(万吨)	≥10	2~10	<2
	(钛铁矿原生矿)	TiO_2(万吨)	≥500	50~500	<50
	(钛铁矿砂矿)	矿物(万吨)	≥100	20~100	<20
12	铜	金属(万吨)	≥50	10~50	<10
13	铅	金属(万吨)	≥50	10~50	<10
14	锌	金属(万吨)	≥50	10~50	<10
15	铝土矿	矿石(万吨)	≥2000	500~2000	<500
16	镍	金属(万吨)	≥10	2~10	<2
17	钴	金属(万吨)	≥2	0.2~2	<0.2
18	钨	WO_3(万吨)	≥5	1~5	<1

续表

序号	矿种名称	单位	规模		
			大型	中型	小型
19	锡	金属（万吨）	≥4	0.5～4	<0.5
20	铋	金属（万吨）	≥5	1～5	<1
21	钼	金属（万吨）	≥10	1～10	<1
22	汞	金属（吨）	≥2000	500～2000	<500
23	锑	金属（万吨）	≥10	1～10	<1
24	镁 （冶镁白云岩） （冶镁菱镁矿）	矿石（万吨）	≥5000	1000～5000	<1000
25	铂族	金属（吨）	≥10	2～10	<2
26	金				
	（岩金）	金属（吨）	≥20	5～50	<5
	（砂金）	金属（吨）	≥8	2～8	<2
27	银	金属（吨）	≥1000	200～1000	<200
28	铌				
	（原生矿）	Nb_2O_5（万吨）	≥10	1～10	<1
	（砂矿）	矿物（吨）	≥2000	500～2000	<500
29	钽				
	（原生矿）	Ta_2O_5（吨）	≥1000	500～1000	<500
	（砂矿）	矿物（吨）	≥500	100～500	<100
30	铍	BeO（吨）	≥10000	2000～10000	<2000
31	锂				
	（矿物锂矿）	Li_2O（万吨）	≥10	1～10	<1
	（盐湖锂矿）	LiCl（万吨）	≥50	10～50	<10
32	锆（锆英石）	矿物（万吨）	≥20	5～20	<5
33	锶（天青石）	$SrSO_4$（万吨）	≥20	5～20	<5
34	铷（盐湖中的铷另计）	Rb_2O（吨）	≥2000	500～2000	<500
35	铯	Cs_2O（吨）	≥2000	500～2000	<500
36	稀土				
	（砂矿）	独居石（吨）	≥10000	1000～10000	<1000
		磷钇矿（吨）	≥5000	500～5000	<500

续表

序号	矿种名称	单位	规模		
			大型	中型	小型
36	（原生矿）	TR_2O_3（万吨）	≥50	5～50	<5
	（风化壳矿床）	（铈族氧化物）（万吨）	≥10	1～10	<1
	（风化壳矿床）	（钇族氧化物）（万吨）	≥5	0.5～5	<0.5
37	钪	Sc（吨）	≥10	2～10	<2
38	锗	Ge（吨）	≥200	50～200	<50
39	镓	Ga（吨）	≥2000	400～2000	<400
40	铟	In（吨）	≥500	100～500	<100
41	铊	Tl（吨）	≥500	100～500	<100
42	铪	Hf（吨）	≥500	100～500	<100
43	铼	Re（吨）	≥50	5～50	<5
44	镉	Cd（吨）	≥3000	500～3000	<500
45	硒	Se（吨）	≥500	100～500	<100
46	碲	Te（吨）	≥500	100～500	<100
47	金刚石				
	（原生矿）	矿物（万克拉）	≥100	20～100	<20
	（砂矿）	矿物（万克拉）	≥50	10～50	<10
48	石墨				
	（晶质）	矿物（万吨）	≥100	20～100	<20
	（隐晶质）	矿石（万吨）	≥1000	100～1000	<100
49	磷矿	矿石（万吨）	≥5000	500～5000	<500
50	自然硫	S（万吨）	≥500	100～500	<100
51	硫铁矿	矿石（万吨）	≥3000	200～3000	<200
52	钾盐				
	（固态）	KCl（万吨）	≥1000	100～1000	<100
	（液态）	KCl（万吨）	≥5000	500～5000	<500
53	硼（内生硼矿）	B_2O_3（万吨）	≥50	10～50	<10
54	水晶				
	（压电水晶）	单晶（吨）	≥2	0.2～2	<0.2
	（熔炼水晶）	矿物（吨）	≥100	10～100	<10
	（光学水晶）	矿物（吨）	≥0.5	0.05～0.5	<0.05
	（工艺水晶）	矿物（吨）	≥0.5	0.05～0.5	<0.05

续表

序号	矿种名称	单位	规模		
			大型	中型	小型
55	刚玉	矿物（万吨）	≥1	0.1～1	<0.1
56	蓝晶石	矿物（万吨）	≥200	50～200	<50
57	硅灰石	矿物（万吨）	≥100	20～100	<20
58	钠硝石	$NaNO_3$（万吨）	≥500	100～500	<100
59	滑石	矿石（万吨）	≥500	100～500	<100
60	石棉				
	（超基性岩型）	矿物（万吨）	≥500	50～500	<50
	（镁质碳酸盐型）	矿物（万吨）	≥50	10～50	<10
61	蓝石棉	矿物（吨）	≥1000	100～1000	<100
62	云母	工业原料云母（吨）	≥1000	200～1000	<200
63	钾长石	矿物（万吨）	≥100	10～100	<10
64	石榴子石	矿物（万吨）	≥500	50～500	<50
65	叶蜡石	矿石（万吨）	≥200	50～200	<50
66	蛭石	矿石（万吨）	≥100	20～100	<20
67	沸石	矿石（万吨）	≥5000	500～5000	<500
68	明矾石	矿物（万吨）	≥1000	200～1000	<200
69	芒硝	Na_2SO_4（万吨）	≥1000	100～1000	<100
	（钙芒硝）	Na_2SO_4（万吨）	≥10000	1000～10000	<1000
70	石膏	矿石（万吨）	≥3000	1000～3000	<1000
71	重晶石	矿石（万吨）	≥1000	200～1000	<200
72	毒重石	矿石（万吨）	≥1000	200～1000	<200
73	天然碱	（Na_2CO_3 + $NaHCO_3$）（万吨）	≥1000	200～1000	<200
74	冰洲石	矿物（吨）	≥1	0.1～1	<0.1
75	菱镁矿	矿石（亿吨）	≥0.5	0.1～0.5	<0.1
76	萤石				
	（普通萤石）	CaF_2（万吨）	≥100	20～100	<20
	（光学萤石）	矿物（吨）	≥1	0.1～1	<0.1

续表

序号	矿种名称	单位	规模		
			大型	中型	小型
77	石灰岩				
	（电石用灰岩） （制碱用灰岩） （化肥用灰岩） （熔剂用灰岩）	矿石（亿吨）	≥0.5	0.1～0.5	<0.1
	（玻璃用灰岩） （制灰用灰岩）	矿石（亿吨）	≥0.1	0.02～0.1	<0.02
	（水泥用灰岩，包括白垩）	矿石（亿吨）	≥0.8	0.15～0.8	<0.15
78	泥灰岩	矿石（亿吨）	≥0.5	0.1～0.5	<0.1
79	含钾岩石（包括含钾砂页岩）	矿石（亿吨）	≥1	0.2～1	<0.2
80	白云岩 （冶金用） （化肥用） （玻璃用）	矿石（亿吨）	≥0.5	0.1～0.5	<0.1
81	硅质原料（包括石英岩、砂岩、天然石英砂、脉石英、粉石英）				
	（冶金用） （水泥配料用） （水泥标准砂）	矿石（万吨）	≥2000	200～2000	<200
	（玻璃用）	矿石（万吨）	≥1000	200～1000	<200
	（铸型用）	矿石（万吨）	≥1000	100～1000	<100
	（砖瓦用）	矿石（万立方米）	≥2000	500～2000	<500
	（建筑用）	矿石（万立方米）	≥5000	1000～5000	<1000
	（化肥用）	矿石（万吨）	≥10000	2000～10000	<2000
	（陶瓷用）	矿石（万吨）	≥100	20～100	<20
82	天然油石	矿石（万吨）	≥100	10～100	<10
83	硅藻土	矿石（万吨）	≥1000	200～1000	<200
84	页岩				
	（砖瓦用）	矿石（万立方米）	≥2000	200～2000	<200
	（水泥配料用）	矿石（万吨）	≥5000	500～5000	<500

续表

序号	矿种名称	单位	规模		
			大型	中型	小型
85	高岭土 （包括陶瓷土）	矿石（万吨）	≥500	100～500	<100
86	耐火粘土	矿石（万吨）	≥1000	200～1000	<200
87	凹凸棒石	矿石（万吨）	≥500	100～500	<100
88	海泡石粘土 （包括伊利石粘土、累托石粘土）	矿石（万吨）	≥500	100～500	<100
89	膨润土	矿石（万吨）	≥5000	500～5000	<500
90	铁矾土	矿石（万吨）	≥1000	200～1000	<200
91	其他粘土				
	（铸型用粘土）	矿石（万吨）	≥1000	200～1000	<200
	（砖瓦用粘土）	矿石（万吨）	≥2000	500～2000	<500
	（水泥配料用粘土） （水泥配料用红土） （水泥配料用黄土） （水泥配料用泥岩）	矿石（万吨）	≥2000	500～2000	<500
	（保温材料用粘土）	矿石（万吨）	≥200	50～200	<50
92	橄榄岩（化肥用）	矿石（亿吨）	≥1	0.1～1	<0.1
93	蛇纹岩				
	（化肥用）	矿石（亿吨）	≥1	0.1～1	<0.1
	（熔剂用）	矿石（亿吨）	≥0.5	0.1～0.5	<0.1
94	玄武岩（铸石用）	矿石（万吨）	≥1000	200～1000	<200
95	辉绿岩				
	（铸石用）	矿石（万吨）	≥1000	200～1000	<200
	（水泥用）	矿石（万吨）	≥2000	200～2000	<200
96	水泥混合材 （安山玢岩） （闪长玢岩）	矿石（万吨）	≥2000	200～2000	<200
97	建筑用石材	矿石（万立方米）	≥5000	1000～5000	<1000
98	饰面用石材	矿石（万立方米）	≥1000	200～1000	<200

续表

序号	矿种名称	单位	规模		
			大型	中型	小型
99	珍珠岩（包括黑曜岩、松脂岩）	矿石（万吨）	≥2000	500～2000	<500
100	浮石	矿石（万吨）	≥300	50～300	<50
101	粗面岩 （水泥用） （铸石用）	矿石（万吨）	≥1000	200～1000	<200
102	凝灰岩				
	（玻璃用）	矿石（万吨）	≥1000	200～1000	<200
	（水泥用）	矿石（万吨）	≥2000	200～2000	<200
103	大理石				
	（水泥用）	矿石（万吨）	≥2000	200～2000	<200
	（玻璃用）	矿石（万吨）	≥5000	1000～5000	<1000
104	板岩（水泥配料用）	矿石（万吨）	≥2000	200～2000	<200
105	泥炭	矿石（万吨）	≥1000	100～1000	<100
106	矿盐（包括地下卤水）	NaCl（亿吨）	≥10	1～10	<1
107	镁盐	$MgCl_2/MgSO_4$（万吨）	≥5000	1000～5000	<1000
108	碘	碘（吨）	≥5000	500～5000	<500
109	溴	溴（吨）	≥50000	5000～50000	<5000
110	砷	砷（万吨）	≥5	0.5～5	<0.5
111	地下水	允许开采量（立方米/日）	≥100000	10000～100000	<10000
112	矿泉水	允许开采量（立方米/日）	≥5000	500～5000	<500
113	二氧化碳气	气量（亿立方米）	≥300	50～300	<50

说明：

1. 确定矿产资源储量规模依据的单元：

（1）石油：油田；

天然气、二氧化碳气：气田；

（2）地势：地热田；

（3）固体矿产（煤除外）：矿床；

（4）地下水、矿泉水：水源地。

2. 确定矿产资源储量规模依据的矿产资源储量：

（1）石油、天然气、二氧化碳气：地质储量；

（2）地热：电（热）能；

（3）固体矿产：基础储量＋资源量（仅限331、332、333），相当于《固体矿产地质勘探规范总则》（GB 13908—92）中的A＋B＋C＋D＋E级（表内）储量；

（4）地下水、矿泉水：允许开采量。

3. 存在共生矿产的矿区，矿产资源储量规模以矿产资源储量规模最大的矿种确定。

4. 中型及小型规模不含其上限数字。

矿业权出让转让管理暂行规定

（2000年11月1日　国土资发〔2000〕309号）

第一章　总　则

第一条　为了培育、规范矿业权市场，根据《中华人民共和国矿产资源法》、《矿产资源勘查区块登记管理办法》、《矿产资源开采登记管理办法》和《探矿权采矿权转让管理办法》，制定本规定。

第二条　在中华人民共和国领域及其管辖海域出让、转让矿业权适用本规定。

第三条　探矿权、采矿权为财产权，统称为矿业权，适用于不动产法律法规的调整原则。

依法取得矿业权的自然人、法人或其他经济组织称为矿业权人。

矿业权人依法对其矿业权享有占有、使用、收益和处分权。

第四条　矿业权的出让由县级以上人民政府地质矿产主管部门根据《矿产资源勘查区块登记管理办法》、《矿产资源开采登记管理办法》及省、自治区、直辖市人民代表大会常务委员会制定的管理办法规定的权限，采取批准申请、招标、拍卖等方式进行。

出让矿业权的范围可以是国家出资勘查并已经探明的矿产地、依法收归国有的矿产地和其他矿业权空白地。

第五条　各级地质矿产主管部门按照法定管辖权限出让国家出资勘查并已经探明的矿产地的矿业权时，应委托具有国务院地质矿产主管部门认定的有矿业权评估资格的评估机构（以下简称“评估机构”）进行矿业权评估。

第六条　矿业权人可以依照本办法的规定采取出售、作价出资、合作勘查或开采、上市等方式依法转让矿业权。

转让双方应按规定到原登记发证机关办理矿业权变更登记手续。但是受让方为外商投资矿山企业的，应到具有外商投资矿山企业发证权的登记管理机关办理变更登记手续。

矿业权人可以依照本办法的规定出租、抵押矿业权。

第七条　国务院地质矿产主管部门负责由其审批发证的矿业权转让的审批。省、自治区、直辖市人民政府地质矿产主管部门负责其他矿业权转让的审批。

第八条 矿业权人转让国家出资勘查形成的矿业权的，应由矿业权人委托评估机构进行矿业权评估。

第九条 国家出资是指中央财政或地方财政以地质勘探费、矿产资源补偿费、各种基金以及专项经费等安排用于矿产资源勘查的拨款。

第十条 中央财政出资勘查形成矿产地的矿业权的评估结果，由国务院地质矿产主管部门确认。地方财政出资勘查形成矿产地的矿业权的评估结果，委托省级人民政府地质矿产主管部门进行确认。

中央和地方财政共同出资勘查形成矿产地的矿业权的评估结果，经省级人民政府地质矿产主管部门提出审查意见，由国务院地质矿产主管部门确认。

国家与企业或个人等共同出资勘查形成矿产地的矿业权的评估结果，按照国家出资的渠道，分别由国务院地质矿产主管部门或委托省级人民政府地质矿产主管部门进行确认。

第十一条 申请出让经勘查形成矿产地的矿业权的价款，经登记管理机关批准可以分期缴纳。申请分期缴纳矿业权价款，应向登记管理机关说明理由，并承诺分期缴纳的额度和期限，经批准后实施。

国有地勘单位或国有矿山企业申请出让经勘查形成矿产地的矿业权符合国家有关规定的，可以按照规定申请将应交纳的矿业权价款部分或全部转增国家资本，并经审查批准后实施。

第十二条 探矿权人在其勘查作业区内申请采矿权的，矿业权可不评估，登记管理机关不收取价款。

矿山企业进行合资、合作、合并、兼并等重组改制时，应进行采矿权评估，办理变更登记手续。是国家出资勘查形成的采矿权的，应由国务院或省级地质矿产主管部门对评估的采矿权价款进行确认，登记管理机关不收取采矿权价款。

第十三条 矿业权申请人、矿业权投标人、矿业权竞买人、矿业权承租人，应当具备相应的资质条件。

第十四条 矿业权出让时，登记管理机关应一并提供相应的地质资料。矿业权转让时，转让人应一并提供相应的地质资料。

第二章　矿业权出让

第十五条 矿业权出让是指登记管理机关以批准申请、招标、拍卖等方式向矿业权申请人授予矿业权的行为。

第十六条 在探矿权有效期和保留期内，探矿权人有优先取得勘查作业区内矿产资源采矿权的权利，未经探矿权人的同意，登记管理机关不得在该勘查作业区内受理他人的矿业权申请。

第十七条 以批准申请方式出让经勘查形成矿产地的矿业权的，登记管理机关按照评估确认的结果收缴矿业权价款。

以招标、拍卖方式出让经勘查形成矿产地的矿业权的，登记管理机关应依据评估确认的结果确定招标、拍卖的底价或保留价，成交后登记管理机关按照实际交易额收取矿业权价款。

第一节　批准申请

第十八条 矿业权批准申请出让是指登记管理机关通过审查批准矿业权申请人的申请，授予矿业权申请人矿业权的行为。

第十九条 矿业权申请人应是出资人或由其出资设立的法人。但是，国家出资勘查的，由出资的机构指定探矿权申请人。两个以上出资人设立合资或合作企业进行勘查、开采矿产资源的，企业是矿业权申请人；不设立合作企业进行勘查、开采矿产资源的，则由出资人共同出具书面文件指定矿业权申请人。

采矿权申请人应为企业法人，个体采矿的应依法设立个人独资企业。

第二十条 矿业权批准申请的条件和程序按国务院有关规定执行。

第二十一条 国家确定的矿业权招标区域不再受理单独的矿业权申请。

第二节 招 标

第二十二条 矿业权招标出让是指登记管理机关依照有关法律法规的规定，通过招标方式使中标人有偿获得矿业权的行为。

第二十三条 登记管理机关可以作为招标人在其矿业权审批权限内直接组织招标，也可以委托中介机构代理招标。

第二十四条 登记管理机关采用招标方式出让矿业权时，应将确定的拟招标区块或矿区范围、招标时间和投标人的资质条件要求，在《国土资源报》发布公告。

第二十五条 招标文件发布之日起至投标人提交投标文件截止之日止，最短不得少于20日。

第二十六条 登记管理机关采用招标方式出让矿业权时，应委托评估机构对矿业权进行评估。经依法确认的评估结果可以作为确定标底的依据。

第二十七条 登记管理机关可以根据矿业权的情况，以矿业权价款、资金投入或其他指标设定单项或综合标底。

第二十八条 设定资金投入为标底进行招标的，中标人在办理登记时须向登记管理机关指定银行的押金专户交纳押金。押金的数额根据中标人投标时承诺投入资金总额的一定比例确定。押金的比例在标书公告中明确。年度审查时根据资金投入的数额，登记管理机关按比例返还押金。未按承诺投入资金的，押金不予退还，由登记管理机关上缴同级财政。

第二十九条 登记管理机关、招标人和矿业权评估机构应对矿业权评估价值、招标标底严格保密。

第三十条 登记管理机关组织评标，依法组建评标委员会，采取择优的原则确定中标人。

第三节 拍 卖

第三十一条 矿业权拍卖出让是指登记管理机关遵照有关法律法规规定的原则和程序，委托拍卖人以公开竞价的形式，向申请矿业权竞价最高者出让矿业权的行为。

第三十二条 登记管理机关在其矿业权审批权限内组织矿业权拍卖。

第三十三条 拟拍卖矿业权的区块或范围、拍卖时间和对竞买人的资质条件要求由登记管理机关确定，并在《国土资源报》发布公告。

第三十四条 拍卖出让经勘查形成矿产地的矿业权，由登记管理机关委托评估机构评估，经依法确认的评估结果可以作为拍卖标的的保留价。

第三十五条 买受人应在规定时间内，按规定缴纳有关费用和拍卖价款，依法办理登记手续，领取许可证。逾期未缴齐费用和价款、未办理登记手续的，视买受人自动放弃买受行为，并承担相应的违约责任。

第三章 矿业权转让

第三十六条 矿业权转让是指矿业权人将矿业权转移的行为，包括出售、作价出资、合作、重组改制等。

矿业权的出租、抵押，按照矿业权转让的条件和程序进行管理，由原发证机关审查批准。

第三十七条 各种形式的矿业权转让，转让双方必须向登记管理机关提出申请，经审查批准后办理变更登记手续。

第三十八条 采矿权人不得将采矿权以承包等方式转给他人开采经营。

第三十九条 转让国家出资勘查形成的矿业权的，转让人以评估确认的结果为底价向受让人收取矿业权价款或作价出资。

国有地质勘查单位转让国家出资勘查形成的矿业权的收益，应按勘查时的实际投入数转增国家基金，其余部分计入主营业务收入。

国有矿山企业转让国家出资勘查形成的矿业权的收益做国家资本处置的，应按照国务院地质矿产主管部门和国务院财政主管部门的规定报批执行。

非国有矿山企业转让国家出资勘查形成矿产地的采矿权的，由登记管理机关收取相应的采矿权价款。但是符合本规定第十二条的除外。

第一节　出售、作价出资、合作

第四十条 矿业权出售是指矿业权人依法将矿业权出卖给他人进行勘查、开采矿产资源的行为。

第四十一条 矿业权作价出资是指矿业权人依法将矿业权作价后，作为资本投入企业，并按出资数额行使相应权利，履行相应义务的行为。

第四十二条 合作勘查或合作开采经营是指矿业权人引进他人资金、技术、管理等，通过签订合作合同约定权利义务，共同勘查、开采矿产资源的行为。

第四十三条 矿业权人改组成上市的股份制公司时，可将矿业权作价计入上市公司资本金，也可将矿业权转让给上市公司向社会披露，但在办理转让审批和变更登记手续前，均应委托评估矿业权，矿业权评估结果报国务院地质矿产主管部门确认。

矿业股份制公司在境外上市的，可按照所上市国的规定通过境外评估机构评估矿业权，但应将评估报告向国务院地质矿产主管部门备案。

第四十四条 出售矿业权或者通过设立合作、合资法人勘查、开采矿产资源的，应申请办理矿业权转让审批和变更登记手续。

不设立合作、合资法人勘查或开采矿产资源的，在签订合作或合资合同后，应当将相应的合同向登记管理机关备案。

采矿权申请人领取采矿许可证后，因与他人合资、合作进行采矿而设立新企业的，可不受投入采矿生产满一年的限制。

第四十五条 需要部分出售矿业权的，必须在申请出售前向登记管理机关提出分立矿业权的申请，经批准并办理矿业权变更登记手续。

采矿权原则上不得部分转让。

第四十六条 矿业权转让的当事人须依法签订矿业权转让合同。依转让方式的不同，转让合同可以是出售转让合同、合资转让合同或合作转让合同。

转让申请被批准之日起，转让合同生效。

第四十七条 矿业权转让合同应包括以下基本内容：

（一）矿业权转让人、受让人的名称、法定代表人、注册地址；

（二）申请转让矿业权的基本情况，包括当前权属关系、许可证编号、发证机关、矿业权的地理位置坐标、面积、许可证有效期限及勘查工作程度或开采情况等；

（三）转让方式和转让价格，付款方式或权益实现方式等；

（四）争议解决方式；

（五）违约责任。

第四十八条 转让人和受让人收到转让批准通知书后，应在规定时间内办理变更登记手续；逾期未办理的，视为自动放弃转让行为，已批准的转让申请失效。

第二节 出 租

第四十九条 矿业权出租是指矿业权人作为出租人将矿业权租赁给承租人，并向承租人收取租金的行为。

矿业权出租应当符合国务院规定的矿业权转让的条件。

矿业权人在矿业权出租期间继续履行矿业权人的法定的义务并承担法律责任。

第五十条 出租国家出资勘查形成的矿产地的采矿权的，应按照采矿权转让的规定进行评估、确认，采矿权价款按有关规定进行处置。

已出租的采矿权不得出售、合资、合作、上市和设定抵押。

第五十一条 矿业权人申请出租矿业权时应向登记管理机关提交以下材料：

（一）出租申请书；

（二）许可证复印件；

（三）矿业权租赁合同书；

（四）承租人的资质条件证明或营业执照；

（五）登记管理机关要求提交的其他有关资料。

第五十二条 矿业权租赁合同应包括以下主要内容：

（一）出租人、承租人的名称、法定代表人的姓名、注册地址或住所；

（二）租赁矿业权的名称、许可证号、发证机关、有效期、矿业权范围坐标、面积、矿种；

（三）租赁期限、用途；

（四）租金数额，交纳方式；

（五）租赁双方的权利和义务；

（六）合同生效期限；

（七）争议解决方式；

（八）违约责任。

第五十三条 矿业权承租人不得再行转租矿业权。

采矿权的承租人在开采过程中，需要改变开采方式和主矿种的，必须由出租人报经登记管理机关批准并办理变更登记手续。

采矿权人被依法吊销采矿许可证时，由此产生的后果由责任方承担。

第五十四条 租赁关系终止后的20日内，出租人应向登记管理机关申请办理注销出租手续。

第三节 抵 押

第五十五条 矿业权抵押是指矿业权人依照有关法律作为债务人以其拥有的矿业权在不转移占有的前提下，向债权人提供担保的行为。

以矿业权作抵押的债务人为抵押人，债权人为抵押权人，提供担保的矿业权为抵押物。

第五十六条 债权人要求抵押人提供抵押物价值的，抵押人应委托评估机构评估抵押物。

第五十七条 矿业权设定抵押时，矿业权人应持抵押合同和矿业权许可证到原发证机关办理备案手续。矿业权抵押解除后20日内，矿业权人应书面告知原发证机关。

第五十八条 债务人不履行债务时，债权人有权申请实现抵押权，并从处置的矿业权所得中依法受偿。新的矿业权申请人应符合国家规定的资质条件，当事人应依法办理矿业权转让、变更登记手续。

采矿权人被吊销许可证时，由此产生的后果由债务人承担。

第四章　监督管理

第五十九条　矿业权人不履行缴纳矿业权价款承诺的，由登记管理机关依照《矿产资源区块登记管理办法》第三十一条、《矿产资源开采登记管理办法》第二十一条的规定予以处罚。

第六十条　在招标、拍卖矿业权过程中，受委托的中介机构、评标委员会、投标人、竞标人有违法、违规行为的，由登记管理机关按有关法律法规的规定予以处罚。

评估机构在招标、拍卖过程中泄露评估价值的，除依法追究法律责任外，国务院地质矿产主管部门责令其停业一年，再次发生的，取消评估资格。

第六十一条　未经登记管理机关批准，擅自转让矿业权或违反本办法规定出租矿业权的，由登记管理机关依据《探矿权采矿权转让管理办法》第十四条的规定予以处罚。

第六十二条　矿业权出租方违反本规定的，矿业权人将矿业权承包给他人开采、经营的，由登记管理机关按照《探矿权采矿权转让管理办法》第十五条的规定予以处罚。

第六十三条　违反有关法律和本规定所设定的矿业权抵押无效。

第六十四条　登记管理机关违反本规定发证或审批的，应及时纠正；对当事人造成损失的，应依据有关法律规定给予赔偿。

第六十五条　登记管理机关工作人员徇私舞弊、滥用职权、玩忽职守，构成犯罪的，依法追究刑事责任；尚不构成犯罪的，依法给予行政处分。

第五章　附　则

第六十六条　以非法人组织申请探矿权或转让探矿权的，比照法人申请探矿权或转让探矿权的程序办理。

第六十七条　以赠予、继承、交换等方式转让矿业权的，当事人应携带有关证明文件至登记管理机关办理变更登记手续。

第六十八条　《探矿权采矿权转让管理办法》颁布前已经签订承包合同的矿山企业，应于2001年6月30日前，按本规定关于矿业权出租管理的规定，补办有关手续。逾期不办的，按本规定第六十二条处理。

第六十九条　本规定自发布之日起执行。

关于规范勘查许可证采矿许可证权限有关问题的通知

（2005年9月30日　国土资发〔2005〕200号）

按照《国务院关于全面整顿和规范矿产资源开发秩序的通知》（国发〔2005〕28号）有关国土资源部要严格按照法律法规的规定，对以往的各种授权进行清理并重新进行授权的要求，根据《中华人民共和国矿产资源法》、《矿产资源勘查区块登记管理办法》、《矿产资源开采登记管理办法》规定，为进一步规范探矿权、采矿权登记审批管理，严格按规划和法定的权限出让探矿权、采矿权，现对国务院国土资源主管部门和授权省级人民政府国土资源主管部门审批登记颁发勘查许可证、采矿许可证权限通知如下：

一、勘查登记

（一）石油、烃类天然气、煤成（层）气、放射性矿产勘查，由国土资源部颁发勘查许可证。

（二）煤炭勘查区块面积大于30平方公里（含）的勘查项目，由国土资源部颁发勘查许可证，其余授权省级人民政府国土资源主管部门颁发勘查许可证。

（三）钨、锡、锑、稀土矿产勘查投资大于500万元人民币（含），或勘查区块面积大于15平方公里（含）的勘查项目，由国土资源部颁发勘查许可证，其余授权省级人民政府国土资源主管部门颁发勘查许可证。

（四）油页岩、金、银、铂、锰、铬、钴、铁、铜、铅、锌、铝、镍、钼、磷、钾、锶、铌、钽矿产勘查投资大于500万元人民币（含）的勘查项目，由国土资源部颁发勘查许可证，其余授权省级人民政府国土资源主管部门颁发勘查许可证。

（五）二氧化碳气、地热、硫、金刚石、石棉、矿泉水矿产勘查，授权省级人民政府国土资源主管部门颁发勘查许可证。

（六）海域（含内水）、跨省、自治区、直辖市的矿产勘查，由国土资源部颁发勘查许可证。

（七）外商投资勘查矿产资源，应符合外商投资产业指导目录的有关规定，按照本通知对内资勘查规定的发证权限颁发勘查许可证。

二、采矿登记

（八）石油、烃类天然气、煤成（层）气、放射性矿产由国土资源部颁发采矿许可证。

（九）煤［煤井田储量1亿吨（含）以上，其中焦煤井田储量5000万吨（含）以上］、油页岩矿床储量规模为大型（含）以上的，由国土资源部颁发采矿许可证，其余授权省级人民政府国土资源主管部门颁发采矿许可证。

（十）钨、锡、锑、稀土矿床储量规模为中型（含）以上的，由国土资源部颁发采矿许可证，其余授权省级人民政府国土资源主管部门颁发采矿许可证。

（十一）金、银、铂、锰、铬、钴、铁、铜、铅、锌、铝、镍、钼、磷、钾、锶、金刚石、铌、钽矿床储量规模为大型（含）以上的，由国土资源部颁发采矿许可证，其余授权省级人民政府国土资源主管部门颁发采矿许可证。

（十二）二氧化碳气、地热、硫、石棉、矿泉水的开采，授权省级人民政府国土资源主管部门颁发采矿许可证。

（十三）海域（含内水）、跨省、自治区、直辖市开采矿产资源的，由国土资源部颁发采矿许可证。

（十四）外商投资开采矿产资源，应符合外商投资产业指导目录的有关规定，按照本通知对内资企业发证的权限颁发采矿许可证。

三、有关要求

（十五）对国家规划矿区和对国民经济具有重要价值矿区，由国土资源部批准其矿业权设置方案后，审批权限按本通知的规定办理。

（十六）在此之前省级人民政府国土资源主管部门已经颁发的勘查许可证、采矿许可证，凡与本通知规定不符的，在办理延续、转让、变更时，由省级人民政府国土资源主管部门提出意见后，将审批登记资料报部办理。

（十七）省级人民政府国土资源主管部门对国土资源部授权其审批登记颁发的勘查许可证、采矿许可证的权限不得再行授权。

（十八）各省（区、市）人民政府国土资源主管部门要严格按照法律法规和本通知的授权范围审批登记颁发勘查许可证、采矿许可证。严禁越权发证；严禁新设探矿权勘查程度低于原有工作程度；严禁将大中型储量规模的矿产地化大为小，分割出让。对违法违规颁发勘查许可证、采矿许可证的行为，要依法追究发证机关及直接责任人的责任。对省级人民政府国土资源主管部门越权颁发勘查许可证或采矿许可证、国土资源部责令限期纠正而又逾期不纠正的，国土资源部将直接予以撤销。对一年内越权发证两次以上的，国土资源部将停止对该矿种的授权。

（十九）部受理探矿权、采矿权申请前，向省级人民政府国土资源主管部门发送探矿权、采矿权受理调查函。省级人民政府国土资源主管部门应在二十个工作日内回复调查意见，凡不按规定的时间和内容回复意见，且无正当理由的，国土资源部将停止对该矿种的授权。

（二十）省级人民政府国土资源主管部门应在每月3日前将上月份本省区范围内的勘查许可证采矿许可证发证名录及范围报国土资源部。

（二十一）本通知所指矿床储量系指《固体矿产资源/储量分类》（GB/T17766—1999）中编码为333以上的资源量和基础储量总和。

（二十二）本通知自发布之日起实行，以往授权与本通知不一致的，一律以本通知规定为准。

保护性开采的特定矿种勘查开采管理暂行办法

（2009年11月24日　国土资发〔2009〕165号）

第一条　为加强对保护性开采的特定矿种勘查、开采的管理，保护我国优势矿产资源，不断提高优势矿产的合理开发利用水平，根据《中华人民共和国矿产资源法》及相关法律法规的规定，制定本办法。

第二条　本办法所称保护性开采的特定矿种，是指按照有关规定，由国家实行有计划勘查、开采管理的矿种。

第三条　保护性开采的特定矿种的勘查、开采实行统一规划、总量控制、合理开发、综合利用的原则。

第四条　国土资源部会同有关部门提出保护性开采的特定矿种的设立或撤销名单，经国务院批准后，公布实施。

第五条　国土资源部负责全国保护性开采的特定矿种勘查、开采的登记、审批。

国土资源部可根据需要，授权有关省（区、市）国土资源管理部门对保护性开采的特定矿种进行勘查、开采的登记、审批。

第六条 国土资源部负责组织全国保护性开采的特定矿种勘查、开采的监督管理。县级以上地方人民政府国土资源管理部门负责本辖区内保护性开采的特定矿种勘查、开采的监督管理。

第七条 国土资源部按照矿产资源规划，根据相关产业政策、资源储量变化、市场需求等因素，按年度分矿种下达保护性开采的特定矿种勘查、开采计划，依法设立探矿权、采矿权，并加强监管。

第八条 保护性开采的特定矿种资源调查评价和矿产地储备工作由国土资源部统一组织实施。

第九条 探矿权人在对其他矿种进行勘查活动时，应对共、伴生的保护性开采的特定矿种进行综合勘查评价，并单独估算资源储量。否则，地质储量报告不予评审、备案。

第十条 国土资源部按照规划对保护性开采的特定矿种实行开采总量控制管理，分年度下达分省（区、市）控制指标。综合开采、综合利用保护性开采的特定矿种的，纳入开采总量控制管理。

第十一条 各有关省（区、市）国土资源管理部门根据本辖区矿山企业的资源储量、开发利用情况、资源利用水平等，将控制指标分解落实到矿山企业，企业名单和指标分解情况应向社会公示，公示结果予以公告，并报国土资源部备案。国土资源部向社会公布全国控制指标分解落实情况。

各有关省（区、市）国土资源管理部门在分解下达控制指标时，上下级国土资源管理部门间应按照职责分工签订责任书，矿山所在地市或县级国土资源管理部门和矿山企业间签订合同书，明确各方的权利、义务和违约责任。责任书、合同书式样由各省（区、市）国土资源管理部门制定。

第十二条 保护性开采的特定矿种开采总量控制指标执行情况实行月报和季报统计制度。

矿山企业每月应按规定向当地国土资源管理部门报送保护性开采的特定矿种开采总量控制指标执行情况；各有关省（区、市）国土资源管理部门每季度向国土资源部上报保护性开采的特定矿种开采总量控制指标执行情况。

保护性开采的特定矿种开采总量控制指标执行情况报表及报送时间等要求由国土资源部相关统计制度规定。

开采保护性开采的特定矿种的矿山企业应建立储量、产量、销售原始台账及开采总量控制相关管理制度。

第十三条 各有关省（区、市）国土资源管理部门每年11月底前向国土资源部上报当年指标完成情况（含预计完成情况）及下年度指标申请报告。

第十四条 保护性开采的特定矿种开采总量控制指标不得买卖和转让。特殊情况，由矿山所在地的省（区、市）国土资源管理部门在当地进行调配并报部备案。

第十五条 保护性开采的特定矿种与其他矿种共、伴生的，凡保护性开采的特定矿种资源储量达到中型以上，且占矿山全部资源储量达到20%的，按主采保护性开采的特定矿种设立采矿权，并执行保护性开采的特定矿种各项管理规定。

第十六条 不符合本办法第十五条规定的共、伴生情况的，矿山开采企业综合开采、综合利用保护性开采的特定矿种，应严格按照下达的保护性开采的特定矿种开采总量控制指标组织生产，其主采矿种的开采规模应与保护性开采的特定矿种的开采总量控制指标相适应，不得因开采主采矿种而导致保护性开采的特定矿种超开采总量控制指标生产。

经批准，主采矿种扩大开采规模，造成综合利用的保护性开采的特定矿种采出量超出开采总量控制指标的，采矿权人应妥善保存，不得超开采总量控制指标销售。

对暂不能开采、利用的矿体、尾矿，采矿权人应采取有效措施加以保护，不得随意丢弃、浪费或破坏保护性开采的特定矿种资源。

第十七条 开采非保护性开采的特定矿种的矿山企业在开采其他矿产过程中，新发现矿区内有共生或伴生保护性开采的特定矿种的，应当向当地国土资源管理部门报告，经资源储量评审备案后，依据评审结果，纳入矿产资源规划，并分别按照本办法第十五条或第十六条的有关规定办理。

第十八条 各级国土资源管理部门应切实加强本辖区内保护性开采的特定矿种的勘查、开采管理，加大开采总量控制指标执行情况的检查力度。矿山所在地的国土资源管理部门应按照责任书的有关要求，指派专人负责对矿山开采企业进行定期和不定期的检查，发现问题及时处理，确保开采总量控制指标执行到位，并建立加强开采总量控制管理的具体管理措施。

第十九条 违反本暂行办法的，按照有关法律法规规定进行处罚。

第二十条 外商投资企业申请保护性开采的特定矿种勘查、开采的，按照国家的外商投资产业指导目录办理。

第二十一条 本办法由国土资源部负责解释。

第二十二条 本办法自2010年1月1日起施行。

关于停止执行《关于印发〈矿业权出让转让管理暂行规定〉的通知》第五十五条规定的通知

（2014年7月16日　国土资发〔2014〕89号）

根据《中华人民共和国物权法》、《中华人民共和国担保法》的有关规定，为保证财产权人依法行使抵押权，现停止执行《关于印发〈矿业权出让转让管理暂行规定〉的通知》（国土资发〔2000〕309号）第五十五条规定。

关于加快建设绿色矿山的实施意见

（2017 年 3 月 22 日　国土资源部、财政部、环境保护部、国家质检总局、银监会、证监会　国土资规〔2017〕4 号）

为全面贯彻落实《中共中央　国务院关于加快推进生态文明建设的意见》和《中华人民共和国国民经济和社会发展第十三个五年规划纲要》的决策部署，切实推进全国矿产资源规划实施，加强矿业领域生态文明建设，加快矿业转型与绿色发展，制定本实施意见。

一、总体要求

（一）指导思想。全面贯彻党的十八大和十八届三中、四中、五中、六中全会精神，深入贯彻落实习近平总书记系列重要讲话精神，按照统筹推进“五位一体”总体布局和协调推进“四个全面”战略布局的要求，牢固树立和贯彻落实创新、协调、绿色、开放、共享的发展理念，适应把握引领经济发展新常态，认真落实党中央、国务院关于生态文明建设的决策部署，坚持“尽职尽责保护国土资源、节约集约利用国土资源、尽心尽力维护群众权益”的工作定位，紧紧围绕生态文明建设总体要求，通过政府引导、企业主体，标准领跑、政策扶持，创新机制、强化监管，落实责任、激发活力，将绿色发展理念贯穿于矿产资源规划、勘查、开发利用与保护全过程，引领和带动传统矿业转型升级，提升矿业发展质量和效益。

（二）总体目标

构建部门协同、四级联创的工作机制，加大政策支持，加快绿色矿山建设进程，力争到 2020 年，形成符合生态文明建设要求的矿业发展新模式。

基本形成绿色矿山建设新格局。新建矿山全部达到绿色矿山建设要求，生产矿山加快改造升级，逐步达到要求。树立千家科技引领、创新驱动型绿色矿山典范，实施百个绿色勘查项目示范，建设 50 个以上绿色矿业发展示范区，形成一批可复制、能推广的新模式、新机制、新制度。

构建矿业发展方式转变新途径。坚持转方式与稳增长相协调，创新资源节约集约和循环利用的产业发展新模式和矿业经济增长的新途径，加快绿色环保技术工艺装备升级换代，加大矿山生态环境综合治理力度，大力推进矿区土地节约集约利用和耕地保护，引导形成有效的矿业投资，激发矿山企业绿色发展的内生动力，推动我国矿业持续健康发展。

建立绿色矿业发展工作新机制。坚持绿色转型与管理改革相互促进，研究建立国家、省、市、县四级联创、企业主建、第三方评估、社会监督的绿色矿山建设工作体系，健全绿色勘查和绿色矿山建设标准体系，完善配套激励政策体系，构建绿色矿业发展长效机制。

二、制定领跑标准，打造绿色矿山

（三）因地制宜，完善标准。各地要结

合实际，按照绿色矿山建设要求（见附件），细化形成符合地区实际的绿色矿山地方标准，明确矿山环境面貌、开发利用方式、资源节约集约利用、现代化矿山建设、矿地和谐和企业文化形象等绿色矿山建设考核指标要求。建立国家标准、行业标准、地方标准、团体标准相互配合，主要行业全覆盖、有特色的绿色矿山标准体系。

（四）分类指导，逐步达标。新立采矿权出让过程中，应对照绿色矿山建设要求和相关标准，在出让合同中明确开发方式、资源利用、矿山地质环境保护与治理恢复、土地复垦等相关要求及违约责任，推动新建矿山按照绿色矿山标准要求进行规划、设计、建设和运营管理。对生产矿山，各地要结合实际，区别情况，作出全面部署和要求，积极推动矿山升级改造，逐步达到绿色矿山建设要求。

（五）示范引领，整体推进。选择绿色矿山建设进展成效显著的市或县，建设一批绿色矿业发展示范区。着力推进技术体系、标准体系、产业模式、管理方式和政策机制创新，探索解决布局优化、结构调整、资源保护、节约综合利用、地上地下统筹等重点问题，健全矿产资源规划、勘查、开发利用与保护的制度体系，完善绿色矿业发展激励政策体系，积极营造良好的投资发展环境，全域推进绿色矿山建设，打造形成布局合理、集约高效、环境优良、矿地和谐、区域经济良性发展的绿色矿业发展样板区。

（六）生态优先，绿色勘查。坚持生态保护第一，充分尊重群众意愿，调整优化找矿突破战略行动工作布局。树立绿色环保勘查理念，严格落实勘查施工生态环境保护措施，切实做到依法勘查、绿色勘查。大力发展和推广航空物探、遥感等新技术和新方法，加快修订地质勘查技术标准、规范，健全绿色勘查技术标准体系，适度调整或替代对地表环境影响大的槽探等勘查手段，减少地质勘查对生态环境的影响。

三、加大政策支持，加快建设进程

（七）实行矿产资源支持政策。对实行总量调控矿种的开采指标、矿业权投放，符合国家产业政策的，优先向绿色矿山和绿色矿业发展示范区安排。

符合协议出让情形的矿业权，允许优先以协议方式有偿出让给绿色矿山企业。

（八）保障绿色矿山建设用地。各地在土地利用总体规划调整完善中，要将绿色矿山建设所需项目用地纳入规划统筹安排，并在土地利用年度计划中优先保障新建、改扩建绿色矿山合理的新增建设用地需求。

对于采矿用地，依法办理建设用地手续后，可以采取协议方式出让、租赁或先租后让；采取出让方式供地的，用地者可依据矿山生产周期、开采年限等因素，在不高于法定最高出让年限的前提下，灵活选择土地使用权出让年期，实行弹性出让，并可在土地出让合同中约定分期缴纳土地出让价款。

支持绿色矿山企业及时复垦盘活存量工矿用地，并与新增建设用地相挂钩。将绿色矿业发展示范区建设与工矿废弃地复垦利用、矿山地质环境治理恢复、矿区土壤污染治理、土地整治等工作统筹推进，适用相关试点和支持政策；在符合规划和生态要求的前提下，允许将历史遗留工矿废弃地复垦增加的耕地用于耕地占补平衡。

对矿山依法开采造成的农用地或其他土地损毁且不可恢复的，按照土地变更调查工作要求和程序开展实地调查，经专报审查通过后纳入年度变更调查，其中涉及耕地的，据实核减耕地保有量，但不得突破各地控制数上限，涉及基本农田的要补划。

（九）加大财税政策支持力度。财政部、国土资源部在安排地质矿产调查评价资金时，在完善现行资金管理办法的基础上，研究对开展绿色矿业发展示范区的地区符合条件的项目适当倾斜。

地方在用好中央资金的同时，可统筹安排地质矿产、矿山生态环境治理、重金属污染防治、土地复垦等资金，优先支持绿色矿业发展示范区内符合条件的项目，发挥资金聚集作用，推动矿业发展方式转变和矿区环境改善，促进矿区经济社会可持续发展，并积极协调地方财政资金，建立奖励制度，对优秀绿色矿山企业进行奖励。

在《国家重点支持的高新技术领域》范围内，持续进行绿色矿山建设技术研究开发及成果转化的企业，符合条件经认定为高新技术企业的，可依法减按15%税率征收企业所得税。

（十）创新绿色金融扶持政策。鼓励银行业金融机构在强化对矿业领域投资项目环境、健康、安全和社会风险评估及管理的前提下，研发符合地区实际的绿色矿山特色信贷产品，在风险可控、商业可持续的原则下，加大对绿色矿山企业在环境恢复治理、重金属污染防治、资源循环利用等方面的资金支持力度。

对环境、健康、安全和社会风险管理体系健全，信息披露及时，与利益相关方互动良好，购买了环境污染责任保险，产品有竞争力、有市场、有效益的绿色矿山企业，鼓励金融机构积极做好金融服务和融资支持。

鼓励省级政府建立绿色矿山项目库，加强对绿色信贷的支持。将绿色矿山信息纳入企业征信系统，作为银行办理信贷业务和其他金融机构服务的重要参考。

支持政府性担保机构探索设立结构化绿色矿业担保基金，为绿色矿山企业和项目提供增信服务。鼓励社会资本成立各类绿色矿业产业基金，为绿色矿山项目提供资金支持。

推动符合条件的绿色矿山企业在境内中小板、创业板和主板上市以及到“新三板”和区域股权市场挂牌融资。

四、创新评价机制，强化监督管理

（十一）企业建设，达标入库。完成绿色矿山建设任务或达到绿色矿山建设要求和相关标准的矿山企业应进行自评估，并向市县级国土资源主管部门提交评估报告。市县国土资源、环境保护等有关部门以政府购买服务的形式，委托第三方开展现场核查，符合绿色矿山建设要求的，逐级上报省级有关主管部门，纳入全国绿色矿山名录，通过绿色矿业发展服务平台，向社会公开，接受监督。纳入名录的绿色矿山企业自动享受相关优惠政策。

（十二）社会监督，失信惩戒。绿色矿山企业应主动接受社会监督，建立重大环境、健康、安全和社会风险事件申诉—回应机制，及时受理并回应所在地民众、社会团体和其他利益相关者的诉求。省级国土资源、财政、环境保护等有关部门按照“双随机、一公开”的要求，不定期对纳入绿色矿山名录的矿山进行抽查，市县级有关部门做好日常监督管理。国土资源部会同财政、环境保护等有关部门定期对各省（区、市）绿色矿山建设情况进行评估。对不符合绿色矿山建设要求和相关标准的，从名录中除名，公开曝光，不得享受矿产资源、土地、财政等各类支持政策；对未履行采矿权出让合同中绿色矿山建设任务的，相关采矿权审批部门按规定及时追究相关违约责任。

五、落实责任分工，统筹协调推进

（十三）分工协作，共同推进。国土资源部、财政部、环境保护部、质检总局会同有关部门负责绿色矿业发展工作的统筹部署，明确发展方向、政策导向和建设目标要求，加强对各省（区、市）的工作指导、组织协调和监督检查。各级国土资源、财政、环境保护、质监、银监、证监等相关部门和机构要在同级人民政府的统一领导下，按照职责分工，密切协作，形成合力，加快推进绿色矿山建设。

省级国土资源主管部门要会同财政、环境保护、质监等有关部门负责本省（区、市）绿色矿业发展工作的组织推进，专门制定工作方案，确定绿色勘查示范项目，制定绿色矿山建设地方标准，健全主要行业绿色矿山技术标准体系，明确配套政策措施，组织市县两级加快推进绿色勘查、绿色矿山建设；根据国土资源部等部门的工作布局要求，优选绿色矿业发展示范区，指导相应的市县编制建设工作方案，做好组织推进和监督管理工作；每年12月底前向国土资源部等部门报告相关进展情况和成效，以及监督检查情况。

市县国土资源、财政、环境保护等有关部门在同级人民政府的领导下，负责具体落实，严格依据工作方案，提出具体工作措施，督促矿山企业实施绿色勘查，建设绿色矿山，做好日常监督管理。

加强标准化技术委员会的指导，鼓励中国矿业联合会等行业协会、企业参与绿色矿山标准的研究制定工作，逐步总结形成绿色矿山国家标准、行业标准。

（十四）奖补激励，示范引领。各级国土资源、财政主管部门应建立激励制度，对取得显著成效的绿色矿山择优进行奖励。国土资源部、财政部将会同有关部门每年从全国绿色矿山名录中遴选一定数量的优秀绿色矿山给予表扬奖励，发挥示范引领作用。

（十五）搭建平台，宣传推广。在国土资源部门户网站建设绿色矿业发展服务平台，公布绿色矿业政策信息、全国绿色矿山名录、绿色矿山和绿色勘查技术装备目录及标准规范，宣传各地绿色矿业进展和典型经验等。充分发挥中国矿业联合会等行业协会的桥梁纽带作用，强化行业自律。鼓励科研院所、咨询机构等共同参与绿色矿山建设，加强信息共享和宣传推广。

本实施意见自印发之日起施行，有效期五年。

附件：

1. 黄金行业绿色矿山建设要求（略）
2. 冶金行业绿色矿山建设要求（略）
3. 化工行业绿色矿山建设要求（略）
4. 非金属矿行业绿色矿山建设要求（略）
5. 有色金属行业绿色矿山建设要求（略）
6. 石油和天然气开采行业绿色矿山建设要求（略）
7. 煤矿行业绿色矿山建设要求（略）
8. 绿色矿业发展示范区建设要求（略）

矿业权交易规则

（2017 年 9 月 6 日　国土资规〔2017〕7 号）

第一章　总　则

第一条　为进一步规范矿业权交易行为，确保矿业权交易公开、公平、公正，维护国家权益和矿业权人合法权益，根据《中华人民共和国矿产资源法》《中华人民共和国拍卖法》《中华人民共和国招标投标法》《矿产资源勘查区块登记管理办法》《矿产资源开采登记管理办法》《探矿权采矿权转让管理办法》，以及《国务院办公厅关于印发整合建立统一的公共资源交易平台工作方案的通知》等相关规定，制定本规则。

第二条　本规则所称矿业权是指探矿权和采矿权，矿业权交易是指县级以上人民政府国土资源主管部门（以下简称国土资源主管部门）出让矿业权或者矿业权人转让矿业权的行为。

矿业权出让是指国土资源主管部门根据矿业权审批权限，以招标、拍卖、挂牌、申请在先、协议等方式依法向探矿权申请人授予探矿权和以招标、拍卖、挂牌、探矿权转采矿权、协议等方式依法向采矿权申请人授予采矿权的行为。

矿业权转让是指矿业权人将矿业权依法转移给他人的行为。

第三条　矿业权出让适用本规则，矿业权转让可参照执行。

铀矿等国家规定不宜公开矿种的矿业权交易不适用本规则。

第四条　矿业权交易主体是指依法参加矿业权交易的出让人、转让人、受让人、投标人、竞买人、中标人和竞得人。受让人、投标人、竞买人、中标人和竞得人应当符合法律、法规有关资质要求的规定。

出让人是指出让矿业权的国土资源主管部门。转让人是指转让其拥有合法矿业权的矿业权人。受让人是指符合探矿权、采矿权申请条件或者受让条件的、能独立承担民事责任的法人。

以招标方式出让的，参与投标各方为投标人；以拍卖和挂牌方式出让的，参与竞拍和竞买各方均为竞买人；出让人按公告的规则确定中标人、竞得人。

第五条　矿业权交易平台是指依法设立的，为矿业权出让、转让提供交易服务的机构。矿业权交易平台包括已将矿业权出让纳入的地方人民政府建立的公共资源交易平台、国土资源主管部门建立的矿业权交易机构等。

矿业权交易平台应当具有固定交易场所、完善的交易管理制度、相应的设备和专业技术人员。

矿业权交易平台可委托具有相应资质的交易代理中介机构完成具体的招标、拍卖、挂牌程序工作。

矿业权交易平台应当积极推动专家资源及专家信用信息的互联共享，应当采取随机方式确定评标专家。

第六条 矿业权交易平台应当按照本规则组织矿业权交易，公开交易服务指南、交易程序、交易流程、格式文书等，自觉接受国土资源主管部门的监督和业务指导，加强自律管理，维护市场秩序，保证矿业权交易公开、公平、公正。

第七条 以招标、拍卖、挂牌方式出让矿业权的，应当按照审批管理权限，在同级矿业权交易平台或者国土资源主管部门委托的矿业权交易平台中进行。

国土资源部登记权限需要进行招标、拍卖、挂牌出让矿业权的，油气矿业权由国土资源部组织实施，非油气矿业权由国土资源部委托省级国土资源主管部门组织矿业权交易平台实施。

第八条 以招标、拍卖、挂牌方式出让矿业权的，矿业权交易平台按照国土资源主管部门下达的委托书或者任务书组织实施。

转让人委托矿业权交易平台以招标、拍卖、挂牌方式组织矿业权转让交易的，应当签订委托合同。委托合同应当包括下列内容：

（一）转让人和矿业权交易平台的名称、场所；

（二）委托服务事项及要求；

（三）服务费用；

（四）违约责任；

（五）纠纷解决方式；

（六）需要约定的其他事项。

第二章　公　告

第九条 以招标、拍卖、挂牌方式出让矿业权的，矿业权交易平台依据出让人提供的相关材料发布出让公告，编制招标、拍卖、挂牌相关文件。

第十条 矿业权交易平台或者国土资源主管部门应当在下列平台同时发布公告：

（一）国土资源部门户网站；

（二）同级国土资源主管部门门户网站；

（三）矿业权交易平台交易大厅；

（四）有必要采取的其他方式。

第十一条 出让公告应当包括以下内容：

（一）出让人和矿业权交易平台的名称、场所；

（二）出让矿业权的简要情况，包括项目名称、矿种、地理位置、拐点范围坐标、面积、资源储量（勘查工作程度）、开采标高、资源开发利用情况、拟出让年限等，以及勘查投入、矿山地质环境保护及土地复垦要求等；

（三）投标人或者竞买人的资质条件；

（四）出让方式及交易的时间、地点；

（五）获取招标、拍卖、挂牌文件的途径和申请登记的起止时间及方式；

（六）确定中标人、竞得人的标准和方法；

（七）交易保证金的缴纳和处置；

（八）风险提示；

（九）对交易矿业权异议的处理方式；

（十）需要公告的其他内容。

第十二条 以招标、拍卖、挂牌方式出让矿业权的，应当在投标截止日、公开拍卖日或者挂牌起始日 20 个工作日前发布公告。

第十三条 矿业权交易平台应当按公告载明的时间、地点、方式，接受投标人或者竞买人的书面申请；投标人或者竞买人应当提供其符合矿业权受让人主体资质的有效证明材料，并对其真实性和合法性负责。

矿业权受让人资质证明材料应当包括：企业法人营业执照或者事业单位法人证书、法定代表人身份证明以及按规定应当提供的其他材料。

第十四条 经矿业权交易平台审核符合公告的受让人资质条件的投标人或者竞买人，按照交易公告缴纳交易保证金后，经矿业权交易平台书面确认后取得交易资格。

第三章 交易形式及流程

第十五条 矿业权交易平台应当按公告确定的时间、地点组织交易，并书面通知出让人和取得交易资格的投标人或者竞买人参加。

第十六条 招标、拍卖出让矿业权的，每宗标的的投标人或者竞买人不得少于3人。少于3人的，出让人应当按照相关规定停止招标、拍卖或者重新组织或者选择其他方式交易。

第十七条 招标、拍卖、挂牌方式出让矿业权的，招标标底、拍卖和挂牌底价、起始价由出让人按国家有关规定确定。

招标标底，拍卖和挂牌底价在交易活动结束前须保密且不得变更。

无底价拍卖的，应当在竞价开始前予以说明；无底价挂牌的，应当在挂牌起始日予以说明。

第十八条 投标人应当在投标截止时间之前，将投标文件密封送达矿业权交易平台，矿业权交易平台应当场签收保存，在开标前不得开启；投标截止时间之后送达的，矿业权交易平台应当拒收。

在投标截止时间之前，投标人可以补充、修改但不得撤回投标文件，补充、修改的内容作为投标文件的组成部分。

第十九条 开标时，由出让人、投标人检查投标文件的密封情况，当众拆封，由矿业权交易平台工作人员宣读投标人名称、投标价格和投标文件的主要内容。

矿业权交易平台应当按照已公告的标准和方法确定中标人。

第二十条 拍卖会依照下列程序组织竞价：

（一）拍卖主持人点算竞买人；

（二）拍卖主持人介绍拍卖标的简要情况；

（三）拍卖主持人宣布拍卖规则和注意事项，说明本次拍卖有无底价设置；

（四）拍卖主持人报出起始价；

（五）竞买人应价；

（六）拍卖主持人宣布拍卖交易结果。

第二十一条 挂牌期间，矿业权交易平台应当在挂牌起始日公布挂牌起始价、增价规则、挂牌时间等；竞买人在挂牌时间内填写报价单报价，报价相同的，最先报价为有效报价；矿业权交易平台确认有效报价后，更新挂牌价。

挂牌期限届满，宣布最高报价及其报价者，并询问竞买人是否愿意继续竞价。有愿意继续竞价的，通过现场竞价确定竞得人。

挂牌时间不得少于10个工作日。

第二十二条 拍卖会竞价结束、挂牌期限届满，矿业权交易平台依照下列规定确定是否成交：

（一）有底价的，不低于底价的最高报价者为竞得人；无底价的，不低于起始价的最高报价者为竞得人。

（二）无人报价或者竞买人报价低于底价的，不成交。

第四章 确认及中止、终止

第二十三条 招标成交的，矿业权交易平台应当在确定中标人的当天发出中标通知书；拍卖、挂牌成交的，应当当场签订成交确认书。

第二十四条 中标通知书或者成交确认书应当包括下列基本内容：

（一）出让人和中标人或者竞得人及矿业权交易平台的名称、场所；

（二）出让的矿业权名称、交易方式；

（三）成交时间、地点和成交价格，主要中标条件；

（四）出让人和竞得人对交易过程和交易结果的确认；

（五）矿业权出让合同的签订时间；

（六）交易保证金的处置办法；

（七）需要约定的其他内容。

第二十五条 矿业权交易平台应当在招标、拍卖、挂牌活动结束后，5 个工作日内通知未中标、未竞得的投标人、竞买人办理交易保证金退还手续。退还的交易保证金不计利息。

第二十六条 出让人与中标人或者竞得人应当根据中标通知书或者成交确认书签订矿业权出让合同。国土资源部登记权限的油气矿业权，由国土资源部与中标人或者竞得人签订出让合同；国土资源部登记权限的非油气矿业权，由省级国土资源主管部门与中标人或者竞得人签订出让合同。矿业权出让合同应当包括下列基本内容：

（一）出让人、中标人或者竞得人和矿业权交易平台的名称、场所、法定代表人；

（二）出让矿业权的简要情况，包括项目名称、矿种、地理位置、拐点范围坐标、面积、资源储量（勘查工作程度）、资源开发利用、开采标高等，以及勘查投入、矿山环境保护及土地复垦要求等；

（三）出让矿业权的年限；

（四）成交价格、付款期限、要求或者权益实现方式等；

（五）申请办理矿业权登记手续的时限及要求；

（六）争议解决方式及违约责任；

（七）需要约定的其他内容。

以协议方式出让矿业权的，参照上述内容签订出让合同。

第二十七条 有下列情形之一的，矿业权交易行为中止：

（一）公示公开期间出让的矿业权权属争议尚未解决；

（二）交易主体有矿产资源违法行为尚未处理，或者矿产资源违法行为的行政处罚尚未执行完毕；

（三）因不可抗力应当中止矿业权交易的其他情形。

矿业权交易行为中止的原因消除后，应当及时恢复矿业权交易。

第二十八条 有下列情形之一的，矿业权交易行为终止：

（一）出让人提出终止交易；

（二）因不可抗力应当终止矿业权交易；

（三）法律法规规定的其他情形。

第二十九条 出让人需要中止、终止或者恢复矿业权交易的，应当向矿业权交易平台出具书面意见。

矿业权交易平台提出中止、终止或者恢复矿业权交易，需经出让人核实同意，并出具书面意见。

矿业权交易平台应当及时发布中止、终止或者恢复交易的公告。

第五章 公示公开

第三十条 招标、拍卖、挂牌方式出让矿业权交易成交的，矿业权交易平台应当将成交结果进行公示。应当公示的主要内容包括：

（一）中标人或者竞得人的名称、场所；

（二）成交时间、地点；

（三）中标或者竞得的勘查区块、面积、开采范围的简要情况；

（四）矿业权成交价格及缴纳时间、方式；

（五）申请办理矿业权登记的时限；

（六）对公示内容提出异议的方式及途径；

（七）应当公示的其他内容。

第三十一条 以协议方式出让矿业权的，在确定协议出让矿业权受让人和出让范围后、申请登记前，国土资源主管部门应当将相关信息进行公示。应当公示的主要内容包括：

（一）受让人名称；

（二）项目名称或者矿山名称；

（三）拟协议出让矿业权的范围（含坐标、采矿权的开采标高、面积）及地理位置；

（四）勘查开采矿种、开采规模；

（五）符合协议出让规定的情形及理由；

（六）对公示内容提出异议的方式及途径；

（七）应当公开的其他内容。

以协议方式出让的非油气矿业权，须到国土资源部办理登记手续的，由省级国土资源主管部门进行信息公示，公示无异议后，省级国土资源主管部门向国土资源部出具公示无异议的书面材料，并附上述公示的主要内容。

第三十二条 申请在先、探矿权转采矿权（含划定矿区范围申请和采矿权登记申请）、以协议方式出让矿业权（协议出让采矿权的含划定矿区范围申请和采矿权登记申请）申请登记的，在国土资源主管部门受理后，应当将相关信息对外公开。

应当公开的主要内容包括：

（一）申请人名称；

（二）项目名称或者矿山名称；

（三）申请矿业权的取得方式；

（四）申请矿业权的范围（含坐标、采矿权的开采标高、面积）及地理位置；

（五）勘查开采矿种、开采规模；

（六）协议出让矿业权（划定矿区范围申请除外）的，所需缴纳的矿业权出让收益总额及缴纳方式；

（七）应当公开的其他内容。

第三十三条 转让矿业权的，国土资源主管部门在受理矿业权申请材料后，应当同时将转让基本信息进行公示。应当公示的主要内容包括：

（一）转让人名称、法定代表人、场所；

（二）项目名称或者矿山名称；

（三）受让人名称、法定代表人、场所；

（四）转让矿业权许可证号、发证机关、有效期限；

（五）转让矿业权的矿区（勘查区）地理位置、坐标、采矿权的开采标高、面积、勘查成果情况、资源储量情况；

（六）转让价格、转让方式；

（七）对公示内容提出异议的方式及途径；

（八）应当公示的其他内容。

须到国土资源部办理非油气矿业权转让审批手续的，由省级国土资源主管部门负责信息公示。

第三十四条 招标、拍卖、挂牌方式出让矿业权成交的，矿业权交易平台应当在发出中标通知书或者签订成交确认书后5个工作日内进行信息公示。

第三十五条 以招标、拍卖、挂牌方式出让矿业权的，公示信息应当在下列平台同时发布：

（一）国土资源部门户网站；

（二）同级国土资源主管部门门户网站；

（三）矿业权交易平台交易大厅；

（四）有必要采取的其他方式。

第三十一条、第三十二条、第三十三条所要求的公示公开信息应当在下列平台同时发布：

（一）国土资源部门户网站；

（二）同级国土资源主管部门门户网站；

（三）有必要采取的其他方式。

公示期不少于10个工作日。

申请非油气矿业权配号时，全国矿业权统一配号系统将与国土资源部门户网站自动关联并进行信息核对。

第三十六条 矿业权交易平台确需收取相关服务费用的，应当按照规定报所在地价格主管部门批准，并公开收费标准。

第三十七条 招标、拍卖、挂牌方式出让矿业权的，矿业权出让成交信息公示无异议、中标人或者竞得人履行相关手续后，持中标通知书或者成交确认书、矿业权出让合同等相关材料，向有审批权限的国土资源主管部门申请办理矿业权登记手续。

须到国土资源部办理以协议出让方式出让矿业权登记手续的，由省级国土资源主管部门按照公示无异议的书面材料，开展矿业权出让收益评估工作；油气矿业权的出让收益评估要求另行规定。

第六章　交易监管

第三十八条 地方各级国土资源主管部门应当加强对矿业权交易活动的监督管理。上级国土资源主管部门负责监督下级国土资源主管部门的矿业权交易活动，并提供业务指导。

国土资源主管部门应当加强对矿业权招标拍卖挂牌过程的监督，完善投诉处置机制，公布投诉举报电话，加强社会监督。

第三十九条 矿业权交易平台应当对每一宗矿业权交易建立档案，收集、整理自接受委托至交易结束全过程产生的相关文书并分类登记造册。

第七章　违约责任及争议处理

第四十条 有下列情形之一的，视为中标人、竞得人违约，按照公告或者合同约定承担相应的违约责任：

（一）中标人放弃中标项目的、竞得人拒绝签订矿业权成交确认书，中标人、竞得人逾期不签订或者拒绝签订出让合同的；

（二）中标人、竞得人未按约定的时间付清约定的矿业权出让收益或者其他相关费用的；

（三）中标人、竞得人提供虚假文件或者隐瞒事实的；

（四）向主管部门或者评标委员会及其成员行贿或者采取其他不正当手段中标或者竞得的；

（五）其他依法应当认定为违约行为的情形。

第四十一条 矿业权交易过程中，矿业权交易平台及其工作人员有违法、违规行为的，由国土资源主管部门或者矿业权交易平台主管部门依法依规予以处理；造成经济损失的，应当承担经济赔偿责任；情节严重、构成犯罪的，移交司法机关处理。

第四十二条 交易过程中发生争议，合同有约定的，按合同执行；合同未约定的，由争议当事人协商解决，协商不成的，可依法向人民法院起诉。

第八章　附　则

第四十三条　省级国土资源主管部门可参照本规则制定矿业权交易规则及矿业权网上交易规则，规范矿业权交易行为。

第四十四条　矿业权交易活动中涉及的所有费用，均以人民币计价和结算。

第四十五条　《国土资源部关于建立健全矿业权有形市场的通知》（国土资发〔2010〕145号）、《国土资源部关于印发〈矿业权交易规则（试行）〉的通知》（国土资发〔2011〕242号）、《国土资源部办公厅关于做好矿业权有形市场出让转让信息公示公开有关工作的通知》（国土资厅发〔2011〕19号）以及《国土资源部办公厅关于加快推进建立地（市）级矿业权交易机构的通知》（国土资厅发〔2011〕42号）同步废止。

本规则发布前，国土资源部以往有关矿业权交易的规定与本规则不一致的，以本规则为准；省级国土资源主管部门制定的有关规范矿业权交易的文件与本规则不一致的，按照本规则执行。

第四十六条　本规则自发布之日起实行，有效期五年，由国土资源部负责解释。

关于进一步规范矿产资源勘查审批登记管理的通知

（2017年12月14日　国土资规〔2017〕14号）

为全面贯彻落实党的十九大精神，深入学习贯彻习近平新时代中国特色社会主义思想，认真落实党中央、国务院关于生态文明建设和“简政放权、放管结合、优化服务”改革要求，深化矿业权管理制度改革，保障矿产资源勘查市场健康有序发展，保护矿业权人合法权益，依据《中华人民共和国矿产资源法》《中华人民共和国行政许可法》《矿产资源勘查区块登记管理办法》等法律法规规定，结合矿业权管理工作实际，进一步规范矿产资源勘查审批登记管理。现将有关事项通知如下。

一、规范矿产资源勘查准入

（一）设立探矿权必须符合生态环境保护、矿产资源规划及国家产业政策等政策要求。

（二）非油气探矿权人原则上应当为营利法人或者非营利法人中的事业单位法人。油气（包含石油、天然气、页岩气、煤层气、天然气水合物，下同）探矿权人原则上应当是营利法人。

（三）探矿权申请人的资金能力必须与申请的勘查矿种、勘查面积和勘查工作阶段相适应，以提供的银行资金证明（国有大型石油企业年度项目计划）为依据，不得低于申请项目勘查实施方案安排的第一勘查年度资金投入额。中央或者地方财政全额出资勘查项目提交项目任务书及预算批复。

（四）申请探矿权新立、延续、变更勘查矿种（含增列，下同），以及探矿权合并、分立变更勘查范围，需编制勘查实施方案。

勘查实施方案应当符合地质勘查规程、规范和标准，计划勘查资金投入不得低于法定最低勘查投入要求。探矿权申请人可按要求自行编制或者委托有关机构编制勘查实施方案，登记管理机关不得指定特定中介机构提供服务。勘查实施方案编制审查要求按有关规定执行。

二、完善探矿权新立、延续、保留审批管理

（五）中央或者地方财政全额出资勘查的新立探矿权申请范围不得小于1个基本单位区块。

（六）新立探矿权的申请勘查范围不得与已设矿业权垂直投影范围重叠，下列情形除外：

1. 申请范围与已设矿业权范围重叠，申请人与已设矿业权人为同一主体的。

2. 油气与非油气之间，申请范围与已设探矿权（煤层气与煤炭探矿权除外）范围重叠，申请人向登记管理机关提交不影响已设探矿权人权益承诺的；申请范围与已设采矿权（小型露采砂石土类采矿权除外）范围重叠，申请人与已设采矿权人签订了互不影响和权益保护协议的。

已设油气探矿权增列煤层气申请范围与已设煤炭矿业权重叠，申请人与已设煤炭矿业权人签订了互不影响和权益保护协议的。

新立油气探矿权申请范围与已设小型露采砂石土类采矿权重叠，申请人向登记管理机关提交不影响已设采矿权人权益承诺的。

3. 可地浸砂岩型铀矿申请范围与已设煤炭矿业权范围重叠，申请人与已设煤炭矿业权人签订了互不影响和权益保护协议的。

互不影响和权益保护协议不得损害国家利益和第三方合法权益。采取承诺方式的，非油气探矿权申请人应当承诺不影响已设矿业权勘查开采活动，确保安全生产、保护对方合法权益等；油气探矿权申请人应当承诺合理避让已设非油气矿业权，且不影响已设非油气矿业权勘查开采活动，无法避让的要主动退出，确保安全生产、保护对方合法权益等。

（七）各级国土资源主管部门要根据需要，组织建立油气矿业权人、非油气矿业权人、国土资源主管部门三方工作协调机制，对涉及油气与非油气矿业权重叠相关问题进行交流沟通、协调推进工作，妥善解决有关问题。

（八）非油气探矿权延续时，应当提高符合规范要求的勘查阶段，未提高勘查阶段的，应当缩减不低于首次勘查许可证载明勘查面积的25%，下列情形除外：

1. 中央或者地方财政全额出资勘查的探矿权；

2. 已设采矿权矿区范围垂直投影的上部或者深部勘查且与已设采矿权属同一主体的探矿权；

3. 经储量评审认定地质工作程度达到详查及以上且地质报告已经资源储量评审备案的探矿权。

合并、分立或者扩大过勘查范围的探矿权，以其登记后的范围作为延续时缩减的首设面积。

（九）因生态保护、规划调整、公益性重点工程建设等原因，已设探矿权的部分勘查范围无法继续勘查或者转为采矿权的，可凭政府相关部门证明文件，抵扣按本通知第（八）条规定需缩减的面积。

（十）探矿权延续登记，有效期起始日原则上为原勘查许可证有效期截止日。

（十一）勘查许可证剩余有效期不足三个月的，探矿权登记管理机关可在门户网站上滚动提醒。

（十二）首次申请探矿权保留，应当依据经资源储量评审备案的地质报告。资源储量规模达到大中型的煤和大型非煤探矿权申请保留，应当达到勘探程度；其他探矿权申请保留，应当达到详查及以上程度。已设采矿权垂直投影范围内的探矿权首次申请保留，应当达到详查及以上程度。

（十三）探矿权人申请探矿权延续、保留，应当在规定期限内提出申请。因不可抗力或者政府及其有关部门原因，未在规定期限内提出延续申请，或者需要继续延长保留期的，探矿权人应当提交能够说明原因的相关证明材料。

三、严格探矿权变更审批管理

（十四）以申请在先、招标、拍卖、挂牌方式取得的非油气探矿权申请变更主体，应当持有探矿权满 2 年，或者持有探矿权满 1 年且提交经资源储量评审备案的普查及以上地质报告。

以协议方式取得的非油气探矿权申请变更主体，应当持有探矿权满 10 年；未满 10 年的，按协议出让探矿权的要件要求及程序办理。

（十五）申请变更探矿权主体的，转让人和受让人应当一并向登记管理机关提交变更申请。勘查许可证剩余有效期不足 6 个月的，申请人（受让人）可以同时申请办理延续。

（十六）符合本通知第（六）条规定设置的探矿权申请变更主体，受让人应当按本通知第（六）条规定，提交互不影响和权益保护协议或者不影响已设矿业权人权益承诺。属同一主体的已设采矿权与其上部或者深部勘查探矿权，不得单独转让。

（十七）以招标、拍卖、挂牌或者协议方式取得的非油气探矿权，申请变更勘查矿种的，出让时对能否变更勘查矿种有约定的，从其约定。

以申请在先方式取得，以及以招标、拍卖、挂牌或者协议方式取得但出让时对能否变更勘查矿种未有约定的非油气探矿权中，勘查主矿种为金属类矿产的探矿权可申请勘查矿种变更为其他金属类矿产，依据经资源储量评审备案的普查及以上地质报告提出申请。

铀矿探矿权人原则上不得申请变更勘查矿种。勘查过程中发现其他矿种的，应当进行综合勘查，并向登记管理机关提交相应的勘查报告，其探矿权按照国家有关规定处置。

涉及变更为国家限制或者禁止勘查开采矿种的，依照相关规定管理。

（十八）非油气探矿权人因自身转采矿权需要，可依据经资源储量评审备案的详查及以上地质报告申请分立。探矿权分立后，不得单独变更主体。

（十九）人民法院将探矿权拍卖或者裁定给他人的，登记管理机关根据受让人提交的探矿权变更申请及人民法院出具的协助执行通知书，办理变更登记。受让人应当具备本通知第（二）条规定的探矿权申请人条件。

四、加强探矿权监督管理

（二十）全国审批登记颁发的勘查许可证实行统一配号。油气勘查许可证单独编号。

（二十一）登记管理机关应当定期清理过期探矿权，对勘查许可证有效期届满前未按要求申请延续登记的，由矿业权登记管理机关纳入已自行废止矿业权名单向社会公告。

（二十二）加强矿产资源勘查审批登记信息公开，接受社会监督。登记管理机关在批准探矿权申请后，及时在门户网站进行公开。

（二十三）地方各级国土资源主管部门应当加强对探矿权人勘查行为的监督管理，对违法违规勘查行为，依法予以查处。对勘查开采信息公示中列入严重违法名单的探矿权人，依法不予审批登记新的探矿权。

五、其他

（二十四）探矿权申请人应当如实向登记管理机关提交申请材料，并对其申请材料真实性负责。

（二十五）探矿权申请材料需补正的，登记管理机关应当出具补正通知书，申请人应当按照补正通知书的时限要求完成补正。

（二十六）勘查审批登记中涉及矿业权出让收益的，按照《财政部　国土资源部关于印发〈矿业权出让收益征收管理暂行办法〉的通知》（财综〔2017〕35号）执行。

（二十七）勘查许可证遗失需补办的，申请人持补办申请书向原登记管理机关申请补办，经原登记管理机关门户网站公示10个工作日无异议后，补发勘查许可证。补办的勘查许可证应当注明补办时间。

（二十八）沉积变质型和沉积型铁矿属于《关于进一步规范矿业权出让管理的通知》（国土资发〔2006〕12号）规定的第二类矿产，其他类型铁矿属第一类矿产；离子型稀土属第二类矿产。

本通知自印发之日起施行，有效期五年。《关于加强地热、矿泉水勘查、开采管理的通知》（国土资发〔2000〕209号）、《国土资源部办公厅关于做好探矿权采矿权延续审批登记工作有关问题的通知》（国土资厅发〔2008〕144号）、《国土资源部关于进一步规范探矿权管理有关问题的通知》（国土资发〔2009〕200号）、《国土资源部关于鼓励铁铜铝等国家紧缺矿产资源勘查开采有关问题的通知》（国土资发〔2010〕144号）、《国土资源部办公厅关于国土资源大调查项目探矿权转让有关问题的通知》（国土资厅发〔2011〕68号）同时废止。

关于进一步规范矿业权申请资料的通知

（2017年12月18日　国土资规〔2017〕15号）

为深入贯彻落实国务院简政放权、放管结合、优化服务的决策部署，根据《中华人民共和国矿产资源法》《矿产资源勘查区块登记管理办法》《矿产资源开采登记管理办法》和《探矿权采矿权转让管理办法》等法律法规的相关规定，按照《国务院办公厅关于做好行政法规部门规章和文件清理工作有关事项的通知》（国办函〔2016〕12号）要求，在全面梳理涉及矿业权申请资料相关规定的基础上，经整理归纳、精简完善、细化分类，形成了部审批矿业权申请资料清单及有关要求。现就有关事项通知如下：

一、矿业权申请资料清单要求

（一）矿业权申请资料清单本着规范、精简、公开的原则依法依规制定。

（二）探矿权申请资料清单分为新立、延续、保留、变更、注销和试采（油气）六种类型，采矿权申请资料清单分为划定矿区范围、新立、延续、变更和注销五种类型。

二、矿业权申请资料申报要求

（三）矿业权申请资料是申请矿业权审批登记的必备要件，申请人应按要求填报和提交，对提交的申请资料的真实性负责，并承担相应法律责任。

（四）申请矿业权审批登记，应按本通知附件要求（见附件1、附件2），提交内容一致的纸质、电子文档各一份。

（五）除本通知附件中标注为复印件的资料外，矿业权申报资料纸质文档应为原件。提交的复印件应清晰、完整，并加盖申请人印章；复印件为多页的，除在第一页盖章外，还应在每一页上加盖骑缝章。

（六）矿业权申请资料电子文档一律使用光盘存储，一个项目一份光盘，光盘表面应标注项目名称。提交的电子文档包括资料清单、所有纸质文档的扫描件及申请登记书报盘文件。其中：资料清单为TXT格式，以“资料清单＋txt”命名；纸质文档为PDF格式或JPG（单页）格式，以“申报资料详细名称＋文件格式”命名。

三、矿业权申请（登记）书格式及要求

（七）矿业权申请（登记）书按新的统一格式施行。探矿权申请（登记）书（格式）见附件3，采矿权申请（登记）书（格式）见附件4。

（八）向国土资源部提交的申请（登记）书应报送电子报盘，最新版本报盘软件从国土资源部官方网站下载，下载路径：国土资源部门户网站首页〉办事〉软件－矿业权〉矿业权软件。

（九）矿业权申请的范围拐点坐标采用2000国家大地坐标系，高程采用1985国家高程基准。

四、省级国土资源主管部门意见及其他部门文件

（十）在国土资源部申请办理探矿权、采矿权审批登记的，除探矿权注销审批登记外，申请人应向省级国土资源主管部门提出查询要求，省级国土资源主管部门应对相关事项进行核查并将核查结果及时直接书面报国土资源部。省级国土资源主管部门核查意见（范本）见附件5。

（十一）省级国土资源主管部门意见应以国土资源部为主送单位，编正式文号并加盖单位公章，以PDF文档形式通过“国土资源主干网”的“国土资源部远程申报系统”直接传输至部政务大厅。若涉及铀矿采矿权开采范围、生产规模的，按秘密级文件的相关规定报送。

（十二）军事部门意见由审批登记机关直接征询，其他部门文件资料由申请人按规定报送。

五、其他规定

（十三）本通知申请资料清单及要求适用于国土资源部审批登记申请，省级及以下国土资源主管部门可参照执行。

（十四）本通知自2018年3月18日起施行，有效期5年。《关于采矿权申请登记书式样的通知》（国土资发〔1998〕14号）、《国土资源部关于印发探矿权、采矿权转让申请书、审批表及审批通知书格式的通知》（国土资发〔1998〕20号）、《国土资源部关于探矿权、采矿权申请资料实行电子文档申报的公告》（国土资源部公告2007年第12号）、《国土资源部办公厅关于做好探矿权采矿权登记与矿业权实地核查工作衔接有关问题的通知》（国土资厅发〔2009〕54号）、《关于调整探矿权、采矿权申请资料有关问题的公告》（国土资源部公告2009年第17

号)、《国土资源部关于规范新立和扩大勘查范围探矿权申请资料的通知》(国土资发〔2009〕103号)、《国土资源部关于申请新立和扩大勘查范围探矿权报件清单的公告》(国土资源部公告2009年第22号)、《国土资源部办公厅关于印发〈矿业权登记数据更新与换证工作方案〉的通知》(国土资厅发〔2010〕2号)、《国土资源部关于调整探矿权申请资料有关问题的公告》(国土资源部公告2011年第25号)、《国土资源部办公厅关于调整国土资源部矿业权(非油气矿产)申请审批相关文件报送方式的函》(国土资厅函〔2014〕644号)同时废止。

附件:

1. 探矿权申请资料清单及要求(略)

2. 采矿权申请资料清单及要求(略)

3. 探矿权申请登记书及申请书(格式)(略)

4. 采矿权申请登记书及申请书(格式)(略)

5. 省级国土资源主管部门意见(范本)(略)

关于完善矿产资源开采审批登记管理有关事项的通知

(2017年12月29日　国土资规〔2017〕16号)

为贯彻落实国务院深化行政审批制度改革要求,进一步规范和完善矿产资源开采审批登记管理,依据《中华人民共和国矿产资源法》、《中华人民共和国行政许可法》、《矿产资源开采登记管理办法》等相关法律法规,结合矿业权管理工作实际,现就有关事项通知如下。

一、调整划定矿区范围管理

(一)矿区范围是指可供开采矿产资源范围、井巷工程设施分布范围或者露天剥离范围的立体空间区域。划定矿区范围是指登记管理机关对申请人提出的矿区范围依法审查批准的行政行为。

探矿权人申请采矿权的,矿区范围通过登记管理机关审查批准划定矿区范围申请确定,并参照《矿业权交易规则》相关规定签订采矿权出让合同。以招标、拍卖、挂牌等竞争方式及协议方式出让采矿权的,由登记管理机关确定出让的矿区范围,并根据《矿业权交易规则》相关规定签订采矿权出让合同。矿区范围的确定应当符合矿产资源规划。采矿权申请人依据确定的矿区范围编报采矿登记相关资料。

在油气(包含石油、天然气、页岩气、煤层气、天然气水合物,下同)矿产探矿权范围内申请油气采矿权,不涉及划定矿区范围事项。

(二)矿区范围的确定应当依据经评审备案的矿产资源储量报告。资源储量规模为大型的非煤矿山、大中型煤矿依据的矿产资源储量勘查程度应当达到勘探程度,其他矿山应当达到详查及以上程度,砂石土等以招标拍卖挂牌方式直接出让采矿权的(以下简称“第三类矿产”)勘查程度的具体要求按照各省(区、市)有关规定执行。

由国土资源部协议出让的,矿产资源储

量评审备案由省级国土资源主管部门负责实施。

（三）探矿权人申请采矿权的，划定矿区范围预留期保持到其采矿登记申请批准并领取采矿许可证之日，预留期内，探矿权人应在勘查许可证有效期届满的30日前，申请保留探矿权。以招标、拍卖、挂牌等竞争方式及协议方式出让采矿权的，办理采矿登记时限在采矿权出让合同中约定。

（四）已设采矿权利用原有生产系统申请扩大矿区范围的，申请人应当按扩大后的矿区范围统一编制申报要件。第三类矿产的采矿权不得以协议出让方式申请扩大矿区范围。

（五）探矿权人申请采矿权且申请的矿区范围内涉及多个矿种的，应当按经评审备案的矿产资源储量报告的主矿种和共伴生矿种划定矿区范围，并对共伴生资源进行综合利用；对共伴生资源综合利用有限制性规定的，按有关规定办理。

（六）探矿权人在取得划定矿区范围批复后，探矿权人变更的，在申请采矿登记时应当提交变更后的勘查许可证。

二、规范采矿权新立、延续审批登记管理

（七）采矿权申请人原则上应当为营利法人。外商投资企业申请限制类矿种采矿权的，应当出具有关部门的项目核准文件。申请放射性矿产资源采矿权的，应当出具行业主管部门的项目核准文件。

申请人在取得采矿许可证后，须具备其他相关法定条件后方可实施开采作业。

（八）采矿权申请人可按要求自行编制或委托有关机构编制矿产资源开发利用方案，登记管理机关不得指定特定中介机构提供服务。矿产资源开发利用方案的编制内容及评审须符合国土资源主管部门相关规定。

（九）新立采矿权申请范围不得与已设矿业权垂直投影范围重叠，下列情形除外：

1. 申请范围与已设矿业权范围重叠，申请人与已设矿业权人为同一主体的。

2. 油气与非油气之间，新立采矿权与已设矿业权重叠，双方签订了互不影响和权益保护协议的。其中，新立油气采矿权与已设小型露采砂石土类采矿权重叠，或新立小型露采砂石土类采矿权与已设油气矿业权重叠，申请人向登记管理机关提交了不影响已设矿业权人权益承诺的。

3. 新立可地浸砂岩型铀矿采矿权与已设煤炭矿业权重叠，双方签订了互不影响和权益保护协议的。

互不影响和权益保护协议不得损害国家利益和第三方合法权益。采取承诺方式的，小型露采砂石土类采矿权申请人应当承诺不影响已设油气矿业权勘查开采活动，确保安全生产、保护对方合法权益等；油气采矿权申请人应当承诺合理避让已设小型露采砂石土类采矿权，且不影响其开采活动，无法避让的要主动退出，确保安全生产、保护对方合法权益等。

（十）采矿权延续的采矿许可证有效期根据《矿产资源开采登记管理办法》（国务院令第241号）第七条确定。采矿权延续申请批准后，其有效期应始于原采矿许可证有效期截止之日。

（十一）非油气探矿权转采矿权的，准予采矿权新立登记后，申请人应申请注销原探矿权，并凭探矿权注销通知（证明）领取采矿许可证。油气探矿权申请采矿权的，勘查登记与采矿登记属于同一登记机关的，需同时提交探矿权变更缩减面积或注销申请；勘查登记与采矿登记不属于同一登记机关的，准予采矿权新立登记后，申请人应申请注销原探矿权或变更缩减原探矿权面积，凭注销通知（证明）或变更缩减面积后的勘查许可证领取采矿许可证。

（十二）采矿许可证剩余有效期不足三个月的，采矿权登记管理机关可以在本级或上级机关的门户网站上滚动提醒。

（十三）因不可抗力等非申请人自身原因，申请人无法按规定提交采矿权延续申请资料的，在申请人提交能够说明原因的相关证明材料后，登记管理机关可根据实际情况延续2年，并在采矿许可证副本上注明其原因和要求。

三、完善采矿权变更、注销登记管理

（十四）申请采矿权转让变更的，受让人应具备本通知第（七）条规定的采矿权申请人条件，并承继该采矿权的权利、义务。涉及本通知第（九）条重叠情况的，受让人应按本通知第（九）条规定，提交互不影响和权益保护协议或不影响已设矿业权人权益承诺。

（十五）国有矿山企业申请办理采矿权转让变更登记的，应当持矿山企业主管部门同意转让变更采矿权的批准文件。

（十六）实行开采总量控制矿种的采矿权申请办理延续、变更的，下一级国土资源主管部门应当对开采总量控制指标分配、使用等情况提出书面意见。

（十七）有下列情形之一的采矿权不得办理转让变更登记：

1. 采矿权部分转让变更的；

2. 同一矿业权人存在重叠的矿业权单独转让变更的；

3. 采矿权处于抵押备案状态且未经抵押权人同意的；

4. 未按要求缴纳出让收益（价款）等费用，未完成矿山地质环境恢复治理义务的；

5. 采矿权被国土资源主管部门立案查处，或法院、公安、监察等机关通知不得转让变更的。

除母公司与全资子公司之间的采矿权转让变更外，以协议出让方式取得的采矿权未满10年不得转让变更，确需转让变更的，按协议出让采矿权要件要求及程序办理。

（十八）采矿权原则上不得分立，因开采条件变化等特殊原因确需分立的，应符合矿产资源规划等有关要求。第三类矿产的采矿权不得分立。

（十九）人民法院将采矿权拍卖或裁定给他人，受让人应当依法向登记管理机关申请变更登记。申请变更登记的受让人应当具备本通知第（七）条规定的条件，登记管理机关凭申请人提交的采矿权变更申请文件和人民法院协助执行通知书，予以办理采矿权变更登记。

（二十）申请变更主要开采矿种的，应当依据经评审备案的储量评审意见书提出申请。第三类矿产的采矿权不允许变更开采矿种。变更为国家实行开采总量控制矿种的，还应当符合国家有关宏观调控规定和开采总量控制要求，并需经专家论证通过、公示无异议。

（二十一）采矿许可证剩余有效期不足六个月，申请转让变更登记的，可以同时向登记管理机关申请办理延续登记。

（二十二）登记管理机关应及时清理过期采矿权，对采矿许可证有效期届满前未按要求申请延续登记的，由登记管理机关纳入已自行废止矿业权名单向社会公告。

采矿权在有效期内因生态保护、安全生产、公共利益、产业政策等被县级及以上人民政府决定关闭并公告的，由同级国土资源主管部门函告原登记管理机关。采矿权人应当自决定关闭矿山之日起30日内，向原登记管理机关申请办理采矿许可证注销登记手续。采矿权人不办理采矿许可证注销登记手续的，由登记管理机关责令限期改正；逾期不改正的，由原登记管理机关吊销采矿许可证，并根据《中华人民共和国行政许可法》第七十条规定办理采矿许可证注销手续。

四、其他有关事项

（二十三）采矿许可证遗失或损毁需要补领的，采矿权人持补领采矿许可证申请书到原登记管理机关申请补办采矿许可证。登记管理机关在其门户网站公告遗失声明满10个工作日后，补发新的采矿许可证，补发的采矿许可证登记内容应与原证一致，并应注明补领时间。

（二十四）申请人到登记管理机关办理登记手续的，应出具企业法人执照、法定代表人证明和本人身份证等原件，经核实无误后，方可将复印件作为申报要件；委托他人办理的，被委托人应出具企业法定代表人的书面委托书和本人身份证。

（二十五）登记管理机关接收采矿权登记申请资料后应出具回执。需要申请人补正资料的，登记管理机关应书面通知申请人限期补充或者修改。采矿权申请人应在规定的期限内提交补正的资料。

（二十六）采矿权申请人对其提供的申请材料的真实性负责；通过隐瞒有关情况、提供虚假材料或者拒绝提供反映其活动情况真实材料等不正当手段骗取采矿登记的，一经发现，依据《中华人民共和国行政许可法》等法律法规有关规定处理；构成犯罪的，移交司法机关依法追究责任。

（二十七）采矿登记中涉及矿业权出让收益的，按照《财政部　国土资源部关于印发〈矿业权出让收益征收管理暂行办法〉的通知》（财综〔2017〕35号）执行。

（二十八）全国审批登记颁发的采矿许可证实行统一配号。油气采矿许可证可单独编号。采矿权登记管理机关应依法加强对采矿权审批登记发证行为的监管。

（二十九）地方各级国土资源主管部门应当加强对采矿权人开采行为的监督管理，对违法违规开采行为，依法予以查处。对勘查开采信息公示中列入严重违法名单的采矿权人，依法不予登记新的采矿权。

（三十）各省（区、市）国土资源主管部门可根据实际情况，按照本通知的规定，制定具体实施办法。

本通知自印发之日起实施，有效期五年。《关于放射性矿产采矿许可证发放问题的复函》（国土资发〔1999〕262号）、《关于矿山企业进行生产勘探有关问题的通知》（国土资发〔2002〕344号）、《关于进一步规范采矿许可证有效期的通知》（国土资发〔2007〕95号）、《国土资源部关于进一步完善采矿权登记管理有关问题的通知》（国土资发〔2011〕14号）、《国土资源部办公厅关于贯彻落实采矿权转让审批权限下放有关问题的通知》（国土资厅发〔2012〕66号）、《国土资源部关于修改〈国土资源部关于进一步完善采矿权登记管理有关问题的通知〉第十三条规定的通知》（国土资发〔2015〕65号）、《国土资源部关于修改〈国土资源部关于进一步完善采矿权登记管理有关问题的通知〉第二十五条规定的通知》（国土资发〔2017〕29号）同时废止。

本通知实施前已印发的其他文件中管理要求与本通知不一致的，以本通知为准。

关于进一步规范稀土矿钨矿矿业权审批管理的通知

（2018 年 12 月 14 日　自然资规〔2018〕6 号）

稀土矿、钨矿是国务院规定实行保护性开采的特定矿种。为保护和合理开发利用优势矿产资源，深入贯彻落实党中央、国务院决策部署，进一步规范和加强稀土矿、钨矿勘查开采审批管理，根据矿产资源法律法规及国务院有关规定，现就有关事项通知如下：

一、继续暂停受理新设稀土矿勘查开采登记申请。下列情形除外：

（一）全额使用中央或者省级财政资金开展的稀土矿预查、普查或者必要的详查项目，凭下达预算文件向自然资源部提出申请，项目结束后注销探矿权。勘查发现稀土矿资源的，应在查明矿产资源储量登记后办理注销手续，纳入国家出资勘查形成的成果清单进行管理。

（二）申请人具有国家确定的大型稀土企业集团主体资格的稀土勘查项目。

（三）符合国家产业政策和开采总量控制要求，且申请人具有国家确定的大型稀土企业集团主体资格的稀土开采项目。

二、申请新设钨矿采矿权，应符合国家产业政策和开采总量控制要求。

三、新设稀土矿、钨矿探矿权、采矿权，同等条件下依法对国家确定的贫困地区给予支持。

四、新设稀土矿、钨矿采矿权，必须依法进行环境影响评价，符合生态环境保护要求。对存在严重破坏环境、不履行矿山生态修复义务的采矿权，不得分配开采总量控制指标。

五、申请办理稀土矿、钨矿采矿权新立、延续、变更登记，下一级自然资源主管部门应当出具其开采总量控制指标分配意见，延续项目还应说明已有指标执行情况。

六、申请办理稀土矿探矿权、采矿权转让变更登记，以及勘查开采矿种变更为（或增列）稀土矿的，受让人（申请人）应当具有国家确定的大型稀土企业集团主体资格。

七、稀土矿、钨矿探矿权因受政策或开采总量控制指标限制不能实现探矿权转采矿权的，在完成普查以上勘查工作并办理查明矿产资源储量登记后，可依法向原发证机关申请办理探矿权保留。

八、勘查许可证、采矿许可证为其他矿种的探矿权、采矿权，发现稀土矿、钨矿资源储量并经评审备案，符合办理变更登记或增列矿种条件的，可依法申请办理矿业权变更。勘查矿种变更为（或增列）稀土矿、钨矿的，向原发证机关申请；开采矿种变更为（或增列）稀土矿、钨矿的，向自然资源部申请，并应当符合国家产业政策和开采总量控制要求。

九、自然资源部依据全国矿产资源规划确定的开采总量控制指标，结合国家产业政策、生态环境保护情况、保有资源储量、采矿权设置和开采产能产量等因素，确定稀土矿、钨矿全国年度开采总量控制指标，并分配下达到省级自然资源主管部门。

十、自然资源部向各省（区、市）分配的稀土矿、钨矿年度开采指标，原则上以上年度下达各省（区、市）的开采总量控制指标为基础，综合各省（区、市）指标执行与管理、采矿权设置、勘查开采秩序、综合利用水平、保有资源储量等实际情况予以调整分配，并适当向国家确定的贫困地区倾斜。

十一、省级自然资源主管部门负责本行政区域稀土矿、钨矿开采总量控制指标的分解落实和执行情况的监督管理。各省级自然资源主管部门在分解下达稀土矿、钨矿开采总量控制指标后，组织矿山所在市、县级自然资源主管部门与矿山企业签订责任书，明确权利、义务和违约责任。

十二、凡涉及共伴生资源开采的，应当将稀土矿、钨矿的开采纳入总量控制指标管理，不符合开采总量控制要求超指标开采的应当进行储备。

本通知自发布之日起执行，有效期3年。《国土资源部关于规范稀土矿钨矿探矿权采矿权审批管理的通知》（国土资规〔2015〕9号）同时废止。

关于调整《矿业权交易规则》有关规定的通知

（2018年12月27日　自然资发〔2018〕175号）

为进一步深化矿业权管理领域“放管服”改革，按照涉企保证金目录清单制度相关要求，部决定调整《关于印发〈矿业权交易规则〉的通知》（国土资规〔2017〕7号，以下简称《矿业权交易规则》）的部分规定。现就有关事项通知如下：

一、《矿业权交易规则》第十一条规定调整为：“出让公告应当包括以下内容：（一）出让人和矿业权交易平台的名称、场所；（二）出让矿业权的简要情况，包括项目名称、矿种、地理位置、拐点范围坐标、面积、资源储量（勘查工作程度）、开采标高、资源开发利用情况、拟出让年限等，以及勘查投入、矿山地质环境保护及土地复垦要求等；（三）投标人或者竞买人的资质条件；（四）出让方式及交易的时间、地点；（五）获取招标、拍卖、挂牌文件的途径和申请登记的起止时间及方式；（六）确定中标人、竞得人的标准和方法；（七）风险提示；（八）对交易矿业权异议的处理方式；（九）公共资源交易领域失信联合惩戒相关提示；（十）需要公告的其他内容。”

二、《矿业权交易规则》第十四条规定调整为：“经矿业权交易平台审核符合公告的受让人资质条件的投标人或者竞买人，经矿业权交易平台书面确认后取得交易资格。”

三、《矿业权交易规则》第二十四条规定调整为：“中标通知书或者成交确认书应当包括下列基本内容：（一）出让人和中标人或者竞得人及矿业权交易平台的名称、场所；（二）出让的矿业权名称、交易方式；（三）成交时间、地点和成交价格，主要中标条件；（四）出让人和竞得人对交易过程和交易结果的确认；（五）矿业权出让合同的签订时间；（六）需要约定的其他内容。”

四、《矿业权交易规则》第二十五条规定调整为：“自然资源主管部门应指导矿业权交易平台，按照公共资源交易领域失信联合惩戒相关要求，做好矿业权招标、拍卖、挂牌活动中失信主体信息的记录、管理等工作。”

关于推进矿产资源管理改革若干事项的意见（试行）

（2019年12月31日　自然资规〔2019〕7号）

为贯彻落实党中央、国务院关于矿业权出让制度改革、石油天然气体制改革、加大油气勘探开发力度等决策部署，充分发挥市场配置资源的决定性作用和更好发挥政府作用，深化“放管服”改革，进一步完善矿产资源管理，现就推进矿产资源管理改革提出如下意见。

一、全面推进矿业权竞争性出让

除协议出让外，对其他矿业权以招标、拍卖、挂牌方式公开竞争出让，出让前应当在自然资源部门户网站、同级自然资源主管部门门户网站（或政府门户网站）和政府公共资源交易平台（矿业权交易平台）公告不少于20个工作日。以招标方式出让的，依据招标条件，综合择优确定中标人。以拍卖方式出让的，应价最高且不低于底价的竞买人为竞得人；以挂牌方式出让的，报价最高且不低于底价者为竞得人，只有一个竞买人报价且不低于底价的，挂牌成交。

继续推进油气（包括石油、烃类天然气、页岩气、煤层气、天然气水合物，下同）探矿权竞争出让试点。在全国范围内探索以本附件所列的出让收益市场基准价确定的价格等作为油气探矿权竞争出让起始价，开展油气探矿权竞争出让试点，探索积累实践经验，稳步推进油气勘查开采管理改革。

二、严格控制矿业权协议出让

稀土、放射性矿产勘查开采项目或国务院批准的重点建设项目，自然资源主管部门可以协议方式向特定主体出让矿业权。基于矿山安全生产和资源合理开发利用等考虑，已设采矿权深部或上部的同类矿产（《矿产资源分类细目》的类别，普通建筑用砂石土类矿产除外），需要利用原有生产系统进一步勘查开采矿产资源的，可以协议方式向同一主体出让探矿权、采矿权。协议出让矿业权，必须实行价格评估、结果公示，矿业权出让收益由自然资源主管部门根据评估价值、市场基准价确定。

地方自然资源主管部门协议出让矿业权须征求同级地方人民政府意见，需自然资源部协议出让的矿业权应先征求省级人民政府意见。已设采矿权深部或上部需要协议出让的探矿权采矿权除外。

三、积极推进“净矿”出让

开展砂石土等直接出让采矿权的“净矿”出让，积极推进其他矿种的“净矿”出让，加强矿业权出让前期准备工作，优化矿业权出让流程，提高服务效率，依据地质工作成果和市场主体需求，建立矿业权出让项目库，会同相关部门，依法依规避让生态保护红线等禁止限制勘查开采区，合理确定出让范围，并做好与用地用海用林用草等审批事项的衔接，以便矿业权出让后，矿业权人正常开展勘查开采工作。

对属矿业权出让前期工作原因而导致的矿业权人无法如期正常开展勘查开采工作的，自然资源主管部门可以撤回矿业权，并按有关规定退还矿业权出让收益等已征收的费用。

四、实行同一矿种探矿权采矿权出让登记同级管理

解决同一矿种探矿权采矿权不同层级管理带来的问题。自然资源部负责石油、烃类天然气、页岩气、天然气水合物、放射性矿产、钨、稀土、锡、锑、钼、钴、锂、钾盐、晶质石墨 14 种重要战略性矿产的矿业权出让、登记；战略性矿产中大宗矿产通过矿产资源规划管控，由省级自然资源主管部门负责矿业权出让、登记。其他矿种由省级及以下自然资源主管部门负责。

五、开放油气勘查开采市场

在中华人民共和国境内注册，净资产不低于 3 亿元人民币的内外资公司，均有资格按规定取得油气矿业权。从事油气勘查开采应符合安全、环保等资质要求和规定，并具有相应的油气勘查开采技术能力。

六、实行油气探采合一制度

根据油气不同于非油气矿产的勘查开采技术特点，针对多年存在的问题，油气矿业权实行探采合一制度。油气探矿权人发现可供开采的油气资源的，在报告有登记权限的自然资源主管部门后即可进行开采。进行开采的油气矿产资源探矿权人应当在 5 年内签订采矿权出让合同，依法办理采矿权登记。

七、调整探矿权期限

根据矿产勘查工作技术规律，以出让方式设立的探矿权首次登记期限延长至 5 年，每次延续时间为 5 年。探矿权申请延续登记时应扣减首设勘查许可证载明面积（非油气已提交资源量的范围/油气已提交探明地质储量的范围除外，已设采矿权矿区范围垂直投影的上部或深部勘查除外）的 25%，其中油气探矿权可扣减同一盆地的该探矿权人其他区块同等面积。

本意见下发前已有的探矿权到期延续时，应当签订出让合同，证载面积视为首设面积，按上述规定执行。

探矿权出让合同已有约定的，按合同执行。

八、改革矿产资源储量分类

为最大化降低社会认知和信息交易成本，按照“有没有”“有多少”“可采多少”的逻辑，将矿产勘查分为普查、详查、勘探三个阶段。科学确定矿产资源储量分类分级，将固体矿产简化为资源量和储量两类，资源量按地质可靠程度由低到高分为推断资源量、控制资源量和探明资源量三级，储量按地质可靠程度和可行性研究的结果，分为可信储量和证实储量两级。

油气矿产分为资源量和地质储量两类，资源量不再分级，地质储量按地质可靠程度分为预测地质储量、控制地质储量和探明地质储量三级。企业可根据技术能力确定技术可采储量，根据经营决策确定经济可采储量。

九、取消矿产资源储量登记事项

简化归并评审备案和登记事项，缩减办理环节和要件，提高行政效率。矿产资源储量登记书内容纳入评审备案管理，不再作为矿业权登记要件，将评审备案结果作为统计的依据。

自然资源主管部门依据矿业权人或压矿建设项目单位矿产资源储量评审备案申请，对矿产资源储量报告进行审查，出具评审备案文件。自然资源主管部门可委托矿产资源储量评审机构根据评审备案范围和权限组织开展评审备案工作，相关费用纳入财政预算。

十、明确评审备案范围和权限

缩减矿产资源储量政府直接评审备案范围，减轻矿业权人负担。探矿权转采矿权、采矿权变更矿种与范围，油气矿产在探采矿期间探明地质储量、其他矿产在采矿期间资源量发生重大变化的（变化量超过30%或达到中型规模以上的），以及建设项目压覆重要矿产，应当编制矿产资源储量报告，申请评审备案。不再对探矿权保留、变更矿种，探矿权和采矿权延续、转让、出让，划定矿区范围，查明、占用储量登记，矿山闭坑，以及上市融资等环节由政府部门直接进行评审备案。

自然资源部负责本级已颁发矿业权证的矿产资源储量评审备案工作，其他由省级自然资源主管部门负责。涉及建设项目压覆重要矿产的，由省级自然资源主管部门负责评审备案，油气和放射性矿产资源除外。积极培育矿产资源储量评审市场服务体系，满足企业生产经营和市场需要。定期开展矿产资源储量现状调查，夯实资源本底数据。

十一、规范财政出资地质勘查工作

中央或地方财政出资勘查项目，不再新设置探矿权，凭项目任务书开展地质勘查工作。本意见下发前已设探矿权的，自然资源主管部门可以继续办理探矿权延续，完成规定的勘查工作后注销探矿权，由自然资源主管部门面对各类市场主体公开竞争出让矿业权。

本意见自2020年5月1日起实施，有效期三年。本意见实施前已印发的其他文件与本意见规定不一致的，按照本意见执行。

附件：

油气矿业权出让收益市场基准价标准表

WTI原油价格（美元/桶）	出让收益市场基准价（万元人民币/平方千米）	
	陆域	海域
低于40（含）	0.4	0.2
40～55（含）	0.5	0.3
55～65（含）	0.6	0.4
65～80（含）	0.7	0.5
80～100（含）	0.8	0.6
100以上	0.9	0.7

矿产资源节约与综合利用专项资金管理办法

（2013 年 3 月 26 日　财政部、国土资源部　财建〔2013〕81 号）

第一章　总　则

第一条　为了加强和规范矿产资源节约与综合利用专项资金（以下简称专项资金）管理，提高资金使用效益，依据《中华人民共和国预算法》、《财政部国土资源部关于将矿产资源专项收入统筹安排使用的通知》（财建〔2010〕925 号）等规定制定本办法。

第二条　专项资金由中央财政通过中央分成的矿产资源专项收入安排，主要用于矿产资源综合利用示范基地（以下简称示范基地）建设。

第三条　专项资金安排按照党的十八大提出的全面促进资源节约和加强矿产资源保护、合理开发等有关要求，以加强全过程节约管理，推动资源利用方式根本转变为目的，以“关系全局、意义深远、带动性强”为原则，选择资源分布相对集中、资源潜力大、综合利用前景好、矿产开发布局基本合理的地区，依托大型骨干矿业集团，开展示范基地建设工作。

第四条　专项资金专款专用，任何单位和个人不得截留、挤占和挪用。

第二章　支持重点及条件

第五条　专项资金重点支持提高矿产资源开采回采率、选矿回收率和综合利用率，低品位、共伴生、难选冶及尾矿资源高效利用，以及多矿种兼探兼采和综合开发利用。主要包括以下 7 个领域：

（一）油气及共伴生资源综合利用。重点支持油盐、油钾的综合开发利用，支持稠油、低渗、超低渗油气资源综合利用；积极开展页岩气、致密砂岩气、煤层气、油砂、油页岩、天然气水合物等综合开发利用。

（二）煤炭及共伴生资源综合利用。重点支持煤炭煤层气、煤铝的综合开发利用；支持特厚煤层、缺煤地区极薄和中薄煤层、特殊稀缺煤种及煤系伴生高岭土资源的综合开发利用，“以矸换煤”绿色开采等。

（三）黑色金属综合利用。重点支持钒钛磁铁矿、赤铁矿、褐铁矿、菱铁矿等低品位、难利用铁矿及尾矿资源综合利用，锰、铬矿资源高效利用。

（四）有色金属综合利用。重点支持低品位、难选冶、共伴生铜、铅、锌、钨、钼、镍、锡、锑、铝土矿等资源及尾矿综合利用。

（五）稀有、稀土及贵金属综合利用。重点支持轻、重稀土资源综合利用，稀有金属综合利用，低品位金矿及共伴生、尾矿资源综合利用。

（六）化工及非金属综合利用。重点支持钾盐、中低品位磷矿、硼铁矿、萤石、石墨资源及其他特色非金属资源综合利用。

（七）铀矿及共伴生资源综合利用。重点支持煤铀、硼铀、钼铀等矿床共生组合，北方砂岩型、南方硬岩型铀矿及共伴生铼资源等综合开发利用。

第六条 示范基地建设责任主体为矿山企业，应当具备以下基本条件：

（一）法定证照齐全、有效。

（二）依法履行了采矿权人的法定义务，按时、足额缴纳国家有关税费。

（三）矿山企业在相关领域和专业具有较强的技术优势和创新能力，具备必备的人才条件、技术装备和组织管理能力；管理机构健全，有专门的矿山地质、采矿、选矿管理机构和技术人员。

（四）采选技术方法先进，具有规模效应，示范效应突出，可大幅度提高资源利用水平。

（五）矿产资源节约与综合利用水平达到设计或国土资源行政主管部门核定的标准。

（六）近三年矿产资源开发利用年度检查合格，无违法违规记录。

（七）近三年无重大生产安全事故和环境污染事故。

（八）列入矿产资源开发整合方案的，已完成资源整合，并实现规模化、集约化开发利用。

（九）有关资源节约与综合利用工作已纳入矿山企业发展规划，示范基地建设工作能及时有效开展。

（十）具有较强的资金筹措能力，可以落实配套资金。

第三章 支持方式及使用范围

第七条 专项资金由财政部和国土资源部共同管理。财政部负责确定专项资金年度预算，国土资源部负责确定示范基地名单。

第八条 国土资源部、财政部发布矿产资源综合利用示范基地建设工作安排和要求，省级国土资源部门、财政部门，以及有关中央企业在充分论证的基础上，提出示范基地建议名单。

第九条 国土资源部会同财政部组织专家对各省和有关中央企业提出的建议名单中的示范基地进行论证，确定示范基地名单。

第十条 示范基地所在地省级国土资源部门、财政部门或所属中央企业依据《全国矿产资源规划》、《矿产资源节约与综合利用“十二五”规划》，以及国土资源部和财政部有关制度规定和工作要求，负责组织示范基地建设单位编制矿产资源综合利用示范基地建设3~5年实施方案。

实施方案应明确示范基地建设总体目标和建设任务、年度目标和建设任务，以及年度资金投入。目标任务应当可量化、可考核，资金投入应包括自筹资金和财政补助资金。

第十一条 国土资源部、财政部组织专家对示范基地建设实施方案进行审查论证，一次性核定示范基地建设总投资和年度投资，并确定总目标和年度建设目标。

对于实施方案通过审查论证的示范基地，国土资源部、财政部将在向社会公示后，与其所在地省级人民政府或所属中央企业签订示范建设合作协议。财政部、国土资源部将根据财力可能一次性确定总补助资金和各年度补助资金，并按项目进展情况下达补助资金。中央财政补助资金原则上不超过项目总投资的50%。

第十二条 专项资金重点用于以下方面：

（一）综合利用相关技术工艺的科技攻关，工程化、工业化技术研究及生产实验研究；

（二）提高开采回采率、选矿回收率、

综合利用率水平，尾矿及固体废弃物综合利用相关的工程建设及设备采购；

（三）成熟先进技术、方法、工艺的转化、推广与应用；

（四）技术标准规范的制定、发布，总结推广相关的技术标准、规范以及生产管理模式的相关支出。

第十三条 专项资金不得用于下列事项：

（一）职工工资、奖金、津补贴及其他福利性支出；投资性支出、捐款及赞助；各种罚款、违约金、滞纳金等支出；缴纳税费等。

（二）支付矿山建设引起的居民搬迁补偿、征地补偿、青苗补偿等相关支出。

（三）购置和修建与项目实施无关的设备、装备、房屋、基础设施等固定资产。

（四）公务车辆、生产辅助材料、低值易耗品、配件及燃料采购等支出。

（五）归还贷款本息。

（六）与矿产资源节约与综合利用工作无关的费用。

第四章 预算及财务管理

第十四条 专项资金支付按照财政国库管理制度的有关规定执行。

第十五条 专项资金实行专账核算，各项支出标准参照国家相关标准执行。

第十六条 示范基地建设单位要严格执行国家有关财务会计制度，及时办理年度资金结算和竣工财务决算。示范基地所在地省级财政、国土资源部门或所属中央企业负责批复竣工财务决算，并做好项目决算审计和竣工验收工作。

第十七条 预算一经下达，原则上不做调整。对于示范基地项目地点、建设内容、建设期限、资金投入确需变更的，由省级国土资源、财政部门或所属中央企业审核后报国土资源部、财政部批准。

第五章 监督检查

第十八条 财政部、国土资源部每年将根据本办法第五条规定及经论证的实施方案对示范基地年度建设情况进行考核。

对考核合格的示范基地，财政部、国土资源部将按计划给予持续支持；对考核不合格的项目，财政部、国土资源部将暂停下一年度预算安排，要求其限期整改，经整改仍不符合要求的，取消示范资格并收回已拨付资金。

第十九条 示范基地所在地省级财政部门、国土资源部门或所属中央企业应当强化专项资金监管，建立专项资金使用约束机制，督促矿山企业完善内部财务管理制度，加强示范基地建设工作的监督检查，确保各项目标任务的实现。督促项目承担单位加快预算执行进度，提高专项资金使用效益，重大事项要及时向财政部和国土资源部报告。

第二十条 示范基地建设单位应严格按照批准下达的预算，合理安排使用资金，不得扩大支出范围，不得用于本办法规定支出范围以外的其他支出，自觉接受、主动配合财政、审计及监察等部门的监督检查。

第二十一条 对在示范建设过程中发生安全生产或环境污染事故，以及有其他违法违规行为的示范基地建设单位，财政部、国土资源部将暂停支持，并责令其整改，对于情节特别严重的将收回示范资金，取消其示范资格。

第二十二条 对违反规定，截留、挤占、挪用等违规使用项目资金的，依照《财政违法行为处罚处分条例》及有关法律法规予以处理。涉嫌犯罪的，移送司法机关处理。

第六章 附 则

第二十三条 本办法由财政部、国土资源部负责解释。

第二十四条 本办法自印发之日起实施，原《矿产资源节约与综合利用专项资金管理办法》（财建〔2010〕312号）同时废止。

关于印发《矿业权出让收益征收管理暂行办法》的通知

（2017年6月29日 财政部、国土资源部 财综〔2017〕35号）

根据《国务院关于印发矿产资源权益金制度改革方案的通知》（国发〔2017〕29号），财政部、国土资源部制定了《矿业权出让收益征收管理暂行办法》（见附件），请遵照执行。如有问题，请及时告知。现将有关事项通知如下：

一、自本通知执行之日起，出让新设矿业权的，矿业权人应按《矿业权出让收益征收管理暂行办法》缴纳矿业权出让收益，之前形成尚未缴纳的探矿权、采矿权价款缴入矿业权出让收益科目并统一按规定比例分成。

二、申请在先方式取得探矿权后已转为采矿权的，如完成有偿处置的，不再征收采矿权出让收益；如未完成有偿处置的，应按剩余资源储量以协议出让方式征收采矿权出让收益。尚未转为采矿权的，应在采矿权新立时以协议出让方式征收采矿权出让收益。

三、对于无偿占有属于国家出资探明矿产地的探矿权和无偿取得的采矿权，应缴纳价款但尚未缴纳的，按协议出让方式征收矿业权出让收益。其中，探矿权出让收益在采矿权新立时征收；采矿权出让收益以2006年9月30日为剩余资源储量估算基准日征收（剩余资源储量估算的基准日，地方已有规定的从其规定）。

四、经国土资源主管部门批准，按规定分期缴纳探矿权、采矿权价款的矿业权人，在批准的分期缴款时间内，按矿业权出让合同或分期缴款批复缴纳剩余部分。

五、已缴清价款的探矿权，如勘查区范围内增列矿种，应在采矿权新立时，比照协议出让方式，在采矿权阶段征收新增矿种采矿权出让收益。

六、已缴清价款的采矿权，如矿区范围内新增资源储量和新增开采矿种，应比照协议出让方式征收新增资源储量、新增开采矿种的采矿权出让收益。其中，仅涉及新增资源储量的，可在已缴纳价款对应的资源储量耗竭后征收。

七、经财政部门和国土资源主管部门批准，已将探矿权、采矿权价款部分或全部转增国家资本金（国家基金），或以折股形式缴纳的，不再补缴探矿权、采矿权价款。

八、欠缴探矿权、采矿权价款的，依据《矿产资源勘查区块登记管理办法》和《矿产资源开采登记管理办法》规定的标准缴纳滞纳金，最高不超过欠缴金额本金。

附件：

矿业权出让收益征收管理暂行办法

第一章　总　则

第一条　为规范矿业权出让收益征收管理，健全矿产资源有偿使用制度，维护国家矿产资源所有者权益，促进矿产资源保护与合理利用，根据《中华人民共和国矿产资源法》、《国务院关于印发矿产资源权益金制度改革方案的通知》（国发〔2017〕29 号）等有关规定，制定本办法。

第二条　矿业权出让收益是国家基于自然资源所有权，将探矿权、采矿权（以下简称矿业权）出让给探矿权人、采矿权人（以下简称矿业权人）而依法收取的国有资源有偿使用收入。矿业权出让收益包括探矿权出让收益和采矿权出让收益。

第三条　在中华人民共和国领域及管辖海域勘查、开采矿产资源的矿业权人，应依照本办法缴纳矿业权出让收益。

第四条　矿业权出让收益为中央和地方共享收入，由中央和地方按照 4∶6 的比例分成，纳入一般公共预算管理，地质调查及矿山生态环境修复等相关支出，由同级财政予以保障。

地方分成的矿业权出让收益在省（自治区、直辖市）、市、县级之间的分配比例，由省级人民政府确定。

第五条　矿业权出让收益的征收管理由财政部门负责，具体征收由矿产资源主管部门负责，监缴由财政部驻各地财政监察专员办事处负责。

第二章　征　收

第六条　国务院和省级矿产资源主管部门登记的矿业权，其出让收益由矿业权所在地的省级矿产资源主管部门或其授权的市、县矿产资源主管部门负责征收。其中，矿业权范围跨省级行政区域和在中华人民共和国管辖海域的，由国务院矿产资源主管部门指定的省级矿产资源主管部门负责征收。

市、县矿产资源主管部门登记管理的矿业权，其出让收益由市、县矿产资源主管部门负责征收。

第七条　通过招标、拍卖、挂牌等竞争方式出让矿业权的，矿业权出让收益按招标、拍卖、挂牌的结果确定。

第八条　通过协议方式出让矿业权的，矿业权出让收益按照评估价值、市场基准价就高确定。

市场基准价由地方矿产资源主管部门参照类似市场条件定期制定，经省级人民政府同意后公布执行。

第九条　探矿权增列矿种以及采矿权增列矿种、增加资源储量的，增列、增加的部分比照协议出让方式，在采矿权阶段征收采矿权出让收益。对国家鼓励实行综合开发利用的矿产资源，国家另有规定的，从其规定。

第十条　矿业权出让收益原则上通过出让金额的形式征收。对属于资源储量较大、矿山服务年限较长、市场风险较高等情形的矿业权，可探索通过矿业权出让收益率的形式征收。具体征收形式由矿业权出让机关依据资源禀赋、勘查开发条件和宏观调控要求等因素进行选择。

前款所称出让收益率，是指矿业权出让收益占矿产品销售收入的比率。

第十一条 竞争出让矿业权，以出让金额为标的的，矿业权出让收益底价不得低于矿业权市场基准价。以出让收益率为标的的，出让收益底价由矿业权出让收益基准率确定。

第十二条 第十一条所称矿业权出让收益基准率，由省级矿产资源主管部门、财政部门确定，并根据矿产品价格变化和经济发展需要，进行适时调整，报经省级人民政府同意后公布执行。

第十三条 以出让金额形式征收的矿业权出让收益，低于规定额度的，可一次性征收；高于规定额度的，可按以下原则分期缴纳：

1. 探矿权人在取得勘查许可证前，首次缴纳比例不得低于探矿权出让收益的20%；剩余部分在转为采矿权后，在采矿权有效期内按年度缴纳。

2. 采矿权人在取得采矿许可证前，首次缴纳比例不得低于采矿权出让收益的20%；剩余部分在采矿权有效期内分年度缴纳。

一次性缴纳标准、首次缴纳比例和分期缴纳年限，由省级财政部门、矿产资源主管部门制定。

第十四条 以出让收益率确定的矿业权出让收益，在矿山开采时按年度征收，计算公式为：年度矿业权出让收益 = 矿业权出让收益率 × 矿产品年度销售收入。

第十五条 探矿权人转让探矿权，未缴纳的探矿权出让收益由受让人承担缴纳义务。采矿权人转让采矿权并分期缴纳出让收益，采矿权人需缴清已到期的部分，剩余采矿权出让收益由受让人继续缴纳。

第十六条 探矿权转为采矿权的，不再另行缴纳采矿权出让收益。探矿权未转为采矿权的，剩余探矿权出让收益不再缴纳。

第十七条 对于国土资源部登记的油气等重点矿种，国土资源部可对矿业权出让收益市场基准价、出让收益基准率、分期缴纳等制定统一标准。

第十八条 采矿权人开采完毕注销采矿许可证前，应当缴清采矿权出让收益。因国家政策调整、重大自然灾害和破产清算等原因注销采矿许可证的，采矿权出让收益按照采矿权实际动用的资源储量进行核定，实行多退少补。

第三章 缴 款

第十九条 征收机关依据出让合同开具缴款通知书，通知矿业权人缴款。矿业权人在收到缴款通知书7个工作日内，按缴款通知及时缴纳矿业权出让收益。分期缴纳矿业权出让收益的矿业权人，首期出让收益按缴款通知书缴纳，剩余部分按矿业权出让合同约定的时间缴纳。

第二十条 在政府收支分类科目收入分类103类“非税收入”07款“国有资源（资产）有偿使用收入”14项“矿产资源专项收入”（1030714项）科目下，增设“探矿权、采矿权出让收益”（103071404目），中央与地方共用收入科目，反映按《国务院关于印发矿产资源权益金制度改革方案的通知》（国发〔2017〕29号）征收的矿业权出让收益。

2017年6月30日前已缴纳的“探矿权、采矿权价款收入”仍在“探矿权、采矿权价款收入”（103071403目）科目反映。

第二十一条 矿业权出让收益收缴按照相关规定办理。

第二十二条 已上缴中央和地方财政的矿业权出让收益，因多缴、政策性关闭等原因需要办理退库的，分别按照财政部和省级财政部门的规定执行。

第四章 监 管

第二十三条 各级财政部门和矿产资源主管部门应当切实加强矿业权出让收益征收监督管理，按照职能分工，将相关信息纳入勘查开采信息公示系统，适时检查矿业权出让收益征收情况。

第二十四条 矿业权人未按时足额缴纳矿业权出让收益的，县级以上矿产资源主管部门按照征收管理权限责令改正，从滞纳之日起每日加收千分之二的滞纳金，并将相关信息纳入企业诚信系统。加收的滞纳金应当不超过欠缴金额本金。

矿业权人存在前款行为的，县级以上财政部门应当依照《财政违法行为处罚处分条例》予以处理处罚。

第二十五条 各级财政部门、矿产资源主管部门及其工作人员，存在未按规定的预算级次和分成比例将矿业权出让收益及时足额缴入国库，滥用职权、玩忽职守、徇私舞弊等违法违纪行为的，按照《预算法》《公务员法》《行政监察法》《财政违法行为处罚处分条例》等有关规定追究相应责任；涉嫌犯罪的，移送司法机关处理。

第二十六条 相关中介、服务机构和企业未如实提供相关信息，造成矿业权人少缴矿业权出让收益的，由县级以上矿产资源行政主管部门会同有关部门将其行为记入企业不良信息；构成犯罪的，依法追究刑事责任。

第五章 附 则

第二十七条 各省、自治区、直辖市人民政府可以根据本办法制定具体实施办法。

第二十八条 本办法由国务院财政部门和矿产资源主管部门负责解释。

第二十九条 本办法自2017年7月1日起施行。

关于进一步明确矿业权出让收益征收管理有关问题的通知

（2019年4月2日 财政部、自然资源部 财综〔2019〕11号）

为进一步做好矿业权出让收益征收管理工作，根据《矿产资源权益金制度改革方案》（国发〔2017〕29号）、《矿业权出让收益征收管理暂行办法》（财综〔2017〕35号）等规定，现就有关问题明确如下：

一、财综〔2017〕35号文件印发前，按规定分期缴纳探矿权采矿权价款的矿业权人应缴纳的资金占用费，继续按照原矿业权出让合同或分期缴款批复缴纳，缴入矿业权出让收益科目，并统一按规定比例分成。

二、对于法律法规或国务院规定明确要求支持的承担特殊职能的非营利性矿山企业，缴纳矿业权出让收益确有困难的，经财政部、自然资源部批准，可在一定期限内缓缴应缴矿业权出让收益。

三、矿业权出让收益滞纳金缴入矿业权出让收益科目，并统一按规定比例分成。

矿业权登记信息管理办法

（2020年6月16日　自然资办发〔2020〕32号）

为贯彻落实国务院关于加强事中事后监管要求，进一步规范矿业权出让登记行为，加强政务公开和社会服务，提升矿业权管理信息化水平，根据《矿产资源法》《政府信息公开条例》《矿业权出让制度改革方案》《关于全面推进政务公开工作的意见》等法律法规和文件规定，制定本办法。

一、全国勘查许可证号、采矿许可证号实行统一编码制度。

二、本办法适用于自然资源主管部门获取统一编码、开展服务和实施监测。

三、本办法所称统一编码，是指自然资源主管部门拟同意矿业权登记后，在互联网上经身份认证向全国矿业权登记信息及发布系统（以下简称登记信息系统）提交与登记矿业权相关信息、获取勘查许可证或采矿许可证统一编码的过程。

本办法所称登记信息系统，是指由自然资源部统一开发、维护、管理，用于自然资源主管部门获取统一编码、公示公开矿业权相关信息的互联网应用程序。

四、本办法所称服务，是指自然资源主管部门依托登记信息系统，公示公开矿业权相关信息和实施矿业权数据共享等行为。

五、本办法所称监测，是指上级自然资源主管部门通过登记信息系统，对下级自然资源主管部门出让登记情况以及矿业权相关信息公示公开情况进行数据分析、核实和通报，提醒并督促下级自然资源主管部门规范矿业权出让登记行为。

六、登记信息系统身份认证采用数字证书方式，支持用户和系统间双向认证。

七、数字证书分为管理数字证书和技术支撑数字证书两类。管理数字证书由自然资源主管部门持有，具有获取统一编码、公示公开矿业权相关信息、管理相关矿业权数据等全部权限。技术支撑数字证书由为自然资源主管部门提供技术支撑的单位持有，具有相关矿业权数据查看、下载和统计分析等部分权限。

八、数字证书由自然资源部统一制作，并根据矿业权出让登记权限配发。一个自然资源主管部门可配发一套管理数字证书及技术支撑数字证书。

九、数字证书应严格管理，规范使用。地方各级自然资源主管部门申请新发、补发、解锁（更换）、变更数字证书的，需通过省级自然资源主管部门向自然资源部提出书面申请。其中，数字证书遗失的应及时向自然资源部挂失。数字证书申请表见附件1。

十、矿业权新立、延续、变更及探矿权保留的，应获取统一编码。矿业权注销（含政策性关闭矿山）及纳入自行废止矿业权名单等情形，应向登记信息系统提交注销或相关数据。

十一、自然资源主管部门需向登记信息系统提交矿业权基本信息、出让基本情况及审查意见等编码数据。

十二、登记信息系统按照自然资源部设定的基本规则和法规规则对编码数据进行检查。

基本规则主要检查编码数据的完整性、规范性和逻辑性。法规规则主要检查编码数据中涉及布局、出让登记权限、出让方式、公示公开、产业政策等内容。

十三、法规规则依据现行矿产资源法律法规、规章及规范性文件规定设定，并及时更新。

省级自然资源主管部门可根据本行政区内矿产资源管理制度和监测工作需要，补充设置法规规则。补充的法规规则应符合法律法规及部相关规定，仅适用于本行政区内省级及以下自然资源主管部门出让登记发证的矿业权。

十四、符合规则的，登记信息系统按编码规则生成唯一的勘查许可证或采矿许可证证号编码，并将相关信息发布至自然资源部门户网站，予以公开。

十五、勘查许可证证号和采矿许可证证号编码由23位字符组成，为永久证号。编码规则见附件2。

新立矿业权的，登记信息系统生成新的证号；延续、变更、保留的，沿用原证号。分立矿业权的，先提交编码数据的矿业权沿用原证号，其余配发新证号。合并矿业权的，沿用合并主体矿业权或首次设立时间在前的证号。

十六、基本规则检查未通过的，自然资源主管部门应根据登记信息系统提示据实更正后重新获取编码。

十七、法规规则中有多种情形需要选择或有特殊情况需作出说明的，自然资源主管部门应根据登记信息系统提示据实作出选择或补充说明。

法规规则检查未通过的，自然资源主管部门应根据登记信息系统提示，按程序重新审查后，再次生成编码数据，重新获取编码。

十八、获得编码后，自然资源主管部门发现登记信息数据有误确须修改的，在修改本地登记系统中相关数据后重新生成编码数据，通过登记信息系统中数据修改专用通道提交，并填写修改理由或上传修改依据文件，登记信息系统根据重新提交的编码数据自动完成数据修改，不改变原证号也不生成新证号。

修改的数据项已公开的，登记信息系统将同步修改已公开数据项，并重新发布。

十九、自然资源主管部门依法作出撤回新立、延续、变更、保留、注销登记决定后，应在登记信息系统上填写相关说明或上传撤回相关登记决定文件，登记信息系统将自动撤回编码，同时撤回已公开的相关信息。属新立的，登记信息系统将删除编码数据；属延续、变更、保留的，登记信息系统将删除编码数据，恢复至此次获取编码前的数据状态；注销的，登记信息系统将恢复已注销数据。

二十、登记信息系统永久保存编码数据，以及对法规规则相关情形作出的选择或补充说明、数据修改情况等。

二十一、自然资源主管部门应通过登记信息系统及时、完整在自然资源部门户网站上公示公开矿业权的出让、转让、抵押、查封等信息，相关格式由自然资源部统一制定。

二十二、自然资源部在门户网站上提供以下服务：

（一）全国矿业权出让、转让、抵押、查封以及编码相关信息等信息查询服务；

（二）全国矿业权基本信息查验服务；

（三）全国矿业权设置情况查重服务；

（四）其他与矿业权信息相关的服务。

二十三、自然资源部通过登记信息系统向地方各级自然资源主管部门提供本行政区内登记的实时矿业权数据统计和下载服务。

各级自然资源主管部门分别负责同级政府部门间矿业权数据信息共享工作。

二十四、对出让登记情况及矿业权相关信息公示公开情况的监测实行分级负责，自然资源部负责监测全国的情况，重点监测省级自然资源主管部门相关情况；省级自然资源主管部门负责监测本行政区内的自然资源主管部门的相关情况。

二十五、监测范围包括：

（一）法规规则的合规性，包括矿业权是否存在重叠情形，出让登记权限是否越权，矿业权相关信息是否及时公开且内容完整，出让方式是否合规，是否符合相关政策等；

（二）编码数据修改情况，包括根据登记信息系统提示选择特定情形或进行补充说明，先不符合法规规则但经重新审查、完善编码数据后获得编码，修改登记信息数据及撤回编码等情形；

（三）登记信息系统提示异常的其他项目；

（四）自然资源主管部门根据工作需要重点监测的情形。

二十六、自然资源部采取全面和专项监测两种方式进行监测。每年按照第二十五条监测范围对全国范围内的相关情况进行全面监测；根据工作需要，以上一年度全面监测发现的突出问题或自然资源部年度工作重点为目标，选择第二十五条监测范围内的部分内容对部分省（区、市）进行专项监测。

二十七、自然资源部专项监测发现的疑似问题，以书面通知、调研等方式转交省级自然资源主管部门组织核实，核实情况以书面形式向自然资源部报告，报告时间不晚于收到转交通知后的 1 个月。以调研形式转交的，核实情况书面报告在调研结束后 1 个月内报自然资源部。

二十八、核实情况书面报告应针对疑似问题逐项回答，对符合现行法律法规和制度规定的，要说明符合的规定；不符合的，要说明整改落实情况或暂时不能整改的原因及相关工作安排。整改全部完成后应及时将新情况另行向自然资源部作出报告。

二十九、自然资源部组织对核实情况书面报告中的相关问题进行抽查。对报告已整改而实际未整改的或其他故意隐瞒实情的，自然资源部应约谈相关省级自然资源主管部门及责任单位相关负责人，并责成省级自然资源主管部门跟踪督办，直至相关问题得到整改。

三十、自然资源部每年对全面监测情况进行通报，通报中一并通报专项监测情况和省级自然资源主管部门组织核实整改情况。

三十一、省级自然资源主管部门应认真组织核实自然资源部反馈的疑似问题和通报的问题，并对本行政区域监测发现的问题组织核实、通报，对确实存在问题的项目应要求整改并跟踪督办。

三十二、省级自然资源主管部门可根据本地实际情况，制定相关管理办法。

三十三、自然资源部负责对省级自然资源主管部门进行培训，省级自然资源主管部门应组织对本行政区内市级、县级自然资源主管部门进行培训。

三十四、本办法自 2020 年 7 月 10 日起施行。本办法发布前制定的其他文件要求与本办法不一致的，按本办法规定执行。

附件：

1. 登记信息系统数字证书申请表（略）

2. 勘查许可证和采矿许可证证号编码规则（略）

关于加快推进露天矿山综合整治工作实施意见的函

（2019年5月29日　自然资源部办公厅、生态环境部办公厅
自然资办函〔2019〕819号）

打赢蓝天保卫战，是党的十九大作出的重大决策部署，事关满足人民日益增长的美好生活需求，事关全面建成小康社会，事关经济高质量发展和美丽中国建设。按照《国务院关于印发打赢蓝天保卫战三年行动计划的通知》（国发〔2018〕22号）要求，自然资源部会同生态环境部等部门统筹推进全国露天矿山综合整治工作。为协同做好露天矿山综合整治工作，现将有关实施意见函告如下。

一、统筹落实露天矿山综合整治各项工作任务

国发〔2018〕22号文件对推进露天矿山综合整治作出了明确的部署安排，主要工作任务细化分解为四方面工作：

（一）全面摸底排查露天矿山情况。以违法违规开采和责任主体灭失的露天矿山为重点，全面查清本地区露天矿山基本情况，在全面核查露天矿山开发利用、环境保护、矿山地质环境恢复治理和土地复垦等情况的基础上，逐矿逐项登记汇总，分类建立台账，提出整治意见。

（二）依法开展露天矿山综合整治。依法关闭违反资源环境法律法规、规划，污染环境、破坏生态、乱采滥挖的露天矿山；对污染治理不规范的露天矿山，依法责令停产整治，经相关部门组织验收合格后方可恢复生产，对拒不停产或擅自恢复生产的依法强制关闭；对责任主体灭失的露天矿山，因地制宜加强修复绿化，减少和抑制大气扬尘。全面加强矸石山综合治理，消除自燃和冒烟现象。

（三）加强露天矿山生态修复。按照“谁开采、谁治理，边开采、边治理”原则，引导矿山按照绿色矿山建设行业标准，以环境影响报告书及批复、矿山地质环境保护与土地复垦方案等要求，开展生态修复。对责任主体灭失的露天矿山，按照“谁治理、谁受益”的原则，充分发挥财政资金的引导带动作用，大力探索构建“政府主导、政策扶持、社会参与、开发式治理、市场化运作”的矿山地质环境恢复和综合治理新模式，加快生态修复进度。

（四）严格控制新建露天矿山建设项目。严格贯彻国发〔2018〕22号文件有关要求，重点区域原则上禁止新建露天矿山建设项目，国发〔2018〕22号文件下发前环境影响评价文件已经批复的重点区域露天矿山，确需建设的，在严格落实生态环境保护、矿产资源规划和绿色矿山建设行业标准等要求前

提下可继续批准建设。其他区域新建露天矿山建设项目，也应严格执行生态环境保护、矿产资源规划和绿色矿山建设行业标准等要求。

二、加强推进露天矿山综合整治工作组织领导

（一）加强组织领导。露天矿山综合整治是打赢蓝天保卫战三年行动计划中的一项重要任务，按照国发〔2018〕22号文件要求，地方各级政府要把该项工作任务放在重要位置，主要领导是本行政区域第一责任人，切实加强组织领导，制定实施方案，细化分解目标任务，科学安排指标进度，防止脱离实际层层加码，要确保各项工作有力有序完成。

（二）强化责任落实。完善各级地方政府和有关部门责任清单，压实各方责任，层层抓好落实，强化露天矿山综合整治工作责任。组织自然资源、生态环境等相关部门切实履行工作职责和监管职责，严格执行政策要求，形成政府领导、部门联动、透明公开、快速推进的工作局面。对露天矿山综合整治工作谋划不够、行动迟缓、推进不力的，启动约谈，从严问责。

三、确保露天矿山综合整治工作取得实效

（一）制定政策措施。各地结合当地工作实际，建立露天矿山综合整治长效机制，突出重点区域、重点矿种，围绕开采准入标准、矿山升级改造、生态环境治理和提高资源保障能力等内容，制定出台符合本地实际、切实可行的政策措施，推动露天矿山综合整治取得实效。

（二）强化监督管理。各地应按照相关任务要求，建立考评机制，健全露天矿山综合整治监管体系，加强跟踪督办，确保目标、进度、措施等落实到位，保证整治工作在2020年顺利完成。工作进展情况请及时函告自然资源部。

最高人民法院　最高人民检察院
关于办理非法采矿、破坏性采矿刑事案件适用法律若干问题的解释

（2016年11月28日　法释〔2016〕25号）

为依法惩处非法采矿、破坏性采矿犯罪活动，根据《中华人民共和国刑法》《中华人民共和国刑事诉讼法》的有关规定，现就办理此类刑事案件适用法律的若干问题解释如下：

第一条　违反《中华人民共和国矿产资源法》《中华人民共和国水法》等法律、行政法规有关矿产资源开发、利用、保护和管理的规定的，应当认定为刑法第三百四十三条规定的“违反矿产资源法的规定”。

第二条　具有下列情形之一的，应当认定为刑法第三百四十三条第一款规定的“未取得采矿许可证”：

（一）无许可证的；

（二）许可证被注销、吊销、撤销的；

（三）超越许可证规定的矿区范围或者开采范围的；

（四）超出许可证规定的矿种的（共生、伴生矿种除外）；

（五）其他未取得许可证的情形。

第三条 实施非法采矿行为，具有下列情形之一的，应当认定为刑法第三百四十三条第一款规定的"情节严重"：

（一）开采的矿产品价值或者造成矿产资源破坏的价值在十万元至三十万元以上的；

（二）在国家规划矿区、对国民经济具有重要价值的矿区采矿，开采国家规定实行保护性开采的特定矿种，或者在禁采区、禁采期内采矿，开采的矿产品价值或者造成矿产资源破坏的价值在五万元至十五万元以上的；

（三）二年内曾因非法采矿受过两次以上行政处罚，又实施非法采矿行为的；

（四）造成生态环境严重损害的；

（五）其他情节严重的情形。

实施非法采矿行为，具有下列情形之一的，应当认定为刑法第三百四十三条第一款规定的"情节特别严重"：

（一）数额达到前款第一项、第二项规定标准五倍以上的；

（二）造成生态环境特别严重损害的；

（三）其他情节特别严重的情形。

第四条 在河道管理范围内采砂，具有下列情形之一，符合刑法第三百四十三条第一款和本解释第二条、第三条规定的，以非法采矿罪定罪处罚：

（一）依据相关规定应当办理河道采砂许可证，未取得河道采砂许可证的；

（二）依据相关规定应当办理河道采砂许可证和采矿许可证，既未取得河道采砂许可证，又未取得采矿许可证的。

实施前款规定行为，虽不具有本解释第三条第一款规定的情形，但严重影响河势稳定，危害防洪安全的，应当认定为刑法第三百四十三条第一款规定的"情节严重"。

第五条 未取得海砂开采海域使用权证，且未取得采矿许可证，采挖海砂，符合刑法第三百四十三条第一款和本解释第二条、第三条规定的，以非法采矿罪定罪处罚。

实施前款规定行为，虽不具有本解释第三条第一款规定的情形，但造成海岸线严重破坏的，应当认定为刑法第三百四十三条第一款规定的"情节严重"。

第六条 造成矿产资源破坏的价值在五十万元至一百万元以上，或者造成国家规划矿区、对国民经济具有重要价值的矿区和国家规定实行保护性开采的特定矿种资源破坏的价值在二十五万元至五十万元以上的，应当认定为刑法第三百四十三条第二款规定的"造成矿产资源严重破坏"。

第七条 明知是犯罪所得的矿产品及其产生的收益，而予以窝藏、转移、收购、代为销售或者以其他方法掩饰、隐瞒的，依照刑法第三百一十二条的规定，以掩饰、隐瞒犯罪所得、犯罪所得收益罪定罪处罚。

实施前款规定的犯罪行为，事前通谋的，以共同犯罪论处。

第八条 多次非法采矿、破坏性采矿构成犯罪，依法应当追诉的，或者二年内多次非法采矿、破坏性采矿未经处理的，价值数额累计计算。

第九条 单位犯刑法第三百四十三条规定之罪的，依照本解释规定的相应自然人犯罪的定罪量刑标准，对直接负责的主管人员和其他直接责任人员定罪处罚，并对单位判处罚金。

第十条 实施非法采矿犯罪，不属于“情节特别严重”，或者实施破坏性采矿犯罪，行为人系初犯，全部退赃退赔，积极修复环境，并确有悔改表现的，可以认定为犯罪情节轻微，不起诉或者免予刑事处罚。

第十一条 对受雇佣为非法采矿、破坏性采矿犯罪提供劳务的人员，除参与利润分成或者领取高额固定工资的以外，一般不以犯罪论处，但曾因非法采矿、破坏性采矿受过处罚的除外。

第十二条 对非法采矿、破坏性采矿犯罪的违法所得及其收益，应当依法追缴或者责令退赔。

对用于非法采矿、破坏性采矿犯罪的专门工具和供犯罪所用的本人财物，应当依法没收。

第十三条 非法开采的矿产品价值，根据销赃数额认定；无销赃数额，销赃数额难以查证，或者根据销赃数额认定明显不合理的，根据矿产品价格和数量认定。

矿产品价值难以确定的，依据下列机构出具的报告，结合其他证据作出认定：

（一）价格认证机构出具的报告；

（二）省级以上人民政府国土资源、水行政、海洋等主管部门出具的报告；

（三）国务院水行政主管部门在国家确定的重要江河、湖泊设立的流域管理机构出具的报告。

第十四条 对案件所涉的有关专门性问题难以确定的，依据下列机构出具的鉴定意见或者报告，结合其他证据作出认定：

（一）司法鉴定机构就生态环境损害出具的鉴定意见；

（二）省级以上人民政府国土资源主管部门就造成矿产资源破坏的价值、是否属于破坏性开采方法出具的报告；

（三）省级以上人民政府水行政主管部门或者国务院水行政主管部门在国家确定的重要江河、湖泊设立的流域管理机构就是否危害防洪安全出具的报告；

（四）省级以上人民政府海洋主管部门就是否造成海岸线严重破坏出具的报告。

第十五条 各省、自治区、直辖市高级人民法院、人民检察院，可以根据本地区实际情况，在本解释第三条、第六条规定的数额幅度内，确定本地区执行的具体数额标准，报最高人民法院、最高人民检察院备案。

第十六条 本解释自 2016 年 12 月 1 日起施行。本解释施行后，《最高人民法院关于审理非法采矿、破坏性采矿刑事案件具体应用法律若干问题的解释》（法释〔2003〕9 号）同时废止。

最高人民法院关于审理矿业权纠纷案件适用法律若干问题的解释

（2017年6月24日　法释〔2017〕12号）

为正确审理矿业权纠纷案件，依法保护当事人的合法权益，根据《中华人民共和国物权法》《中华人民共和国合同法》《中华人民共和国矿产资源法》《中华人民共和国环境保护法》等法律法规的规定，结合审判实践，制定本解释。

第一条　人民法院审理探矿权、采矿权等矿业权纠纷案件，应当依法保护矿业权流转，维护市场秩序和交易安全，保障矿产资源合理开发利用，促进资源节约与环境保护。

第二条　县级以上人民政府国土资源主管部门作为出让人与受让人签订的矿业权出让合同，除法律、行政法规另有规定的情形外，当事人请求确认自依法成立之日起生效的，人民法院应予支持。

第三条　受让人请求自矿产资源勘查许可证、采矿许可证载明的有效期起始日确认其探矿权、采矿权的，人民法院应予支持。

矿业权出让合同生效后、矿产资源勘查许可证或者采矿许可证颁发前，第三人越界或者以其他方式非法勘查开采，经出让人同意已实际占有勘查作业区或者矿区的受让人，请求第三人承担停止侵害、排除妨碍、赔偿损失等侵权责任的，人民法院应予支持。

第四条　出让人未按照出让合同的约定移交勘查作业区或者矿区、颁发矿产资源勘查许可证或者采矿许可证，受让人请求解除出让合同的，人民法院应予支持。

受让人勘查开采矿产资源未达到国土资源主管部门批准的矿山地质环境保护与治理恢复方案要求，在国土资源主管部门规定的期限内拒不改正，或者因违反法律法规被吊销矿产资源勘查许可证、采矿许可证，或者未按照出让合同的约定支付矿业权出让价款，出让人请求解除出让合同的，人民法院应予支持。

第五条　未取得矿产资源勘查许可证、采矿许可证，签订合同将矿产资源交由他人勘查开采的，人民法院应依法认定合同无效。

第六条　矿业权转让合同自依法成立之日起具有法律约束力。矿业权转让申请未经国土资源主管部门批准，受让人请求转让人办理矿业权变更登记手续的，人民法院不予支持。

当事人仅以矿业权转让申请未经国土资源主管部门批准为由请求确认转让合同无效的，人民法院不予支持。

第七条　矿业权转让合同依法成立后，在不具有法定无效情形下，受让人请求转让人履行报批义务或者转让人请求受让人履行协助报批义务的，人民法院应予支持，但法律上或者事实上不具备履行条件的除外。

人民法院可以依据案件事实和受让人的

请求，判决受让人代为办理报批手续，转让人应当履行协助义务，并承担由此产生的费用。

第八条 矿业权转让合同依法成立后，转让人无正当理由拒不履行报批义务，受让人请求解除合同、返还已付转让款及利息，并由转让人承担违约责任的，人民法院应予支持。

第九条 矿业权转让合同约定受让人支付全部或者部分转让款后办理报批手续，转让人在办理报批手续前请求受让人先履行付款义务的，人民法院应予支持，但受让人有确切证据证明存在转让人将同一矿业权转让给第三人、矿业权人将被兼并重组等符合合同法第六十八条规定情形的除外。

第十条 国土资源主管部门不予批准矿业权转让申请致使矿业权转让合同被解除，受让人请求返还已付转让款及利息，采矿权人请求受让人返还获得的矿产品及收益，或者探矿权人请求受让人返还勘查资料和勘查中回收的矿产品及收益的，人民法院应予支持，但受让人可请求扣除相关的成本费用。

当事人一方对矿业权转让申请未获批准有过错的，应赔偿对方因此受到的损失；双方均有过错的，应当各自承担相应的责任。

第十一条 矿业权转让合同依法成立后、国土资源主管部门批准前，矿业权人又将矿业权转让给第三人并经国土资源主管部门批准、登记，受让人请求解除转让合同、返还已付转让款及利息，并由矿业权人承担违约责任的，人民法院应予支持。

第十二条 当事人请求确认矿业权租赁、承包合同自依法成立之日起生效的，人民法院应予支持。

矿业权租赁、承包合同约定矿业权人仅收取租金、承包费，放弃矿山管理，不履行安全生产、生态环境修复等法定义务，不承担相应法律责任的，人民法院应依法认定合同无效。

第十三条 矿业权人与他人合作进行矿产资源勘查开采所签订的合同，当事人请求确认自依法成立之日起生效的，人民法院应予支持。

合同中有关矿业权转让的条款适用本解释关于矿业权转让合同的规定。

第十四条 矿业权人为担保自己或者他人债务的履行，将矿业权抵押给债权人的，抵押合同自依法成立之日起生效，但法律、行政法规规定不得抵押的除外。

当事人仅以未经主管部门批准或者登记、备案为由请求确认抵押合同无效的，人民法院不予支持。

第十五条 当事人请求确认矿业权之抵押权自依法登记时设立的，人民法院应予支持。

颁发矿产资源勘查许可证或者采矿许可证的国土资源主管部门根据相关规定办理的矿业权抵押备案手续，视为前款规定的登记。

第十六条 债务人不履行到期债务或者发生当事人约定的实现抵押权的情形，抵押权人依据民事诉讼法第一百九十六条、第一百九十七条规定申请实现抵押权的，人民法院可以拍卖、变卖矿业权或者裁定以矿业权抵债，但矿业权竞买人、受让人应具备相应的资质条件。

第十七条 矿业权抵押期间因抵押人被兼并重组或者矿床被压覆等原因导致矿业权全部或者部分灭失，抵押权人请求就抵押人因此获得的保险金、赔偿金或者补偿金等款项优先受偿或者将该款项予以提存的，人民法院应予支持。

第十八条 当事人约定在自然保护区、风景名胜区、重点生态功能区、生态环境敏感区和脆弱区等区域内勘查开采矿产资源，违反法律、行政法规的强制性规定或者损害环境公共利益的，人民法院应依法认定合同无效。

第十九条 因越界勘查开采矿产资源引发的侵权责任纠纷，涉及国土资源主管部门批准的勘查开采范围重复或者界限不清的，人民法院应告知当事人先向国土资源主管部门申请解决。

第二十条 因他人越界勘查开采矿产资源，矿业权人请求侵权人承担停止侵害、排除妨碍、返还财产、赔偿损失等侵权责任的，人民法院应予支持，但探矿权人请求侵权人返还越界开采的矿产品及收益的除外。

第二十一条 勘查开采矿产资源造成环境污染，或者导致地质灾害、植被毁损等生态破坏，法律规定的机关和有关组织提起环境公益诉讼的，人民法院应依法予以受理。

法律规定的机关和有关组织提起环境公益诉讼的，不影响因同一勘查开采行为受到人身、财产损害的自然人、法人和其他组织依据民事诉讼法第一百一十九条的规定提起诉讼。

第二十二条 人民法院在审理案件中，发现无证勘查开采，勘查资质、地质资料造假，或者勘查开采未履行生态环境修复义务等违法情形的，可以向有关行政主管部门提出司法建议，由其依法处理；涉嫌犯罪的，依法移送侦查机关处理。

第二十三条 本解释施行后，人民法院尚未审结的一审、二审案件适用本解释规定。本解释施行前已经作出生效裁判的案件，本解释施行后依法再审的，不适用本解释。

森林资源

中华人民共和国森林法

（1984年9月20日第六届全国人民代表大会常务委员会第七次会议通过　根据1998年4月29日第九届全国人民代表大会常务委员会第二次会议《关于修改〈中华人民共和国森林法〉的决定》第一次修正　根据2009年8月27日第十一届全国人民代表大会常务委员会第十次会议《关于修改部分法律的决定》第二次修正　2019年12月28日第十三届全国人民代表大会常务委员会第十五次会议修订）

第一章　总　则

第一条　为了践行绿水青山就是金山银山理念，保护、培育和合理利用森林资源，加快国土绿化，保障森林生态安全，建设生态文明，实现人与自然和谐共生，制定本法。

第二条　在中华人民共和国领域内从事森林、林木的保护、培育、利用和森林、林木、林地的经营管理活动，适用本法。

第三条　保护、培育、利用森林资源应当尊重自然、顺应自然，坚持生态优先、保护优先、保育结合、可持续发展的原则。

第四条　国家实行森林资源保护发展目标责任制和考核评价制度。上级人民政府对下级人民政府完成森林资源保护发展目标和森林防火、重大林业有害生物防治工作的情况进行考核，并公开考核结果。

地方人民政府可以根据本行政区域森林资源保护发展的需要，建立林长制。

第五条　国家采取财政、税收、金融等方面的措施，支持森林资源保护发展。各级人民政府应当保障森林生态保护修复的投入，促进林业发展。

第六条　国家以培育稳定、健康、优质、高效的森林生态系统为目标，对公益林和商品林实行分类经营管理，突出主导功能，发挥多种功能，实现森林资源永续利用。

第七条　国家建立森林生态效益补偿制度，加大公益林保护支持力度，完善重点生态功能区转移支付政策，指导受益地区和森林生态保护地区人民政府通过协商等方式进行生态效益补偿。

第八条　国务院和省、自治区、直辖市人民政府可以依照国家对民族自治地方自治权的规定，对民族自治地方的森林保护和林业发展实行更加优惠的政策。

第九条　国务院林业主管部门主管全国林业工作。县级以上地方人民政府林业主管部门，主管本行政区域的林业工作。

乡镇人民政府可以确定相关机构或者设置专职、兼职人员承担林业相关工作。

第十条　植树造林、保护森林，是公民应尽的义务。各级人民政府应当组织开展全民义务植树活动。

每年三月十二日为植树节。

第十一条 国家采取措施，鼓励和支持林业科学研究，推广先进适用的林业技术，提高林业科学技术水平。

第十二条 各级人民政府应当加强森林资源保护的宣传教育和知识普及工作，鼓励和支持基层群众性自治组织、新闻媒体、林业企业事业单位、志愿者等开展森林资源保护宣传活动。

教育行政部门、学校应当对学生进行森林资源保护教育。

第十三条 对在造林绿化、森林保护、森林经营管理以及林业科学研究等方面成绩显著的组织或者个人，按照国家有关规定给予表彰、奖励。

第二章 森林权属

第十四条 森林资源属于国家所有，由法律规定属于集体所有的除外。

国家所有的森林资源的所有权由国务院代表国家行使。国务院可以授权国务院自然资源主管部门统一履行国有森林资源所有者职责。

第十五条 林地和林地上的森林、林木的所有权、使用权，由不动产登记机构统一登记造册，核发证书。国务院确定的国家重点林区（以下简称重点林区）的森林、林木和林地，由国务院自然资源主管部门负责登记。

森林、林木、林地的所有者和使用者的合法权益受法律保护，任何组织和个人不得侵犯。

森林、林木、林地的所有者和使用者应当依法保护和合理利用森林、林木、林地，不得非法改变林地用途和毁坏森林、林木、林地。

第十六条 国家所有的林地和林地上的森林、林木可以依法确定给林业经营者使用。林业经营者依法取得的国有林地和林地上的森林、林木的使用权，经批准可以转让、出租、作价出资等。具体办法由国务院制定。

林业经营者应当履行保护、培育森林资源的义务，保证国有森林资源稳定增长，提高森林生态功能。

第十七条 集体所有和国家所有依法由农民集体使用的林地（以下简称集体林地）实行承包经营的，承包方享有林地承包经营权和承包林地上的林木所有权，合同另有约定的从其约定。承包方可以依法采取出租（转包）、入股、转让等方式流转林地经营权、林木所有权和使用权。

第十八条 未实行承包经营的集体林地以及林地上的林木，由农村集体经济组织统一经营。经本集体经济组织成员的村民会议三分之二以上成员或者三分之二以上村民代表同意并公示，可以通过招标、拍卖、公开协商等方式依法流转林地经营权、林木所有权和使用权。

第十九条 集体林地经营权流转应当签订书面合同。林地经营权流转合同一般包括流转双方的权利义务、流转期限、流转价款及支付方式、流转期限届满林地上的林木和固定生产设施的处置、违约责任等内容。

受让方违反法律规定或者合同约定造成森林、林木、林地严重毁坏的，发包方或者承包方有权收回林地经营权。

第二十条 国有企业事业单位、机关、团体、部队营造的林木，由营造单位管护并按照国家规定支配林木收益。

农村居民在房前屋后、自留地、自留山

种植的林木，归个人所有。城镇居民在自有房屋的庭院内种植的林木，归个人所有。

集体或者个人承包国家所有和集体所有的宜林荒山荒地荒滩营造的林木，归承包的集体或者个人所有；合同另有约定的从其约定。

其他组织或者个人营造的林木，依法由营造者所有并享有林木收益；合同另有约定的从其约定。

第二十一条 为了生态保护、基础设施建设等公共利益的需要，确需征收、征用林地、林木的，应当依照《中华人民共和国土地管理法》等法律、行政法规的规定办理审批手续，并给予公平、合理的补偿。

第二十二条 单位之间发生的林木、林地所有权和使用权争议，由县级以上人民政府依法处理。

个人之间、个人与单位之间发生的林木所有权和林地使用权争议，由乡镇人民政府或者县级以上人民政府依法处理。

当事人对有关人民政府的处理决定不服的，可以自接到处理决定通知之日起三十日内，向人民法院起诉。

在林木、林地权属争议解决前，除因森林防火、林业有害生物防治、国家重大基础设施建设等需要外，当事人任何一方不得砍伐有争议的林木或者改变林地现状。

第三章 发展规划

第二十三条 县级以上人民政府应当将森林资源保护和林业发展纳入国民经济和社会发展规划。

第二十四条 县级以上人民政府应当落实国土空间开发保护要求，合理规划森林资源保护利用结构和布局，制定森林资源保护发展目标，提高森林覆盖率、森林蓄积量，提升森林生态系统质量和稳定性。

第二十五条 县级以上人民政府林业主管部门应当根据森林资源保护发展目标，编制林业发展规划。下级林业发展规划依据上级林业发展规划编制。

第二十六条 县级以上人民政府林业主管部门可以结合本地实际，编制林地保护利用、造林绿化、森林经营、天然林保护等相关专项规划。

第二十七条 国家建立森林资源调查监测制度，对全国森林资源现状及变化情况进行调查、监测和评价，并定期公布。

第四章 森林保护

第二十八条 国家加强森林资源保护，发挥森林蓄水保土、调节气候、改善环境、维护生物多样性和提供林产品等多种功能。

第二十九条 中央和地方财政分别安排资金，用于公益林的营造、抚育、保护、管理和非国有公益林权利人的经济补偿等，实行专款专用。具体办法由国务院财政部门会同林业主管部门制定。

第三十条 国家支持重点林区的转型发展和森林资源保护修复，改善生产生活条件，促进所在地区经济社会发展。重点林区按照规定享受国家重点生态功能区转移支付等政策。

第三十一条 国家在不同自然地带的典型森林生态地区、珍贵动物和植物生长繁殖的林区、天然热带雨林区和具有特殊保护价值的其他天然林区，建立以国家公园为主体的自然保护地体系，加强保护管理。

国家支持生态脆弱地区森林资源的保护修复。

县级以上人民政府应当采取措施对具有特殊价值的野生植物资源予以保护。

第三十二条 国家实行天然林全面保护制度，严格限制天然林采伐，加强天然林管护能力建设，保护和修复天然林资源，逐步提高天然林生态功能。具体办法由国务院规定。

第三十三条 地方各级人民政府应当组织有关部门建立护林组织，负责护林工作；根据实际需要建设护林设施，加强森林资源保护；督促相关组织订立护林公约、组织群众护林、划定护林责任区、配备专职或者兼职护林员。

县级或者乡镇人民政府可以聘用护林员，其主要职责是巡护森林，发现火情、林业有害生物以及破坏森林资源的行为，应当及时处理并向当地林业等有关部门报告。

第三十四条 地方各级人民政府负责本行政区域的森林防火工作，发挥群防作用；县级以上人民政府组织领导应急管理、林业、公安等部门按照职责分工密切配合做好森林火灾的科学预防、扑救和处置工作：

（一）组织开展森林防火宣传活动，普及森林防火知识；

（二）划定森林防火区，规定森林防火期；

（三）设置防火设施，配备防灭火装备和物资；

（四）建立森林火灾监测预警体系，及时消除隐患；

（五）制定森林火灾应急预案，发生森林火灾，立即组织扑救；

（六）保障预防和扑救森林火灾所需费用。

国家综合性消防救援队伍承担国家规定的森林火灾扑救任务和预防相关工作。

第三十五条 县级以上人民政府林业主管部门负责本行政区域的林业有害生物的监测、检疫和防治。

省级以上人民政府林业主管部门负责确定林业植物及其产品的检疫性有害生物，划定疫区和保护区。

重大林业有害生物灾害防治实行地方人民政府负责制。发生暴发性、危险性等重大林业有害生物灾害时，当地人民政府应当及时组织除治。

林业经营者在政府支持引导下，对其经营管理范围内的林业有害生物进行防治。

第三十六条 国家保护林地，严格控制林地转为非林地，实行占用林地总量控制，确保林地保有量不减少。各类建设项目占用林地不得超过本行政区域的占用林地总量控制指标。

第三十七条 矿藏勘查、开采以及其他各类工程建设，应当不占或者少占林地；确需占用林地的，应当经县级以上人民政府林业主管部门审核同意，依法办理建设用地审批手续。

占用林地的单位应当缴纳森林植被恢复费。森林植被恢复费征收使用管理办法由国务院财政部门会同林业主管部门制定。

县级以上人民政府林业主管部门应当按照规定安排植树造林，恢复森林植被，植树造林面积不得少于因占用林地而减少的森林植被面积。上级林业主管部门应当定期督促下级林业主管部门组织植树造林、恢复森林植被，并进行检查。

第三十八条 需要临时使用林地的，应当经县级以上人民政府林业主管部门批准；临时使用林地的期限一般不超过二年，并不得在临时使用的林地上修建永久性建筑物。

临时使用林地期满后一年内，用地单位或者个人应当恢复植被和林业生产条件。

第三十九条 禁止毁林开垦、采石、采砂、采土以及其他毁坏林木和林地的行为。

禁止向林地排放重金属或者其他有毒有害物质含量超标的污水、污泥，以及可能造成林地污染的清淤底泥、尾矿、矿渣等。

禁止在幼林地砍柴、毁苗、放牧。

禁止擅自移动或者损坏森林保护标志。

第四十条 国家保护古树名木和珍贵树木。禁止破坏古树名木和珍贵树木及其生存的自然环境。

第四十一条 各级人民政府应当加强林业基础设施建设，应用先进适用的科技手段，提高森林防火、林业有害生物防治等森林管护能力。

各有关单位应当加强森林管护。国有林业企业事业单位应当加大投入，加强森林防火、林业有害生物防治，预防和制止破坏森林资源的行为。

第五章 造林绿化

第四十二条 国家统筹城乡造林绿化，开展大规模国土绿化行动，绿化美化城乡，推动森林城市建设，促进乡村振兴，建设美丽家园。

第四十三条 各级人民政府应当组织各行各业和城乡居民造林绿化。

宜林荒山荒地荒滩，属于国家所有的，由县级以上人民政府林业主管部门和其他有关主管部门组织开展造林绿化；属于集体所有的，由集体经济组织组织开展造林绿化。

城市规划区内、铁路公路两侧、江河两侧、湖泊水库周围，由各有关主管部门按照有关规定因地制宜组织开展造林绿化；工矿区、工业园区、机关、学校用地，部队营区以及农场、牧场、渔场经营地区，由各该单位负责造林绿化。组织开展城市造林绿化的具体办法由国务院制定。

国家所有和集体所有的宜林荒山荒地荒滩可以由单位或者个人承包造林绿化。

第四十四条 国家鼓励公民通过植树造林、抚育管护、认建认养等方式参与造林绿化。

第四十五条 各级人民政府组织造林绿化，应当科学规划、因地制宜，优化林种、树种结构，鼓励使用乡土树种和林木良种、营造混交林，提高造林绿化质量。

国家投资或者以国家投资为主的造林绿化项目，应当按照国家规定使用林木良种。

第四十六条 各级人民政府应当采取以自然恢复为主、自然恢复和人工修复相结合的措施，科学保护修复森林生态系统。新造幼林地和其他应当封山育林的地方，由当地人民政府组织封山育林。

各级人民政府应当对国务院确定的坡耕地、严重沙化耕地、严重石漠化耕地、严重污染耕地等需要生态修复的耕地，有计划地组织实施退耕还林还草。

各级人民政府应当对自然因素等导致的荒废和受损山体、退化林地以及宜林荒山荒地荒滩，因地制宜实施森林生态修复工程，恢复植被。

第六章 经营管理

第四十七条 国家根据生态保护的需要，将森林生态区位重要或者生态状况脆弱，以发挥生态效益为主要目的的林地和林地上的森林划定为公益林。未划定为公益林的林地和林地上的森林属于商品林。

第四十八条 公益林由国务院和省、自治区、直辖市人民政府划定并公布。

下列区域的林地和林地上的森林，应当划定为公益林：

（一）重要江河源头汇水区域；

（二）重要江河干流及支流两岸、饮用水水源地保护区；

（三）重要湿地和重要水库周围；

（四）森林和陆生野生动物类型的自然保护区；

（五）荒漠化和水土流失严重地区的防风固沙林基干林带；

（六）沿海防护林基干林带；

（七）未开发利用的原始林地区；

（八）需要划定的其他区域。

公益林划定涉及非国有林地的，应当与权利人签订书面协议，并给予合理补偿。

公益林进行调整的，应当经原划定机关同意，并予以公布。

国家级公益林划定和管理的办法由国务院制定；地方级公益林划定和管理的办法由省、自治区、直辖市人民政府制定。

第四十九条 国家对公益林实施严格保护。

县级以上人民政府林业主管部门应当有计划地组织公益林经营者对公益林中生态功能低下的疏林、残次林等低质低效林，采取林分改造、森林抚育等措施，提高公益林的质量和生态保护功能。

在符合公益林生态区位保护要求和不影响公益林生态功能的前提下，经科学论证，可以合理利用公益林林地资源和森林景观资源，适度开展林下经济、森林旅游等。利用公益林开展上述活动应当严格遵守国家有关规定。

第五十条 国家鼓励发展下列商品林：

（一）以生产木材为主要目的的森林；

（二）以生产果品、油料、饮料、调料、工业原料和药材等林产品为主要目的的森林；

（三）以生产燃料和其他生物质能源为主要目的的森林；

（四）其他以发挥经济效益为主要目的的森林。

在保障生态安全的前提下，国家鼓励建设速生丰产、珍贵树种和大径级用材林，增加林木储备，保障木材供给安全。

第五十一条 商品林由林业经营者依法自主经营。在不破坏生态的前提下，可以采取集约化经营措施，合理利用森林、林木、林地，提高商品林经济效益。

第五十二条 在林地上修筑下列直接为林业生产经营服务的工程设施，符合国家有关部门规定的标准的，由县级以上人民政府林业主管部门批准，不需要办理建设用地审批手续；超出标准需要占用林地的，应当依法办理建设用地审批手续：

（一）培育、生产种子、苗木的设施；

（二）贮存种子、苗木、木材的设施；

（三）集材道、运材道、防火巡护道、森林步道；

（四）林业科研、科普教育设施；

（五）野生动植物保护、护林、林业有害生物防治、森林防火、木材检疫的设施；

（六）供水、供电、供热、供气、通讯基础设施；

（七）其他直接为林业生产服务的工程设施。

第五十三条 国有林业企业事业单位应当编制森林经营方案，明确森林培育和管护的经营措施，报县级以上人民政府林业主管部门批准后实施。重点林区的森林经营方案由国务院林业主管部门批准后实施。

国家支持、引导其他林业经营者编制森林经营方案。

编制森林经营方案的具体办法由国务院林业主管部门制定。

第五十四条 国家严格控制森林年采伐量。省、自治区、直辖市人民政府林业主管部门根据消耗量低于生长量和森林分类经营管理的原则，编制本行政区域的年采伐限额，经征求国务院林业主管部门意见，报本级人民政府批准后公布实施，并报国务院备案。重点林区的年采伐限额，由国务院林业主管部门编制，报国务院批准后公布实施。

第五十五条 采伐森林、林木应当遵守下列规定：

（一）公益林只能进行抚育、更新和低质低效林改造性质的采伐。但是，因科研或者实验、防治林业有害生物、建设护林防火设施、营造生物防火隔离带、遭受自然灾害等需要采伐的除外。

（二）商品林应当根据不同情况，采取不同采伐方式，严格控制皆伐面积，伐育同步规划实施。

（三）自然保护区的林木，禁止采伐。但是，因防治林业有害生物、森林防火、维护主要保护对象生存环境、遭受自然灾害等特殊情况必须采伐的和实验区的竹林除外。

省级以上人民政府林业主管部门应当根据前款规定，按照森林分类经营管理、保护优先、注重效率和效益等原则，制定相应的林木采伐技术规程。

第五十六条 采伐林地上的林木应当申请采伐许可证，并按照采伐许可证的规定进行采伐；采伐自然保护区以外的竹林，不需要申请采伐许可证，但应当符合林木采伐技术规程。

农村居民采伐自留地和房前屋后个人所有的零星林木，不需要申请采伐许可证。

非林地上的农田防护林、防风固沙林、护路林、护岸护堤林和城镇林木等的更新采伐，由有关主管部门按照有关规定管理。

采挖移植林木按照采伐林木管理。具体办法由国务院林业主管部门制定。

禁止伪造、变造、买卖、租借采伐许可证。

第五十七条 采伐许可证由县级以上人民政府林业主管部门核发。

县级以上人民政府林业主管部门应当采取措施，方便申请人办理采伐许可证。

农村居民采伐自留山和个人承包集体林地上的林木，由县级人民政府林业主管部门或者其委托的乡镇人民政府核发采伐许可证。

第五十八条 申请采伐许可证，应当提交有关采伐的地点、林种、树种、面积、蓄积、方式、更新措施和林木权属等内容的材料。超过省级以上人民政府林业主管部门规定面积或者蓄积量的，还应当提交伐区调查设计材料。

第五十九条 符合林木采伐技术规程的，审核发放采伐许可证的部门应当及时核发采伐许可证。但是，审核发放采伐许可证的部门不得超过年采伐限额发放采伐许可证。

第六十条 有下列情形之一的，不得核发采伐许可证：

（一）采伐封山育林期、封山育林区内的林木；

（二）上年度采伐后未按照规定完成更新造林任务；

（三）上年度发生重大滥伐案件、森林火灾或者林业有害生物灾害，未采取预防和改进措施；

（四）法律法规和国务院林业主管部门规定的禁止采伐的其他情形。

第六十一条 采伐林木的组织和个人应当按照有关规定完成更新造林。更新造林的面积不得少于采伐的面积，更新造林应当达到相关技术规程规定的标准。

第六十二条 国家通过贴息、林权收储担保补助等措施，鼓励和引导金融机构开展涉林抵押贷款、林农信用贷款等符合林业特点的信贷业务，扶持林权收储机构进行市场化收储担保。

第六十三条 国家支持发展森林保险。县级以上人民政府依法对森林保险提供保险费补贴。

第六十四条 林业经营者可以自愿申请森林认证，促进森林经营水平提高和可持续经营。

第六十五条 木材经营加工企业应当建立原料和产品出入库台账。任何单位和个人不得收购、加工、运输明知是盗伐、滥伐等非法来源的林木。

第七章　监督检查

第六十六条 县级以上人民政府林业主管部门依照本法规定，对森林资源的保护、修复、利用、更新等进行监督检查，依法查处破坏森林资源等违法行为。

第六十七条 县级以上人民政府林业主管部门履行森林资源保护监督检查职责，有权采取下列措施：

（一）进入生产经营场所进行现场检查；

（二）查阅、复制有关文件、资料，对可能被转移、销毁、隐匿或者篡改的文件、资料予以封存；

（三）查封、扣押有证据证明来源非法的林木以及从事破坏森林资源活动的工具、设备或者财物；

（四）查封与破坏森林资源活动有关的场所。

省级以上人民政府林业主管部门对森林资源保护发展工作不力、问题突出、群众反映强烈的地区，可以约谈所在地区县级以上地方人民政府及其有关部门主要负责人，要求其采取措施及时整改。约谈整改情况应当向社会公开。

第六十八条 破坏森林资源造成生态环境损害的，县级以上人民政府自然资源主管部门、林业主管部门可以依法向人民法院提起诉讼，对侵权人提出损害赔偿要求。

第六十九条 审计机关按照国家有关规定对国有森林资源资产进行审计监督。

第八章　法律责任

第七十条 县级以上人民政府林业主管部门或者其他有关国家机关未依照本法规定履行职责的，对直接负责的主管人员和其他直接责任人员依法给予处分。

依照本法规定应当作出行政处罚决定而未作出的，上级主管部门有权责令下级主管部门作出行政处罚决定或者直接给予行政处罚。

第七十一条 违反本法规定，侵害森林、林木、林地的所有者或者使用者的合法权益的，依法承担侵权责任。

第七十二条 违反本法规定，国有林业企业事业单位未履行保护培育森林资源义务、未编制森林经营方案或者未按照批准的森林经营方案开展森林经营活动的，由县级以上人民政府林业主管部门责令限期改正，对直接负责的主管人员和其他直接责任人员依法给予处分。

第七十三条 违反本法规定，未经县级以上人民政府林业主管部门审核同意，擅自改变林地用途的，由县级以上人民政府林业主管部门责令限期恢复植被和林业生产条件，可以处恢复植被和林业生产条件所需费用三倍以下的罚款。

虽经县级以上人民政府林业主管部门审核同意，但未办理建设用地审批手续擅自占用林地的，依照《中华人民共和国土地管理法》的有关规定处罚。

在临时使用的林地上修建永久性建筑物，或者临时使用林地期满后一年内未恢复植被或者林业生产条件的，依照本条第一款规定处罚。

第七十四条 违反本法规定，进行开垦、采石、采砂、采土或者其他活动，造成林木毁坏的，由县级以上人民政府林业主管部门责令停止违法行为，限期在原地或者异地补种毁坏株数一倍以上三倍以下的树木，可以处毁坏林木价值五倍以下的罚款；造成林地毁坏的，由县级以上人民政府林业主管部门责令停止违法行为，限期恢复植被和林业生产条件，可以处恢复植被和林业生产条件所需费用三倍以下的罚款。

违反本法规定，在幼林地砍柴、毁苗、放牧造成林木毁坏的，由县级以上人民政府林业主管部门责令停止违法行为，限期在原地或者异地补种毁坏株数一倍以上三倍以下的树木。

向林地排放重金属或者其他有毒有害物质含量超标的污水、污泥，以及可能造成林地污染的清淤底泥、尾矿、矿渣等的，依照《中华人民共和国土壤污染防治法》的有关规定处罚。

第七十五条 违反本法规定，擅自移动或者毁坏森林保护标志的，由县级以上人民政府林业主管部门恢复森林保护标志，所需费用由违法者承担。

第七十六条 盗伐林木的，由县级以上人民政府林业主管部门责令限期在原地或者异地补种盗伐株数一倍以上五倍以下的树木，并处盗伐林木价值五倍以上十倍以下的罚款。

滥伐林木的，由县级以上人民政府林业主管部门责令限期在原地或者异地补种滥伐株数一倍以上三倍以下的树木，可以处滥伐林木价值三倍以上五倍以下的罚款。

第七十七条 违反本法规定，伪造、变造、买卖、租借采伐许可证的，由县级以上人民政府林业主管部门没收证件和违法所得，并处违法所得一倍以上三倍以下的罚款；没有违法所得的，可以处二万元以下的罚款。

第七十八条 违反本法规定，收购、加工、运输明知是盗伐、滥伐等非法来源的林木的，由县级以上人民政府林业主管部门责令停止违法行为，没收违法收购、加工、运输的林木或者变卖所得，可以处违法收购、加工、运输林木价款三倍以下的罚款。

第七十九条 违反本法规定，未完成更新造林任务的，由县级以上人民政府林业主管部门责令限期完成；逾期未完成的，可以处未完成造林任务所需费用二倍以下的罚款；对直接负责的主管人员和其他直接责任人员，依法给予处分。

第八十条 违反本法规定，拒绝、阻碍县级以上人民政府林业主管部门依法实施监督检查的，可以处五万元以下的罚款，情节严重的，可以责令停产停业整顿。

第八十一条 违反本法规定，有下列情形之一的，由县级以上人民政府林业主管部门依法组织代为履行，代为履行所需费用由违法者承担：

（一）拒不恢复植被和林业生产条件，或者恢复植被和林业生产条件不符合国家有关规定；

（二）拒不补种树木，或者补种不符合国家有关规定。

恢复植被和林业生产条件、树木补种的标准，由省级以上人民政府林业主管部门制定。

第八十二条 公安机关按照国家有关规定，可以依法行使本法第七十四条第一款、第七十六条、第七十七条、第七十八条规定的行政处罚权。

违反本法规定，构成违反治安管理行为的，依法给予治安管理处罚；构成犯罪的，依法追究刑事责任。

第九章 附 则

第八十三条 本法下列用语的含义是：

（一）森林，包括乔木林、竹林和国家特别规定的灌木林。按照用途可以分为防护林、特种用途林、用材林、经济林和能源林。

（二）林木，包括树木和竹子。

（三）林地，是指县级以上人民政府规划确定的用于发展林业的土地。包括郁闭度0.2以上的乔木林地以及竹林地、灌木林地、疏林地、采伐迹地、火烧迹地、未成林造林地、苗圃地等。

第八十四条 本法自2020年7月1日起施行。

中华人民共和国森林法实施条例

（2000年1月29日国务院令第278号发布 根据2011年1月8日《国务院关于废止和修改部分行政法规的决定》第一次修订 根据2016年2月6日《国务院关于修改部分行政法规的决定》第二次修订 根据2018年3月19日《国务院关于修改和废止部分行政法规的决定》第三次修订）

第一章 总 则

第一条 根据《中华人民共和国森林法》（以下简称森林法），制定本条例。

第二条 森林资源，包括森林、林木、林地以及依托森林、林木、林地生存的野生动物、植物和微生物。

森林，包括乔木林和竹林。

林木，包括树木和竹子。

林地，包括郁闭度0.2以上的乔木林地以及竹林地、灌木林地、疏林地、采伐迹地、火烧迹地、未成林造林地、苗圃地和县级以上人民政府规划的宜林地。

第三条 国家依法实行森林、林木和林地登记发证制度。依法登记的森林、林木和林地的所有权、使用权受法律保护，任何单位和个人不得侵犯。

森林、林木和林地的权属证书式样由国务院林业主管部门规定。

第四条 依法使用的国家所有的森林、林木和林地，按照下列规定登记：

（一）使用国务院确定的国家所有的重点林区（以下简称重点林区）的森林、林木和林地的单位，应当向国务院林业主管部门提出登记申请，由国务院林业主管部门登记造册，核发证书，确认森林、林木和林地使用权以及由使用者所有的林木所有权；

（二）使用国家所有的跨行政区域的森林、林木和林地的单位和个人，应当向共同的上一级人民政府林业主管部门提出登记申请，由该人民政府登记造册，核发证书，确认森林、林木和林地使用权以及由使用者所有的林木所有权；

（三）使用国家所有的其他森林、林木和林地的单位和个人，应当向县级以上地方人民政府林业主管部门提出登记申请，由县级以上地方人民政府登记造册，核发证书，确认森林、林木和林地使用权以及由使用者所有的林木所有权。

未确定使用权的国家所有的森林、林木和林地，由县级以上人民政府登记造册，负责保护管理。

第五条 集体所有的森林、林木和林地，由所有者向所在地的县级人民政府林业主管部门提出登记申请，由该县级人民政府登记造册，核发证书，确认所有权。

单位和个人所有的林木，由所有者向所在地的县级人民政府林业主管部门提出登记申请，由该县级人民政府登记造册，核发证书，确认林木所有权。

使用集体所有的森林、林木和林地的单位和个人，应当向所在地的县级人民政府林业主管部门提出登记申请，由该县级人民政府登记造册，核发证书，确认森林、林木和林地使用权。

第六条 改变森林、林木和林地所有权、使用权的，应当依法办理变更登记手续。

第七条 县级以上人民政府林业主管部门应当建立森林、林木和林地权属管理档案。

第八条 国家重点防护林和特种用途林，由国务院林业主管部门提出意见，报国务院批准公布；地方重点防护林和特种用途林，由省、自治区、直辖市人民政府林业主管部门提出意见，报本级人民政府批准公布；其他防护林、用材林、特种用途林以及经济林、薪炭林，由县级人民政府林业主管部门根据国家关于林种划分的规定和本级人民政府的部署组织划定，报本级人民政府批准公布。

省、自治区、直辖市行政区域内的重点防护林和特种用途林的面积，不得少于本行政区域森林总面积的30%。

经批准公布的林种改变为其他林种的，应当报原批准公布机关批准。

第九条 依照森林法第八条第一款第（五）项规定提取的资金，必须专门用于营造坑木、造纸等用材林，不得挪作他用。审计机关和林业主管部门应当加强监督。

第十条 国务院林业主管部门向重点林区派驻的森林资源监督机构，应当加强对重点林区内森林资源保护管理的监督检查。

第二章 森林经营管理

第十一条 国务院林业主管部门应当定期监测全国森林资源消长和森林生态环境变化的情况。

重点林区森林资源调查、建立档案和编制森林经营方案等项工作，由国务院林业主管部门组织实施；其他森林资源调查、建立档案和编制森林经营方案等项工作，由县级以上地方人民政府林业主管部门组织实施。

第十二条 制定林业长远规划，应当遵循下列原则：

（一）保护生态环境和促进经济的可持续发展；

（二）以现有的森林资源为基础；

（三）与土地利用总体规划、水土保持规划、城市规划、村庄和集镇规划相协调。

第十三条 林业长远规划应当包括下列内容：

（一）林业发展目标；

（二）林种比例；

（三）林地保护利用规划；

（四）植树造林规划。

第十四条 全国林业长远规划由国务院林业主管部门会同其他有关部门编制，报国务院批准后施行。

地方各级林业长远规划由县级以上地方人民政府林业主管部门会同其他有关部门编制，报本级人民政府批准后施行。

下级林业长远规划应当根据上一级林业长远规划编制。

林业长远规划的调整、修改，应当报经原批准机关批准。

第十五条 国家依法保护森林、林木和林地经营者的合法权益。任何单位和个人不得侵占经营者依法所有的林木和使用的林地。

用材林、经济林和薪炭林的经营者，依法享有经营权、收益权和其他合法权益。

防护林和特种用途林的经营者，有获得森林生态效益补偿的权利。

第十六条 勘查、开采矿藏和修建道路、水利、电力、通讯等工程，需要占用或者征收、征用林地的，必须遵守下列规定：

（一）用地单位应当向县级以上人民政府林业主管部门提出用地申请，经审核同意后，按照国家规定的标准预交森林植被恢复费，领取使用林地审核同意书。用地单位凭使用林地审核同意书依法办理建设用地审批手续。占用或者征收、征用林地未经林业主管部门审核同意的，土地行政主管部门不得受理建设用地申请。

（二）占用或者征收、征用防护林林地或者特种用途林林地面积10公顷以上的，用材林、经济林、薪炭林林地及其采伐迹地面积35公顷以上的，其他林地面积70公顷以上的，由国务院林业主管部门审核；占用或者征收、征用林地面积低于上述规定数量的，由省、自治区、直辖市人民政府林业主管部门审核。占用或者征收、征用重点林区的林地的，由国务院林业主管部门审核。

（三）用地单位需要采伐已经批准占用或者征收、征用的林地上的林木时，应当向林地所在地的县级以上地方人民政府林业主管部门或者国务院林业主管部门申请林木采伐许可证。

（四）占用或者征收、征用林地未被批准的，有关林业主管部门应当自接到不予批准通知之日起7日内将收取的森林植被恢复费如数退还。

第十七条 需要临时占用林地的，应当经县级以上人民政府林业主管部门批准。

临时占用林地的期限不得超过两年，并不得在临时占用的林地上修筑永久性建筑物；占用期满后，用地单位必须恢复林业生产条件。

第十八条 森林经营单位在所经营的林地范围内修筑直接为林业生产服务的工程设施，需要占用林地的，由县级以上人民政府林业主管部门批准；修筑其他工程设施，需要将林地转为非林业建设用地的，必须依法办理建设用地审批手续。

前款所称直接为林业生产服务的工程设施是指：

（一）培育、生产种子、苗木的设施；

（二）贮存种子、苗木、木材的设施；

（三）集材道、运材道；

（四）林业科研、试验、示范基地；

（五）野生动植物保护、护林、森林病虫害防治、森林防火、木材检疫的设施；

（六）供水、供电、供热、供气、通讯基础设施。

第三章　森林保护

第十九条　县级以上人民政府林业主管部门应当根据森林病虫害测报中心和测报点对测报对象的调查和监测情况，定期发布长期、中期、短期森林病虫害预报，并及时提出防治方案。

森林经营者应当选用良种，营造混交林，实行科学育林，提高防御森林病虫害的能力。

发生森林病虫害时，有关部门、森林经营者应当采取综合防治措施，及时进行除治。

发生严重森林病虫害时，当地人民政府应当采取紧急除治措施，防止蔓延，消除隐患。

第二十条　国务院林业主管部门负责确定全国林木种苗检疫对象。省、自治区、直辖市人民政府林业主管部门根据本地区的需要，可以确定本省、自治区、直辖市的林木种苗补充检疫对象，报国务院林业主管部门备案。

第二十一条　禁止毁林开垦、毁林采种和违反操作技术规程采脂、挖笋、掘根、剥树皮及过度修枝的毁林行为。

第二十二条　25 度以上的坡地应当用于植树、种草。25 度以上的坡耕地应当按照当地人民政府制定的规划，逐步退耕，植树和种草。

第二十三条　发生森林火灾时，当地人民政府必须立即组织军民扑救；有关部门应当积极做好扑救火灾物资的供应、运输和通讯、医疗等工作。

第四章　植树造林

第二十四条　森林法所称森林覆盖率，是指以行政区域为单位森林面积与土地面积的百分比。森林面积，包括郁闭度 0.2 以上的乔木林地面积和竹林地面积、国家特别规定的灌木林地面积、农田林网以及村旁、路旁、水旁、宅旁林木的覆盖面积。

县级以上地方人民政府应当按照国务院确定的森林覆盖率奋斗目标，确定本行政区域森林覆盖率的奋斗目标，并组织实施。

第二十五条　植树造林应当遵守造林技术规程，实行科学造林，提高林木的成活率。

县级人民政府对本行政区域内当年造林的情况应当组织检查验收，除国家特别规定的干旱、半干旱地区外，成活率不足 85% 的，不得计入年度造林完成面积。

第二十六条　国家对造林绿化实行部门和单位负责制。

铁路公路两旁、江河两岸、湖泊水库周围，各有关主管单位是造林绿化的责任单位。工矿区，机关、学校用地，部队营区以及农场、牧场、渔场经营地区，各该单位是造林绿化的责任单位。

责任单位的造林绿化任务，由所在地的县级人民政府下达责任通知书，予以确认。

第二十七条　国家保护承包造林者依法享有的林木所有权和其他合法权益。未经发包方和承包方协商一致，不得随意变更或者解除承包造林合同。

第五章　森林采伐

第二十八条　国家所有的森林和林木以国有林业企业事业单位、农场、厂矿为单位，集体所有的森林和林木、个人所有的林木以县为单位，制定年森林采伐限额，由省、自治区、直辖市人民政府林业主管部门汇总、平衡，经本级人民政府审核后，报国务院批准；其中，重点林区的年森林采伐限额，由国务院林业主管部门报国务院批准。

国务院批准的年森林采伐限额，每5年核定一次。

第二十九条　采伐森林、林木作为商品销售的，必须纳入国家年度木材生产计划；但是，农村居民采伐自留山上个人所有的薪炭林和自留地、房前屋后个人所有的零星林木除外。

第三十条　申请林木采伐许可证，除应当提交申请采伐林木的所有权证书或者使用权证书外，还应当按照下列规定提交其他有关证明文件：

（一）国有林业企业事业单位还应当提交采伐区调查设计文件和上年度采伐更新验收证明；

（二）其他单位还应当提交包括采伐林木的目的、地点、林种、林况、面积、蓄积量、方式和更新措施等内容的文件；

（三）个人还应当提交包括采伐林木的地点、面积、树种、株数、蓄积量、更新时间等内容的文件。

因扑救森林火灾、防洪抢险等紧急情况需要采伐林木的，组织抢险的单位或者部门应当自紧急情况结束之日起30日内，将采伐林木的情况报告当地县级以上人民政府林业主管部门。

第三十一条　有下列情形之一的，不得核发林木采伐许可证：

（一）防护林和特种用途林进行非抚育或者非更新性质的采伐的，或者采伐封山育林期、封山育林区内的林木的；

（二）上年度采伐后未完成更新造林任务的；

（三）上年度发生重大滥伐案件、森林火灾或者大面积严重森林病虫害，未采取预防和改进措施的。

林木采伐许可证的式样由国务院林业主管部门规定，由省、自治区、直辖市人民政府林业主管部门印制。

第三十二条　除森林法已有明确规定的外，林木采伐许可证按照下列规定权限核发：

（一）县属国有林场，由所在地的县级人民政府林业主管部门核发；

（二）省、自治区、直辖市和设区的市、自治州所属的国有林业企业事业单位、其他国有企业事业单位，由所在地的省、自治区、直辖市人民政府林业主管部门核发；

（三）重点林区的国有林业企业事业单位，由国务院林业主管部门核发。

第三十三条　利用外资营造的用材林达到一定规模需要采伐的，应当在国务院批准的年森林采伐限额内，由省、自治区、直辖市人民政府林业主管部门批准，实行采伐限额单列。

第三十四条　木材收购单位和个人不得收购没有林木采伐许可证或者其他合法来源证明的木材。

前款所称木材，是指原木、锯材、竹材、木片和省、自治区、直辖市规定的其他木材。

第三十五条　从林区运出非国家统一调拨的木材，必须持有县级以上人民政府林业主管部门核发的木材运输证。

重点林区的木材运输证，由省、自治区、直辖市人民政府林业主管部门核发；其他木材运输证，由县级以上地方人民政府林业主管部门核发。

木材运输证自木材起运点到终点全程有效，必须随货同行。没有木材运输证的，承运单位和个人不得承运。

木材运输证的式样由国务院林业主管部门规定。

第三十六条 申请木材运输证，应当提交下列证明文件：

（一）林木采伐许可证或者其他合法来源证明；

（二）检疫证明；

（三）省、自治区、直辖市人民政府林业主管部门规定的其他文件。

符合前款条件的，受理木材运输证申请的县级以上人民政府林业主管部门应当自接到申请之日起3日内发给木材运输证。

依法发放的木材运输证所准运的木材运输总量，不得超过当地年度木材生产计划规定可以运出销售的木材总量。

第三十七条 经省、自治区、直辖市人民政府批准在林区设立的木材检查站，负责检查木材运输；无证运输木材的，木材检查站应当予以制止，可以暂扣无证运输的木材，并立即报请县级以上人民政府林业主管部门依法处理。

第六章 法律责任

第三十八条 盗伐森林或者其他林木，以立木材积计算不足0.5立方米或者幼树不足20株的，由县级以上人民政府林业主管部门责令补种盗伐株数10倍的树木，没收盗伐的林木或者变卖所得，并处盗伐林木价值3倍至5倍的罚款。

盗伐森林或者其他林木，以立木材积计算0.5立方米以上或者幼树20株以上的，由县级以上人民政府林业主管部门责令补种盗伐株数10倍的树木，没收盗伐的林木或者变卖所得，并处盗伐林木价值5倍至10倍的罚款。

第三十九条 滥伐森林或者其他林木，以立木材积计算不足2立方米或者幼树不足50株的，由县级以上人民政府林业主管部门责令补种滥伐株数5倍的树木，并处滥伐林木价值2倍至3倍的罚款。

滥伐森林或者其他林木，以立木材积计算2立方米以上或者幼树50株以上的，由县级以上人民政府林业主管部门责令补种滥伐株数5倍的树木，并处滥伐林木价值3倍至5倍的罚款。

超过木材生产计划采伐森林或者其他林木的，依照前两款规定处罚。

第四十条 违反本条例规定，收购没有林木采伐许可证或者其他合法来源证明的木材的，由县级以上人民政府林业主管部门没收非法经营的木材和违法所得，并处违法所得2倍以下的罚款。

第四十一条 违反本条例规定，毁林采种或者违反操作技术规程采脂、挖笋、掘根、剥树皮及过度修枝，致使森林、林木受到毁坏的，依法赔偿损失，由县级以上人民政府林业主管部门责令停止违法行为，补种毁坏株数1倍至3倍的树木，可以处毁坏林木价值1倍至5倍的罚款；拒不补种树木或者补种不符合国家有关规定的，由县级以上人民政府林业主管部门组织代为补种，所需费用由违法者支付。

违反森林法和本条例规定，擅自开垦林地，致使森林、林木受到毁坏的，依照森林法第四十四条的规定予以处罚；对森林、林木未造成毁坏或者被开垦的林地上没有森林、林木的，由县级以上人民政府林业主管部门责令停止违法行为，限期恢复原状，可以处非法开垦林地每平方米10元以下的罚款。

第四十二条 有下列情形之一的，由县级以上人民政府林业主管部门责令限期完成造林任务；逾期未完成的，可以处应完成而未完成造林任务所需费用2倍以下的罚款；对直接负责的主管人员和其他直接责任人员，依法给予行政处分：

（一）连续两年未完成更新造林任务的；

（二）当年更新造林面积未达到应更新造林面积50%的；

（三）除国家特别规定的干旱、半干旱地区外，更新造林当年成活率未达到85%的；

（四）植树造林责任单位未按照所在地县级人民政府的要求按时完成造林任务的。

第四十三条 未经县级以上人民政府林业主管部门审核同意，擅自改变林地用途的，由县级以上人民政府林业主管部门责令限期恢复原状，并处非法改变用途林地每平方米10元至30元的罚款。

临时占用林地，逾期不归还的，依照前款规定处罚。

第四十四条 无木材运输证运输木材的，由县级以上人民政府林业主管部门没收非法运输的木材，对货主可以并处非法运输木材价款30%以下的罚款。

运输的木材数量超出木材运输证所准运的运输数量的，由县级以上人民政府林业主管部门没收超出部分的木材；运输的木材树种、材种、规格与木材运输证规定不符又无正当理由的，没收其不相符部分的木材。

使用伪造、涂改的木材运输证运输木材的，由县级以上人民政府林业主管部门没收非法运输的木材，并处没收木材价款10%至50%的罚款。

承运无木材运输证的木材的，由县级以上人民政府林业主管部门没收运费，并处运费1倍至3倍的罚款。

第四十五条 擅自移动或者毁坏林业服务标志的，由县级以上人民政府林业主管部门责令限期恢复原状；逾期不恢复原状的，由县级以上人民政府林业主管部门代为恢复，所需费用由违法者支付。

第四十六条 违反本条例规定，未经批准，擅自将防护林和特种用途林改变为其他林种的，由县级以上人民政府林业主管部门收回经营者所获取的森林生态效益补偿，并处所获取森林生态效益补偿3倍以下的罚款。

第七章 附 则

第四十七条 本条例中县级以上地方人民政府林业主管部门职责权限的划分，由国务院林业主管部门具体规定。

第四十八条 本条例自发布之日起施行。1986年4月28日国务院批准、1986年5月10日林业部发布的《中华人民共和国森林法实施细则》同时废止。

退耕还林条例

（2002年12月14日国务院令第367号公布　根据2016年2月6日《国务院关于修改部分行政法规的决定》修订）

第一章　总　则

第一条　为了规范退耕还林活动，保护退耕还林者的合法权益，巩固退耕还林成果，优化农村产业结构，改善生态环境，制定本条例。

第二条　国务院批准规划范围内的退耕还林活动，适用本条例。

第三条　各级人民政府应当严格执行“退耕还林、封山绿化、以粮代赈、个体承包”的政策措施。

第四条　退耕还林必须坚持生态优先。退耕还林应当与调整农村产业结构、发展农村经济，防治水土流失、保护和建设基本农田、提高粮食单产，加强农村能源建设，实施生态移民相结合。

第五条　退耕还林应当遵循下列原则：

（一）统筹规划、分步实施、突出重点、注重实效；

（二）政策引导和农民自愿退耕相结合，谁退耕、谁造林、谁经营、谁受益；

（三）遵循自然规律，因地制宜，宜林则林，宜草则草，综合治理；

（四）建设与保护并重，防止边治理边破坏；

（五）逐步改善退耕还林者的生活条件。

第六条　国务院西部开发工作机构负责退耕还林工作的综合协调，组织有关部门研究制定退耕还林有关政策、办法，组织和协调退耕还林总体规划的落实；国务院林业行政主管部门负责编制退耕还林总体规划、年度计划，主管全国退耕还林的实施工作，负责退耕还林工作的指导和监督检查；国务院发展计划部门会同有关部门负责退耕还林总体规划的审核、计划的汇总、基建年度计划的编制和综合平衡；国务院财政主管部门负责退耕还林中央财政补助资金的安排和监督管理；国务院农业行政主管部门负责已垦草场的退耕还草以及天然草场的恢复和建设有关规划、计划的编制，以及技术指导和监督检查；国务院水行政主管部门负责退耕还林还草地区小流域治理、水土保持等相关工作的技术指导和监督检查；国务院粮食行政管理部门负责粮源的协调和调剂工作。

县级以上地方人民政府林业、计划、财政、农业、水利、粮食等部门在本级人民政府的统一领导下，按照本条例和规定的职责分工，负责退耕还林的有关工作。

第七条　国家对退耕还林实行省、自治区、直辖市人民政府负责制。省、自治区、直辖市人民政府应当组织有关部门采取措施，保证退耕还林中央补助资金的专款专用，组织落实补助粮食的调运和供应，加强退耕还林的复查工作，按期完成国家下达的退耕还林任务，并逐级落实目标责任，签订责任书，实现退耕还林目标。

第八条 退耕还林实行目标责任制。

县级以上地方各级人民政府有关部门应当与退耕还林工程项目负责人和技术负责人签订责任书，明确其应当承担的责任。

第九条 国家支持退耕还林应用技术的研究和推广，提高退耕还林科学技术水平。

第十条 国务院有关部门和地方各级人民政府应当组织开展退耕还林活动的宣传教育，增强公民的生态建设和保护意识。

在退耕还林工作中作出显著成绩的单位和个人，由国务院有关部门和地方各级人民政府给予表彰和奖励。

第十一条 任何单位和个人都有权检举、控告破坏退耕还林的行为。

有关人民政府及其有关部门接到检举、控告后，应当及时处理。

第十二条 各级审计机关应当加强对退耕还林资金和粮食补助使用情况的审计监督。

第二章 规划和计划

第十三条 退耕还林应当统筹规划。

退耕还林总体规划由国务院林业行政主管部门编制，经国务院西部开发工作机构协调、国务院发展计划部门审核后，报国务院批准实施。

省、自治区、直辖市人民政府林业行政主管部门根据退耕还林总体规划会同有关部门编制本行政区域的退耕还林规划，经本级人民政府批准，报国务院有关部门备案。

第十四条 退耕还林规划应当包括下列主要内容：

（一）范围、布局和重点；

（二）年限、目标和任务；

（三）投资测算和资金来源；

（四）效益分析和评价；

（五）保障措施。

第十五条 下列耕地应当纳入退耕还林规划，并根据生态建设需要和国家财力有计划地实施退耕还林：

（一）水土流失严重的；

（二）沙化、盐碱化、石漠化严重的；

（三）生态地位重要、粮食产量低而不稳的。

江河源头及其两侧、湖库周围的陡坡耕地以及水土流失和风沙危害严重等生态地位重要区域的耕地，应当在退耕还林规划中优先安排。

第十六条 基本农田保护范围内的耕地和生产条件较好、实际粮食产量超过国家退耕还林补助粮食标准并且不会造成水土流失的耕地，不得纳入退耕还林规划；但是，因生态建设特殊需要，经国务院批准并依照有关法律、行政法规规定的程序调整基本农田保护范围后，可以纳入退耕还林规划。

制定退耕还林规划时，应当考虑退耕农民长期的生计需要。

第十七条 退耕还林规划应当与国民经济和社会发展规划、农村经济发展总体规划、土地利用总体规划相衔接，与环境保护、水土保持、防沙治沙等规划相协调。

第十八条 退耕还林必须依照经批准的规划进行。未经原批准机关同意，不得擅自调整退耕还林规划。

第十九条 省、自治区、直辖市人民政府林业行政主管部门根据退耕还林规划，会同有关部门编制本行政区域下一年度退耕还林计划建议，由本级人民政府发展计划部门审核，并经本级人民政府批准后，于每年8月31日前报国务院西部开发工作机构、林业、发展计划等有关部门。国务院林业行政主管部门汇总编制全国退耕还林年度计划建议，经国务院西部开发工作机构协调，国务院发展计划部门审核和综合平衡，报国务院批准后，由国务院发展计划部门会同有关部门于10月31日前联合下达。

省、自治区、直辖市人民政府发展计划部门会同有关部门根据全国退耕还林年度计划，于11月30日前将本行政区域下一年度退耕还林计划分解下达到有关县（市）人民政府，并将分解下达情况报国务院有关部门备案。

第二十条 省、自治区、直辖市人民政府林业行政主管部门根据国家下达的下一年度退耕还林计划，会同有关部门编制本行政区域内的年度退耕还林实施方案，报本级人民政府批准实施。

县级人民政府林业行政主管部门可以根据批准后的省级退耕还林年度实施方案，编制本行政区域内的退耕还林年度实施方案，报本级人民政府批准后实施，并报省、自治区、直辖市人民政府林业行政主管部门备案。

第二十一条 年度退耕还林实施方案，应当包括下列主要内容：

（一）退耕还林的具体范围；

（二）生态林与经济林比例；

（三）树种选择和植被配置方式；

（四）造林模式；

（五）种苗供应方式；

（六）植被管护和配套保障措施；

（七）项目和技术负责人。

第二十二条 县级人民政府林业行政主管部门应当根据年度退耕还林实施方案组织专业人员或者有资质的设计单位编制乡镇作业设计，把实施方案确定的内容落实到具体地块和土地承包经营权人。

编制作业设计时，干旱、半干旱地区应当以种植耐旱灌木（草）、恢复原有植被为主；以间作方式植树种草的，应当间作多年生植物，主要林木的初植密度应当符合国家规定的标准。

第二十三条 退耕土地还林营造的生态林面积，以县为单位核算，不得低于退耕土地还林面积的80%。

退耕还林营造的生态林，由县级以上地方人民政府林业行政主管部门根据国务院林业行政主管部门制定的标准认定。

第三章 造林、管护与检查验收

第二十四条 县级人民政府或者其委托的乡级人民政府应当与有退耕还林任务的土地承包经营权人签订退耕还林合同。

退耕还林合同应当包括下列主要内容：

（一）退耕土地还林范围、面积和宜林荒山荒地造林范围、面积；

（二）按照作业设计确定的退耕还林方式；

（三）造林成活率及其保存率；

（四）管护责任；

（五）资金和粮食的补助标准、期限和给付方式；

（六）技术指导、技术服务的方式和内容；

（七）种苗来源和供应方式；

（八）违约责任；

（九）合同履行期限。

退耕还林合同的内容不得与本条例以及国家其他有关退耕还林的规定相抵触。

第二十五条 退耕还林需要的种苗，可以由县级人民政府根据本地区实际组织集中采购，也可以由退耕还林者自行采购。集中采购的，应当征求退耕还林者的意见，并采用公开竞价方式，签订书面合同，超过国家种苗造林补助费标准的，不得向退耕还林者强行收取超出部分的费用。

任何单位和个人不得为退耕还林者指定种苗供应商。

禁止垄断经营种苗和哄抬种苗价格。

第二十六条 退耕还林所用种苗应当就地培育、就近调剂，优先选用乡土树种和抗逆性强树种的良种壮苗。

第二十七条 林业、农业行政主管部门应当加强种苗培育的技术指导和服务的管理工作，保证种苗质量。

销售、供应的退耕还林种苗应当经县级人民政府林业、农业行政主管部门检验合格，并附具标签和质量检验合格证；跨县调运的，还应当依法取得检疫合格证。

第二十八条 省、自治区、直辖市人民政府应当根据本行政区域的退耕还林规划，加强种苗生产与采种基地的建设。

国家鼓励企业和个人采取多种形式培育种苗，开展产业化经营。

第二十九条 退耕还林者应当按照作业设计和合同的要求植树种草。

禁止林粮间作和破坏原有林草植被的行为。

第三十条 退耕还林者在享受资金和粮食补助期间，应当按照作业设计和合同的要求在宜林荒山荒地造林。

第三十一条 县级人民政府应当建立退耕还林植被管护制度，落实管护责任。

退耕还林者应当履行管护义务。

禁止在退耕还林项目实施范围内复耕和从事滥采、乱挖等破坏地表植被的活动。

第三十二条 地方各级人民政府及其有关部门应当组织技术推广单位或者技术人员，为退耕还林提供技术指导和技术服务。

第三十三条 县级人民政府林业行政主管部门应当按照国务院林业行政主管部门制定的检查验收标准和办法，对退耕还林建设项目进行检查验收，经验收合格的，方可发给验收合格证明。

第三十四条 省、自治区、直辖市人民政府应当对县级退耕还林检查验收结果进行复查，并根据复查结果对县级人民政府和有关责任人员进行奖惩。

国务院林业行政主管部门应当对省级复查结果进行核查，并将核查结果上报国务院。

第四章 资金和粮食补助

第三十五条 国家按照核定的退耕还林实际面积，向土地承包经营权人提供补助粮食、种苗造林补助费和生活补助费。具体补助标准和补助年限按照国务院有关规定执行。

第三十六条 尚未承包到户和休耕的坡耕地退耕还林的，以及纳入退耕还林规划的宜林荒山荒地造林，只享受种苗造林补助费。

第三十七条 种苗造林补助费和生活补助费由国务院计划、财政、林业部门按照有关规定及时下达、核拨。

第三十八条 补助粮食应当就近调运，减少供应环节，降低供应成本。粮食补助费按照国家有关政策处理。

粮食调运费用由地方财政承担，不得向供应补助粮食的企业和退耕还林者分摊。

第三十九条 省、自治区、直辖市人民政府应当根据当地口粮消费习惯和农作物种植习惯以及当地粮食库存实际情况合理确定补助粮食的品种。

补助粮食必须达到国家规定的质量标准。不符合国家质量标准的，不得供应给退耕还林者。

第四十条 退耕土地还林的第一年，该年度补助粮食可以分两次兑付，每次兑付的数量由省、自治区、直辖市人民政府确定。

从退耕土地还林第二年起，在规定的补助期限内，县级人民政府应当组织有关部门和单位及时向持有验收合格证明的退耕还林者一次兑付该年度补助粮食。

第四十一条 兑付的补助粮食，不得折算成现金或者代金券。供应补助粮食的企业不得回购退耕还林补助粮食。

第四十二条 种苗造林补助费应当用于种苗采购，节余部分可以用于造林补助和封育管护。

退耕还林者自行采购种苗的，县级人民政府或者其委托的乡级人民政府应当在退耕还林合同生效时一次付清种苗造林补助费。

集中采购种苗的，退耕还林验收合格后，种苗采购单位应当与退耕还林者结算种苗造林补助费。

第四十三条 退耕土地还林后，在规定的补助期限内，县级人民政府应当组织有关部门及时向持有验收合格证明的退耕还林者一次付清该年度生活补助费。

第四十四条 退耕还林资金实行专户存储、专款专用，任何单位和个人不得挤占、截留、挪用和克扣。

任何单位和个人不得弄虚作假、虚报冒领补助资金和粮食。

第四十五条 退耕还林所需前期工作和科技支撑等费用，国家按照退耕还林基本建设投资的一定比例给予补助，由国务院发展计划部门根据工程情况在年度计划中安排。

退耕还林地方所需检查验收、兑付等费用，由地方财政承担。中央有关部门所需核查等费用，由中央财政承担。

第四十六条 实施退耕还林的乡（镇）、村应当建立退耕还林公示制度，将退耕还林者的退耕还林面积、造林树种、成活率以及资金和粮食补助发放等情况进行公示。

第五章 其他保障措施

第四十七条 国家保护退耕还林者享有退耕土地上的林木（草）所有权。自行退耕还林的，土地承包经营权人享有退耕土地上的林木（草）所有权；委托他人还林或者与他人合作还林的，退耕土地上的林木（草）所有权由合同约定。

退耕土地还林后，由县级以上人民政府依照森林法、草原法的有关规定发放林（草）权属证书，确认所有权和使用权，并依法办理土地变更登记手续。土地承包经营合同应当作相应调整。

第四十八条 退耕土地还林后的承包经营权期限可以延长到70年。承包经营权到期后，土地承包经营权人可以依照有关法律、法规的规定继续承包。

退耕还林土地和荒山荒地造林后的承包经营权可以依法继承、转让。

第四十九条 退耕还林者按照国家有关规定享受税收优惠，其中退耕还林（草）所取得的农业特产收入，依照国家规定免征农业特产税。

退耕还林的县（市）农业税收因灾减收部分，由上级财政以转移支付的方式给予适当补助；确有困难的，经国务院批准，由中央财政以转移支付的方式给予适当补助。

第五十条 资金和粮食补助期满后，在不破坏整体生态功能的前提下，经有关主管部门批准，退耕还林者可以依法对其所有的林木进行采伐。

第五十一条 地方各级人民政府应当加强基本农田和农业基础设施建设，增加投入，改良土壤，改造坡耕地，提高地力和单位粮食产量，解决退耕还林者的长期口粮需求。

第五十二条 地方各级人民政府应当根据实际情况加强沼气、小水电、太阳能、风能等农村能源建设，解决退耕还林者对能源的需求。

第五十三条 地方各级人民政府应当调整农村产业结构，扶持龙头企业，发展支柱产业，开辟就业门路，增加农民收入，加快小城镇建设，促进农业人口逐步向城镇转移。

第五十四条 国家鼓励在退耕还林过程中实行生态移民，并对生态移民农户的生产、生活设施给予适当补助。

第五十五条 退耕还林后，有关地方人民政府应当采取封山禁牧、舍饲圈养等措施，保护退耕还林成果。

第五十六条 退耕还林应当与扶贫开发、农业综合开发和水土保持等政策措施相结合，对不同性质的项目资金应当在专款专用的前提下统筹安排，提高资金使用效益。

第六章 法律责任

第五十七条 国家工作人员在退耕还林活动中违反本条例的规定，有下列行为之一的，依照刑法关于贪污罪、受贿罪、挪用公款罪或者其他罪的规定，依法追究刑事责任；尚不够刑事处罚的，依法给予行政处分：

（一）挤占、截留、挪用退耕还林资金或者克扣补助粮食的；

（二）弄虚作假、虚报冒领补助资金和粮食的；

（三）利用职务上的便利收受他人财物或者其他好处的。

国家工作人员以外的其他人员有前款第（二）项行为的，依照刑法关于诈骗罪或者其他罪的规定，依法追究刑事责任；尚不够刑事处罚的，由县级以上人民政府林业行政主管部门责令退回所冒领的补助资金和粮食，处以冒领资金额 2 倍以上 5 倍以下的罚款。

第五十八条 国家机关工作人员在退耕还林活动中违反本条例的规定，有下列行为之一的，由其所在单位或者上一级主管部门责令限期改正，退还分摊的和多收取的费用，对直接负责的主管人员和其他直接责任人员，依照刑法关于滥用职权罪、玩忽职守罪或者其他罪的规定，依法追究刑事责任；尚不够刑事处罚的，依法给予行政处分：

（一）未及时处理有关破坏退耕还林活动的检举、控告的；

（二）向供应补助粮食的企业和退耕还林者分摊粮食调运费用的；

（三）不及时向持有验收合格证明的退耕还林者发放补助粮食和生活补助费的；

（四）在退耕还林合同生效时，对自行采购种苗的退耕还林者未一次付清种苗造林补助费的；

（五）集中采购种苗的，在退耕还林验收合格后，未与退耕还林者结算种苗造林补助费的；

（六）集中采购的种苗不合格的；

（七）集中采购种苗的，向退耕还林者强行收取超出国家规定种苗造林补助费标准的种苗费的；

（八）为退耕还林者指定种苗供应商的；

（九）批准粮食企业向退耕还林者供应不符合国家质量标准的补助粮食或者将补助

粮食折算成现金、代金券支付的；

（十）其他不依照本条例规定履行职责的。

第五十九条 采用不正当手段垄断种苗市场，或者哄抬种苗价格的，依照刑法关于非法经营罪、强迫交易罪或者其他罪的规定，依法追究刑事责任；尚不够刑事处罚的，由工商行政管理机关依照反不正当竞争法的规定处理；反不正当竞争法未作规定的，由工商行政管理机关处以非法经营额2倍以上5倍以下的罚款。

第六十条 销售、供应未经检验合格的种苗或者未附具标签、质量检验合格证、检疫合格证的种苗的，依照刑法关于生产、销售伪劣种子罪或者其他罪的规定，依法追究刑事责任；尚不够刑事处罚的，由县级以上人民政府林业、农业行政主管部门或者工商行政管理机关依照种子法的规定处理；种子法未作规定的，由县级以上人民政府林业、农业行政主管部门依据职权处以非法经营额2倍以上5倍以下的罚款。

第六十一条 供应补助粮食的企业向退耕还林者供应不符合国家质量标准的补助粮食的，由县级以上人民政府粮食行政管理部门责令限期改正，可以处非法供应的补助粮食数量乘以标准口粮单价1倍以下的罚款。

供应补助粮食的企业将补助粮食折算成现金或者代金券支付的，或者回购补助粮食的，由县级以上人民政府粮食行政管理部门责令限期改正，可以处折算现金额、代金券额或者回购粮食价款1倍以下的罚款。

第六十二条 退耕还林者擅自复耕，或者林粮间作、在退耕还林项目实施范围内从事滥采、乱挖等破坏地表植被的活动的，依照刑法关于非法占用农用地罪、滥伐林木罪或者其他罪的规定，依法追究刑事责任；尚不够刑事处罚的，由县级以上人民政府林业、农业、水利行政主管部门依照森林法、草原法、水土保持法的规定处罚。

第七章 附 则

第六十三条 已垦草场退耕还草和天然草场恢复与建设的具体实施，依照草原法和国务院有关规定执行。

退耕还林还草地区小流域治理、水土保持等相关工作的具体实施，依照水土保持法和国务院有关规定执行。

第六十四条 国务院批准的规划范围外的土地，地方各级人民政府决定实施退耕还林的，不享受本条例规定的中央政策补助。

第六十五条 本条例自2003年1月20日起施行。

森林采伐更新管理办法

（1987年8月25日国务院批准，1987年9月10日林业部发布　根据2011年1月8日《国务院关于废止和修改部分行政法规的决定》修订）

第一章　总　则

第一条　为合理采伐森林，及时更新采伐迹地，恢复和扩大森林资源，根据《中华人民共和国森林法》（以下简称森林法）及有关规定，制定本办法。

第二条　森林采伐更新要贯彻“以营林为基础，普遍护林，大力造林，采育结合，永续利用”的林业建设方针，执行森林经营方案，实行限额采伐，发挥森林的生态效益、经济效益和社会效益。

第三条　全民、集体所有的森林、林木和个人所有的林木采伐更新，必须遵守本办法。

第二章　森林采伐

第四条　森林采伐，包括主伐、抚育采伐、更新采伐和低产林改造。

第五条　采伐林木按照森林法实施条例第三十条规定，申请林木采伐许可证时，除提交其他必备的文件外，国营企业事业单位和部队还应当提交有关主管部门核定的年度木材生产计划；农村集体、个人还应当提交基层林业站核定的年度采伐指标。上年度进行采伐的，应当提交上年度的更新验收合格证。

第六条　林木采伐许可证的核发，按森林法及其实施条例的有关规定办理。授权核发林木采伐许可证，应当有书面文件。被授权核发林木采伐许可证的单位，应当配备熟悉业务的人员，并受授权单位监督。

国营林业局、国营林场根据林木采伐许可证、伐区设计文件和年度木材生产计划，向其基层经营单位拨交伐区，发给国有林林木采伐作业证。作业证格式由省、自治区、直辖市林业主管部门制定。

第七条　对用材林的成熟林和过熟林实行主伐。主要树种的主伐年龄，按《用材林主要树种主伐年龄表》的规定执行。定向培育的森林以及表内未列入树种的主伐年龄，由省、自治区、直辖市林业主管部门规定。

第八条　用材林的主伐方式为择伐、皆伐和渐伐。

中幼龄树木多的复层异龄林，应当实行择伐。择伐强度不得大于伐前林木蓄积量的百分之四十，伐后林分郁闭度应当保留在零点五以上。伐后容易引起林木风倒、自然枯死的林分，择伐强度应当适当降低。两次择伐的间隔期不得少于一个龄级期。

成过熟单层林、中幼龄树木少的异龄林，应当实行皆伐。皆伐面积一次不得超过五公顷，坡度平缓、土壤肥沃、容易更新的林分，可以扩大到二十公顷。在采伐带、采伐块之间，应当保留相当于皆伐面积的林带、林块。对保留的林带、林块，待采伐迹地上更新的幼树生长稳定后方可采伐。皆伐后依靠天然更新的，每公顷应当保留适当数量的单株或者群状母树。

天然更新能力强的成过熟单层林，应当实行渐伐。全部采伐更新过程不得超过一个龄级期。上层林木郁闭度较小，林内幼苗、幼树株数已经达到更新标准的，可进行二次渐伐，第一次采伐林木蓄积量的百分之五十；上层林木郁闭度较大，林内幼苗、幼树株数达不到更新标准的，可进行三次渐伐，第一次采伐林木蓄积量的百分之二十，第二次采伐保留林木蓄积的百分之五十，第三次采伐应当在林内更新起来的幼树接近或者达到郁闭状态时进行。

毛竹林采伐后每公顷应当保留的健壮母竹，不得少于两千株。

第九条 对下列森林只准进行抚育和更新采伐：

（一）大型水库、湖泊周围山脊以内和平地一百五十米以内的森林，干渠的护岸林。

（二）大江、大河两岸一百五十米以内，以及大江、大河主要支流两岸五十米以内的森林；在此范围内有山脊的，以第一层山脊为界。

（三）铁路两侧各一百米、公路干线两侧各五十米以内的森林；在此范围内有山脊的，以第一层山脊为界。

（四）高山森林分布上限以下一百五十米至二百米以内的森林。

（五）生长在坡陡和岩石裸露地方的森林。

第十条 防护林和特种用途林中的国防林、母树林、环境保护林、风景林的更新采伐技术规程，由林业部会同有关部门制定。

薪炭林、经济林的采伐技术规程，由省、自治区、直辖市林业主管部门制定。

第十一条 幼龄林、中龄林的抚育采伐，包括透光抚育、生长抚育、综合抚育；低产林的改造，包括局部改造和全面改造，其具体办法按照林业部发布的有关技术规程执行。

第十二条 国营林业局和国营、集体林场的采伐作业，应当遵守下列规定：

（一）按林木采伐许可证和伐区设计进行采伐，不得越界采伐或者遗弃应当采伐的林木。

（二）择伐和渐伐作业实行采伐木挂号，先伐除病腐木、风折木、枯立木以及影响目的树种生长和无生长前途的树木，保留生长健壮、经济价值高的树木。

（三）控制树倒方向，固定集材道，保护幼苗、幼树、母树和其他保留树木。依靠天然更新的，伐后林地上幼苗、幼树株数保存率应当达到百分之六十以上。

（四）采伐的木材长度二米以上，小头直径不小于八厘米的，全部运出利用；伐根高度不得超过十厘米。

（五）伐区内的采伐剩余物和藤条、灌木，在不影响森林更新的原则下，采取保留、利用、火烧、堆集或者截短散铺方法清理。

（六）对容易引起水土冲刷的集材主道，应当采取防护措施。

其他单位和个人的采伐作业，参照上述规定执行。

第十三条 森林采伐后，核发林木采伐许可证的部门应当对采伐作业质量组织检查验收，签发采伐作业质量验收证明。验收证明格式由省、自治区、直辖市林业主管部门制定。

第三章　森林更新

第十四条　采伐林木的单位和个人，应当按照优先发展人工更新，人工更新、人工促进天然更新、天然更新相结合的原则，在采伐后的当年或者次年内必须完成更新造林任务。

第十五条　更新质量必须达到以下标准：

（一）人工更新，当年成活率应当不低于百分之八十五，三年后保存率应当不低于百分之八十。

（二）人工促进天然更新，补植、补播后的成活率和保存率达到人工更新的标准；天然下种前整地的，达到本条第三项规定的天然更新标准。

（三）天然更新，每公顷皆伐迹地应当保留健壮目的树种幼树不少于三千株或者幼苗不少于六千株，更新均匀度应当不低于百分之六十。择伐、渐伐迹地的更新质量，达到本办法第八条第二款、第四款规定的标准。

第十六条　未更新的旧采伐迹地、火烧迹地、林中空地、水湿地等宜林荒山荒地，应当由森林经营单位制定规划，限期完成更新造林。

第十七条　人工更新和造林应当执行林业部发布的有关造林规程，做到适地适树、细致整地、良种壮苗、密度合理、精心栽植、适时抚育。在立地条件好的地方，应当培育速生丰产林。

第十八条　森林更新后，核发林木采伐许可证的部门应当组织更新单位对更新面积和质量进行检查验收，核发更新验收合格证。

第四章　罚　则

第十九条　有下列行为之一的，依照森林法第三十九条和森林法实施条例的有关规定处罚：

（一）国营企业事业单位和集体所有制单位未取得林木采伐许可证，擅自采伐林木的，或者年木材产量超过采伐许可证规定数量百分之五的；

（二）国营企业事业单位不按批准的采伐设计文件进行采伐作业的面积占批准的作业面积百分之五以上的；

集体所有制单位按照林木采伐许可证的规定进行采伐时，不符合采伐质量要求的作业面积占批准的作业面积百分之五以上的；

（三）个人未取得林木采伐许可证，擅自采伐林木的，或者违反林木采伐许可证规定的采伐数量、地点、方式、树种，采伐的林木超过半立方米的。

第二十条　盗伐、滥伐林木数量较大，不便计算补种株数的，可按盗伐、滥伐木材数量折算面积，并根据森林法第三十九条规定的原则，责令限期营造相应面积的新林。

第二十一条　无证采伐或者超过林木采伐许可证规定数量的木材，应当从下年度木材生产计划或者采伐指标中扣除。

第二十二条　国营企业事业单位和集体所有制单位有下列行为之一，自检查之日起一个月内未纠正的，发放林木采伐许可证的部门有权收缴林木采伐许可证，中止其采伐，直到纠正为止：

（一）未按规定清理伐区的；

（二）在采伐迹地上遗弃木材，每公顷超过半立方米的；

（三）对容易引起水土冲刷的集材主道，未采取防护措施的。

第二十三条　采伐林木的单位和个人违反本办法第十四条、第十五条规定的，依照森林法第四十五条和森林法实施条例的有关规定处理。

第二十四条 采伐林木的单位违反本办法有关规定的，对其主要负责人和直接责任人员，由所在单位或者上级主管机关给予行政处分。

第二十五条 对国营企业事业单位所处罚款，从其自有资金或预算包干结余经费中开支。

第五章 附 则

第二十六条 本办法由林业部负责解释。

第二十七条 本办法自发布之日起施行。

国有林场改革方案

（2015 年 3 月 17 日 中共中央、国务院）

保护森林和生态是建设生态文明的根基，深化生态文明体制改革，健全森林与生态保护制度是首要任务。国有林场是我国生态修复和建设的重要力量，是维护国家生态安全最重要的基础设施，在大规模造林绿化和森林资源经营管理工作中取得了巨大成就，为保护国家生态安全、提升人民生态福祉、促进绿色发展、应对气候变化发挥了重要作用。但长期以来，国有林场功能定位不清、管理体制不顺、经营机制不活、支持政策不健全，林场可持续发展面临严峻挑战。为加快推进国有林场改革，促进国有林场科学发展，充分发挥国有林场在生态建设中的重要作用，制定本方案。

一、国有林场改革的总体要求

（一）指导思想。全面贯彻落实党的十八大和十八届三中、四中全会精神，深入实施以生态建设为主的林业发展战略，按照分类推进改革的要求，围绕保护生态、保障职工生活两大目标，推动政事分开、事企分开，实现管护方式创新和监管体制创新，推动林业发展模式由木材生产为主转变为生态修复和建设为主、由利用森林获取经济利益为主转变为保护森林提供生态服务为主，建立有利于保护和发展森林资源、有利于改善生态和民生、有利于增强林业发展活力的国有林场新体制，为维护国家生态安全、保护生物多样性、建设生态文明作出更大贡献。

（二）基本原则

——坚持生态导向、保护优先。森林是陆地生态的主体，是国家、民族生存的资本和根基，关系生态安全、淡水安全、国土安全、物种安全、气候安全和国家生态外交大局。要以维护和提高森林资源生态功能作为改革的出发点和落脚点，实行最严格的国有林场林地和林木资源管理制度，确保国有森林资源不破坏、国有资产不流失，为坚守生态红线发挥骨干作用。

——坚持改善民生、保持稳定。立足林场实际稳步推进改革，切实解决好职工最关心、最直接、最现实的利益问题，充分调动职工的积极性、主动性和创造性，确保林场稳定。

——坚持因地制宜、分类施策。以“因养林而养人”为方向，根据各地林业和生态建设实际，探索不同类型的国有林场改革模式，不强求一律，不搞一刀切。

——坚持分类指导、省级负责。中央对各地国有林场改革工作实行分类指导，在政策和资金上予以适当支持。省级政府对国有林场改革负总责，根据本地实际制定具体改革措施。

（三）总体目标。到2020年，实现以下目标：

——生态功能显著提升。通过大力造林、科学营林、严格保护等多措并举，森林面积增加1亿亩以上，森林蓄积量增长6亿立方米以上，商业性采伐减少20%左右，森林碳汇和应对气候变化能力有效增强，森林质量显著提升。

——生产生活条件明显改善。通过创新国有林场管理体制、多渠道加大对林场基础设施的投入，切实改善职工的生产生活条件。拓宽职工就业渠道，完善社会保障机制，使职工就业有着落、基本生活有保障。

——管理体制全面创新。基本形成功能定位明确、人员精简高效、森林管护购买服务、资源监管分级实施的林场管理新体制，确保政府投入可持续、资源监管高效率、林场发展有后劲。

二、国有林场改革的主要内容

（一）明确界定国有林场生态责任和保护方式。将国有林场主要功能明确定位于保护培育森林资源、维护国家生态安全。与功能定位相适应，明确森林资源保护的组织方式，合理界定国有林场属性。原为事业单位的国有林场，主要承担保护和培育森林资源等生态公益服务职责的，继续按从事公益服务事业单位管理，从严控制事业编制；基本不承担保护和培育森林资源、主要从事市场化经营的，要推进转企改制，暂不具备转企改制条件的，要剥离企业经营性业务。目前已经转制为企业性质的国有林场，原则上保持企业性质不变，通过政府购买服务实现公益林管护，或者结合国有企业改革探索转型为公益性企业，确有特殊情况的，可以由地方政府根据本地实际合理确定其属性。

（二）推进国有林场政事分开。林业行政主管部门要加快职能转变，创新管理方式，减少对国有林场的微观管理和直接管理，加强发展战略、规划、政策、标准等制定和实施，落实国有林场法人自主权。在稳定现行隶属关系的基础上，综合考虑区位、规模和生态建设需要等因素，合理优化国有林场管理层级。对同一行政区域内规模过小、分布零散的林场，根据机构精简和规模经营原则整合为较大林场。科学核定事业编制，用于聘用管理人员、专业技术人员和骨干林业技能人员，经费纳入同级政府财政预算。强化对编制使用的监管，事业单位新进人员除国家政策性安置、按干部人事权限由上级任命及涉密岗位等确需使用其他方法选拔任用人员外，都要实行公开招聘。

（三）推进国有林场事企分开。国有林场从事的经营活动要实行市场化运作，对商品林采伐、林业特色产业和森林旅游等暂不能分开的经营活动，严格实行“收支两条线”管理。鼓励优强林业企业参与兼并重组，通过规模化经营、市场化运作，切实提高企业性质国有林场的运营效率。加强资产负债的清理认定和核查工作，防止国有资产流失。要加快分离各类国有林场的办社会职能，逐步将林场所办学校、医疗机构等移交属地管理。积极探索林场所办医疗机构的转型或改制。根据当地实际，逐步理顺国有林场与代管乡镇、村的关系。

（四）完善以购买服务为主的公益林管护机制。国有林场公益林日常管护要引入市场机制，通过合同、委托等方式面向社会购买服务。在保持林场生态系统完整性和稳定性的前提下，按照科学规划原则，鼓励社会资本、林场职工发展森林旅游等特色产业，有效盘活森林资源。企业性质国有林场经营范围内划分为公益林的部分，由中央财政和地方财政按照公益林核定等级分别安排管护资金。鼓励社会公益组织和志愿者参与公益林管护，提高全社会生态保护意识。

（五）健全责任明确、分级管理的森林资源监管体制。建立归属清晰、权责明确、监管有效的森林资源产权制度，建立健全林地保护制度、森林保护制度、森林经营制度、湿地保护制度、自然保护区制度、监督制度和考核制度。按照林地性质、生态区位、面积大小、监管事项、对社会全局利益影响的程度等因素由国家、省、市三级林业行政主管部门分级监管，对林地性质变更、采伐限额等强化多级联动监管，充分调动各级监管机构的积极性。保持国有林场林地范围和用途的长期稳定，严禁林地转为非林地。建立制度化的监测考核体制，加强对国有林场森林资源保护管理情况的考核，将考核结果作为综合考核评价地方政府和有关部门主要领导政绩的重要依据。加强国家和地方国有林场森林资源监测体系建设，建立健全国有林场森林资源管理档案，定期向社会公布国有林场森林资源状况，接受社会监督，对国有林场场长实行国有林场森林资源离任审计。实施以提高森林资源质量和严格控制采伐量为核心的国有林场森林资源经营管理制度，按森林经营方案编制采伐限额、制定年度生产计划和开展森林经营活动，各级政府对所管理国有林场的森林经营方案编制和实施情况进行检查。探索建立国有林场森林资源有偿使用制度。利用国有林场森林资源开展森林旅游等，应当与国有林场明确收益分配方式；经批准占用国有林场林地的，应当按规定足额支付林地林木补偿费、安置补助费、植被恢复费和职工社会保障费用。启动国有林场森林资源保护和培育工程，合理确定国有林场森林商业性采伐量。加快研究制定国有林场管理法律制度措施和国有林场中长期发展规划等。探索建立国家公园。

（六）健全职工转移就业机制和社会保障体制。按照“内部消化为主，多渠道解决就业”和“以人为本，确保稳定”的原则妥善安置国有林场富余职工，不采取强制性买断方式，不搞一次性下岗分流，确保职工基本生活有保障。主要通过以下途径进行安置：一是通过购买服务方式从事森林管护抚育；二是由林场提供林业特色产业等工作岗位逐步过渡到退休；三是加强有针对性的职业技能培训，鼓励和引导部分职工转岗就业。将全部富余职工按照规定纳入城镇职工社会保险范畴，平稳过渡、合理衔接，确保职工退休后生活有保障。将符合低保条件的林场职工及其家庭成员纳入当地居民最低生活保障范围，切实做到应保尽保。

三、完善国有林场改革发展的政策支持体系

（一）加强国有林场基础设施建设。国有林场基础设施建设要体现生态建设需要，不能简单照搬城市建设。各级政府将国有林场基础设施建设纳入同级政府建设计划，按照支出责任和财务隶属关系，在现有专项资金渠道内，加大对林场供电、饮水安全、森林防火、管护站点用房、有害生物防治等基础设施建设的投入，将国有林场道路按属性纳入相关公路网规划。加快国有林场电网改造升级。积极推进国有林场生态移民，将位于生态环境极为脆弱、不宜人居地区的场部逐步就近搬迁到小城镇，提高与城镇发展的融合度。落实国有林场职工住房公积金和住房补贴政策。在符合土地利用总体规划的前提下，按照行政隶属关系，经城市政府批准，依据保障性安居工程建设的标准和要求，允许国有林场利用自有土地建设保障性安居工程，并依法依规办理土地供应和登记手续。

（二）加强对国有林场的财政支持。中央财政安排国有林场改革补助资金，主要用于解决国有林场职工参加社会保险和分离林场办社会职能问题。省级财政要安排资金，统筹解决国有林场改革成本问题。具备条件的支农惠农政策可适用于国有林场。将国有贫困林场扶贫工作纳入各级政府扶贫工作计划，加大扶持力度。加大对林场基本公共服务的政策支持力度，促进林场与周边地区基本公共服务均等化。

（三）加强对国有林场的金融支持。对国有林场所欠金融债务情况进行调查摸底，按照平等协商和商业化原则积极进行化解。对于正常类金融债务，到期后依法予以偿还；对于国有或国有控股金融机构发放的、国有林场因营造公益林产生的不良债务，由中国银监会、财政部、国家林业局等有关部门研究制定具有可操作性的化解政策；其他不良金融债务，确因客观原因无法偿还的，经审核后可根据实际情况采取贷款展期等方式进行债务重组。符合呆账核销条件的，按照相关规定予以核销。严格审核不良债务，防止借改革逃废金融机构债务。开发适合国有林场特点的信贷产品，充分利用林业贷款中央财政贴息政策，拓宽国有林场融资渠道。

（四）加强国有林场人才队伍建设。参照支持西部和艰苦边远地区发展相关政策，引进国有林场发展急需的管理和技术人才。建立公开公平、竞争择优的用人机制，营造良好的人才发展环境。适当放宽艰苦地区国有林场专业技术职务评聘条件，适当提高国有林场林业技能岗位结构比例，改善人员结构。加强国有林场领导班子建设，加大林场职工培训力度，提高国有林场人员综合素质和业务能力。

四、加强组织领导，全面落实各项任务

（一）加强总体指导。有关部门要加强沟通，密切配合，按照职能分工抓紧制定和完善社会保障、化解债务、职工住房等一系列支持政策。国家发展改革委和国家林业局要做好统筹协调工作，根据不同区域国有林场实际，切实做好分类指导和服务，加强跟踪分析和督促检查，适时评估方案实施情况。方案实施过程中出现的重大问题及时上报国务院。

（二）明确工作责任。各省（自治区、直辖市）政府对国有林场改革负总责，按照本方案确定的目标、任务和政策措施，结合实际尽快制定具体方案，确保按时完成各项任务目标。加强国有林场管理机构建设，维护国有林场合法权益，保持森林资源权属稳定，严禁破坏国有森林资源和乱砍滥伐、滥占林地、无序建设。做好风险预警，及时化解矛盾，确保社会稳定。

国有林区改革指导意见

（2015 年 3 月 17 日　中共中央、国务院）

保护森林和生态是建设生态文明的根基，深化生态文明体制改革，健全森林与生态保护制度是首要任务。国有林区是我国重要的生态安全屏障和森林资源培育战略基地，是维护国家生态安全最重要的基础设施，在经济社会发展和生态文明建设中发挥着不可替代的重要作用，为国家经济建设作出了重大贡献。但长期以来，国有林区管理体制不完善，森林资源过度开发，民生问题较为突出，严重制约了生态安全保障能力。为积极探索国有林区改革路径，健全国有林区经营管理体制，进一步增强国有林区生态功能和发展活力，现提出如下意见。

一、国有林区改革的总体要求

（一）指导思想。全面贯彻落实党的十八大和十八届三中、四中全会精神，深入实施以生态建设为主的林业发展战略，以发挥国有林区生态功能和建设国家木材战略储备基地为导向，以厘清中央与地方、政府与企业各方面关系为主线，积极推进政事企分开，健全森林资源监管体制，创新资源管护方式，完善支持政策体系，建立有利于保护和发展森林资源、有利于改善生态和民生、有利于增强林业发展活力的国有林区新体制，加快林区经济转型，促进林区森林资源逐步恢复和稳定增长，推动林业发展模式由木材生产为主转变为生态修复和建设为主、由利用森林获取经济利益为主转变为保护森林提供生态服务为主，为建设生态文明和美丽中国、实现中华民族永续发展提供生态保障。

（二）基本原则。

——坚持生态为本、保护优先。尊重自然规律，实行山水林田湖统筹治理，重点保护好森林、湿地等自然生态系统，确保森林资源总量持续增加、生态产品生产能力持续提升、生态功能持续增强。

——注重民生改善、维护稳定。改善国有林区基础设施状况，积极发展替代产业，促进就业增收，保障职工基本生活，维护林区社会和谐稳定。

——促进政企政事分开、各负其责。厘清政府与森工企业的职能定位，剥离森工企业的社会管理和办社会职能，加快林区所办企业改制改革，实现政府、企业和社会各司其职、各负其责。

——强化统一规划、融合发展。破除林区条块分割的管理模式，将林区纳入所在地方国民经济和社会发展总体规划，推动林区社会融入地方、经济融入市场。

——坚持分类指导、分步实施。充分考虑国有林区不同情况，中央予以分类指导，各地分别制定实施方案，科学合理确定改革模式，不搞一刀切，循序渐进，走出一条具有中国特色的国有林区改革发展道路。

（三）总体目标。到 2020 年，基本理顺中央与地方、政府与企业的关系，实现政企、政事、事企、管办分开，林区政府社会管理和公共服务职能得到进一步强化，森林资源管护和监管体系更加完善，林区经济社会发展基本融入地方，生产生活条件得到明显改善，职工基本生活得到有效保障；区分不同情况有序停止天然林商业性采伐，重点国有林区森林面积增加550万亩左右，森林蓄积量增长4亿立方米以上，森林碳汇和应对气候变化能力有效增强，森林资源质量和生态保障能力全面提升。

二、国有林区改革的主要任务

（一）区分不同情况有序停止重点国有林区天然林商业性采伐，确保森林资源稳步恢复和增长。明确国有林区发挥生态功能、维护生态安全的战略定位，将提供生态服务、维护生态安全确定为国有林区的基本职能，作为制定国有林区改革发展各项政策措施的基本出发点。研究提出加强国有林区天然林保护的实施方案。稳步推进黑龙江重点国有林区停止天然林商业性采伐试点，跟踪政策实施效果，及时总结经验。在试点基础上，有序停止内蒙古、吉林重点国有林区天然林商业性采伐，全面提升森林质量，加快森林资源培育与恢复。

（二）因地制宜逐步推进国有林区政企分开。在地方政府职能健全、财力较强的地区，一步到位实行政企分开，全部剥离企业的社会管理和公共服务职能，交由地方政府承担，人员交由地方统一管理，经费纳入地方财政预算；在条件不具备的地区，先行在内部实行政企分开，逐步创造条件将行政职能移交当地政府。

（三）逐步形成精简高效的国有森林资源管理机构。适应国有林区全面停止或逐步减少天然林商业性采伐和发挥生态服务主导功能的新要求，按照“机构只减不增、人员只出不进、社会和谐稳定”的原则，分类制定森工企业改制和改革方案，通过多种方式逐年减少管理人员，最终实现合理编制和人员规模，逐步建立精简高效的国有森林资源管理机构，依法负责森林、湿地、自然保护区和野生动植物资源的保护管理及森林防火、有害生物防治等工作。逐步整合规模小、人员少、地处偏远的林场所。

（四）创新森林资源管护机制。根据森林分布特点，针对不同区域地段的生产季节，采取行之有效的管护模式，实行远山设卡、近山管护，加强高新技术手段和现代交通工具的装备应用，降低劳动强度，提高管护效率，确保管护效果。鼓励社会公益组织和志愿者参与公益林管护，提高全社会生态保护意识。创新林业生产组织方式，造林、管护、抚育、木材生产等林业生产建设任务，凡能通过购买服务方式实现的要面向社会购买。除自然保护区外，在不破坏森林资源的前提下，允许从事森林资源管护的职工从事林特产品生产等经营，增加职工收入。积极推动各类社会资本参与林区企业改制，提高林区发展活力。

（五）创新森林资源监管体制。建立归属清晰、权责明确、监管有效的森林资源产权制度，建立健全林地保护制度、森林保护制度、森林经营制度、湿地保护制度、自然保护区制度、监督制度和考核制度。重点国有林区森林资源产权归国家所有即全民所有，国务院林业行政主管部门代表国家行使所有权、履行出资人职责，负责管理重点国有林区的国有森林资源和森林资源资产产权变动的审批。研究制定重点国有林区森林资源监督管理法律制度措施。进一步强化国务院林业行政主管部门派驻地方的森林资源监督专员办事处的监督职能，优化监督机构设置，加强对重点国有林区森林资源保护管理的监督。建立健全以生态服务功能为核心，以林地保有量、森林覆盖率、森林质量、护林防火、有害生物防治等为主要指标的林区绩效管理和考核机制，实行森林资源离任审计。科学编制长期森林经营方案，作为国有森林资源保护发展的主要遵循和考核国有森林资源管理绩效的依据。探索建立国家公园。

（六）强化地方政府保护森林、改善民生的责任。地方各级政府对行政区域内的林区经济社会发展和森林资源保护负总责。要将林区经济社会发展纳入当地国民经济和社会发展总体规划及投资计划。切实落实地方政府林区社会管理和公共服务的职能。国有林区森林覆盖率、森林蓄积量的变化纳入地方政府目标责任考核约束性指标。林地保有量、征占用林地定额纳入地方政府目标责任考核内容。省级政府对组织实施天然林保护工程、全面停止天然林商业性采伐负全责，实行目标、任务、资金、责任“四到省”。地方各级政府负责统一组织、协调和指导本行政区域的森林防火工作并实行行政首长负责制。

（七）妥善安置国有林区富余职工，确保职工基本生活有保障。充分发挥林区绿色资源丰富的优势，通过开发森林旅游、特色养殖种植、境外采伐、林产品加工、对外合作等，创造就业岗位。中央财政继续加大对森林管护、人工造林、中幼龄林抚育和森林改造培育的支持力度，推进职工转岗就业。对符合政策的就业困难人员灵活就业的，由地方政府按国家有关规定统筹解决社会保险补贴，对跨行政区域的国有林业单位，由所在的市级或省级政府统筹解决。

三、完善国有林区改革的政策支持体系

（一）加强对国有林区的财政支持。国有林区停止天然林商业性采伐后，中央财政通过适当增加天保工程财政资金予以支持。结合当地人均收入水平，适当调整天保工程森林管护费和社会保险补助费的财政补助标准。加大中央财政的森林保险支持力度，提高国有林区森林资源抵御自然灾害的能力。加大对林区基本公共服务的政策支持力度，促进林区与周边地区基本公共服务均等化。

（二）加强对国有林区的金融支持。根据债务形成原因和种类，分类化解森工企业金融机构债务。对于正常类金融债务，到期后应当依法予以偿还。对于确需中央支持化解的不良类金融债务，由中国银监会、财政部、国家林业局等有关部门在听取金融机构意见、充分调研的基础上，研究制定切实可行、有针对性的政策，报国务院批准后实施。严格审核不良债务，防止借改革逃废金融机构债务。开发适合国有林区特点的信贷产品，拓宽林业融资渠道，加大林业信贷投放，大力发展对国有林区职工的小额贷款。完善林业信贷担保方式，完善林业贷款中央财政贴息政策。

（三）加强国有林区基础设施建设。林区基础设施建设要体现生态建设需要，不能简单模仿城市建设、建造繁华都市。各级政府要将国有林区电网、饮水安全、管护站点用房等基础设施建设纳入同级政府建设规划统筹安排，将国有林区道路按属性纳入相关公路网规划，加快国有林区棚户区改造和电网改造升级，加强森林防火和有害生物防治。国家结合现有渠道，加大对国有林区基础设施建设的支持力度。

（四）加快深山远山林区职工搬迁。将林区城镇建设纳入地方城镇建设规划，结合林区改革和林场撤并整合，积极推进深山远山职工搬迁。充分考虑职工生产生活需求，尊重职工意愿，合理布局职工搬迁安置地点。继续结合林区棚户区改造，进一步加大中央支持力度，同时在安排保障性安居工程配套基础设施建设投资时给予倾斜。林场撤并搬迁安置区配套基础设施和公共服务设施建设等参照执行独立工矿区改造搬迁政策。切实落实省级政府对本地棚户区改造工作负总责的要求，相关省级政府及森工企业也要相应加大补助力度。对符合条件的困难职工，当地政府要积极研究结合公共租赁住房等政策，解决其住房困难问题。拓宽深山远山林区职工搬迁筹资渠道，加大金融信贷、企业债券等融资力度。切实落实棚户区改造住房税费减免优惠政策。

（五）积极推进国有林区产业转型。推进大小兴安岭、长白山林区生态保护与经济转型，积极发展绿色富民产业。进一步收缩木材采运业，严格限制矿业开采。鼓励培育速生丰产用材林特别是珍贵树种和大径级用材林，大力发展木材深加工、特色经济林、森林旅游、野生动植物驯养繁育等绿色低碳产业，增加就业岗位，提高林区职工群众收入。利用地缘优势发展林产品加工基地和对外贸易，建设以口岸进口原料为依托、以精深加工为重点、以国内和国际市场为导向的林产品加工集群。支持国有优强企业参与国有林区企业的改革重组，推进国有林区资源优化配置和产业转型。选择条件成熟的地区开展经济转型试点，支持试点地区发展接续替代产业。

四、加强组织领导，全面落实各项任务

（一）加强对改革的组织领导。有关部门要明确责任，密切配合，按照本意见要求制定和完善社会保障、化解债务、职工住房等一系列支持政策。国家发展改革委和国家林业局要加强组织协调和分类指导，抓好督促落实。各有关省（自治区）要对本地区国有林区改革负总责，结合本地实际制定具体实施方案，细化工作措施和要求，及时发现和解决改革中出现的矛盾和问题，落实好各项改革任务。

（二）注重试点先行、有序推进。要充分考虑改革的复杂性和艰巨性，积极探索，稳妥推进改革。各有关省（自治区）可以按照本意见精神，选择部分工作基础条件较好的国有林业局先行试点，积累改革经验，再逐步推广。

（三）严格依法依规推进改革。要强化各级政府生态保护责任，加强森林资源监管，加强对森林资源保护绩效的考核，严格杜绝滥占林地、无序建设、乱砍滥伐、破坏森林资源的现象。要认真执行国有资产管理有关规定，严格纪律要求，防止国有资产流失。要依法保障林区职工群众的合法权益，维护林区和谐稳定。

国务院关于完善退耕还林政策的通知

（2007 年 8 月 9 日　国发〔2007〕25 号）

实施退耕还林是党中央、国务院为改善生态环境作出的重大决策，受到了广大农民的拥护和支持。自 1999 年开始试点以来，工程进展总体顺利，成效显著，加快了国土绿化进程，增加了林草植被，水土流失和风沙危害强度减轻；退耕还林（含草，下同）对农户的直补政策深得人心，粮食和生活费补助已成为退耕农户收入的重要组成部分，退耕农户生活得到改善。但是，由于解决退耕农户长远生计问题的长效机制尚未建立，随着退耕还林政策补助陆续到期，部分退耕农户生计将出现困难。为此，国务院决定完善退耕还林政策，继续对退耕农户给予适当补助，以巩固退耕还林成果、解决退耕农户生活困难和长远生计问题。现就有关政策通知如下：

一、指导思想、目标任务和基本原则

（一）指导思想。以邓小平理论和“三个代表”重要思想为指导，坚持以人为本，全面贯彻落实科学发展观，采取综合措施，加大扶持力度，进一步改善退耕农户生产生活条件，逐步建立起促进生态改善、农民增收和经济发展的长效机制，巩固退耕还林成果，促进退耕还林地区经济社会可持续发展。

（二）目标任务。一是确保退耕还林成果切实得到巩固。加强林木后期管护，搞好补植补造，提高造林成活率和保存率，杜绝砍树复耕现象发生。二是确保退耕农户长远生计得到有效解决。通过加大基本口粮田建设力度、加强农村能源建设、继续推进生态移民等措施，从根本上解决退耕农户吃饭、烧柴、增收等当前和长远生活问题。

（三）基本原则。坚持巩固退耕还林成果与解决退耕农户长远生计相结合；坚持国家支持与退耕农户自力更生相结合；坚持中央制定统一的基本政策与省级人民政府负总责相结合。

二、政策内容

（四）继续对退耕农户直接补助。现行退耕还林粮食和生活费补助期满后，中央财政安排资金，继续对退耕农户给予适当的现金补助，解决退耕农户当前生活困难。补助标准为：长江流域及南方地区每亩退耕地每年补助现金 105 元；黄河流域及北方地区每亩退耕地每年补助现金 70 元。原每亩退耕地每年 20 元生活补助费，继续直接补助给退耕农户，并与管护任务挂钩。补助期为：还生态林补助 8 年，还经济林补助 5 年，还草补助 2 年。根据验收结果，兑现补助资金。各地可结合本地实际，在国家规定的补助标准基础上，再适当提高补助标准。凡 2006 年底前退耕还林粮食和生活费补助政策已经期满的，要从 2007 年起发放补助；2007 年以后到期的，从次年起发放补助。

（五）建立巩固退耕还林成果专项资金。为集中力量解决影响退耕农户长远生计的突出问题，中央财政安排一定规模资金，作为巩固退耕还林成果专项资金，主要用于西部地区、京津风沙源治理区和享受西部地区政策的中部地区退耕农户的基本口粮田建设、农村能源建设、生态移民以及补植补造，并向特殊困难地区倾斜。

中央财政按照退耕地还林面积核定各省（区、市）巩固退耕还林成果专项资金总量，并从2008年起按8年集中安排，逐年下达，包干到省。专项资金要实行专户管理，专款专用，并与原有国家各项扶持资金统筹使用。具体使用和管理办法由财政部会同发展改革委、西部开发办、农业部、林业局等部门制定，报国务院批准。

三、配套措施

（六）加大基本口粮田建设力度。建设基本口粮田是解决退耕农户长远生计、巩固退耕还林成果的关键。要加大力度，力争用5年时间，实现具备条件的西南地区退耕农户人均不低于0.5亩、西北地区人均不低于2亩高产稳产基本口粮田的目标。对基本口粮田建设，中央安排预算内基本建设投资和巩固退耕还林成果专项资金给予补助，西南地区每亩补助600元，西北地区每亩补助400元。退耕还林有关地区要加大投入力度，加强基本口粮田建设。

（七）加强农村能源建设。各地要从实际出发，因地制宜，以农村沼气建设为重点、多能互补，加强节柴灶、太阳灶建设，适当发展小水电。采取中央补助、地方配套和农民自筹相结合的方式，搞好退耕还林地区的农村能源建设。

（八）继续推进生态移民。对居住地基本不具备生存条件的特困人口，实行易地搬迁。对西部一些经济发展明显落后，少数民族人口较多，生态位置重要的贫困地区，巩固退耕还林成果专项资金要给予重点支持。

（九）继续扶持退耕还林地区。中央有关预算内基本建设投资和支农惠农财政资金要继续按原计划安排，统筹协调，保证相关资金能够整合使用。鼓励退耕农户和社会力量投资巩固退耕还林成果建设，允许退耕农户投资投劳兴建直接受益的生产生活设施。

（十）调整退耕还林规划。为确保“十一五”期间耕地不少于18亿亩，原定“十一五”期间退耕还林2000万亩的规模，除2006年已安排400万亩外，其余暂不安排。国务院有关部门要进一步摸清25度以上坡耕地的实际情况，在深入调查研究、认真总结经验的基础上，实事求是地制定退耕还林工程建设规划。

（十一）继续安排荒山造林计划。为加快国土绿化进程，推进生态建设，今后仍继续安排荒山造林、封山育林。继续按原渠道安排种苗造林补助资金，并视情况适当提高补助标准。在安排荒山造林任务的同时，地方政府要负责安排好补植补造、抚育管理、病虫害防治和工程管理等工作，并安排相应经费。在不破坏植被、造成新的水土流失的前提下，允许农民间种豆类等矮秆农作物，以耕促抚、以耕促管。

四、组织实施

（十二）加强领导，落实责任。省级人民政府要对本地区巩固退耕还林成果、解决退耕农户长远生计工作负总责，坚持目标、任务、资金、责任“四到省”原则。市、县、乡要层层落实巩固成果的目标和责任，逐乡、逐村、逐户地狠抓落实。

（十三）科学规划，统筹安排。有关省级人民政府要制定切实可行的巩固退耕还林成果专项规划，重点包括退耕地区基本口粮田建设规划、农村能源建设规划、生态移民规划、农户接续产业发展规划等，并安排必要的退耕还林工作经费。规划要综合考虑还林的经营管理措施和退耕农户近期生计及长远发展配套项目，坚持因地制宜，突出重点，远近结合，综合整治，并与当地新农村建设规划等各专项规划相衔接。规划报发展改革委会同西部开发办、财政部、农业部、林业局等有关部门审批。经批准的规划作为安排年度项目和巩固退耕还林成果专项资金的前提和依据。退耕还林工作经费安排方案要随专项规划一并上报。

（十四）强化监督，严格检查。地方各级人民政府要认真落实政策，严肃工作纪律，严格核实退耕还林面积，严格资金支出管理，严禁弄虚作假骗取和截留挪用对农户的补助资金及专项资金。对于不认真执行中央政策的，根据问题性质和情节轻重，依法追究有关责任人员特别是地方人民政府负责人的责任。各级监察、审计部门要加强监督检查。

（十五）健全机制，加强协调。建立巩固退耕还林成果部际联席会议制度，协调巩固退耕还林成果有关工作。有关部门要按照规划要求，各司其职，各负其责，加强沟通，协同配合，形成合力，确保退耕还林成果切实得到巩固，退耕农户长远生计得到有效解决。

退耕还林工程涉及到亿万农民，把这一项荫及子孙、惠及万民的工程建设好、巩固好、发展好，需要地方各级人民政府和全社会的共同努力。地方各级人民政府要从事关我国生态安全、全面建设小康社会和构建社会主义和谐社会的高度，充分认识巩固退耕还林成果的重要性和紧迫性，采取有力措施，确保政策落到实处，取得实效。

国务院关于全国“十三五”期间年森林采伐限额的批复

（2016 年 2 月 4 日　国函〔2016〕32 号）

林业局《关于全国“十三五”期间年森林采伐限额的请示》（林资字〔2016〕3 号）收悉。现批复如下：

一、原则同意林业局审核确定的全国“十三五”期间年森林采伐限额（见附表），请认真贯彻执行。

二、森林关系国家生态安全，实施采伐限额管理，对保障我国森林资源持续增长和生态环境不断改善发挥了重要作用。各级人民政府和有关部门要牢固树立绿色发展理念，坚持保护优先、自然修复为主，坚持数量和质量并重、质量优先，坚持封山育林、人工造林并举，确保森林资源持续稳定增长。

三、“十三五”期间年森林采伐限额是每年采伐森林、消耗林木蓄积的最大限量，各地区、各部门必须严格按照森林法等有关法律法规执行，不得突破。采伐限额要分解落实到限额编制单位，省、市级均不得截留，不同单位间的采伐限额不得挪用，同一单位各分项限额不得串换使用。因重大自然灾害等特殊情况需要采伐林木且在采伐限额内无法解决的，应上报国务院批准。天然林的商业性采伐限额另行确定。

四、各级人民政府要健全领导干部森林资源保护发展目标责任制，把森林覆盖率、森林蓄积量、林地保有量和天然林保护情况纳入政府年度目标考核体系；要不断创新森林经营管理机制，积极引导和鼓励森林经营者编制森林经营方案，科学开展森林培育和采伐。对因保护不力致使森林资源受到严重破坏的，要追究有关人员的领导责任。

五、林业局要进一步细化年森林采伐限额管理措施，并对各地执行情况组织定期检查，检查结果向国务院报告。各级林业主管部门要加强对本行政区域森林经营的监管、指导和服务，依法打击乱砍滥伐、毁林开垦、乱占林地等破坏森林资源的行为，确保森林资源持续增长、森林质量不断提高、生态功能进一步增强。

附件：

全国“十三五”期间年森林采伐限额汇总表

单位：万立方米

单位	合计		人工林		天然林
			商业性	非商业性	非商业性
全国	25403.6	20453.5	14343.3	6110.2	4950.1
北京	42.0	41.0	8.1	32.9	1.0
天津	13.0	13.0	3.2	9.8	0.0
河北	289.9	245.1	121.8	123.3	44.8
山西	140.7	88.2	9.9	78.3	52.5
内蒙古	588.4	414.0	160.0	254.0	174.4
辽宁	515.0	461.3	184.9	276.4	53.7
吉林	634.7	479.7	141.3	338.4	155.0
黑龙江	533.9	356.3	80.2	276.1	177.6
上海	3.4	3.4	0.0	3.4	0.0
江苏	177.3	177.3	108.5	68.8	0.0
浙江	513.1	363.3	238.3	125.0	149.8
安徽	826.5	747.9	473.8	274.1	78.6
福建	2173.3	1895.5	1474.6	420.9	277.8
江西	1274.4	765.0	476.9	288.1	509.4
山东	978.5	978.5	847.0	131.5	0.0
河南	593.6	539.3	249.1	290.2	54.3
湖北	1020.3	692.6	457.0	235.6	327.7
湖南	1117.8	946.0	598.8	347.2	171.8
广东	1536.0	1501.6	1366.2	135.4	34.4

续表

单位	合计	人工林			天然林
			商业性	非商业性	非商业性
广西	4460.9	4418.3	4109.9	308.4	42.6
海南	400.0	398.0	224.7	173.3	2.0
重庆	149.2	101.2	62.5	38.7	48.0
四川	1629.6	1099.6	685.2	414.4	530.0
贵州	1010.0	830.3	515.8	314.5	179.7
云南	3259.6	2190.3	1597.5	592.8	1069.3
西藏	44.3	5.6	0.6	5.0	38.7
陕西	605.8	227.3	31.0	196.3	378.5
甘肃	110.7	76.2	3.3	72.9	34.5
青海	19.2	12.7	0.0	12.7	6.5
宁夏	13.0	11.7	4.5	7.2	1.3
新疆	122.8	112.2	5.7	106.5	10.6
新疆生产建设兵团	63.7	63.5	4.6	58.9	0.2
中国林科院	13.2	12.7	8.2	4.5	0.5
中国林业集团	50.0	50.0	49.4	0.6	0.0
内蒙古森工集团	142.1	51.5	19.1	32.4	90.6
吉林森工集团	50.6	22.4	11.4	11.0	28.2
长白山森工集团	57.7	18.6	7.9	10.7	39.1
龙江森工集团	128.0	38.5	2.4	36.1	89.5
大兴安岭林业集团	101.4	3.9	0.0	3.9	97.5

天然林保护修复制度方案

（2019 年 7 月 23 日　中共中央办公厅、国务院办公厅）

天然林是森林资源的主体和精华，是自然界中群落最稳定、生物多样性最丰富的陆地生态系统。全面保护天然林，对于建设生态文明和美丽中国、实现中华民族永续发展具有重大意义。1998 年，党中央、国务院在长江上游、黄河上中游地区及东北、内蒙古等重点国有林区启动实施了天然林资源保护工程，标志着我国林业从以木材生产为主向以生态建设为主转变。20多年来特别是党的十八大以来，我国不断加大天然林保护力度，全面停止天然林商业性采伐，实现了全面保护天然林的历史性转折，取得了举世瞩目的成就。同时，我国天然林数量少、质量差、生态系统脆弱，保护制度不健全、管护水平低等问题仍然存在。为贯彻落实党中央、国务院关于完善天然林保护制度的重大决策部署，用最严格制度、最严密法治保护修复天然林，现提出如下方案。

一、总体要求

（一）指导思想。以习近平新时代中国特色社会主义思想为指导，全面贯彻党的十九大和十九届二中、三中全会精神，紧紧围绕统筹推进“五位一体”总体布局和协调推进“四个全面”战略布局，牢固树立“绿水青山就是金山银山”理念，建立全面保护、系统恢复、用途管控、权责明确的天然林保护修复制度体系，维护天然林生态系统的原真性、完整性，促进人与自然和谐共生，不断满足人民群众日益增长的优美生态环境需要，为建设社会主义现代化强国、实现中华民族伟大复兴的中国梦奠定良好生态基础。

（二）基本原则。

——坚持全面保护，突出重点。采取严格科学的保护措施，把所有天然林都保护起来。根据生态区位重要性、物种珍稀性等多种因素，确定天然林保护重点区域。实行天然林保护与公益林管理并轨，加快构建以天然林为主体的健康稳定的森林生态系统。

——坚持尊重自然，科学修复。遵循天然林演替规律，以自然恢复为主、人工促进为辅，保育并举，改善天然林分结构，注重培育乡土树种，提高森林质量，统筹山水林田湖草治理，全面提升生态服务功能。

——坚持生态为民，保障民生。积极推进国有林区转型发展，保障护林员待遇，保障林权权利人和经营主体的合法权益，确保广大林区职工和林农与全国人民同步进入全面小康社会。

——坚持政府主导，社会参与。地方各级政府承担天然林保护修复主体责任，引导和鼓励社会主体积极参与，林权权利人和经营主体依法尽责，形成全社会共抓天然林保护的新格局。

（三）目标任务。加快完善天然林保护修复制度体系，确保天然林面积逐步增加、质量持续提高、功能稳步提升。

到2020年，1.3亿公顷天然乔木林和0.68亿公顷天然灌木林地、未成林封育地、疏林地得到有效管护，基本建立天然林保护修复法律制度体系、政策保障体系、技术标准体系和监督评价体系。

到2035年，天然林面积保有量稳定在2亿公顷左右，质量实现根本好转，天然林生态系统得到有效恢复、生物多样性得到科学保护、生态承载力显著提高，为美丽中国目标基本实现提供有力支撑。

到本世纪中叶，全面建成以天然林为主体的健康稳定、布局合理、功能完备的森林生态系统，满足人民群众对优质生态产品、优美生态环境和丰富林产品的需求，为建设社会主义现代化强国打下坚实生态基础。

二、完善天然林管护制度

（四）确定天然林保护重点区域。对全国所有天然林实行保护，禁止毁林开垦、将天然林改造为人工林以及其他破坏天然林及其生态环境的行为。依据国土空间规划划定的生态保护红线以及生态区位重要性、自然恢复能力、生态脆弱性、物种珍稀性等指标，确定天然林保护重点区域，分区施策，分别采取封禁管理，自然恢复为主、人工促进为辅或其他复合生态修复措施。

（五）全面落实天然林保护责任。省级政府负责落实国家天然林保护修复政策，将天然林保护和修复目标任务纳入经济社会发展规划，按目标、任务、资金、责任“四到省”要求认真组织实施。建立地方政府天然林保护行政首长负责制和目标责任考核制，通过制定天然林保护规划、实施方案，逐级分解落实天然林保护责任和修复任务。天然林保护修复实行管护责任协议书制度。森林经营单位和其他林权权利人、经营主体按协议具体落实其经营管护区域内的天然林保护修复任务。

（六）加强天然林管护能力建设。完善天然林管护体系，加强天然林管护站点等建设，提高管护效率和应急处理能力。充分运用高新技术，构建全方位、多角度、高效运转、天地一体的天然林管护网络，实现天然林保护相关信息获取全面、共享充分、更新及时。健全天然林防火监测预警体系，加强天然林有害生物监测、预报、防治工作。结合精准扶贫扩大天然林护林员队伍，建立天然林管护人员培训制度。加强天然林区居民和社区共同参与天然林管护机制建设。

三、建立天然林用途管制制度

（七）建立天然林休养生息制度。全面停止天然林商业性采伐。对纳入保护重点区域的天然林，除森林病虫害防治、森林防火等维护天然林生态系统健康的必要措施外，禁止其他一切生产经营活动。开展天然林抚育作业的，必须编制作业设计，经林业主管部门审查批准后实施。依托国家储备林基地建设，培育大径材和珍贵树种，维护国家木材安全。

（八）严管天然林地占用。严格控制天然林地转为其他用途，除国防建设、国家重大工程项目建设特殊需要外，禁止占用保护重点区域的天然林地。在不破坏地表植被、不影响生物多样性保护前提下，可在天然林地适度发展生态旅游、休闲康养、特色种植养殖等产业。

四、健全天然林修复制度

（九）建立退化天然林修复制度。根据天然林演替规律和发育阶段，科学实施修复措施，遏制天然林分继续退化。编制天然林修复作业设计，开展修复质量评价，规范天然林保护修复档案管理。对于稀疏退化的天然林，开展人工促进、天然更新等措施，加快森林正向演替，逐步使天然次生林、退化次生林等生态系统恢复到一定的功能水平，最终达到自我持续状态。强化天然中幼林抚育，调整林木竞争关系，促进形成地带性顶级群落。加强生态廊道建设。鼓励在废弃矿山、荒山荒地上逐步恢复天然植被。

（十）强化天然林修复科技支撑。组织开展天然林生长演替规律、退化天然林生态功能恢复、不同类型天然林保育和适应性经营、抚育性采伐等基础理论和关键技术科研攻关，加强对更替、择伐、渐进、封育尤其是促进复壮等天然林修复方式的研究和示范。加快天然林保护修复科技成果转移转化，开展技术集成与推广，加快天然林保护修复技术标准体系建设。大力开展天然林保护修复国际合作交流，积极引进国外先进理念和技术。

（十一）完善天然林保护修复效益监测评估制度。制定天然林保护修复效益监测评估技术规程，逐步完善骨干监测站建设，指导基础监测站提升监测能力。定期发布全国和地方天然林保护修复效益监测评估报告。建立全国天然林数据库。

五、落实天然林保护修复监管制度

（十二）完善天然林保护修复监管体制。加强天然林资源保护修复成效考核监督，加大天然林保护年度核查力度，实行绩效管理。将天然林保护修复成效列入领导干部自然资源资产离任审计事项，作为地方党委和政府及领导干部综合评价的重要参考。强化舆论监督，发动群众防控天然林灾害事件，设立险情举报专线和公众号，制定奖励措施。对破坏天然林、损害社会公共利益的行为，可以依法提起民事公益诉讼。

（十三）建立天然林保护修复责任追究制。强化天然林保护修复责任追究，建立天然林资源损害责任终身追究制。对落实天然林保护政策和部署不力、盲目决策，造成严重后果的；对天然林保护修复不担当、不作为，造成严重后果的；对破坏天然林资源事件处置不力、整改执行不到位，造成重大影响的，依规依纪依法严肃问责。

六、完善支持政策

（十四）加强天然林保护修复基础设施建设。统筹安排国有林区林场管护用房、供电、饮水、通信等基础设施建设，积极推进国有林区林场道路建设。加强森林管护、森林防火、有害生物防治等方面现代化基础设施和装备建设。加大对天然林保护公益林建设和后备资源培育的支持力度。

（十五）完善天然林保护修复财政支持等政策。统一天然林管护与国家级公益林补偿政策。对集体和个人所有的天然商品林，中央财政继续安排停伐管护补助。逐步加大对天然林抚育的财政支持力度。完善天然林资源保护工程社会保险、政策性社会性支出、停伐及相关改革奖励等补助政策。优化调整支出结构，强化预算绩效管理。推进重点国有林区改革，加快剥离办社会职能，落实重点国有林区金融机构债务处理政策。调整完善森林保险制度。

（十六）探索天然林保护修复多元化投入机制。探索通过森林认证、碳汇交易等方式，多渠道筹措天然林保护修复资金。鼓励社会公益组织参与天然林保护修复。鼓励公民、法人和其他组织通过捐赠、资助、认养、志愿服务等方式，从事天然林保护公益事业。鼓励地方探索重要生态区位天然商品林赎买制度。

七、强化实施保障

（十七）切实加强党对天然林保护修复工作的领导。天然林保护是生态文明建设中一项具有根本性、全局性、关键性的重大任务，地方各级党委和政府必须把天然林保护摆到突出位置，强化总体设计和组织领导。切实加强天然林保护修复机构队伍建设，保障天然林保护修复和管理经费。国务院林业主管部门牵头协调组织各有关部门研究解决天然林保护修复出现的新情况新问题，重大问题及时向党中央、国务院报告。

（十八）完善天然林保护法律制度。健全天然林保护修复法律法规，研究制定天然林保护条例。各地应当结合本地实际，制定天然林保护地方性法规、规章；已经出台天然林保护地方性法规、规章的，要根据本方案精神，做好修订工作，用最严格制度、最严密法治保护天然林资源。

（十九）编制天然林保护修复规划。继续实施好天然林资源保护二期工程，全面总结评估天然林资源保护二期工程实施方案执行情况。研究编制全国天然林保护修复中长期规划，提出天然林保护阶段性目标、任务，进一步完善天然林保护政策和措施。各省级政府组织编制天然林保护修复规划，市、县级政府组织编制天然林保护修复实施方案，明确本行政区域天然林保护范围、目标和举措。经批准的天然林保护修复规划、实施方案不得擅自变更。编制或者修订天然林保护修复规划、实施方案应当公示，必要时应当举行听证。

（二十）提高全社会天然林保护意识。天然林保护是广大人民群众共同参与、共同建设、共同受益的事业，是一项长期任务，要一代代抓下去。鼓励和引导群众通过订立乡规民约、开展公益活动等方式，培育爱林护林的生态道德和行为准则。加强天然林保护科普宣传教育，充分利用互联网等各种媒体，提高公众对天然林生态、社会、文化、经济价值的认识，形成全社会共同保护天然林的良好氛围。按照国家有关规定，对在天然林保护管理事业中作出显著成绩的单位和个人给予表彰奖励。

国务院办公厅关于进一步推进三北防护林体系建设的意见

（2009 年 8 月 15 日　国办发〔2009〕52 号）

1978 年，党中央、国务院从中华民族生存与发展的战略高度，作出了建设西北、华北、东北防护林体系（以下称三北工程）的重大决策，开创了我国生态工程建设的先河。为贯彻落实党的十七届三中全会和中央林业工作会议精神，进一步推进三北工程建设，努力开创生产发展、生活富裕、生态良好的文明发展道路，经国务院同意，现提出如下意见：

一、充分认识进一步推进三北工程建设的重大意义

（一）三北工程建设成就举世瞩目。经过 30 多年的建设，三北工程取得了重大阶段性成果，工程区森林覆盖率由 5.05% 提高到 10.51%，治理沙化土地 27.8 万平方公里，控制水土流失面积 38.6 万平方公里，改善了生态环境，提高了土地承载力，促进了粮食稳产高产，开辟了农民增收新渠道，为促进区域经济社会可持续发展作出了突出贡献。

（二）三北地区生态形势依然严峻。三北地区是我国沙化和水土流失最严重的地区，区域内沙化土地面积占全国沙化土地面积的 85%，水土流失面积占全国水土流失面积的 67%。目前，这一地区森林覆盖率远低于全国平均水平，风沙、干旱等生态灾害发生频繁，生态环境仍然十分脆弱，不仅威胁我国的生态安全，而且制约经济社会发展。

（三）加快三北工程建设意义重大。三北地区是我国生态治理最重要、最紧迫、最艰巨的地区之一。进一步加快三北工程建设，是贯彻落实科学发展观，建设生态文明的重要举措；是改善三北地区乃至全国生态环境，拓展中华民族生存和发展空间的战略选择；是增强应对全球气候变化能力，增强森林碳汇功能的重要载体；是提高农业生产力，增加农民收入的有效途径。

二、明确指导思想、基本原则和目标任务

（四）指导思想。以邓小平理论和“三

个代表”重要思想为指导，深入贯彻落实科学发展观，按照发展现代林业、建设生态文明、促进科学发展的总体要求，遵循自然规律、经济规律和社会发展规律，围绕防沙治沙和水土保持两大任务，大力保护和扩大林草植被，建立和巩固国土生态安全体系，促进人居环境和生态状况不断改善，为区域经济社会协调发展奠定良好的生态基础。

（五）基本原则。坚持生态效益优先，生态效益、经济效益与社会效益相结合；坚持统筹规划、突出重点、分步实施，全面推进与重点治理相结合；坚持科技兴林、因地制宜、因害设防，自然修复与人工治理相结合；坚持深化改革、创新机制，国家投入与社会参与、政府主导与市场调节相结合；坚持依法治林，加强现有森林资源保护，实行保护与建设相结合。

（六）目标任务。力争到2020年，使三北地区森林覆盖率达到12%，沙化土地扩展趋势得到基本遏制，水土流失得到有效控制，建成一批区域性防护林体系。到2050年，森林覆盖率达到并稳定在15%左右，努力实现三北地区生态状况的根本好转。

三、进一步优化工程建设布局

（七）编制分期规划并落实任务。根据三北工程总体规划和经济社会发展需要，国务院林业主管部门要会同有关部门组织编制好分期规划。有关地方各级人民政府要将分期规划纳入本级政府国民经济和社会发展总体规划，认真做好规划的组织实施工作，切实将规划任务落实到建设单位，并定期对规划实施情况进行检查、评估，确保规划任务按期完成，取得实效。

（八）合理布局防护林体系建设。要根据三北工程总体规划，统筹兼顾与其他生态建设工程的关系，科学安排三北工程建设，确保目标统一，形成合力，取得最大成效。按照不同区域功能定位，科学治理，整体推进。在风沙区，以治理沙化土地为重点，通过大力开展造林、封育等措施进行全面治理，适度开发利用沙区资源，建成乔灌草相结合的防风固沙防护林体系；在西北荒漠区，以保护天然荒漠植被为重点，采取以封育保护为主的措施，加强以典型荒漠生态系统为主的自然保护区建设，切实保护好自然生态，建成以沙生灌木为主的荒漠绿洲防护林体系；在黄土高原丘陵沟壑区，以小流域治理为重点，积极发展以干鲜果品为主的水土保持兼用林，建成生态经济型防护林体系；在东北、华北平原农区，以改善农业生产条件为重点，坚持建设、改造、提高相结合，建成网带片相结合的高效农业防护林体系。

（九）加快重点区域治理。集中力量抓好科尔沁沙地、毛乌素沙地、呼伦贝尔沙地、新疆绿洲外围和河西走廊的防沙治沙。加大黄河流域、辽河流域、松花江嫩江流域、石羊河流域、黑河流域、塔里木河流域等重点地区的水土流失治理和湿地保护力度。强化阴山—狼山沿线、阿拉善高原、祁连山地区、柴达木盆地、准噶尔盆地等江河源头和风沙源的治理措施，依法划定封禁保护区，从源头上控制风沙和水土流失危害。

四、强化科学营造和依法管护

（十）优化营造林结构。要因地制宜，科学配置林种树种，不断提高工程建设成效，建立以森林植被为主体、林草结合的生态系统。实行乔灌草结合，在干旱地区以灌草为主；实行封育、飞播和人工造林结合，加大封山（沙）育林育草比重；实行多林种结合，发展生态经济兼用林；实行多树种结合，以乡土树种为主，营造混交林。加强森林经营，加大中幼林抚育力度，有计划地开展农田防护林和低效林更新改造。加强森林防火和林业有害生物防治，提高森林健康水平。

（十一）加大科技推广和服务力度。工程建设要安排一定比例资金用于科技支撑。针对工程建设难点和重点，加强防护林技术研发和集成，开展干旱沙地、瘠薄丘陵等困难立地植被建设技术的集成创新，突破技术瓶颈。加大先进适用技术和治理模式的示范推广力度，工程建设要与林业技术推广同步设计、同步实施、同步验收。全方位开展规划设计、技术指导、科技培训等服务，加强种苗基础设施建设，提高良种壮苗使用率，保证工程建设质量。

（十二）加强保护和利用管理。坚持依法治林，严厉打击乱砍滥伐、乱捕滥猎、毁林开垦、非法占用林地等违法行为，巩固工程建设成果。在有效保护森林资源和生态环境基础上，积极开展林药间作和林草间作，营造特色林果基地、灌草饲料林基地、能源林基地，发展林下经济和花卉、森林旅游等优势特色产业，加快推进农业生产方式转变，增加农牧民收入。

（十三）科学开展工程效益监测和评价。充分运用现代科技手段，建立三北工程区森林资源和建设情况动态监测与效益评价系统。国务院林业主管部门要定期组织对工程区森林资源状况和工程建设情况进行监测和评价，及时公布评价结果，作为考核各地工程建设情况和安排投资的依据。县级以上地方人民政府林业主管部门负责开展本区域森林资源和工程建设效益监测评价工作，根据监测和评价结果，充实和完善建设内容，改进和强化管理措施。

五、加大政策扶持力度

（十四）完善投入机制。加大工程建设投资规模，完善投资标准和投资结构，建立政府投入、社会参与的多元化长效投入机制。逐步加大中央投入力度，重点保证并优先安排重点治理项目建设。积极探索直接收购各种社会主体营造的非国有公益林。有关地方各级政府对三北工程建设要给予支持和投资保障，将森林防火、林业有害生物防治等方面的基础设施纳入各级政府基本建设规划。各有关部门在实施农业综合开发、农田水利基本建设、小流域综合治理、绿色通道建设和国土资源整治等项目时，要统筹考虑防护林建设。鼓励社会投资、捐赠赞助、森林认养和冠名、国际合作等形式，投入工程建设。

（十五）创新建设机制。建立宏观调控和市场配置相结合的充满活力、协调有序、互为补充的建设机制。充分发挥国家在政策法规、组织管理、协调服务、规划设计、督导检查等方面的主导作用。积极推进集体林权制度改革，赋予农民更加充分而有保障的林地承包经营权，依法登记核发林权证，保持土地承包关系长期稳定，放活经营权，落实处置权，保障收益权，激活发展动力，充分发挥农民群众在造林、经营、管护等工程建设各环节的主体作用。充分发挥专业造林队伍在标准化、规模化、集约化、规范化建设方面的骨干作用，重点建设项目逐步推行专业化造林。充分发挥社会的推动作用，采取入股、合作、承包等形式，鼓励、吸引不同经济成分依法参加防护林建设。

（十六）建立金融扶持机制。加大政策性金融对沙产业开发、山区综合开发、林业资源开发等经营活动的中长期信贷支持，林业贷款期限最长可为10年。多方面拓宽林业融资渠道，探索开发适合林业特点的信贷产品和服务方式，拓宽林业信贷担保物范围，推进林业信贷担保方式创新。金融机构要在防范风险的前提下，加大对林农小额信贷和联保贷款的扶持力度，林权抵押贷款利率一般应低于信用贷款利率；小额林农贷款，借款人实际承担利率原则上不超过人民银行规定的同期限贷款基准利率的1.3倍。

（十七）落实生态补偿机制。按照森林分类经营的原则，工程建设区营造的生态公益林，符合条件的，分别纳入中央和地方森林生态效益补偿范围。严格治理责任，在工程建设区从事矿产资源开发和利用活动的经济主体，要负责进行生态的修复和建设。

六、切实加强组织领导

（十八）加强对工程建设的组织领导。有关地方各级人民政府要把三北工程建设纳入重要议事日程，实行行政领导负责制。各有关部门要按照职能分工，各负其责，加强协调，密切配合，齐心协力搞好工程建设。有关各级林业主管部门要强化组织管理、监督指导、协调服务，加强队伍建设，制定完善工程建设标准、管理办法和技术规程，依法推进工程建设。积极开展国际合作与交流。

（十九）动员社会力量参与工程建设。大力宣传三北工程在改善生态环境、建设生态文明、构建和谐社会中的重要作用，提高全社会的生态环保意识。充分发挥人民解放军、武警部队、民兵以及工会、共青团、妇联和其他社会团体在三北工程建设中的重要作用，调动各方面积极性，形成三北工程建设的强大合力。

沿海国家特殊保护林带管理规定

（1996年12月9日林业部令第11号发布　根据2011年1月25日国家林业局令第26号修改）

第一条　为了加强沿海国家特殊保护林带的保护管理，根据《中华人民共和国森林法》和国家有关规定，制定本规定。

第二条　沿海国家特殊保护林带的保护和监督管理，必须遵守本规定。

第三条　林业部负责组织指导全国沿海国家特殊保护林带的建设和保护管理工作。沿海地区县级以上地方人民政府林业行政主管部门负责本行政区域内国家特殊保护林带的建设和保护管理工作。

第四条　经国务院批准，下列沿海基干林带划定为国家特殊保护林带：

（一）在沙岸地段：从适宜植树的地方起向岸上延伸200米。

（二）在泥岸地段：从红树林或者适宜植树的地方起向陆地延伸使林带宽度不少于100米。

（三）在岩岸地区：为临海第一座山山脊的临海坡面。

第五条　划定沿海国家特殊保护林带，不改变原来的森林、林木、林地的权属主体。

第六条 沿海地区县级以上地方人民政府林业行政主管部门应当对本行政区域内的国家特殊保护林带建立档案和设立保护标志，任何单位或者个人不得破坏或者擅自移动沿海国家特殊保护林带的保护标志。

第七条 在沿海国家特殊保护林带内，禁止从事砍柴、放牧、修坟、采石、采砂、采土、采矿及其他毁林行为，禁止非法修筑建筑物和其他工程设施。

第八条 沿海地区地方人民政府林业行政主管部门应当在当地人民政府领导下，组织有关部门做好沿海国家特殊保护林带的森林火灾和森林病虫害防治工作。

第九条 沿海国家特殊保护林带内的宜林地，由林地使用者按照沿海防护林体系建设规划负责营造防护林。

第十条 禁止采伐沿海国家特殊保护林带内的林木。

依照有关规定需要对沿海国家特殊保护林带内的林木进行抚育和更新采伐的，必须经所在地县级人民政府林业行政主管部门审核，报省级人民政府林业行政主管部门批准，并报林业部备案。

对沿海国家特殊保护林带内的林木进行抚育和更新采伐的，不得超过批准的年采伐限额核发林木采伐许可证。

对沿海国家特殊保护林带内的林木进行更新采伐的，在采伐后的当年或者次年内必须完成更新造林任务。

第十一条 沿海国家特殊保护林带内的林地不得占用、征收、征用。因国家重点工程建设等特殊情况需要占用、征收、征用的，在按照法定权限和程序报人民政府批准时，必须附具省级以上人民政府林业行政主管部门的审核意见。

对未按照法定权限和程序办理占用、征收、征用沿海国家特殊保护林带内的林地手续的，被占用、征收、征用林地的单位有权抵制，并向县级以上人民政府林业行政主管部门报告。

第十二条 经批准占用、征收、征用沿海国家特殊保护林带内的林地的，应当按照批准的数量、范围使用林地。需要采伐被占用、征收、征用林地上的林木的，必须按照有关法律、法规的规定办理林木采伐许可证。

第十三条 经批准占用、征收、征用沿海国家特殊保护林带内的林地的，用地单位应当按照国家有关规定缴纳林木补偿费、林地补偿费、安置补助费和森林植被恢复费等费用。

第十四条 违反森林保护法规，破坏沿海国家特殊保护林带森林资源的，破坏或者擅自移动沿海国家特殊保护林带的保护标志的，依照有关法律、法规的规定从重处罚。

第十五条 本规定由林业部负责解释。

第十六条 本规定自发布之日起施行。

林木和林地权属登记管理办法

（2000 年 12 月 31 日国家林业局令第 1 号发布　根据 2011 年 1 月 25 日国家林业局令第 26 号修改）

第一条　为了规范森林、林木和林地的所有权或者使用权（以下简称林权）登记工作，根据《中华人民共和国森林法》及其实施条例规定，制定本办法。

第二条　县级以上林业主管部门依法履行林权登记职责。

林权登记包括初始、变更和注销登记。

第三条　林权权利人是指森林、林木和林地的所有权或者使用权的拥有者。

第四条　林权权利人为个人的，由本人或者其法定代理人、委托的代理人提出林权登记申请；林权权利人为法人或者其他组织的，由其法定代表人、负责人或者委托的代理人提出林权登记申请。

第五条　林权权利人应当根据森林法及其实施条例的规定提出登记申请，并提交以下文件：

（一）林权登记申请表；

（二）个人身份证明、法人或者其他组织的资格证明、法定代表人或者负责人的身份证明、法定代理人或者委托代理人的身份证明和载明委托事项和委托权限的委托书；

（三）申请登记的森林、林木和林地权属证明文件；

（四）省、自治区、直辖市人民政府林业主管部门规定要求提交的其他有关文件。

第六条　林权发生变更的，林权权利人应当到初始登记机关申请变更登记。

第七条　林地被依法征收、征用、占用或者由于其他原因造成林地灭失的，原林权权利人应当到初始登记机关申请办理注销登记。

第八条　林权权利人申请办理变更登记或者注销登记时，应当提交下列文件：

（一）林权登记申请表；

（二）林权证；

（三）林权依法变更或者灭失的有关证明文件。

第九条　登记机关应当对林权权利人提交的申请登记材料进行初步审查。

登记机关认为林权权利人提交的申请材料符合森林法及其实施条例以及本办法规定的，应当予以受理；认为不符合规定的，应当说明不受理的理由或者要求林权权利人补充材料。

第十条　登记机关对已经受理的登记申请，应当自受理之日起 10 个工作日内，在森林、林木和林地所在地进行公告。公告期为 30 天。

第十一条　对经审查符合下列全部条件的登记申请，登记机关应当自受理申请之日起 3 个月内予以登记：

（一）申请登记的森林、林木和林地位置、四至界限、林种、面积或者株数等数据准确；

（二）林权证明材料合法有效；

（三）无权属争议；

（四）附图中标明的界桩、明显地物标志与实地相符合。

第十二条 对经审查不符合本办法第十一条规定的登记条件的登记申请，登记机关应当不予登记。

在公告期内，有关利害关系人如对登记申请提出异议，登记机关应当对其所提出的异议进行调查核实。有关利害关系人提出的异议主张确实合法有效的，登记机关对登记申请应当不予登记。

第十三条 对不予登记的申请，登记机关应当以书面形式向提出登记申请的林权权利人告知不予登记的理由。

第十四条 对于经过登记机关审查准予登记的申请，应当及时核发林权证。

第十五条 按照森林法及其实施条例的规定，由国务院林业主管部门或者省、自治区、直辖市人民政府以及设区的市、自治州人民政府核发林权证的，登记机关应当将核发林权证的情况通知有关地方人民政府。

第十六条 国务院林业主管部门统一规定林权证式样，并指定厂家印制。

第十七条 发现林权证错、漏登记的或者遗失、损坏的，有关林权权利人可以到原林权登记机关申请更正或者补办。

第十八条 登记机关应当配备专（兼）职人员和必要的设施，建立林权登记档案。

第十九条 登记档案应当包括下列主要材料：

（一）本办法第五条规定的申请材料；

（二）林权登记台账；

（三）本办法第十二条第二款涉及的异议材料和登记机关的调查材料和审查意见；

（四）其他有关图表、数据资料等文件。

第二十条 登记机关应当公开登记档案，并接受公众查询。

第二十一条 省级林业主管部门登记机关应当将当年林权证核发、换发、变更等登记情况统计汇总，并于次年1月份报国务院林业主管部门。

第二十二条 本办法由国家林业局负责解释。

第二十三条 本办法自发布之日起施行。

建设项目使用林地审核审批管理办法

（2015年3月30日国家林业局令第35号发布　根据2016年9月22日国家林业局令第42号修正　根据2018年8月4日国家林业局公告2018年第12号修改）

第一条 为了规范建设项目使用林地审核和审批，严格保护和合理利用林地，促进生态林业和民生林业发展，根据《中华人民共和国森林法》、《中华人民共和国行政许可法》、《中华人民共和国森林法实施条例》，制定本办法。

第二条 本办法所称建设项目使用林地，是指在林地上建造永久性、临时性的建筑物、构筑物，以及其他改变林地用途的建设行为。包括：

（一）进行勘查、开采矿藏和各项建设工程占用林地。

（二）建设项目临时占用林地。

（三）森林经营单位在所经营的林地范围内修筑直接为林业生产服务的工程设施占用林地。

第三条 建设项目应当不占或者少占林地，必须使用林地的，应当符合林地保护利用规划，合理和节约集约利用林地。

建设项目使用林地实行总量控制和定额管理。

建设项目限制使用生态区位重要和生态脆弱地区的林地，限制使用天然林和单位面积蓄积量高的林地，限制经营性建设项目使用林地。

第四条 占用和临时占用林地的建设项目应当遵守林地分级管理的规定：

（一）各类建设项目不得使用Ⅰ级保护林地。

（二）国务院批准、同意的建设项目，国务院有关部门和省级人民政府及其有关部门批准的基础设施、公共事业、民生建设项目，可以使用Ⅱ级及其以下保护林地。

（三）国防、外交建设项目，可以使用Ⅱ级及其以下保护林地。

（四）县（市、区）和设区的市、自治州人民政府及其有关部门批准的基础设施、公共事业、民生建设项目，可以使用Ⅱ级及其以下保护林地。

（五）战略性新兴产业项目、勘查项目、大中型矿山、符合相关旅游规划的生态旅游开发项目，可以使用Ⅱ级及其以下保护林地。其他工矿、仓储建设项目和符合规划的经营性项目，可以使用Ⅲ级及其以下保护林地。

（六）符合城镇规划的建设项目和符合乡村规划的建设项目，可以使用Ⅱ级及其以下保护林地。

（七）符合自然保护区、森林公园、湿地公园、风景名胜区等规划的建设项目，可以使用自然保护区、森林公园、湿地公园、风景名胜区范围内Ⅱ级及其以下保护林地。

（八）公路、铁路、通讯、电力、油气管线等线性工程和水利水电、航道工程等建设项目配套的采石（沙）场、取土场使用林地按照主体建设项目使用林地范围执行，但不得使用Ⅱ级保护林地中的有林地。其中，在国务院确定的国家所有的重点林区（以下简称重点国有林区）内，不得使用Ⅲ级以上保护林地中的有林地。

（九）上述建设项目以外的其他建设项目可以使用Ⅳ级保护林地。

本条第一款第二项、第三项、第七项以外的建设项目使用林地，不得使用一级国家级公益林地。

国家林业局根据特殊情况对具体建设项目使用林地另有规定的，从其规定。

第五条 建设项目占用林地的审核权限，按照《中华人民共和国森林法实施条例》的有关规定执行。

建设项目占用林地，经林业主管部门审核同意后，建设单位和个人应当依照法律法规的规定办理建设用地审批手续。

第六条 建设项目临时占用林地和森林经营单位在所经营的林地范围内修筑直接为林业生产服务的工程设施占用林地的审批权限，由县级以上地方人民政府林业主管部门按照省、自治区、直辖市有关规定办理。其中，重点国有林区内的建设项目，由省级林业主管部门审批。

第七条 占用林地和临时占用林地的用地单位或者个人提出使用林地申请，应当填写《使用林地申请表》，同时提供下列材料：

（一）用地单位的资质证明或者个人的身份证明。

（二）建设项目有关批准文件。包括：可行性研究报告批复、核准批复、备案确认文件、勘查许可证、采矿许可证、项目初步设计等批准文件；属于批次用地项目，提供经有关人民政府同意的批次用地说明书并附规划图。

（三）建设项目使用林地可行性报告或者林地现状调查表。

第八条 修筑直接为林业生产服务的工程设施的森林经营单位提出使用林地申请，应当填写《使用林地申请表》，提供相关批准文件或者修筑工程设施必要性的说明，并提供工程设施内容、使用林地面积等情况说明。

第九条 建设项目需要使用林地的，用地单位或者个人应当向林地所在地的县级人民政府林业主管部门提出申请；跨县级行政区域的，分别向林地所在地的县级人民政府林业主管部门提出申请。

第十条 县级人民政府林业主管部门对材料齐全、符合条件的使用林地申请，应当在收到申请之日起10个工作日内，指派2名以上工作人员进行用地现场查验，并填写《使用林地现场查验表》。

第十一条 县级人民政府林业主管部门对建设项目拟使用的林地，应当在林地所在地的村（组）或者林场范围内将拟使用林地用途、范围、面积等内容进行公示，公示期不少于5个工作日。但是，依照相关法律法规的规定不需要公示的除外。

第十二条 按照规定需要报上级人民政府林业主管部门审核和审批的建设项目，下级人民政府林业主管部门应当将初步审查意见和全部材料报上级人民政府林业主管部门。

审查意见中应当包括以下内容：项目基本情况，拟使用林地和采伐林木情况，符合林地保护利用规划情况，使用林地定额情况，以及现场查验、公示情况等。

第十三条 有审核审批权的林业主管部门对申请材料不全或者不符合法定形式的，应当一次性书面告知用地单位或者个人限期补正；逾期未补正的，退还申请材料。

第十四条 符合本办法第三条、第四条规定的条件，并且符合国家供地政策，对生态环境不会造成重大影响，有审核审批权的人民政府林业主管部门应当作出准予使用林地的行政许可决定，按照国家规定的标准预收森林植被恢复费后，向用地单位或者个人核发准予行政许可决定书。不符合上述条件的，有关人民政府林业主管部门应当作出不予使用林地的行政许可决定，向用地单位或者个人核发不予行政许可决定书，告知不予许可的理由。

有审核审批权的人民政府林业主管部门对用地单位和个人提出的使用林地申请，应当在《中华人民共和国行政许可法》规定的期限内作出行政许可决定。

第十五条 建设项目需要使用林地的，用地单位或者个人应当一次申请。严禁化整为零、规避林地使用审核审批。

建设项目批准文件中已经明确分期或者分段建设的项目，可以根据分期或者分段实施安排，按照规定权限分次申请办理使用林地手续。

采矿项目总体占地范围确定，采取滚动方式开发的，可以根据开发计划分阶段按照规定权限申请办理使用林地手续。

公路、铁路、水利水电等建设项目配套的移民安置和专项设施迁建工程，可以分别具体建设项目，按照规定权限申请办理使用林地手续。

需要国务院或者国务院有关部门批准的公路、铁路、油气管线、水利水电等建设项目中的桥梁、隧道、围堰、导流（渠）洞、进场道路和输电设施等控制性单体工程和配套工程，根据有关开展前期工作的批文，可以由省级林业主管部门办理控制性单体工程和配套工程先行使用林地审核手续。整体项目申请时，应当附具单体工程和配套工程先行使用林地的批文及其申请材料，按照规定权限一次申请办理使用林地手续。

第十六条 国家或者省级重点的公路、铁路跨多个市（县），已经完成报批材料并且具备动工条件的，可以地级市为单位，由具有整体项目审核权限的人民政府林业主管部门分段审核。

大中型水利水电工程可以分别坝址、淹没区，由具有整体项目审核权限的人民政府林业主管部门分别审核。

第十七条 公路、铁路、输电线路、油气管线和水利水电、航道建设项目临时占用林地的，可以根据施工进展情况，一次或者分批次由具有整体项目审批权限的人民政府林业主管部门审批临时占用林地。

第十八条 抢险救灾等急需使用林地的建设项目，依据土地管理法律法规的有关规定，可以先行使用林地。用地单位或者个人应当在灾情结束后6个月内补办使用林地审核手续。属于临时用地的，灾后应当恢复林业生产条件，依法补偿后交还原林地使用者，不再办理用地审批手续。

第十九条 建设项目因设计变更等原因需要增加使用林地面积的，依据规定权限办理用地审核审批手续；需要改变使用林地位置或者减少使用林地面积的，向原审核审批机关申请办理变更手续。

第二十条 公路、铁路、水利水电、航道等建设项目临时占用的林地在批准期限届满后仍需继续使用的，应当在届满之日前3个月，由用地单位向原审批机关提出延续临时占用申请，并且提供本办法第七条第三项规定的有关补偿材料。原审批机关应当按照本办法规定的条件进行审查，作出延续行政许可决定。

第二十一条 国家依法保护林权权利人的合法权益。建设项目使用林地的，应当对涉及单位和个人的森林、林木、林地依法给予补偿。

第二十二条 建设项目临时占用林地期满后，用地单位应当在一年内恢复被使用林地的林业生产条件。

县级人民政府林业主管部门应当加强对用地单位使用林地情况的监管，督促用地单位恢复林业生产条件。

第二十三条 上级人民政府林业主管部门可以委托下级人民政府林业主管部门对建设项目使用林地实施行政许可。

第二十四条 经审核同意使用林地的建设项目，依照有关规定批准用地后，县级以上人民政府林业主管部门应当及时变更林地管理档案。

第二十五条 经审核同意使用林地的建设项目，准予行政许可决定书的有效期为两年。建设项目在有效期内未取得建设用地批准文件的，用地单位应当在有效期届满前3

个月向原审核机关提出延期申请，原审核同意机关应当在准予行政许可决定书有效期届满前作出是否准予延期的决定。建设项目在有效期内未取得建设用地批准文件也未申请延期的，准予行政许可决定书失效。

第二十六条 《使用林地申请表》、《使用林地现场查验表》式样，由国家林业局统一规定。

第二十七条 本办法所称Ⅰ、Ⅱ、Ⅲ、Ⅳ级保护林地，是指依据县级以上人民政府批准的林地保护利用规划确定的林地。

本办法所称国家级公益林林地，是指依据国家林业局、财政部的有关规定确定的公益林林地。

第二十八条 本办法所称“以上”均包含本数，“以下”均不包含本数。

第二十九条 本办法自2015年5月1日起施行。国家林业局于2001年1月4日发布、2011年1月25日修改的《占用征收征用林地审核审批管理办法》同时废止。

全国造林绿化规划纲要（2011—2020年）

（2011年6月16日　全国绿化委员会、国家林业局　全绿字〔2011〕6号）

前　言

加强生态建设，维护生态安全，建设生态文明，是二十一世纪人类面临的共同主题，也是我国经济社会可持续发展的重要基础。造林绿化是生态建设的核心内容，是维护生态安全的基础保障，是应对气候变化的战略选择，是建设生态文明的重要途径，是我国现代化建设中必须始终坚持的基本国策。

党和国家历来高度重视造林绿化工作，制定实施了一系列促进造林绿化事业发展的方针政策。经过全社会的共同努力，造林绿化事业取得了举世瞩目的成就。一是森林资源快速增长。第七次全国森林资源清查结果显示，全国森林面积19545万公顷，森林覆盖率20.36%，森林蓄积137.21亿立方米；人工林面积6169万公顷，其规模和发展速度均居世界第一。在全球森林资源总体呈下降趋势的情况下，我国实现了森林面积和森林蓄积双增长，森林碳汇大幅度增加。二是林业重点工程建设成绩显著。1999—2009年林业重点工程完成造林4167万公顷。2005—2009年期间，人工林新增面积中74.13%来源于林业重点工程。工程治理区域森林覆盖率大幅提高，生态防护能力显著增强，局部地区生态状况明显改善。三是草原建设成效显著。国家实施草原重大生态建设工程，集中治理生态脆弱和严重退化草场。草原围栏面积达到6634万公顷，草原禁牧休牧轮牧面积累计达10167万公顷，种草保留面积达到2063万公顷，全国草原生态加速恶化的势头初步遏制，草原生态状况局部改善。四是全民义务植树蓬勃开展。开展义务植树以来，各级党政领导率先垂范，宣传发动深入广泛，组织管理不断加强，实现形式不断创新，尽责率逐步提高，全民绿化意识显著增强，累计参加人次达到127.3亿，植树

588.96亿株。五是部门绿化稳步推进。按照部门绿化分工责任制的要求，各部门（系统）结合实际，发挥优势，努力推进身边增绿，为我国生态建设事业作出了积极贡献。六是城乡绿化快速发展。全国城市建成区绿化覆盖面积149.45万公顷，绿化覆盖率38.22%，城市人均公园绿地面积10.66平方米。大力推进以城镇、村屯及庭院绿化为重点，以道路绿化、农田防护林为网络的绿化、美化建设，城乡人居环境明显改善。七是森林经营有序开展。提出了森林经营是现代林业建设永恒主题的重要论断，启动了森林抚育补贴试点，开展了森林抚育政策和模式研究。“十一五”期间全国完成中幼林抚育3133万公顷。

我国造林绿化事业虽然取得了巨大成就，但是与建设生态文明和改善人居环境的要求相比还存在相当的差距，造林绿化依然面临着诸多问题和困难。我国现有宜林地4400多万公顷，60%分布在内蒙古和西北等干旱半干旱地区，造林难度大。科技兴林和人才强林战略推进缓慢，区域造林绿化发展水平相差悬殊，造林绿化基础建设薄弱，新造林地后期抚育管护亟须加强，森林质量亟待提高。造林绿化体制机制障碍仍未破除，法律法规制度不健全，资金投入严重不足，企业和群众投入造林绿化的内在动力不够。这些问题制约着造林绿化事业的健康发展。我国仍然是一个缺林少绿的国家。生态问题依然是制约可持续发展的最突出的问题，生态差距仍然是与发达国家最为显著的差距，生态建设仍将是夺取全面建设小康社会新胜利最为紧迫的任务。

党的十七大提出要大力建设生态文明，将生态文明作为全面建设小康社会的重要目标。中央林业工作会议进一步明确：林业在贯彻可持续发展战略中具有重要地位，在生态建设中具有首要地位，在西部大开发中具有基础地位，在应对气候变化中具有特殊地位；实现科学发展必须把发展林业作为重大举措，建设生态文明必须把发展林业作为首要任务，应对气候变化必须把发展林业作为战略选择，解决“三农”问题必须把发展林业作为重要途径。在2009年联合国气候变化峰会上，胡锦涛主席向全世界庄严承诺，“大力增加森林碳汇，争取到2020年森林面积比2005年增加4000万公顷，森林蓄积量比2005年增加13亿立方米”。党和国家的这些决策部署，不仅给我国造林绿化工作赋予了新使命、提出了新要求，也为我国造林绿化事业的发展提供了战略机遇。

为适应经济社会发展对造林绿化的新需求，贯彻落实科学发展观和中央关于加快林业发展的一系列重大决策部署，兑现应对气候变化的国家承诺，全国绿化委员会、国家林业局按照党中央、国务院的要求，编制了《全国造林绿化规划纲要（2011—2020年）》。在总结经验、分析形势的基础上，提出了今后10年造林绿化的目标与任务、实现途径和政策保障，是指导我国造林绿化事业健康发展的纲领性文件。

一、指导思想与基本原则

（一）指导思想

2011—2020年造林绿化工作要高举中国特色社会主义伟大旗帜，以邓小平理论和“三个代表”重要思想为指导，全面落实科学发展观，深入贯彻中央林业工作会议精神，紧紧围绕2020年比2005年森林面积增加4000万公顷、森林蓄积增加13亿立方米的奋斗目标，按照发展现代林业、建设生态文明、推动科学发展的总体要求，坚持依靠人民群众、依靠科学技术、依靠深化改革，以科学发展为主题，以转变发展方式为主线，以保护和自然修复为基础，依托林业重点工程，进一步推进全社会办林业，全民搞绿化，加大造林绿化和森林经营力度，扩大森林面积，增加森林蓄积，提高森林质量，提升森林效能，为维护国家生态安全，保障木材等林产品供给，改善人居环境，实现兴林富民作出更大贡献。

（二）基本原则

——坚持生态优先，生态、经济、社会效益相协调的原则。将改善生态作为造林绿化的首要目标，充分利用和发挥森林的多种功能和综合效益，促进生态改善、产业发展、经济增长、农民增收、社会和谐。

——坚持分类指导、分区施策、突出重点的原则。结合各区域自然地理特点和资源优势，统筹规划，合理布局，依托重点生态工程，突出区域特色，全面推进造林绿化。

——坚持政府主导、部门联动、社会参与、市场推动相结合的原则。加大政府投入，落实部门责任，发挥部门优势；利用市场机制，坚持全社会办林业、全民搞绿化，多层次、多形式推进造林绿化。

——坚持科技兴林、量质并重的原则。遵循自然规律，依靠科技进步，解决营造林难点问题；大力推广优良乡土树种，优化森林结构，培育优质森林；坚持造管并举，强化森林管护，确保营造林成效。

——坚持依法治绿、制度保障的原则。完善造林绿化法规体系，加大执法力度，强化执法监督。健全造林绿化管理制度，完善政策措施，保障造林绿化健康发展。

二、目标与任务

（一）奋斗目标

到2020年，森林面积、蓄积稳步增加，区域分布更加合理，林种树种结构趋于优化，森林质量明显提高，森林碳汇显著增加，森林功能大大增强，草原退化趋势得到遏制，全国生态状况明显改善。木材及其他林产品有效供给稳步增长，林业主导产业快速发展。城乡绿化覆盖面积大幅度提高，人居环境总体达到全面建设小康社会的要求。生态文化体系基本形成，全民生态意识明显增强。

——森林面积达到2.23亿公顷，森林覆盖率达到23%以上，林木绿化率达到29%以上。

——森林蓄积量增加到150亿立方米以上，通过实施森林经营、控制消耗等措施，力争达到158亿立方米。

——城市建成区绿化覆盖率达到39.5%，人均公园绿地面积达到11.7平方米。

——乡镇建成区绿化覆盖率达到30%，村屯建成区绿化覆盖率达到25%，校园绿化覆盖率达到35%，军事管理区绿化覆盖率达到65.6%。

——公路宜绿化路段绿化率达到90%，铁路宜绿化路段绿化率达到90%。

——全民义务植树尽责率达到70%。

——造林全部实现基地供种，人工造林良种使用率达到75%。

——改良草原面积累计达到6000万公顷，草原围栏面积达到15000万公顷，人工种草保留面积累计达到3000万公顷。

其中，到2015年，森林面积达到2.08亿公顷，森林覆盖率达到21.66%以上，林木绿化率达到27%以上。森林蓄积达到143亿立方米。城市建成区绿化覆盖率达到39%，人均公园绿地面积达到11.2平方米。乡镇建成区绿化覆盖率达到25%，村屯建成区绿化覆盖率达到23%，校园绿化覆盖率达到23%，军事管理区绿化覆盖率达到61.1%。公路宜绿化路段绿化率达到88%，铁路宜绿化路段绿化率达到87.6%。全民义务植树尽责率达到65%。主要造林树种种子全部实现基地供种，良种使用率达到65%。

（二）建设任务

围绕奋斗目标，努力完成造林更新，城乡绿化美化，绿色通道、河渠湖库周边绿化、农田林网建设与矿区植被恢复，森林抚育经营，义务植树，种苗建设，草原建设七方面的建设任务。规划造林更新7000万公顷，部门及城乡绿化700万公顷，森林抚育经营7500万公顷，草原建设15000万公顷。

1. 造林更新

加快宜林荒山荒（沙）地造林、其他灌木林地造林，在生态脆弱区和重要生态区位25度以上陡坡耕地和严重沙化土地有规划、有步骤地安排退耕还林，是实现未来10年造林绿化奋斗目标的首要任务。到2020年，规划人工造林、飞播造林、封山育林5700万公顷。其中“十二五”期间，人工造林、飞播造林、封山育林3000万公顷。

对采伐迹地、火烧迹地采取人工更新、人工促进天然更新、天然更新等方式恢复森林。到2020年，规划人工更新600万公顷。其中“十二五”期间，人工更新300万公顷。

对需要进行伐前更新以及郁闭度在0.5（不含）以下、林分结构不合理、不具备天然更新下种条件或培育树种需要在林冠遮阴条件下才能正常生长发育的林分，开展林冠下造林。到2020年，规划林冠下造林700万公顷。其中“十二五”期间，林冠下造林350万公顷。

2. 城乡绿化美化

坚持“生态型、节约型、功能型”的城乡造林绿化发展方向，合理规划城乡绿地，加强城镇周边的林（草）植被保护，扎实推进城乡绿化工作，不断提高城乡绿地系统分布的均衡性，完善城乡绿地系统防灾避险、科普教育、文化艺术、休闲游憩、节能减排等综合功能，改善人居环境。到2020年，规划城市、乡镇、村屯、军事管理区绿化295.4万公顷。其中，城市建成区绿化45万公顷、乡镇建成区绿化60万公顷、村屯建成区绿化185.4万公顷、军事管理区绿化5万公顷。“十二五”期间，规划城市、乡镇、村屯、军事管理区绿化147.7万公顷。其中，城市建成区绿化22.5万公顷、乡镇建成区绿化30万公顷、村屯建成区绿化92.2万公顷、军事管理区绿化3万公顷。

3. 绿色通道、河渠湖库周边绿化、农田林网建设与矿区植被恢复

加快公路、铁路沿线、河渠湖库周边绿化和农田林网建设，充分发挥其美化环境、保持水土和防风固沙等功能。加快矿区及周边生态治理和植被恢复，改善矿区生态。到2020年，规划公路、铁路、河渠湖库周边造林绿化154.6万公顷，农田林网建设150万公顷，矿区植被恢复造林100万公顷。“十二五”期间，规划公路、铁路、河渠湖库周边绿化77.3万公顷，农田林网建设75万公顷，矿区植被恢复造林50万公顷。

4. 森林抚育经营

造林绿化“三分造、七分管”。森林经营是实现林业发展方式转变的重要途径，是现代林业建设的永恒主题。要将森林经营放在与植树造林同等重要的地位，坚持一手抓造林绿化，一手抓抚育经营，实现数量与质量相统一。到2020年，规划森林抚育经营（含低产林改造）7500万公顷，其中“十二五”期间规划森林抚育经营（含低产林改

造）3500万公顷。要进一步编制森林经营专项规划，明确建设重点和具体任务，深化落实森林抚育经营各项措施，科学实施森林抚育和低产林改造，切实优化森林结构，不断提高林地生产力。

5. 义务植树

深入推进全民义务植树，不断创新义务植树实现形式和管理机制，提高义务植树成效。2011—2020年，规划义务植树65亿人次，植树260亿株以上。其中“十二五”期间，义务植树30亿人次，植树120亿株以上。

6. 种苗建设

加强林木良种基地建设，培育良种壮苗。到2020年，规划建设林木种质资源保存库200处、9690公顷；培育优良品种和优良无性系500个以上；建设重点林木良种基地300处、16870公顷；重点林木采种基地100处、4710公顷；扶持保障性苗圃300处、6000公顷。其中“十二五”期间，建设林木种质资源保存库100处、5000公顷；培育优良品种和优良无性系300个以上；建设重点林木良种基地150处、8500公顷；重点林木采种基地50处、2500公顷；扶持保障性苗圃150处、3000公顷。

7. 草原建设

加大草原保护建设力度，通过人工种草、补播改良、封沙（滩）育草、退牧还草等措施，全面加强草原生态建设。大力推行禁牧、休牧和划区轮牧，实现草畜平衡，促进草原植被加快恢复。今后十年，规划改良草原面积3500万公顷，草原围栏10000万公顷，人工种草保留面积1500万公顷。其中，“十二五”期间，规划改良草原面积2000万公顷，草原围栏5000万公顷，人工种草保留面积1000万公顷。

三、建设重点

要确保实现规划目标，必须继续推进天然林资源保护、退耕还林、京津风沙源治理、“三北”及长江流域等防护林建设、石漠化治理、重点地区速生丰产用材林基地建设等重点工程，积极营造公益林，加大沙化、荒漠化、石漠化和重点地区、重点流域的生态治理力度，构建东北森林区、西北风沙区、东部沿海区、西部高原区、长江、黄河、珠江、中小河流及库区、平原农区、城市森林等十大生态屏障，构筑维护国土生态安全保障体系；紧紧围绕林产品加工、木本油料、森林旅游等林业十大主导产业的发展，大力培育商品林，加大珍贵树种、木本油料林等特色经济林、生物质能源林、竹藤等培育力度，为保障木材及其他林产品供给夯实基础；科学配置树种结构，大力营造混交林，不断提高成林质量；加快推进城乡绿化，扎实开展身边增绿，努力改善人居环境。

我国地域辽阔，各地自然和社会条件差异极大，可造林地资源分布极不均衡，林业主导功能和发展方向不尽相同，草原类型多样，必须充分尊重各地的客观实际和资源特点，科学制定发展战略，才能确保造林绿化稳步发展。按照“西治、东扩、北休、南用”的总体布局，根据各地特点，综合考虑地理环境、降水差异、造林绿化难易程度、森林经营习惯和草原利用方式等因素，将全国划分为东北地区、北方干旱半干旱地区、黄土高原和太行山燕山地区、华北与长江下游丘陵平原地区、南方山地丘陵地区、东南沿海及热带地区、西南高山峡谷地区、青藏高原地区等八大区域。依据分类指导、分区施策的原则，明确各区域功能定位，分区制定造林绿化发展战略，确定各地造林绿化重点和主攻方向。

（一）东北地区

包括黑龙江大部、内蒙古自治区东北部、吉林大部和辽宁大部分地区。该区是我国木材的重要产区和战略储备基地，是松嫩平原和呼伦贝尔大草原的天然生态屏障，是东北地区主要江河的发源地与水源涵养地，也是我国东北粮仓的天然“保护伞”。森林植被以天然林为主，可采林木资源濒临枯竭，林分质量较差。

建设重点：保护现有天然林资源，积极营造公益林，大力发展农田防护林，优化森林结构，构筑东北森林生态屏障。大力营造速生丰产用材林等商品林，加大低产林改造力度，积极培育水曲柳、胡桃秋、黄菠萝、椴树、栎类、红松等珍贵树种，发展工业原料林、能源林、特色经济林，重构林区产业体系，建设我国用材林资源储备基地。加强城市、乡镇、村屯绿化，改善农村人居环境。加强天然草原保护，加大盐渍化草原的治理改良力度，恢复草原植被。

（二）北方干旱半干旱地区

包括吉林西部、黑龙江西部、辽宁西部、山西北部、陕西北部、宁夏北部、甘肃西北部、青海西北部、内蒙古大部和新疆全部。该区降水稀少，大部分地区年均降水量在400毫米以下，森林植被以灌木林为主，荒漠化草原分布广泛。区内集中了我国所有的沙漠和主要沙地，生态系统十分脆弱、水土流失和风沙危害严重，是我国主要的沙尘源，也是我国森林草原主要的高火险区。

建设重点：以防沙治沙为主攻方向，通过封山（沙）育林（草）、飞播造林、人工造林种草等方式，大力营造防风固沙林、水土保持林等公益林，支持百万亩人工林基地建设，有计划地对陡坡耕地和严重沙化耕地实施退耕还林，对沙化严重牧场实施退牧还草。因地制宜地选择造林树种和植被恢复方式，优先选择沙棘、沙柳、柽柳、白刺、柠条、杨柴、梭梭、花棒、刺槐、沙枣、文冠果、山杏、榆树、胡杨等耐旱树种，科学合理地发展杨树、油松、樟子松等树种，积极实施封山育林，坚持封、飞、造相结合，乔、灌、草合理搭配，尽快恢复和增加林草植被，遏制沙化扩展趋势，构筑北方防风固沙生态屏障。在条件适宜地区，大力发展核桃、枣、无花果、苹果、香梨、巴旦杏、枸杞等特色经济林，稳步推进沙产业。在人口聚居地区加大造林绿化力度，巩固和扩大绿洲面积。加快治理退化草原，恢复草原植被，改善草原生态，提高草原生产能力，促进农牧民脱贫致富。

（三）黄土高原和太行山燕山地区

包括山西大部以及青海东北部、甘肃中东部、内蒙古西南部、宁夏南部、陕西中部、河南西部、河北西北部、北京西北部。该区生态脆弱，水土流失严重，立地条件差，森林草原植被较少，宜林宜草荒山荒地多，造林绿化潜力大。

建设重点：加强黄河中上游森林和草原植被的恢复与保护，对陡坡耕地有计划地退耕还林还草，实行封、飞、造相结合，大力发展刺槐、黄连木、文冠果、栎类、油松、柏树、山桃、山杏等乔木及柠条、沙棘等灌木，重点营造水土保持林、水源涵养林和防风固沙林等公益林，发展核桃、苹果、枣、杏、花椒等特色经济林，稳步推进森林经营，采取围栏、补播、禁牧、休牧、轮牧等措施，重点实施退牧还草、风沙源草原治理、草业良种等工程，治理退化草原，恢复草原植被，逐步形成完善的林草植被体系，推动黄河流域生态屏障建设，提高维护黄河中下游及华北平原生态安全的能力。

（四）华北与长江下游丘陵平原地区

包括天津、山东、江苏、上海全部及北京大部、河北大部、河南中东部、安徽北部、浙江北部。该区大部分地处平原地区和东部沿海，经济发达，林产加工业发展较快，是我国重要的果品生产基地和木材加工业基地。农田防护林、经济林发展基础较好。草原植被覆盖度较高、天然草原品质较好，草地畜牧业较为发达的地区，发展人工种草和草产品加工潜力很大。

建设重点：建设和完善沿海基干防护林带、高标准农田防护林网，构筑沿海和平原地区生态屏障。加快水系、荒山和黄河故道沙区造林绿化，大力发展楸树、黄连木、银杏等珍贵树种，稳步推进杨树、泡桐等速生丰产林基地建设，加强以核桃、枣、板栗、苹果、桃、樱桃等干鲜果为主的特色经济林建设。合理布局木荷等森林防火树种，强化生物防火林带建设。加强森林经营，优化森林结构，提高森林质量。加快城市森林生态屏障建设，加强乡村绿化，推进城乡绿化一体化。大力推广人工种草，积极发展草产业，拓展农牧民增收渠道。

（五）南方山地丘陵地区

包括重庆、湖北、贵州、湖南、江西全部及陕西秦岭以南、四川东部、云南东北部、广西北部、广东北部、福建西北部、浙江中南部、安徽南部、河南南部。该区以山地、丘陵为主，光、热、水、气条件优越，森林植被丰富，森林覆盖率较高，是我国重要的集体林区和商品林基地。草资源丰富，牧草生长期长，产草量高。目前草资源开发利用不足，垦草问题突出。局部地区石漠化严重，水土流失加剧。

建设重点：在强化公益林保护，提高公益林综合效能的同时，积极调整林种树种结构，加强低产林改造，加大中幼林抚育力度，提高林地生产力，稳步推进各类商品林基地建设。继续推进杉木、松类等用材林和竹林基地建设，加快培育樟树、楠木、桦木、花榈木、银杏、红豆杉等珍贵树种，大力发展油茶等木本油料林，积极发展厚朴、杜仲、黄柏、板栗、锥栗、山核桃、核桃、香榧、柑橘、李子等特色经济林。积极营造麻疯树、光皮树、油桐、无患子、山苍子等生物质能源林。合理布局木荷等森林防火树种。江河两岸、湖库周围及石漠化严重地区以退耕还林和封山育林为主，在营造水土保持林和水源涵养林的同时，实施岩溶地区石漠草地植被恢复工程和草地开发利用工程，合理开发林果和草地资源，发展草地农业和畜牧业，加快岩溶地区石漠化综合治理，恢复林草植被，构筑长江、珠江中上游生态屏障。

（六）东南沿海及热带地区

包括福建东南部、广东大部、海南及南海诸岛、广西南部、云南思茅以南热带地区。该区属典型的热带、南亚热带常绿阔叶林区和季雨林区。自然条件优越，生物多样性丰富，十分适合林木生长。

建设重点：建设和完善沿海防护林基干林带，条件适宜区域恢复红树林，构筑以防护林为主体的东部沿海绿色生态屏障。加强森林抚育经营，优化森林结构，大力发展降香黄檀、紫檀、青檀、格木等红木类及柚木、桂花、红椎、土沉香、铁力木、西南桦等常绿阔叶珍贵树种。因地制宜、科学发展桉树、相思等短轮伐期工业原料林。稳步建设龙眼、荔枝、芒果、澳洲坚果、腰果、开心果等热带优质林果基地。

（七）西南高山峡谷地区

包括西藏东南部、云南西北部、四川西部、甘肃南部地区。该区山高谷深，是我国和东南亚几条主要江河的上游区和交汇带。人烟稀少、经济落后、交通不便，天然林多、人工林少，大面积原始林主要集中于此。

建设重点：保护和发展原生植被，对陡坡耕地有计划地退耕还林还草，在江河两岸、湖库周围、高山陡坡、干热河谷地带，大力营造水土保持林和水源涵养林，构筑长江上游生态屏障。在立地条件适宜区域积极培育云杉、冷杉、红豆杉、松类、桦木、桤木等适生树种，适度发展用材林和工业原料林，有计划地开展森林经营活动，提高森林质量。适度发展人工种草。

（八）青藏高原地区

包括青海南部、四川西北部和西藏大部分地区。该区具有独特的高原地理环境和特殊的气候条件，自然环境恶劣，生态系统极度脆弱，植物生长期短，乔木生长困难。植被以高寒草原为主，森林植被主要是高山稀疏灌木林和灌丛。目前，该地区植被盖度降低，草原退化明显，涵养水源等生态功能减弱，大量泥沙流失，直接影响江河中下游生态安全。

建设重点：以封山育林（草）为主，最大限度地保护和恢复林草植被，遏制荒漠化扩展。在河谷地区种植杨树、柳树、榆树、沙棘等适生树种，积极发展防护林和薪炭林。加快实施西藏生态安全屏障和“三江源”生态保护和建设规划，修复草原生态系统，恢复草原植被，增加森林面积，增强保持水土和涵养水源能力，保护生物多样性，构筑江河源头生态屏障，改善农牧民生产生活环境，维护下游生态安全。

四、保障措施

（一）加强组织领导，落实目标责任

推进造林绿化，保护和发展森林资源是各级党委和政府的重要职责。各级党委、政府要将造林绿化工作纳入重要议事日程，建立政府主导、部门联动、社会参与、齐抓共管的工作机制。各级政府要按照全国造林绿化的总体部署，组织编制实施规划，层层分解落实任务。建立健全造林绿化任期目标责任制，制定考核办法，将造林绿化和森林经营面积、森林蓄积、义务植树尽责率、森林覆盖率等指标作为考核的重要内容。加大造林绿化任期目标责任制执行情况检查考核力度，将考核结果作为评价领导干部政绩及政策调控的依据。

加强各级绿化委员会机构和队伍建设，强化对造林绿化工作的统一组织和领导，做好宣传发动、组织协调、督促检查、评比表彰等工作。各级造林绿化行政主管部门要健全机构，充实人员，提高管理能力，当好各级党委、政府的参谋助手，统筹造林绿化组织实施，做好技术服务。发改、财政、税务、金融等部门要加大造林绿化资金和政策支持力度。国土部门要统筹规划，合理安排造林绿化用地。教育、城建、农业、铁路、交通、水利、部队等部门，经贸、石油、石化、冶金等行业，要做好本系统的绿化规划，挖掘绿化用地潜力，多方筹措绿化资金，确保完成所辖范围内造林绿化任务。工会、共青团、妇联要积极组织参与造林绿化。文化、广电、宣传等部门要加大造林绿化宣传教育力度，提高全社会造林绿化意识。

（二）完善政策机制，拓宽投资渠道

建立和完善以公共财政投入为基础、社会力量广泛参与、多渠道投资的造林绿化投入机制。各级政府要逐步加大造林绿化投入力度，支持重点生态工程等造林绿化工作。完善林木良种补贴、造林补贴、森林抚育补贴制度。落实绿化机具补贴政策，积极支持先进适用绿化机具的推广应用。保障造林绿化工作经费。

全面深化林业改革。深入推进集体林权制度改革，确立农民的林业经营主体地位，引导林业经营者在产权明晰的基础上，组建合作经济组织，促进林业规模经营。建立健全集体林权交易流转制度和森林资源资产评估制度等配套措施。稳步推进国有林场、重点国有林区改革，创新经营机制，增强发展活力。深化林木采伐管理制度改革，进一步落实林权所有者对林木的处置权。

积极引入市场竞争机制，鼓励和引导多方面参与、多元化筹资投入造林绿化。鼓励以木材和其他林产品为原料的企业，与林业部门、林农、林农合作经济组织共同建设能源林、油料林、纸浆林、人造板原料林等基地，推进林工一体化进程。建立健全森林灾害保险制度。建立健全林权抵押贷款制度，创新担保机制，加大信贷投放力度。加强义务植树规范管理，完善政策措施，拓宽尽责渠道，提高义务植树质量和尽责率。鼓励企业捐资造林，建立企业捐资开展碳汇造林机制。

（三）健全规章制度，规范质量管理

建立健全造林绿化质量监管制度，推进造林绿化从作业设计、采种育苗、整地栽植、抚育管护、有害生物防治到采伐更新全过程的质量管理。完善造林绿化工程招投标制度，建立以造林绿化专家为主体的评标体系。严格规范造林绿化设计管理，定期审查设计单位资质，工程造林必须由有资质的设计单位进行作业设计，按规定程序审批。逐步推进施工队伍专业化，推行施工单位资质管理制度。实行工程造林监理制，建立营造林工程监理单位、监理工程师、监理员资格准入制度。严格执行城镇绿化、部门绿化、单位绿化与基本建设“四同步”，即造林绿化工程与各项基本建设同步规划、同步设计、同步施工、同步验收。加强种子执法和苗木检验检疫工作，实行种源管理制度，强化林木种苗生产经营许可制度、标签制度、档案制度、检验检疫制度和主要林木品种审定制度。

（四）强化科技支撑，优化人才队伍

完善造林绿化技术标准体系，按荒山荒地造林、城乡绿化等不同类型、不同区域、不同培育目标，分别制定造林绿化技术标准，形成完善的标准体系。加强造林绿化科学管理，推行造林绿化从作业设计、采种、育苗，到整地、栽种、有害生物防治以及抚育改造等全过程的标准化、规范化、科学化。

加大造林绿化科技攻关力度，重点加强困难立地造林、混交林营造、珍贵树种培育、能源林培育、名特优经济林栽培、碳汇计量监测等技术研究。积极吸纳基层林业科技人员参与国家课题研究。加大造林绿化科技成果转化运用和实用技术推广力度，优先采用具有自主知识产权的先进实用技术，积极推广使用高产优质抗逆的林木植物新品种，支持和鼓励使用优良种苗造林。完善科技成果转化的激励机制，鼓励专业技术人员从事造林绿化科学研究和技术推广，结合科技项目的实施，深入基层开展科技服务。

落实国家对基层和边远地区工作人员的津贴、补贴政策，改善基层林业科技人员工作和生活条件，鼓励、引导人才向林业生产一线流动，增加基层科技人员比重。出台高校毕业生到林区创业就业扶持政策，实施高校毕业生基层培养计划、大学生志愿服务林区计划。积极开展林业科技特派员活动，选派高技能专业技术人员到基层帮助工作，优化林区人才结构，壮大并稳定林区人才队伍。加强造林绿化技能培训，建立造林绿化技能考核制度，制定考核标准，开展技能鉴定，优化造林绿化规划、设计、施工、监理队伍，提高整体技术水平。

（五）推进法制建设，强化资源保护

推进造林绿化法制建设。修订森林法、城市绿化条例、全民义务植树实施办法、森林病虫害防治条例、植物检疫条例等法律法规。加快制定林权流转登记管理办法，保障营造林主体合法权益。各地要制定完善造林绿化、义务植树、古树名木保护等地方性法规。

加强未成林造林地抚育管护，强化森林经营，提高林地生产力。加强林业有害生物防治能力建设，提高林业有害生物预测预报和防治水平。加强森林草原防火，深入开展防火宣教活动，提高全民防火意识，积极营造生物防火林带，提高森林火情预警预报和火灾扑救能力，切实加强重点林区和关键部位林火防控工作。加强现有法律法规和规章制度的执行力度，严格征占用林地、绿地审批管理。采取得力措施，依法惩处盗伐、滥伐林木，毁坏林木、绿地、草原，以及非法占用林地、绿地、草原的行为，巩固和发展造林绿化成果。

（六）夯实基础设施，提高保障能力

全面加强基层林业工作站、林木种苗站、森防检疫站、林业科技推广站（中心）等基层林业单位基础设施建设，改善生产、办公、居住条件，提高造林绿化的服务能力。各级政府要将与造林绿化配套的水利设施、林区道路、供电、通讯、防灾等设施建设统筹纳入建设规划，加大投入。特别是要加大对偏远山区、重点林区、沙区和少数民族地区造林绿化基础设施建设扶持力度，改善林区生产生活条件。加强林区森林防火、林业有害生物防治、森林公安和林业植物检疫技术装备和基础设施建设，生物防火林带、生物防治病虫害工程要与营造林工程建设同步进行。

开展全国主要造林树种种质资源普查，收集保存适应性、抗逆性强的种质资源。建立林木种子储备制度，保证以丰补歉，以优补劣，增强林木种苗生产供应抵御各种自然灾害的能力。加强高世代种子园和采穗圃建设，建立示范性优质种苗基地，增加保障性苗圃数量和繁育规模，确保优良林木种苗的生产，保障造林绿化的种苗需求。

附表：

1. 全国造林绿化土地资源现状表（略）

2. 2011—2020 年全国造林绿化规划主要指标表（略）

3. 2011—2015 年全国造林绿化规划主要指标表（略）

国有林场管理办法

（2011 年 11 月 11 日　林场发〔2011〕254 号）

第一章　总　则

第一条　为加强国有林场管理，维护国有林场合法权益，保障国有林场改革顺利进行，促进国有林场科学发展，根据《中华人民共和国森林法》和其他有关法律、法规，制定本办法。

第二条　在中华人民共和国境内进行国有林场的设立、变更、分立、合并、撤销以及国有林场的经营管理等活动，应当执行本办法。

本办法所称国有林场，是指国家建立的专门从事植树造林、森林培育、保护和利用的具有独立法人资格的林业事业单位。

第三条　国务院林业主管部门负责全国国有林场的管理工作，具体工作由其国有林场管理机构负责。

县级以上地方人民政府林业主管部门按照行政隶属关系，负责所属国有林场管理工作，具体工作由其国有林场管理机构负责。

跨地（市）、县（市、区）的国有林场，由所跨地区共同上一级林业主管部门负责管理。

第四条　国有林场管理机构的主要职责是：

（一）拟定、贯彻实施国有林场相关法律、法规；

（二）协调编制国有林场发展规划；

（三）组织编制并会同资源管理部门审批国有林场森林经营方案和国有林场森林采伐、抚育作业设计；

（四）审核国有林场的设立、变更、分立、合并和撤销等事项；

（五）受委托对国有林场森林资源资产进行监管；

（六）受委托对国有林场森林资源资产评估进行核准或备案；

（七）指导和检查考核国有林场生产经营活动；

（八）法律、法规规定的其他职责。

第五条　国有林场实行“营林为本、生态优先、合理利用、持续发展”的办场方针，主要任务是培育和保护森林资源，维护国家生态安全和木材安全；开展科学试验和技术创新，推广先进技术；保护林业生态文化资源，促进人与自然和谐发展。

第六条　国有林场经营范围内的国有森林资源属于国家所有，由国有林场依法经营管理。任何单位和个人不得随意收交、归并、侵占和平调，不得以任何形式侵占、破坏国有森林资源。

国有林场经营管理的集体林地、林木，应当明确权属关系，依法维护经营管理区的稳定和林权权利人的合法权益。

第七条　县级以上林业主管部门应当按照行政隶属关系，组织编制所属国有林场发展规划，明确国有林场的发展方向、主要任务和建设目标。各项林业建设资金应当重点向国有林场倾斜，支持国有林场发展。

第八条 国有林场基础设施建设应当纳入各级政府基本建设规划和相关行业发展规划。

第九条 鼓励国有林场通过多种方式扩大经营范围，壮大林场规模。

第十条 各级林业主管部门应当加强对国有林场干部职工的培训，提高国有林场干部职工综合素质。

第二章 设立、变更与撤销

第十一条 设立国有林场，应当经省级林业主管部门审核或审批，并由省级林业主管部门报国务院林业主管部门备案。

国有林场数量较多的地区，应当设立国有林场管理局或者总场，统一组织国有林场的生产经营。

第十二条 新设立的国有林场，应当林地权属清楚，四至界线分明，且具有合法有效的林地权属证明材料。

第十三条 国有林场经批准设立后，应当依法办理事业单位法人登记。

第十四条 国有林场的经营范围和隶属关系，应当保持稳定，不得擅自变更；确需分立、合并、撤销、变更经营范围或者改变隶属关系的，应当按原报批程序报原审批设立的机关审核、批准。

国有林场分立、合并、撤销、变更经营范围或者改变隶属关系的，应当进行资源评价和经济审计，依法清理债权债务，明确划分责任，保护好森林资源和其他国有资产。

第十五条 企业性质的营林单位或者由国有林场控股的股份制林场，符合本办法第十二条规定的，经省级以上林业主管部门批准，可纳入国有林场系列管理。

第三章 森林资源经营与保护

第十六条 国有林场应当依法保护和合理利用森林资源，维护国家生态安全和木材安全。有条件的林场可以采取承租集体林地造林经营的方式，扩大森林资源规模。承租集体林地应当签订书面的承租合同，明确承租双方的权利和义务，保护承租双方的合法权益。

第十七条 国有林场应当大力推广林业先进实用新技术，加快中幼龄林抚育步伐，大力发展珍贵用材树种，积极培育大径级林木，不断提高森林资源质量。

第十八条 国有林场应当按照国家规定开展森林资源调查，建立森林资源档案，健全森林资源动态监测体系，掌握森林资源发展变化情况。

第十九条 国有林场应当根据林业长远发展规划、林地保护利用规划和林业分类经营的总体要求，结合本场实际情况编制森林经营方案，报县级以上林业主管部门批准后实施。其中跨地（市）国有林场、省属国有林场和省级以上公益林占有林地面积百分之五十以上的国有林场森林经营方案，由省级以上林业主管部门审批。

调整森林经营方案应当报原批准机关审核批准。

国有林场应当建立并完善森林经营档案。

第二十条 国有林场进行林木采伐，应当严格执行国家森林采伐限额、林木采伐许可证制度和造林育林、采伐更新技术规程，并依法进行更新造林。作为单独采伐编制限额单位的国有林场，年度采伐限额由省级林业主管部门实行采伐许可指标单列。

第二十一条 严格控制建设项目占用国

有林场林地。涉及占用国有林场林地的建设项目，省级以上林业主管部门国有林场管理机构应当参与项目立项的可行性评估工作。

第二十二条 在国有林场范围内设立森林公园、湿地公园、自然保护区、风景名胜区、地质公园等，应当经省级以上林业主管部门国有林场管理机构审核同意后，按规定程序报批。其中设立风景名胜区、地质公园等，不得改变国有林场的林地使用权归属，并应当明确收益分配方式。

第二十三条 国有林场应当加强森林资源保护，合理区划，设立护林站，健全护林组织，配备森林管护人员，明确管护职责，确保管护成效。

第二十四条 国有林场应当根据国家有关森林防火的规定，加强森林防火设施设备建设，成立护林防火组织，组建森林火灾专业扑救队伍，制定火灾应急预案，建立健全各项森林防火制度，抓好火源管理，组织火灾扑救。

第二十五条 国有林场应当根据林业有害生物防治的需要配备森防技术人员，加强林业有害生物防治基础建设，建立检疫、预测预报制度，加强林业有害生物防治工作。

第二十六条 国有林场根据工作需要可以配备执法人员，加强林政执法，保护森林资源资产。

第二十七条 国有林场应当保护其经营管理范围内的野生植物；对国家或者地方重点保护野生植物、古树名木等应当登记造册，建立档案，加强管理。

第二十八条 国有林场应当保护其经营管理范围内的野生动物；对国家或者地方重点保护的野生动物，应当采取相应的保护措施，维护其生息繁衍的环境。

第二十九条 森林公安机关根据工作需要，可以在国有林场设立公安派出机构，加强森林资源保护。

第四章 权利和义务

第三十条 国有林场依法享有以下经营管理权：

（一）依据林业长远发展规划和森林经营方案制定年度各项生产、经营计划，确定建设项目和生产规模；

（二）按照市场需求依法经营销售本场生产的木材、林产品和其他产品；

（三）依法保护和合理开发利用国有林场经营范围内的各种资源；

（四）依法对其经营范围内的森林公园、湿地公园、自然保护区、风景名胜区、地质公园等进行统一管理；

（五）按照国家有关规定和本场工作需要决定本场的机构设置、人员调配、干部任免、劳动用工和工资奖金分配；

（六）法律、法规规定的其他权利。

第三十一条 在国有林场内从事生产经营和其他活动的单位和个人，应当服从国有林场的统一管理，遵守国有林场的有关规定，不得损毁国有林场的林木及设施、设备。

第三十二条 任何单位和个人不得向国有林场摊派和乱集资、乱收费。对于非法向国有林场集资、收费、摊派的，国有林场有权拒绝，并可以依法向有关机关申诉。

第三十三条 国有林场与其他单位和个人发生林地、林木权属争议的，争议双方应当协商解决。协商不成的，由县级以上人民政府依法处理。国有林场应当将争议情况及时报省级林业主管部门。

第三十四条 国有林场应当加强国有森林资源保护和管理，保证国有森林资源稳定增长。

第三十五条 国有林场不得以其经营的国有森林资源资产为其他单位和个人提供任何形式的担保。

第三十六条 国有林场应当建立健全各项内部规章制度，严格独立经济核算。

第三十七条 国有林场应当严格遵守国家财务、税收、劳动工资等方面的规定，接受财政、税务、审计等机关的监督。

第三十八条 国有林场应当落实职工社会保障有关政策，按照有关规定参加各项社会保险。

第五章　组织机构

第三十九条 国有林场实行场长负责制。

国有林场场长的产生，采取聘任、委任或职工代表大会选举的办法。具体产生方式由其主管部门确定。国有林场场长产生后，应当报省级林业主管部门备案。

第四十条 场长负责管理国有林场的生产、经营等工作，行使下列职权：

（一）组织实施本场的经营方针、长远规划和年度计划。

（二）提请或者决定本场管理机构的设置、调整。

（三）依法提请行政主管部门任免或者聘任、解聘本场管理人员。

（四）依法聘任或者解聘应由行政主管部门聘任或者解聘以外的林场工作人员，并按照有关规定报行政主管部门备案。

（五）组织制定工资调整、资金使用、财务预决算等方案和重要规章制度。提请职工代表大会审议决定有关职工福利等重大事项。

（六）决定本场岗位责任制、承包责任制方案。

（七）其他需要由场长行使的职权。

第四十一条 国有林场实行以聘用制度和岗位管理制度为主要内容的事业单位人事管理制度，实行以岗位绩效工资为基础的收入分配制度。国有林场应当结合所承担的主要任务，科学设置岗位，明确岗位职责和条件，按有关人事政策公开招聘人员，实行竞聘上岗、择优聘用、以岗定酬、合同管理。

第四十二条 国有林场应当建立和完善职工代表大会制度或者职工大会制度，实行民主管理。职工代表大会是国有林场实行民主管理的基本形式，是职工行使民主管理权利的机构。国有林场改革方案、工资调整方案、住房分配方案等事关职工利益的重大事项，应当经职工代表大会审议通过。

第四十三条 国有林场应当依法建立工会组织，开展工会活动，维护职工的合法权益。

第四十四条 国有林场应当根据实际情况，设立相应的财务、人力资源、森林资源管理、护林防火等部门及管辖区内的管护站（点）、瞭望台，并配备相应的人员。

第四十五条 国有林场开办的企业，应当按照市场机制运作，组建独立法人实体经营，林场履行出资人职责，享有所有者权益。

第六章　附　则

第四十六条 各省级林业主管部门可以制定本地区国有林场管理办法，并报国务院林业主管部门备案。

第四十七条 本办法由国务院林业主管部门负责解释。

第四十八条 本办法自公布之日起实施。

中国林业遗传资源保护与可持续利用行动计划（2015—2025年）

（2015年6月23日　林技发〔2015〕82号）

前　言

遗传资源是国家的基础性战略资源。丰富的林业遗传资源，是维持生态系统生物多样性的重要保障，是开展遗传改良和新品种培育的基础，是建设生态林业和民生林业、实现经济社会可持续发展的重要条件。加强林业遗传资源保护和合理利用，对于维护国家生态安全，提升林业生产力和创新能力，实现林业的健康、可持续发展，建设生态文明和美丽中国，具有重要的战略意义。

中国是世界重要的物种起源和分布中心之一，物种丰富，特有种众多，在世界生物多样性保护中具有重要地位。中国地域辽阔，跨古北区和东洋区两大区，加之未受第四纪大规模陆地冰盖的冲击，因而是世界生物资源富集且特有种众多的区域。林业遗传资源是生物遗传资源的主体，中国政府高度重视林业遗传资源的保护与可持续利用，采取了有效措施，取得了显著成效。本世纪以来，我国实施了自然保护区建设与野生动植物保护等重大工程，开展了林业遗传资源收集和保存，初步建立了林业遗传资源保护体系；深入开展了科学研究，资源安全保存、综合评价等技术得到发展；加强科学管理，林业遗传资源保护和利用水平得到提升；推进区域与国际合作，促进获取与惠益分享。

随着经济社会的快速发展，生态环境不断恶化，导致了林业遗传资源受到严重威胁，遗传多样性衰退乃至丧失。同时，在林业遗传资源保护与利用、监测与评估、信息共享、决策与管理等方面，与发达国家相比仍存在较大差距。因此，迫切需要制定国家战略和行动计划，指导引领林业遗传资源的保护、管理与可持续利用。

2013年4月，联合国粮农组织制定了《森林遗传资源养护、可持续利用和开发全球行动计划》；2014年12月，环境保护部发布了《加强生物遗传资源管理国家工作方案》。为落实全球行动计划，实施国家工作方案，基于中国林业遗传资源保护管理、监测评估和可持续利用等方面面临的问题和挑战，国家林业局组织编制了《中国林业遗传资源保护与可持续利用行动计划（2015—2025年）》。本计划明确了林业遗传资源保护与可持续利用的指导思想、基本原则和战略目标，确定了重点领域和具体行动，提出了保障措施，以指导全国林业遗传资源保护管理和可持续利用工作。

一、林业遗传资源保护利用现状

（一）林业遗传资源的范畴

林业遗传资源指分布在森林、湿地、荒漠生态系统中的植物、动物、微生物遗传资源。

（二）多样性状况

生态系统多样性丰富。中国地域辽阔，

地形复杂，气候多样，形成了丰富多样的森林、湿地和荒漠生态系统类型。森林生态系统包括针叶林、阔叶林、针阔混交林、热带季雨林、灌丛等多种类型；湿地生态系统包括湖泊、河流、沼泽等类型；荒漠生态系统包括沙地、戈壁、盐碱地等类型。这些生态系统孕育了丰富的动物、植物、微生物资源，蕴藏了60%以上的陆地生物资源。

物种丰富。目前中国已知的高等植物有432科3921属34377种，其中被子植物241科3143属29348种，裸子植物12科42属244种。有木本植物8000多种，占世界的54%，其中乔木约2000种，占世界的24%。目前有记录的鸟类种类有1400余种，兽类450余种，爬行类300余种，两栖类270余种，鱼类2500余种，昆虫约15万种以上。我国微生物资源极为丰富，目前仅真菌已报道近2万种。

特有物种丰富。中国独特的生物地理区系拥有众多特有物种乃至特有科属。木本植物有银杏科、马尾树科、大血藤科、伯乐树科、杜仲科、银鹊树科、珙桐科7个特有科，金钱松属、银杉属、华盖木属等239个特有属，金钱松、白豆杉、台湾杉、毛白杨等1100个特有种。动物有大熊猫、金丝猴、白唇鹿、朱鹮、马鸡、画眉、扬子鳄、中华鲟、金斑喙凤蝶等具有代表性的特有种。

种内多样性丰富。我国地域广阔，生长环境多种多样，经过长期的适应、进化和发育，形成了丰富的生物种内遗传变异。例如，杉木有灰杉、红心杉，毛白杨有箭杆毛白杨、易县毛白杨、小叶毛白杨等多种类型；全世界虎的8个亚种有5个曾见于我国，包括东北虎、华南虎、印支虎、孟加拉虎、里海虎；环颈雉（*Phasianus colchicus*），又名雉鸡，属鸡形目雉科鸟类，是典型的以森林为栖息环境的鸟类物种。环颈雉在世界范围内约有30个亚种的分化，不同亚种间雄性个体体羽颜色分化较为明显，是该物种基因多样性的重要体现之一。分布于我国的环颈雉有19个亚种，除了海拔3000米以上的高原和海南外，其分布范围遍布我国其他所有地区，是我国雉科鸟类中的优势物种。

（三）受威胁状况

由于资源过度开发和不合理利用，土地利用方式的改变，生境片断化、环境污染、基因污染、气候变化以及冰冻、暴风雪、持续干旱等极端天气的影响，林业遗传资源受到严重威胁。

大约有800～1000种乔灌木树种及其种群处于受威胁状态，近百种树木已经或濒临灭绝。天然群体退化严重，原始和接近原始状态乔木林减少，大量珍贵树种遗传资源丢失。人工林树种结构单一、林分结构简单，树种多样性和遗传多样性明显降低。乡土树种遗传资源受到侵蚀，传统知识保护不够。珍稀濒危树种遗传资源保护不力，流失严重。

1999年国务院公布的《国家重点保护野生植物名录（第一批）》，对数量极少、分布范围极窄的濒危种，具有重要经济、科研、文化价值的濒危种和稀有种，重要作物的野生种群和有遗传价值的近缘种，以及有重要经济价值，因过度开发利用，资源急剧减少的种进行了选列。名录中共有92个科，其中裸子植物7个科，被子植物68个科，蕨类14个科、藻类1个科，真菌2个科。一级保护植物有49种和3个属（属中所有种），二级保护植物有197种与2个科（科内所有种）、3个属（属内所有种）。第二批名录正在征求意见中。《名录》中有的植物仅有模式标本或几十年以前采集到的少量标本；有的植物仅分布在一个特定的产地或狭小区域，形成极小种群，其资源亦日益枯竭，其中许多植株极少，有的甚至仅存一株。

现行的《国家重点保护野生动物名录》对我国处于濒危或威胁状态下的动物确定了保护的法律地位，其中包括了我国大部分的特有种。林业行政主管部门公布的Ⅰ级保护野生动物共83种，包括兽类39种，鸟类37种，爬行类5种，昆虫类2种；Ⅱ级保护野生动物共120种，5个科（科内所有种），1个目（目内所有种），包括兽类36种，鸟类68种，5个科（科内所有种），1个目（目内所有种），爬行类2种，两栖类1种，昆虫类13种。2001年8月，国家林业局根据我国野生动物资源长期监测的结果，公布了《国家保护的有益的或者有重要经济、科学研究价值的陆生野生动物名录》，其中包括了兽类88种、鸟类707种、两栖类291种、爬行类395种，此外还包括昆虫纲的110种。野生动物资源所面临的问题主要体现在适宜栖息地面积萎缩和破碎化，人类干扰加重等。

（四）保护与利用成效

随着全社会对林业遗传资源认识的不断提高，保护力度不断加大，利用的水平不断提高，林业遗传资源的保护和利用取得了显著成效。

原地保护网络初步建成。截至2013年底，林业系统有自然保护区2163个，面积12400万公顷，建立森林公园2855处，总面积1738万公顷；建立了湿地自然保护区577处、国家湿地公园（含试点）429处、国际重要湿地46处，主要江河源头及其中下游河流和湖泊湿地、主要沼泽湿地得到抢救性保护，湿地保护率达到43.51%，初步形成了较为完善的湿地保护体系；已建设了沙漠公园（试点）33个，对重要沙漠遗传资源起到重要保护作用。目前，初步形成了我国林业遗传资源原地保护网络，使全国约90%的陆地自然生态系统、65%的高等植物群落类型得到了保护；90%以上国家一、二级保护动物纳入了自然保护区体系；部分珍贵食、药用菌资源等得到了较好的保护。

异地保存体系发展迅速。中国已经建立树木园、植物园160多个，收集、保存了大量的以树种为单元的林业遗传资源。建成22个多树种遗传资源综合保存库，13个单树种遗传资源专项保存库，226个国家级林木良种基地，保存树种2000多种，覆盖全国大多数省份，涵盖目前利用的主要造林树种遗传资源的60%。根据全国第一次陆生野生动物资源调查的结果，全国范围内建设有野生动物救护中心77个，野生动物园数量达到16个，全国范围内异地保存的野生动物数量近20万头（只）。在全国范围内建立了9个国家微生物菌种保藏中心。

重要物种遗传资源的保存与评价取得突破。通过原地、异地和设施保存相结合的方式，对杉木、油松、马尾松、毛白杨、银杏等200多个树种的遗传资源进行保存与遗传多样性评价；完成了毛竹、杨树、柳树等树种的全基因组测序；启动了全国油茶、核桃遗传资源调查编目，部分省区市开展林业遗传资源调查工作。开展了濒危野生动物，比如大熊猫、麋鹿、华南虎、金丝猴、朱鹮、扬子鳄等人工种群的遗传多样性测定，遗传管理及谱系建档。开展了食、药用菌如松茸、灵芝、块菌、虫草、桑黄等菌种的遗传资源的保存与遗传多样性分析。

遗传资源发掘利用取得显著进展。从20世纪60年代初，选育了一大批林木良种、新品种，其中大多数已经在全国林业遗传资源保存单位和良种基地得到推广应用，创造了显著的经济效益，并产生了巨大的生态效益和社会效益。经过遗传改良的树种有100多种，全国年均提供各类林木种子2300多万千克，各类合格苗木约300亿株。林木良种的应用产生了明显的综合效益，其中用材林平均生长增益达10%～30%，经济林平均产量增益达15%～68%。开展了野生动物的人工种群基因交流，避免近亲繁殖，维护遗传多样性，利用野生动物基因资源改良家养动物的遗传品质。利用天敌昆虫及生防菌资源开展有害生物防控。开展了许多大型野生真菌的人工选育与栽培利用研究，菌根、菌肥在林木育苗和苗木移栽方面得到有效利用。

信息化建设取得初步成效。建立了林木、微生物种质资源平台及信息系统，建立了野生动植物和自然保护区网站及相关的物种信息数据库。至2013年底，国家林木种质资源平台规范化收集、登录中国林业遗传资源信息6万多份；林业微生物平台收录了1.65万余株（782属2606种）微生物菌种信息。林业遗传资源的信息化建设在资源收集、保存、评价和利用方面发挥越来越重要的作用。

（五）问题与挑战

由于中国林业遗传资源保护与可持续利用工作起步晚，基础比较薄弱，与发达国家相比，还存在着较大的差距。

调查编目不全面不系统。目前大多数物种的遗传资源现状不清，特别是关于种内遗传多样性状况的信息严重缺乏，部分省区市林业遗传资源调查结果尚待整合。

标准体系不完善。在林业遗传资源界定、调查、收集、整理、保存和利用等方面，尚未形成完善的标准体系，影响了工作的系统性、科学性和规范性。

保存体系不完善。林业遗传资源的原地保存主要依靠自然保护区保存，异地保存主要是研究、保存机构对部分物种的保存，而作为长期安全保存的设施保存建设仍很薄弱。现有体系难以完全克服频繁发生的极端气候和自然灾害的影响。

相关政策不完善。对林业遗传资源的重要性认识不够，保护和利用的国家政策、法律法规和规章不够完善，获取和惠益分享机制尚未建立，在能力建设、制度建设、科学研究等方面缺乏必要支撑。

监测体系不完善。目前我国已初步建立了野生动植物资源的监测体系，但林业遗传资源整体的监测体系缺乏。尤其是监测方法、手段、指标不完善，先进的生物技术未得到有效应用，监测技术力量严重不足。

二、林业遗传资源保护与利用战略

（一）指导思想

深入实施创新驱动发展战略，加快林业发展方式转变，坚持有效保护、科学评价、依法管理、持续利用的方针，重点推进中国特有、珍稀、濒危、重要林业遗传资源保存和利用，建立适合中国经济社会发展要求的林业遗传资源管理体系，实现林业遗传资源安全保存、可持续利用、公平公正分享资源利用惠益，为推进生态林业、民生林业发展，维护国家生态安全，建设生态文明和美丽中国提供基础保障。

（二）基本原则

1. 保护优先，永续利用。把林业遗传资源保护放在优先的位置，在有效保护的前提下合理开发利用，开发利用服从于资源保护；严格禁止对林业遗传资源的掠夺性开发，科学、合理、可持续地利用林业遗传资源。

2. 突出重点，分步推进。针对林业遗传

资源的流失和丧失的突出问题，重点对中国特有、珍稀、濒危、重要的林业遗传资源实施有效保护；狠抓林业遗传资源保护重点领域与行动计划的落实，分步实施，扎实推进。

3. 科技引领，依法管理。以科技为先导，注重新技术、新方法、新品种的研发与推广，全面提升林业遗传资源保护和可持续利用水平；依法管理林业遗传资源，不断完善法律法规和管理制度，加大执法力度，做到监管严格，保护得力，利用有序。

4. 履行公约，惠益分享。履行相关国际公约，积极参与相关国际规则的制定，彰显负责任的大国形象；推动建立林业遗传资源及相关传统知识获取与惠益分享制度，公平、公正分享其产生的利益。

5. 广泛宣传，共同参与。加强林业遗传资源保护、利用的宣传教育，积极引导公立机构、社会团体和基层群众的广泛关注，形成全民参与林业遗传资源保护利用的有效机制。

（三）战略目标

到2025年，初步建立起法律完备、机制健全、保护有效、管理有序、评价科学的林业遗传资源管理体系，本底清晰、结构完善、保存安全、监管规范的林业遗传资源保护体系，以及标准健全、资源共享、使用合理、惠益分享的林业遗传资源利用体系。全面提升林业遗传资源的研究、监测及保存能力，使90%以上的珍稀、濒危树种和80%以上的中国特有树种的遗传资源得到保护；珍稀濒危野生动植物的遗传多样性保持稳定；重要资源微生物得到有效保存。基本实现资源大国向资源强国的转变，林业遗传资源得到切实保护和可持续利用。

三、林业遗传资源保护重点领域与行动计划

（一）重点领域1：林业遗传资源调查、监测与信息化建设

行动1：开展林业遗传资源调查编目

（1）根据林木、野生动物和微生物物种遗传资源的分布、种群数量、生境、繁殖更新、濒危状况、遗传变异、价值和利用等开展重点物种遗传资源调查编目，建立国家野生动植物基本信息库；

（2）在全国范围，特别是少数民族地区和偏远地区，开展林业遗传资源及相关传统知识的调查登记；

（3）开展跨区域树种、国外引进树种的遗传资源调查编目；

（4）在例行林业资源调查基础上，探索生物多样性和遗传资源的综合调查的新途径和方法，在全国系统开展林业遗传资源普查。

行动2：建立完善的林业遗传资源监测评估体系

（1）对原地保存的林业遗传资源原生境状况（土壤、水分、气候、生物）以及影响因子等进行定期观测调查，重点对林业遗传资源生长、适应性、繁殖更新、濒危状况等进行定期观测调查，分析评价保护物种的遗传多样性及变化趋势和原因；

（2）定期定点观测病虫害等情况，对异地保存的农林兼（间）作树种遗传资源进行调查、登记、编目和定期定点观测、及时更新等；

（3）根据监测数据，开展评估预警，定期报告遗传资源保护管理情况，及时发布动态变化和预警信息；

（4）建立完善的野生动植物遗传资源监测体系，定期开展监测和种群动态评估，及

时发布动态变化和预警信息。

行动3：制定林业遗传资源标准体系

（1）研究制定林业遗传资源调查编目技术规程与数据规范；

（2）研究制定林业遗传资源特征描述规范和数据规范；

（3）研究制定林业遗传资源监测评估技术规程和指标体系；

（4）研究制定林业遗传资源收集、保存、评价技术规程与标准。

行动4：建立林业遗传资源数据库和信息系统

（1）建立林业遗传资源数据库系统和管理信息系统，收集、整理和登录有关树种及种群利用、分布、生境、生物学及遗传变异的信息，搭建林业遗传资源信息共享平台；

（2）建立林业遗传资源相关传统知识数据库，保护传统知识；

（3）应用遥感（RS）、地理信息系统（GIS）、全球定位系统（GPS）和物联网（IOT）等新技术，提高林业遗传资源管理效率；

（4）建立林业遗传资源地理分布图。

（二）重点领域2：林业遗传资源收集与保存

行动5：确定林业遗传资源保存优先物种

（1）制定优先物种的筛选原则和评价指标，在全国、省（区市）等不同层面开展各类遗传资源保存行动，筛选确定优先物种；

（2）根据优先物种筛选原则和指标，评价确定在国家、省（区市）和县市等层面开展原地、异地和设施保存行动的优先物种。

行动6：加强林业遗传资源原地保存

（1）在各类自然保护区、森林公园、植物园、自然保护小区等建立和维护基于生态系统的原地保存，强化遗传多样性保护；

（2）加强树种边缘种群/极端种群的评估、管理，促进边缘种群/极端种群的综合保护与多层次合作研究；

（3）加强散生林木的遗传资源保存，建立健全古树名木、特殊树木的编目登记和挂牌制度，实现安全保存和有效管理；

（4）参与制定并实施区域原地保护战略，积极参与和促进林业遗传资源原地保存生态区域网络建设与合作。

行动7：加强林业遗传资源异地保存

（1）建立健全林业遗传资源异地保存库体系，加强现有异地保存基因库的维护，加强具有重要价值遗传资源试验基地的建设；

（2）建立完善林业遗传资源设施保存库体系，加强超低温保存、超干燥保存等现代保存技术的应用，系统收集重点树种、野生动植物、微生物的遗传材料（种子、细胞、DNA等）进行长期分类保存；

（3）加强试管保存技术的研究与应用，建立重要树种和野生植物离体材料保存技术体系；

（4）加强濒危野生动植物的人工繁育技术研究，建立濒危野生动植物资源异地保存的技术系统。

行动8：加强农林兼（间）作树种遗传资源保存

（1）支持和发展在农田中林木遗传资源的作用，采取措施提高农民在农田兼（间）作活动中保护林木遗传资源的意识和积极性；

（2）加强农田中林木遗传资源保护和管理，为农民开展农林兼（间）作林木遗传资源保护提供技术支持。

（三）重点领域3：林业遗传资源评价与可持续利用

行动9：开展林业遗传资源评价

（1）开展中国特有、珍稀、濒危、新发

现和重要物种遗传变异和多样性分析，评价遗传多样性状况，为保护与开发利用提供科学依据；

（2）广泛开展乡土树种林业遗传资源评价，挖掘其潜在利用价值，推动乡土树种遗传资源保护与利用；

（3）加强林业遗传资源分析评价技术研究，对已收集保存的林业遗传资源进行评价，挖掘其潜在利用价值，提高遗传资源保护与利用效率。

行动10：推进育种、驯化和生物勘探工程

（1）制定育种、驯化和生物勘探研究计划，培育具有自主知识产权的新品种；

（2）加强乡土树种、经济树种和速生树种遗传资源的栽培驯化、价值发掘和育种工作；

（3）将当地社区纳入重点树种的选育计划，鼓励公众参与，加强非木质林产品的开发与利用；

（4）促进基因组学等现代生物技术与常规育种技术结合，加快良种选育进程；

（5）加强微生物新的物种、基因和代谢功能的发现及其评价体系。

行动11：强化良种利用

（1）加强林木良种选育研究，建立和完善优异种质创新、新品种选育和规模化繁育体系，高效、有序地开展林木良种选育推广工作，提高造林良种供应率与使用率；

（2）加大执法力度，加强对种苗生产、流通的监管，强化林木种苗质量控制；

（3）提高林木种苗的生产经营水平，建立种子储备制度和应急机制；

（4）加强微生物人工大量快速培养技术及其野外人工促繁技术。

行动12：建立以适应气候变化为目的的林业遗传资源经营管理模式

（1）改善林业遗传资源经营管理模式，维护林业遗传资源的多样性，增强森林生态系统的自然恢复功能，提高对气候变化的适应能力；

（2）采用多树种、多品系造林，鼓励采用混交造林和轮作栽培模式，提高人工林多样性；

（3）加强天然林保护和经营，对气候变化敏感树种采取相应保护措施。

行动13：加强入侵物种的防控

（1）开展入侵物种现状的调查、评估，及时更新发布入侵物种名录；

（2）加强入侵物种防控，减少入侵物种对林业遗传资源的损害；

（3）研究制定入侵物种管理办法。

行动14：研究建立林业遗传资源获取与惠益分享制度

（1）开展林业遗传资源及相关传统知识获取和惠益分享试点；

（2）研究制定遗传资源获取国际通行证书、获取和惠益分享示范合同文本；

（3）建立林业遗传资源及相关传统知识获取和惠益分享制度。

（四）重点领域4：林业遗传资源保护与利用能力建设

行动15：建立宣传机制、提高公众对林业遗传资源重要性的认识

（1）充分利用多种传媒手段，建立长效的林业遗传资源宣传机制；

（2）普及林业遗传资源可持续利用和管理知识，提高公众认知；

（3）在保护区、森林公园、植物园、动物园、标本馆等场所开展多种形式的科普宣传，提高公众认知水平。

行动16：加强林业遗传资源的教育和培训

（1）在相关大学和科研机构开设林业遗传资源专业课程，培养多层次专业人才；

（2）定期或不定期举办培训班，对从事林业遗传资源保护管理和研究利用的人员进行培训。

行动17：强化林业遗传资源保护保存与利用的机构建设

（1）强化林业遗传资源管理机构；

（2）健全林业遗传资源保护与保存机构；

（3）完善林业遗传资源研究机构；

（4）建立林业遗传资源监测机构；

（5）成立林业遗传资源信息管理机构。

行动18：加强林业遗传资源的国际交流与合作

（1）积极开展并规范与林业遗传资源相关国际组织、外国政府、与非政府间之间的交流与合作；

（2）积极引导并规范科研院所、高等院校、企业与国外对口单位开展技术交流与合作；

（3）开展战略研究，履行国际公约。

四、保障措施

（一）组织保障

国家林业局负责林业遗传资源保护和管理工作，各相关单位按照职责分工，负责本行动计划的实施。地方各级人民政府及其林业主管部门，负责本行政区域内行动计划的实施，将有关任务纳入当地经济社会发展规划和林业部门的工作计划。

（二）政策保障

从林业遗传资源的战略性、基础性、公益性、长期性等特点出发，推进中国林业遗传资源保护和利用的法律法规和制度体系建设，完善各项政策。

（三）科技保障

整合技术力量，优化资源配置，加强协同配合，开展联合攻关；加强林业遗传资源调查编目、监测评价、保存利用等方面技术研究，完善标准体系；强化成果推广应用和科技服务，促进产学研一体化。

（四）资金保障

国家和地方政府应当将林业遗传资源保护管理经费纳入财政预算，加大资金投入力度。引导各类社会资金参与林业遗传资源保护与利用，形成多元化投入机制。整合林业遗传资源现有资金渠道，提高使用效率。

关于印发《国家级公益林区划界定办法》和《国家级公益林管理办法》的通知

（2017年4月28日　国家林业局、财政部　林资发〔2017〕34号）

为进一步规范和加强国家级公益林区划界定和保护管理工作，针对新时期国家级公益林区划界定和保护管理中出现的新情况和新问题，国家林业局、财政部对《国家级公益林管理办法》（林资发〔2013〕71号）和《国家级公益林区划界定办法》（林资发

〔2009〕214 号）进行了修订，现印发给你们，请遵照执行。

各单位要按照《国家级公益林区划界定办法》的要求，及时落实好国家级公益林保护等级，进一步做好国家级公益林区划落界工作，切实将国家级公益林落实到小班地块，并据此更新国家级公益林基础信息数据库等档案资料。在此过程中，不得擅自调整、变更国家级公益林的范围。国家级公益林区划落界的小班属性数据和矢量数据，应当与当地林地保护利用规划林地落界成果相衔接。要严格按照《国家级公益林管理办法》规定的要求和程序，规范开展国家级公益林动态调整和保护管理工作，严禁随意调整国家级公益林范围，违规使用国家级公益林林地。

更新后的国家级公益林基础信息数据库等数据资料，由各省级林业主管部门商财政部门同意后，于 2017 年 12 月 31 日前报送至国家林业局。

附件 1：

国家级公益林区划界定办法

第一章 总 则

第一条 为规范国家级公益林区划界定工作，加强对国家级公益林的保护和管理，根据《中华人民共和国森林法》、《中华人民共和国森林法实施条例》和《中共中央 国务院关于加快林业发展的决定》、《中共中央 国务院关于全面推进集体林权制度改革的意见》等规定，制定本办法。

第二条 国家级公益林是指生态区位极为重要或生态状况极为脆弱，对国土生态安全、生物多样性保护和经济社会可持续发展具有重要作用，以发挥森林生态和社会服务功能为主要经营目的的防护林和特种用途林。

第三条 全国国家级公益林的区划界定适用于本办法。

第四条 国家级公益林区划界定应遵循以下原则：

——生态优先、确保重点，因地制宜、因害设防，集中连片、合理布局，实现生态效益、社会效益和经济效益的和谐统一。

——尊重林权所有者和经营者的自主权，维护林权的稳定性，保证已确立承包关系的连续性。

第五条 国家级公益林应当在林地范围内进行区划，并将森林（包括乔木林、竹林和国家特别规定的灌木林）作为主要的区划对象。

第六条 国家级公益林范围依据本办法第七条的规定，参照《全国主体功能区规划》、《全国林业发展区划》等相关规划以及水利部关于大江大河、大型水库的行业标准和《土壤侵蚀分类分级标准》等相关标准划定。

第二章 区划范围和标准

第七条 国家级公益林的区划范围。

（一）江河源头——重要江河干流源头，自源头起向上以分水岭为界，向下延伸 20 公里、汇水区内江河两侧最大 20 公里以内的林地；流域面积在 10000 平方公里以上的一级支流源头，自源头起向上以分水岭为界，向下延伸 10 公里、汇水区内江河两侧最大 10 公里以内的林地。其中，三江源区划范围为自然保护区核心区内的林地。

（二）江河两岸——重要江河干流两岸［界江（河）国境线水路接壤段以外］以及长江以北河长在 150 公里以上且流域面积在

1000平方公里以上的一级支流两岸，长江以南（含长江）河长在300公里以上且流域面积在2000平方公里以上的一级支流两岸，干堤以外2公里以内从林缘起，为平地的向外延伸2公里、为山地的向外延伸至第一重山脊的林地。

重要江河干流包括：

1. 对国家生态安全具有重要意义的河流：长江（含通天河、金沙江）、黄河、淮河、松花江（含嫩江、第二松花江）、辽河、海河（含永定河、子牙河、漳卫南运河）、珠江（含西江、浔江、黔江、红水河）。

2. 生态环境极为脆弱地区的河流：额尔齐斯河、疏勒河、黑河（含弱水）、石羊河、塔里木河、渭河、大凌河、滦河。

3. 其他重要生态区域的河流：钱塘江（含富春江、新安江）、闽江（含金溪）、赣江、湘江、沅江、资水、沂河、沭河、泗河、南渡江、瓯江。

4. 流入或流出国界的重要河流：澜沧江、怒江、雅鲁藏布江、元江、伊犁河、狮泉河、绥芬河。

5. 界江、界河：黑龙江、乌苏里江、图们江、鸭绿江、额尔古纳河。

（三）森林和陆生野生动物类型的国家级自然保护区以及列入世界自然遗产名录的林地。

（四）湿地和水库——重要湿地和水库周围2公里以内从林缘起，为平地的向外延伸2公里、为山地的向外延伸至第一重山脊的林地。

1. 重要湿地是指同时符合以下标准的湿地：

——列入《中国湿地保护行动计划》重要湿地名录和湿地类型国家级自然保护区的湿地。

——长江以北地区面积在8万公顷以上、长江以南地区面积在5万公顷以上的湿地。

——有林地面积占该重要湿地陆地面积50%以上的湿地。

——流域、山体等类型除外的湿地。

具体包括：兴凯湖、五大连池、松花湖、查干湖、向海、白洋淀、衡水湖、南四湖、洪泽湖、高邮湖、太湖、巢湖、梁子湖群、洞庭湖、鄱阳湖、滇池、抚仙湖、洱海、泸沽湖、清澜港、乌梁素海、居延海、博斯腾湖、赛里木湖、艾比湖、喀纳斯湖、青海湖。

2. 重要水库：年均降雨量在400毫米以下（含400毫米）的地区库容0.5亿立方米以上的水库；年均降雨量在400—1000毫米（含1000毫米）的地区库容3亿立方米以上的水库；年均降雨量在1000毫米以上的地区库容6亿立方米以上的水库。

（五）边境地区陆路、水路接壤的国境线以内10公里的林地。

（六）荒漠化和水土流失严重地区——防风固沙林基干林带（含绿洲外围的防护林基干林带）；集中连片30公顷以上的有林地、疏林地、灌木林地。

荒漠化和水土流失严重地区包括：

1. 八大沙漠：塔克拉玛干、库姆塔格、古尔班通古特、巴丹吉林、腾格里、乌兰布和、库布齐、柴达木沙漠周边直接接壤的县（旗、市）。

2. 四大沙地：呼伦贝尔、科尔沁（含松嫩沙地）、浑善达克、毛乌素沙地分布的县（旗、市）。

3. 其他荒漠化或沙化严重地区：河北坝上地区、阴山北麓、黄河故道区。

4. 水土流失严重地区：

——黄河中上游黄土高原丘陵沟壑区，

以乡级为单位，沟壑密度1公里/平方公里以上、沟蚀面积15%以上或土壤侵蚀强度为平均侵蚀模数5000吨/年·平方公里以上地区。

——长江上游西南高山峡谷和云贵高原区，山体坡度36度以上地区。

——四川盆地丘陵区，以乡级为单位，土壤侵蚀强度为平均流失厚度3.7毫米/年以上或土壤侵蚀强度为平均侵蚀模数5000吨/年·平方公里以上的地区。

——热带、亚热带岩溶地区基岩裸露率在35%至70%之间的石漠化山地。

本项中涉及的水土流失各项指标，以省级以上人民政府水土保持主管部门提供的数据为准。

（七）沿海防护林基干林带、红树林、台湾海峡西岸第一重山脊临海山体的林地。

（八）除前七款区划范围外，东北、内蒙古重点国有林区以禁伐区为主体，符合下列条件之一的。

1. 未开发利用的原始林。

2. 森林和陆生野生动物类型自然保护区。

3. 以列入国家重点保护野生植物名录树种为优势树种，以小班为单元，集中分布、连片面积30公顷以上的天然林。

第八条 凡符合多条区划界定标准的地块，按照本办法第七条的顺序区划界定，不得重复交叉。

第九条 按照本办法第七条标准和区划界定程序认定的国家级公益林，保护等级分为两级。

（一）属于林地保护等级一级范围内的国家级公益林，划为一级国家级公益林。林地保护等级一级划分标准执行《县级林地保护利用规划编制技术规程》（LY/T 1956）。

（二）一级国家级公益林以外的，划为二级国家级公益林。

第三章 区划界定

第十条 省级林业主管部门会同财政部门统一组织国家级公益林的区划界定和申报工作。县级区划界定必须在森林资源规划设计调查基础上，按照森林资源规划设计调查的要求和内容将国家级公益林落实到山头地块。要确保区划界定的国家级公益林权属明确、四至清楚、面积准确、集中连片。区划界定结果应当由县级林业主管部门按照公示程序和要求在国家级公益林所在村进行公示。

第十一条 国家级公益林区划界定成果，经省级人民政府审核同意后，由省级林业主管部门会同财政部门向国家林业局和财政部申报，并抄送财政部驻当地财政监察专员办事处（以下简称专员办）。东北、内蒙古重点国有林区由东北、内蒙古重点国有林区管理机构直接向国家林业局和财政部申报，并抄送当地专员办。

申报材料包括：申报函，全省土地资源、森林资源、水利资源等情况详细说明，林地权属情况，认定成果报告，国家级公益林基础信息数据库，以及省级区划界定统计汇总图表资料。

第十二条 区划界定国家级公益林应当兼顾生态保护需要和林权权利人的利益。在区划界定过程中，对非国有林，地方政府应当征得林权权利人的同意，并与林权权利人签订区划界定书。

第十三条 县级林业主管部门对申报材料的真实性、准确性负责。国家林业局会同财政部对省级申报材料进行审核，组织开展认定核查，并根据省级申报材料和审核、核查的结果，对区划的国家级公益林进行核准，核准的主要结果呈报国务院，由国家林业局分批公布。省级以下林业主管部门负责对相应的森林资源档案进行林种变更，并将变更情况告知不动产登记机关，按规定进行不动产登记。

第四章　附　则

第十四条　本办法由国家林业局会同财政部负责解释。

第十五条　本办法自印发之日起施行，有效期至2025年12月31日。国家林业局、财政部2009年印发的《国家级公益林区划界定办法》（林资发〔2009〕214号）同时废止，但按照林资发〔2009〕214号文件区划界定的国家级公益林继续有效，纳入本办法管理。

附件2：

国家级公益林管理办法

第一条　为了加强和规范国家级公益林的保护和管理，制定本办法。

第二条　本办法所称国家级公益林是指依据《国家级公益林区划界定办法》划定的防护林和特种用途林。

第三条　国家级公益林管理遵循“生态优先、严格保护，分类管理、责权统一，科学经营、合理利用”的原则。

第四条　国家级公益林的保护和管理，应当纳入国家和地方各级人民政府国民经济和社会发展规划、林地保护利用规划，并落实到现地，做到四至清楚、权属清晰、数据准确。

第五条　国家林业局负责全国国家级公益林管理的指导、协调和监督；地方各级林业主管部门负责辖区内国家级公益林的保护和管理。

第六条　中央财政安排资金，用于国家级公益林的保护和管理。

第七条　县级以上林业主管部门应当加强对国家级公益林保护管理相关法律法规、规章文件和政策的宣传工作。

县级以上地方林业主管部门应当组织设立国家级公益林标牌，标明国家级公益林的地点、四至范围、面积、权属、管护责任人，保护管理责任和要求、监管单位、监督举报电话等内容。

第八条　县级以上林业主管部门或者其委托单位应当与林权权利人签订管护责任书或管护协议，明确国家级公益林管护中各方的权利、义务，约定管护责任。

权属为国有的国家级公益林，管护责任单位为国有林业局（场）、自然保护区、森林公园及其他国有森林经营单位。

权属为集体所有的国家级公益林，管护责任单位主体为集体经济组织。

权属为个人所有的国家级公益林，管护责任由其所有者或者经营者承担。无管护能力、自愿委托管护或拒不履行管护责任的个人所有国家级公益林，可由县级林业主管部门或者其委托的单位，对其国家级公益林进行统一管护，代为履行管护责任。

在自愿原则下，鼓励管护责任单位采取购买服务的方式，向社会购买专业管护服务。

第九条　严格控制勘查、开采矿藏和工程建设使用国家级公益林地。确需使用的，严格按照《建设项目使用林地审核审批管理办法》有关规定办理使用林地手续。涉及林木采伐的，按相关规定依法办理林木采伐手续。

经审核审批同意使用的国家级公益林地，可按照本办法第十八条、第十九条的规定实行占补平衡，并按本办法第二十三条的规定报告国家林业局和财政部。

第十条 国家级公益林的经营管理以提高森林质量和生态服务功能为目标，通过科学经营，推进国家级公益林形成高效、稳定和可持续的森林生态系统。

第十一条 由地方人民政府编制的林地保护利用规划和林业主管部门编制的森林经营规划，应当将国家级公益林保护和管理作为重要内容。对国有国家级公益林，县级以上地方林业主管部门应当督促国有林场等森林经营单位，通过推进森林经营方案的编制和实施，将国家级公益林经营方向、经营模式、经营措施以及相关政策，落实到山头地块和经营主体；对集体和个人所有的国家级公益林，县级林业主管部门应当引导和鼓励其经营主体编制森林经营方案，明确国家级公益林经营方向、经营模式和经营措施。

第十二条 一级国家级公益林原则上不得开展生产经营活动，严禁打枝、采脂、割漆、剥树皮、掘根等行为。

国有一级国家级公益林，不得开展任何形式的生产经营活动。因教学科研等确需采伐林木，或者发生较为严重森林火灾、病虫害及其他自然灾害等特殊情况确需对受害林木进行清理的，应当组织森林经理学、森林保护学、生态学等领域林业专家进行生态影响评价，经县级以上林业主管部门依法审批后实施。

集体和个人所有的一级国家级公益林，以严格保护为原则。根据其生态状况需要开展抚育和更新采伐等经营活动，或适宜开展非木质资源培育利用的，应当符合《生态公益林建设导则》（GB/T 18337.1）、《生态公益林建设技术规程》（GB/T 18337.3）、《森林采伐作业规程》（LY/T 1646）、《低效林改造技术规程》（LY/T 1690）和《森林抚育规程》（GB/T 15781）等相关技术规程的规定，并按以下程序实施。

（一）林权权利人按程序向县级林业主管部门提出书面申请，并编制相应作业设计，在作业设计中要对经营活动的生态影响作出客观评价。

（二）县级林业主管部门审核同意的，按公示程序和要求在经营活动所在村进行公示。

（三）公示无异议后，按采伐管理权限由相应林业主管部门依法核发林木采伐许可证。

（四）县级林业主管部门应当根据需要，由其或者委托相关单位对林权权利人经营活动开展指导和验收。

第十三条 二级国家级公益林在不影响整体森林生态系统功能发挥的前提下，可以按照第十二条第三款相关技术规程的规定开展抚育和更新性质的采伐。在不破坏森林植被的前提下，可以合理利用其林地资源，适度开展林下种植养殖和森林游憩等非木质资源开发与利用，科学发展林下经济。

国有二级国家级公益林除执行前款规定外，需要开展抚育和更新采伐或者非木质资源培育利用的，还应当符合森林经营方案的规划，并编制采伐或非木质资源培育利用作业设计，经县级以上林业主管部门依法批准后实施。

第十四条 国家级公益林中的天然林，除执行上述规定外，还应当严格执行天然林资源保护的相关政策和要求。

第十五条 对国家级公益林实行“总量控制、区域稳定、动态管理、增减平衡”的管理机制。

第十六条 国家级公益林动态管理遵循责、权、利相统一的原则，申报补进、调出的县级林业主管部门对申报材料的真实性、准确性负责。

第十七条 国家级公益林的调出，以不影响整体生态功能、保持集中连片为原则，一经调出，不得再次申请补进。

（一）国有国家级公益林，原则上不得调出。

（二）集体和个人所有的一级国家级公益林，原则上不得调出。但对已确权到户的苗圃地、竹林地，以及平原农区的国家级公益林，其林权权利人要求调出的，可以按照本办法第十九条的规定调出。

（三）集体和个人所有的二级国家级公益林，林权权利人要求调出的，可以按照本办法第十九条的规定调出。

第十八条 除补进国家退耕还林工程中退耕地上营造的符合国家级公益林区划范围和标准的防护林和特种用途林外，在本省行政区域内，可以按照增减平衡的原则补进国家级公益林。补进的国家级公益林应当符合《国家级公益林区划界定办法》规定的区划范围和标准，应当属于对国家整体生态安全和生物多样性保护起关键作用的森林，特别是国家退耕还林工程中退耕地上营造的符合国家级公益林区划范围和标准的防护林和特种用途林。

第十九条 国家级公益林的调出和补进，由林权权利人征得林地所有权所属村民委员会同意后，向县级林业主管部门提出申请。县级林业主管部门对调出补进申请进行审核，并组织对调出国家级公益林开展生态影响评价，提供生态影响评价报告。县级林业主管部门审核材料和结果报经县级人民政府同意后，按程序上报省级林业主管部门。

上述调出、补进情况，应当由县级林业主管部门按照公示程序和要求在国家级公益林所在地进行公示。

按照管辖范围，省级林业主管部门会同财政部门负责对上报的调出、补进情况进行查验和审核，报经省级人民政府同意后，以正式文件进行批复。其中单次调出或者补进国家级公益林超过1万亩的，由省级林业主管部门会同财政部门在报经省级人民政府同意后，报国家林业局和财政部审定，并抄送财政部驻当地财政监察专员办事处（以下简称专员办）。

上述补进、调出结果，由省级林业主管部门会同财政部门按照本办法第二十三条的规定报告国家林业局和财政部，抄送当地专员办。

第二十条 国家级公益林监管过程中发现的区划错误情况，应当本着实事求是的原则，按管辖范围，由省级林业主管部门组织核定，并在查清原因、落实责任后，进行修正。修正结果和处理情况报告，由省级林业主管部门报告国家林业局，抄送当地专员办，并提交修正后的国家级公益林基础信息数据库。

第二十一条 省级林业主管部门负责组织做好国家级公益林的落界成图工作，按照《林地保护利用规划林地落界技术规程》（LY/T 1955），在全国林地“一张图”建设和更新中将国家级公益林落实到小班地块，做到落界准确规范、成果齐全。

省级林业主管部门定期组织开展国家级公益林本底资源调查，本底资源调查结果作为国家级公益林资源变化和生态状况变化监测的基础依据。

第二十二条 县级林业主管部门和国有

林业局（场）、自然保护区、森林公园等森林经营单位，应当以国家级公益林本底资源调查和落界成图成果为基础，建立国家级公益林资源档案，并根据年度变化情况及时更新国家级公益林资源档案。国家级公益林档案更新情况及时上报省级林业主管部门，确保国家级公益林图面资料与现地一致、各级成果数据资料一致。

第二十三条 省级林业主管部门应当组织开展国家级公益林资源变化情况年度监测和生态状况定期定点监测评价，并依法向社会发布监测、评价结果。

省级林业主管部门会同财政部门于每年3月15日前向国家林业局和财政部报告上年度国家级公益林资源变化情况，提交涵盖国家级公益林林地使用、调出补进等方面内容的资源变化情况报告、资源变化情况汇总统计表，以及调出、补进和更新后的国家级公益林基础信息数据库。上述报告和统计表同时抄送当地专员办。

第二十四条 国家组织对国家级公益林数量、质量、功能和效益进行监测评价，并作为《生态文明建设考核目标体系》和《绿色发展指标体系》中森林覆盖率和森林蓄积量指标的重要组成部分实施考核评价。

第二十五条 本办法适用于全国范围内国家级公益林的保护和管理。法规规章另有规定的，从其规定。

第二十六条 本办法由国家林业局会同财政部解释。各省级林业主管部门会同财政部门，可依据本办法规定，结合本辖区实际，制定实施细则。

第二十七条 本办法自印发之日起施行，有效期至2025年12月31日。国家林业局和财政部2013年发布的《国家级公益林管理办法》（林资发〔2013〕71号）同时废止。

全国沿海防护林体系建设工程规划（2016—2025年）

（2017年5月4日　国家林业局、国家发展改革委　林规发〔2017〕38号）

前　言

沿海地区是我国经济最为发达的区域，也是遭遇台风、海啸、风暴潮等自然灾害最为频繁的区域。沿海防护林是我国重要的沿海绿色生态屏障，更是我国“两屏三带”战略和林业发展“十三五”规划的重要组成部分，也是正在建设的十大生态屏障和重大生态修复工程之一。加强沿海防护林体系工程建设，对于改善沿海地区生态状况、提升防灾减灾能力、保障人民群众生命财产安全和促进沿海地区经济社会可持续发展具有十分重要的意义。

党中央、国务院历来十分关心沿海地区防灾减灾工作，高度重视沿海防护林体系工程建设。上世纪八十年代启动沿海防护林体系建设工程以来，先后出台了一系列重大决策部署。经过二十多年的建设，沿海防护林体系工程建设范围不断扩大，建设内容不断丰富，工程区森林资源逐年增长，生态环境逐步改善，生态防护功能逐渐增强，工程建设取得了较大成效。但从总体上看，依然存在沿海防护林体系建设工程的定位不高、总量不足，以及基干林带宽度不够、结构不合理等亟待解决的问题，沿海防护林建设水平仍滞后于经济社会发展，沿海地区生态环境仍未得到根本改善。

为了贯彻落实党中央关于“大力推进生态文明，建设美丽中国，实施重大生态修复工程”的决策部署和国家区域发展总体战略，全面推进“一带一路”建设，坚持“绿色发展”理念，筑牢生态安全屏障，进一步加强全国沿海防护林体系工程建设，国家林业局在经过充分调研的基础上，决定开展《全国沿海防护林体系建设工程规划（2016—2025 年）》（以下简称《规划》）编制工作，并下发了《国家林业局办公室关于开展全国沿海防护林体系建设工程规划（2016—2025 年）编制工作的通知》（办规字〔2014〕144 号）（以下简称《通知》），委托国家林业局华东林业调查规划设计院（以下简称“华东院”）具体承担规划编制工作。华东院领导高度重视，成立了项目领导小组，并抽调技术骨干组成项目组，制定了规划编制工作方案和技术方案。全国沿海 11 个省（自治区、直辖市）、5 个计划单列市按照《通知》要求，对本区域内的沿海防护林建设情况进行了现状调查和统计汇总，提出了本区域未来10 年的规划思路、目标、任务。项目组在各地统计汇总数据和规划思路基础上，本着实事求是、科学严谨的态度，认真分析各地的统计数据和规划思路，广泛收集资料，深入实地调研，并进行全国总体规划。

2014 年 3 月以来，项目组分 4 个调研小组赴沿海地区辽宁、河北、山东、江苏、福建、广西、广东、海南、厦门、大连等省（区）、计划单列市的近 40 个县（市、区）进行了调研，收集了大量的基础数据和材料。2014 年 12 月，在杭州召开了由沿海地区相关单位领导和专家参加的《规划》编制工作研讨会，认真查找编制工作存在问题，进一步明确规划编制方向。2015 年 1 ~ 3 月，项目组针对规划的重点和难点从 5 个方面开展了专题研究，并形成了专题研究报告。2015 年 4 ~ 5 月，完成《规划》征求意见稿，并印发工程区 16 个省级单位以及国家林业局各司（局）征求意见。2015 年 10 月，在广泛征求各单位意见后，项目组对征求意见稿进行了修改完善，形成《规划》送审稿。2015 年 11 月，国家林业局在杭州组织召开了专家评审会，与会的院士和专家通过认真的质询讨论，一致同意《规划》通过评审。会后，项目组根据专家意见对送审稿作了进一步修改完善，形成此正式文本。

第一章　总　论

一、工程规划背景

我国大陆海岸线北起辽宁省鸭绿江口，南至广西壮族自治区北仑河口，全长 18340 千米，另有岛屿海岸线 11558 千米，涉及沿海 11 个省（区、市）及 5 个计划单列市。该地区是我国经济最发达、城市化进程最快、人口最稠密的地区，也是带动我国经济社会发展的“火车头”，在国民经济和社会发展全局中具有举足轻重的地位和作用。长期以来受地理位置和自然条件等因素影响，台风、海啸、风暴潮、暴雨、洪涝、干旱、风沙等自然灾害频发，严重威胁着沿海地区经济发展和人民群众生命财产安全。

党中央、国务院历来十分关心沿海地区防灾减灾工作，高度重视沿海防护林体系工程建设。上个世纪八十年代，邓小平、万里等中央领导同志先后就沿海防护林建设作出过重要指示；2004年印度洋海啸发生后，原国务院总理温家宝、副总理回良玉等党中央领导又对沿海防护林体系工程建设作出了明确指示。2014年2月，习近平总书记在国家林业局《关于第八次全国森林资源清查结果的报告》上批示要求，稳步扩大森林面积，提升森林质量，增强生态功能；2014年11月，习近平总书记在福建省平潭综合实验区考察时又特别了解了沿海防护林建设的有关情况，并指出“防护林太重要，优良的生态环境是真宝贝”，体现了新一届中央领导对海防林建设的高度重视。

1988年，原国家计委批复了《全国沿海防护林体系建设总体规划》（计经〔1988〕174号），1989年，开始工程试点建设；1991至2000年，原林业部把全国沿海防护林体系建设工程列入林业重点工程，在全国沿海11个省（区、市）的195个县（市、区）全面实施了沿海防护林体系建设工程。2001年，在全面总结上期工程建设经验基础上，国家林业局组织编制并实施了《全国沿海防护林体系建设二期工程规划（2001—2010年）》（林计发〔2004〕171号）。为吸取2004年底“印度洋海啸”的教训，根据中央领导指示精神，2005—2006年，国家林业局对二期工程规划进行了修编，将建设期限延长至2015年，进一步扩大了工程建设范围，丰富了工程建设内容。2007年12月经国务院批复，2008年1月，国家发改委、国家林业局联合印发了《全国沿海防护林体系建设工程规划（2006—2015年）》（发改农经〔2008〕29号）。

2015年，上期规划实施即将结束。为贯彻落实党中央关于“大力推进生态文明，建设美丽中国，实施重大生态修复工程”的决策部署，实施国家区域发展总体战略，全面推进“一带一路”建设，坚持“绿色发展”理念，筑牢生态安全屏障，积极应对全球气候变化，在总结前期工程建设经验基础上，针对工程建设过程中存在的主要问题及新趋势、新要求，继续编制《全国沿海防护林体系建设工程规划（2016—2025年）》，及时启动新一期全国沿海防护林体系建设工程，对促进沿海地区经济社会可持续发展，具有十分重要的意义。

二、工程建设必要性

（一）提高生态承载能力，推进共建一带一路的需要

我国沿海地区交通便利，人口密集，工业发达，集中了长三角、珠三角、京津冀等工业最发达的经济核心区，经济发展辐射带动作用大，对我国社会经济可持续发展乃至在经济全球化形势下加强对外经济合作、拓展国际贸易空间具有十分重要的战略地位。改革开放以来，随着经济迅猛发展，加之受历史和自然因素的影响，沿海地区生态系统退化加剧，台风、海啸、风暴潮等自然灾害频发，人口、资源、环境之间的矛盾日益突出，资源环境承载能力已成为制约沿海地区社会经济可持续发展的瓶颈。2013年，习近平主席提出了建设“丝绸之路经济带”和“21世纪海上丝绸之路”的战略构想，同年，习近平主席在哈萨克斯坦纳扎尔巴耶夫大学发表演讲时阐述了金山银山的辩证关系：“我们既要绿水青山，也要金山银山。宁要绿水青山，不要金山银山，而且绿水青山就是金山银山”。“一带一路”构想和“两山”论述，极大地影响和改变了中国的发展理念、发展思路、发展方式和发展未来，为沿海地区转变经济增长方式、缓解经济下行压力提供了新的契机，也对沿海地区的生态环

境建设提出了新的要求。面对新的发展机遇，沿海地区只有坚持绿色发展理念，强化生态环境建设，增加生态环境承载能力，才能全面落实好“一带一路”战略。因此，继续实施沿海防护林体系建设工程，扩大沿海地区森林资源总量，提高森林资源质量，改善投资和旅游环境，对全面推动实施“一带一路”战略，落实绿色发展理念，具有重要意义。

（二）筑牢生态安全屏障，加快推进生态文明建设的需要

党中央、国务院高度重视沿海地区生态环境建设，先后出台了一系列重大决策部署，于上世纪八十年代启动了沿海防护林体系工程建设。经过二十多年的建设，沿海防护林体系工程建设范围不断扩大，工程区森林资源逐年增长，生态环境逐步改善，工程建设取得了较大成效。据全国沿海防护林建设成效评估结果，2010 年，全国沿海防护林体系工程建设年综合效益总价值达 12000 多亿元。但总体上看，目前沿海地区的生态文明建设水平仍滞后于经济社会发展，生态环境质量仍未得到根本改善。2015 年 4 月，习近平主席在参加首都义务植树活动时强调，“与全面建成小康社会奋斗目标相比，与人民群众对美好生态环境的期盼相比，生态欠债依然很大，环境问题依然严峻，缺林少绿依然是一个迫切需要解决的重大现实问题”。新一届中央领导集体更加重视生态文明建设，党的十八大把生态文明建设纳入中国特色社会主义事业五位一体总布局，中共中央、国务院《关于加快推进生态文明建设的意见》提出了生态文明建设的主要目标和总体要求，进一步明确了当前和今后一段时期保护和修复自然生态系统、切实改善生态环境质量、加快国家生态安全屏障建设的任务。沿海防护林是我国重要的生态屏障，也是一项重大生态修复工程，在生态文明建设中发挥着不可替代的重要作用。因此，继续实施沿海防护林体系工程建设，是进一步改善沿海地区生态环境质量，筑牢国家生态安全屏障，加快推进生态文明建设的迫切需要。

（三）提升防灾减灾能力，保障人民生命财产安全的需要

沿海地区是我国经济最为发达的区域，也是遭遇台风、风暴潮等自然灾害最为频繁的区域。据统计，自 2001 年以来，我国沿海地区平均每年因海洋灾害造成的受灾人口达 1289 万、农作物受灾面积 39.7 万公顷、海水养殖受灾面积 17.1 万公顷、倒塌或损坏房屋 3.7 万间、损坏船只 5300 余艘，年均造成的直接经济损失高达 135 亿多元。沿海防护林具有消浪促淤、防风固沙、减灾增产、保护基础设施以及保护农田、村庄免受灾害等诸多功能，防灾减灾能力明显。全国沿海防护林建设成效评估结果表明，2010 年，沿海防护林体系工程建设年生态效益价值 8184.51 亿元，其中红树林年防护价值 51.82 亿元，基干林带年保护基础设施价值 454.57 亿元；年增加农作物产量价值 144.57 亿元，年减少农作物受灾价值 70.91 亿元。因此，继续实施沿海防护林体系建设工程，对提升防护林的防灾减灾能力，保障人民生命财产安全具有重要作用。

（四）改善沿海人居环境，加快建设美丽中国步伐的需要

改革开放以来，我国沿海地区经济得到了快速发展，人民群众生活水平逐年提高。据最新统计资料，工程区国内生产总值达 17.9 万亿元，财政收入达 2 万亿元，城镇人均可支配收入 31856 元，农村人均纯收入

11921 元。经济收入的提高极大地改善了当地人民的物质生活，但是与人民群众所向往的精神富有、环境美好的需求还存在很大差距。温室气体排放、$PM_{2.5}$超标、雾霾、水污染、土壤腐蚀、生活垃圾等环境污染问题依然十分突出。森林具有涵养水源、净化水质、保育土壤、净化空气、调节气候、保护生物多样性等诸多功能，对改善生态环境和人居条件均具有重要作用。近年来，美丽中国建设的迫切要求给沿海防护林建设带来新机遇。2016 年 4 月，习近平主席在参加首都义务植树活动时强调："各级领导干部要带头参加义务植树，身体力行在全社会宣传新发展理念，发扬前人栽树、后人乘凉精神，多种树、种好树、管好树，让大地山川绿起来，让人民群众生活环境美起来。"因此，继续实施沿海防护林体系建设工程，进一步加快可造林地的造林绿化，推动沿海地区城市、城镇、村庄及其周围公路、铁路、河渠、堤坝等绿化建设，加强沿海防护林的保护，有利于持续改善沿海地区人居生活环境，建设美好幸福家园，推进美丽中国建设。

（五）增加森林资源总量，积极应对全球气候变化的需要

全球变暖会导致气候变化，威胁人类生存环境，其主要原因是由于二氧化碳等温室气体排放过多造成。森林具有碳汇功能，能够吸收大气中的二氧化碳并将其固定在植被或土壤中，植树造林是增加温室气体吸收的主要途径之一。2009 年，国家领导人在联合国气候变化峰会上提出：到 2020 年我国森林面积比 2005 年增加 4000 万公顷、森林蓄积量增加 13 亿立方米的"双增"目标。实现林业"双增"目标是我国经济社会长远发展的内在要求，也是对国际社会的庄严承诺。2014 年 4 月，习近平主席在参加首都义务植树活动时强调，"长期以来，我国人工造林工作做得是好的。现在树更多了，山更绿了，全民绿化意识深深根植于人民心中。同时，必须看到，我国自然资源和自然禀赋不均衡，相对于实现全面建成小康社会的目标，相对于人民群众对良好环境的期盼，我国森林无论是数量还是质量都远远不够"。目前，沿海地区仍然存在较大的营造林空间和森林提质增效空间。因此，继续实施沿海防护林体系建设工程，通过科学有效的营造、管护、修复和抚育等手段，有利于进一步增加沿海地区森林面积和森林蓄积，提高森林覆盖率，增加森林碳汇，抵减部分工业温室气体排放，减轻中国面对的国际减排压力，为林业"双增"目标作出新的贡献，是积极应对全球气候变暖的重要举措。

（六）构筑国防绿色屏障，有力保障国家海疆安全的需要

我国是海洋大国，大陆海岸线长达 18340 千米，与朝鲜、韩国、日本、菲律宾、越南等国相邻，沿海地区的安全战略地位十分突出。虽然和平与发展已成为当今世界主题，但是海洋资源开发竞争与领土争端仍然存在，我国海疆安全面临着前所未有的严峻威胁与挑战。沿海防护林对沿海地区的国防设施具有掩饰、遮挡、覆盖、隐蔽等重要作用，是我国海疆安全的天然防护屏障。因此，继续实施沿海防护林体系建设工程，进一步加强沿海地区的居民点防护、军事设施隐蔽等各类国防林建设，有利于构筑国防绿色屏障，保障国家海疆安全。

三、规划内容概述

（一）工程规划范围

全国沿海防护林体系建设工程规划范围包括沿海 11 个省（自治区、直辖市）、5 个计划单列市的 344 个县（市、区），土地总

面积4276.99万公顷，其中林地1832.96万公顷，占土地总面积的42.86%。

（二）规划目标与期限

1. 规划目标：通过继续保护和恢复以红树林为主的一级基干林带，不断完善和拓展二、三级基干林带，持续开展纵深防护林建设，初步形成结构稳定、功能完备、多层次的综合防护林体系，使工程区内森林质量显著提升，防灾减灾能力明显提高，经济社会发展得到有效保障，城乡人居环境进一步改善。

至2025年，森林覆盖率达到40.8%，林木覆盖率达到43.5%，红树林面积恢复率达到95.0%，基干林带达标率达到90.0%，老化基干林带更新率达到95.0%，农田林网控制率达到95.0%，村镇绿化率达到28.5%。

2. 规划期限：规划期限2016年至2025年。其中：前期为2016年至2020年，后期为2021年至2025年。

（三）体系结构与分区布局

1. 体系结构：全国沿海防护林体系由沿海基干林带和纵深防护林组成。

沿海基干林带分为一、二、三级3个建设梯级。一级基干林带指海岸线以下的浅海水域、潮间带、近海滩涂及河口区域营造的以红树林、柽柳等为主的防浪消浪林带。二级基干林带指位于最高潮位以上、适宜树木生长的海岸内侧陆地、由乔灌木树种组成的、具有一定宽度的防护林带。其中，泥质岸段，从海岸能植树的地方起，向陆地延伸，林带宽度达到200米以上；沙质岸段，从海滩能植树的地方开始，向陆地延伸，林带宽度不小于300米，具备条件的地段可加宽到500米以上；岩质岸段，为自临海第一座山山脊开始，面向大海坡面的宜林地段所营造的全部防护林。三级基干林带指从海岸能植树的地方开始，沙质、泥质海岸向陆地延伸1千米范围内，除一、二级基干林带外的全部防护林；岩质海岸，从第一座山脊延伸至第一重山脊间的全部防护林。

纵深防护林指从沿海基干林带后侧延伸到工程区范围内广大区域的全部防护林。

2. 分区布局：以气候带、自然灾害特点、行政单元为分区布局主导因子，从北至南，将工程区划分为环渤海湾沿海地区、长三角沿海地区、东南沿海地区、珠三角及西南沿海地区4个建设类型区。在4个建设类型区中，根据海岸地貌特征、基质类型的不同，划分为13个类型亚区。

（四）建设内容与规模

1. 基干林带建设：规划建设总面积587999公顷，其中，人工造林344488公顷，灾损基干林带修复161832公顷，老化基干林带更新81679公顷。

2. 纵深防护林建设：规划建设总面积887970公顷，其中，人工造林面积411287公顷，封山育林190400公顷，低效防护林改造286283公顷。

3. 科技支撑体系建设：建设内容包括困难立地造林技术和优良品种选育攻关、现有成熟科技成果的推广应用、试验示范样板建设、技术培训、监测评价体系建设等。

4. 基础设施建设：建设内容包括损毁海堤修复、护岸护坡设施建设、森林防火设施、宣教碑牌、护林站点建设等。

第二章　工程区基本情况

一、工程区范围

全国沿海防护林体系建设工程规划范围包括沿海11个省（自治区、直辖市）、5个计划单列市的344个县（市、区），规划土地总面积为4276.99万公顷。工程区各省

（区、市）及计划单列市规划单位数、面积详见表2-1，具体单位名称详见附表1。

表2-1　工程区各省（区、市）及计划单列市规划单位数、面积统计表

省（自治区、直辖市）	县（市、区）个数	面积（万公顷）
合计	344	4276.99
辽宁省	18	365.43
大连市	7	141.73
河北省	21	185.29
天津市	5	55.80
山东省	38	504.19
青岛市	10	112.82
江苏省	21	324.73
上海市	9	63.41
浙江省	47	447.38
宁波市	9	91.52
福建省	43	474.30
厦门市	6	14.30
广东省	68	808.84
深圳市	6	19.92
广西壮族自治区	17	328.05
海南省	19	339.28

备注：港、澳、台暂不列入本次规划。

二、自然地理条件

（一）地形地貌

工程区沿我国海岸线呈窄带状分布，整个大陆部分呈半圆弧形状，有辽东、山东和雷州三个突出的半岛。整个地貌特征可分为沙质海岸丘陵区、淤泥质海岸平原区和基岩海岸山地丘陵区三种主要地貌类型。大陆海岸线长度18340千米，根据海岸基质情况不同，分为泥质海岸、沙质海岸和岩质海岸三种类型。其中，泥质海岸8415千米，沙质海岸4647千米，岩质海岸5278千米。

1. 泥质海岸

泥质海岸又称淤泥海岸，是由江河输送的粉沙和土粒淤积而成。按其形成过程、组成物质和地形等差异，又分为河口三角洲海岸、平原淤泥质海岸、岩质海岸中的淤泥海岸等。泥质海岸主要位于辽中（盖州大清河口至小凌河口一线）、渤海湾（天津汉口与河北唐海交接处开始，沿海岸线到山东莱州虎头崖）、长江三角洲（江苏与山东交接处的岚山头至浙江甬江口）、珠江三角洲（广东大鹏湾至广海湾一带）等地区。

2. 沙质海岸

沙质海岸又称沙砾海岸，是由沙砾物质构成的海滩和流动沙地，有的在风力作用下发育为流动沙丘，流动沙地的宽度多为0.5～5千米，岸线比较平直开阔。沙质海岸主要位于辽东半岛（鸭绿江口至盖州大清河口，有部分岩质海岸）、辽西、冀东（辽宁小凌河口至河北乐亭大清河口）、山东半岛（山东莱州虎头崖至山东与江苏交接处，有部分岩质海岸）、闽中南、粤东（福建的闽江口至广东大鹏湾，有部分泥质海岸）、粤西、桂南（广东广海湾至广西北仑河口，有部分泥质海岸）和海南全省（有部分岩质）等地区。

3. 岩质海岸

岩质海岸也称基岩海岸，由比较坚硬的基岩构成，并同陆地上的山脉、丘陵毗连。基岩海岸由于岩性和海岸潮浪动力条件的不同，有侵蚀性基岩海岸和堆积性沙砾质海岸两种类型。其主要特点是岸线曲折，岛屿众多，水深湾大，岬湾相间。岩质海岸主要位于舟山群岛、浙东南、闽东（浙江的甬江口至福建的闽江口）等地区。

（二）气候

工程区地跨南温带、北亚热带、中亚热

带、南亚热带和北热带。气候特征表现为，海陆之间巨大的热力差异形成显著季风气候，夏季受海洋季风影响，高温多雨。同时，因处于中低纬度地带，光热资源充裕，水资源与光热资源同期，对树木生长极为有利。

年日照时数长江以北达2800小时左右，长江以南在2000小时左右；热量分布长江以南明显高于长江以北，≥10℃的积温从3500℃～8500℃，由北向南逐渐增加；长江以南无霜期可达300天，南岭以南几乎终年无霜；年均降水量长江以北在1000毫米以下，长江以南则在1000毫米以上，最高的防城港市降水量可达2822毫米。

（三）土壤

山地丘陵森林土壤与气候带和植被带一致，呈地带性分布。辽东半岛和山东半岛为暖温带落叶阔叶林棕壤地带；苏北灌溉总渠至杭州湾一段为北亚热带混生落叶阔叶林黄棕壤地带；杭州湾至福建闽江口一段为中亚热带常绿阔叶林红壤和黄壤地带；闽江口至广西北仑河口一段为南亚热带常绿阔叶林砖红壤地带；雷州半岛和海南岛为热带季雨林砖红壤地带。

淤泥质平原均为河流携带泥沙长年堆淤海退而成，为年轻的陆域地带。水资源条件好的，如长江、珠江三角洲平原等，多已开垦农业利用，土壤以淤泥质水稻土、潮土为主；水资源条件差的，如辽河、黄河三角洲平原等，有大面积潮土带盐渍化滩涂，土壤以滨海重盐碱土、盐化草甸土为主，含盐量一般为0.3%～1%。

工程区山地丘陵土壤大都适宜造林绿化，平原土壤肥力高，但对部分含盐量高的要进行改良，实行蓄淡淋盐才能造林绿化。

（四）水文

沿岸入海河流除长江、黄河、珠江三大河流外，还有鸭绿江、辽河、淮河、钱塘江、闽江、韩江、南流江等大小河流约5000余条流经工程区入海，汇集了全国567万平方千米流域面积的地表径流。这些地表水和工程区地下水为防护林建设提供了丰富的水资源，但在黄淮海平原地区因地碱水咸，淡水资源相对缺乏。

（五）森林植被

工程区由于人为活动频繁，形成了以人工林、天然次生林为主的森林植被类型。森林类型的区域特征明显，山东半岛以北为暖温带落叶阔叶林并间有赤松、油松等针叶林；苏北至杭州湾为北亚热带混生落叶阔叶林；杭州湾至闽江口为中亚热带常绿阔叶林；闽江口至广西北仑河口为南亚热带混生季雨常绿阔叶林；雷州半岛和海南岛为热带季雨林。工程区物种丰富，据初步统计，木本植物千余种，其中乔木200余种。

（六）造林树种

造林树种北方以杨树、柳树、刺槐、栾树、白蜡、黑松、油松、赤松、柽柳、中山杉、水杉等为主；南方以木麻黄、台湾相思、合欢、桉树、杜英、朴树、柳杉、湿地松等为主；红树林造林树种主要有秋茄、红海榄、白骨壤、无瓣海桑等。

三、社会经济条件

工程区位于我国最重要的经济产业带，虽然面积不到我国国土面积的5%，但集中了我国18%以上的人口和31%以上的国内生产总值。改革开放三十多年，特别是进入二十一世纪以来，随着沿海高速公路、高速铁路的建成通车，沿海新一批港口和机场的投入使用，基础设施建设得到了飞速发展，陆、海、空多层次交通网络发达，科技、文化、教育各项事业蓬勃发展。2013年，党中央、国务院提出了“21世纪海上丝绸之路”

经济带建设战略，必将对工程区经济发展产生深远影响。

据最新统计资料，工程区户籍总人口24514.66万人（571人/平方千米），占工程区11个省总人口的42.5%，其中农业人口13595.00万人。耕地总面积1228.11万公顷，人均耕地面积不足0.05公顷，人多地少矛盾尤其突出。

工程区国内生产总值179029.82亿元，占全国的31.5%。其中，农林牧副渔业产值13214.05亿元，占国内生产总值的7.4%；林业产值1292.50亿元，占国内生产总值的0.7%。城镇居民年人均纯收入31856元，农村居民年人均纯收入11921元。财政收入20129.37亿元，占全国的15.6%。粮食总产量6109.0万吨。详见附表2。

四、土地资源现状

（一）土地利用现状

工程区土地总面积4276.99万公顷。其中：林地面积1832.96万公顷，占总面积的42.9%；耕地面积1160.42万公顷，占27.1%；建设用地面积463.74万公顷，占10.8%；水域面积316.13万公顷，占7.4%；其他土地面积503.74万公顷，占11.8%。

根据2014年卫星遥感影像数据判读分析，全国沿大陆海岸线1千米范围内，城镇、港口等建设用地面积占25.7%，耕地面积占16.7%，水域面积占11.9%，有林地面积占27.5%，其他可造林地（包括宜林地、灌木林地和其他土地等）面积占18.2%。

（二）可造林地现状

根据各省（区、市）和计划单列市所属工程县调查统计数据，工程区现有可造林地面积126.08万公顷。其中：无立木林地面积22.76万公顷，占18.0%；宜林地面积38.77万公顷，占30.7%；疏林地及其他灌木林地面积22.54万公顷，占17.9%；宜红树林、柽柳滩涂盐碱地面积5.90万公顷，占4.7%；宜农田林网、道路、河渠等绿化用地面积16.34万公顷，占13.0%；村镇可绿化用地面积13.97万公顷，占11.1%；拟退塘（耕）造林地面积5.80万公顷，占4.6%。

五、森林资源现状

（一）森林资源总量

工程区林地总面积达1832.96万公顷。其中，有林地面积1592.63万公顷，占林地面积的86.9%；未成林造林地面积54.80万公顷，占3.0%；苗圃地面积5.69万公顷，占0.3%；国家特别规定灌木林地面积59.12万公顷，占3.2%；其他林地（包括疏林地、其他灌木林地、无立木林地、宜林地等）面积120.72万公顷，占6.6%。在有林地中，乔木林面积1528.47万公顷，红树林面积3.41万公顷，竹林面积60.75万公顷。在乔木林中，防护林面积502.92万公顷，特用林面积99.10万公顷，用材林面积589.28万公顷，薪炭林面积21.15万公顷，经济林面积316.02万公顷。生态公益林面积697.23万公顷，其中国家级公益林298.70万公顷。工程区活立木总蓄积为64962万立方米。工程区森林覆盖率为38.62%，林木绿化率为41.51%。详见附表3。

（二）沿海基干林带资源现状

工程区现有基干林带总面积60.81万公顷。其中，原有基干林带范围内面积25.82万公顷，本期规划拟扩建范围内面积34.99万公顷。

在原有基干林带范围中，消浪林带3.71万公顷，海岸基干林带22.11万公顷。其中，红树林成林面积3.41万公顷，柽柳成林面积0.30万公顷。红树林资源主要分布于海南、广西、广东、福建等省区，浙江省也有少量分布；柽柳林资源主要分布于渤海湾泥质海岸等地。

现有海岸基干林带总面积中，灾损基干林带面积16.18万公顷，占海岸基干林带面积的28.3%；老化基干林带面积8.17万公顷，占14.3%。详见附表4。

六、自然灾害情况

（一）灾害类型

工程区内的主要灾害类型分为海洋灾害和气象灾害，以及由此带来的大风、内陆暴雨、洪涝和泥石流等地质灾害。

海洋灾害主要有风暴潮、灾害海浪、赤潮等。我国是世界上受海洋灾害危害最严重的国家之一，特别是风暴潮，为海洋灾害之首，从南到北沿海都有发生，尤以南部海南、广西、广东、福建、浙江等省居多。

气象灾害主要是热带气旋，包括热带风暴、强热带风暴和台风，以及由热带气旋引起的干热风、风沙、冰雹、洪涝、干旱、泥石流、滑坡和塌方等。热带气旋是影响我国的主要气象灾害之一，在其活动过程中伴随有狂风、暴雨、巨浪和风暴潮。我国沿海地区每年都遭受热带气旋的袭击，其中以登陆广东、海南、福建等省的热带气旋次数最多。

（二）损失情况

长期以来，我国台风、风暴潮、暴雨、赤潮、洪涝、干旱、风沙等自然灾害频发，严重威胁着沿海地区经济发展和人民群众生命财产安全。据国家海洋局灾害公报统计，1989年以来，我国沿海地区台风、风暴潮（含近岸浪）累计发生367次（年均15次），其中造成灾害的达到152次，累计受灾人口超3亿人次，死亡（含失踪）3500余人，直接经济损失2800亿元，年均112亿元。其中从2004—2013年的10年间，我国台风、风暴潮（含近岸浪）累计发生254次（年均多达25次），其中造成灾害的达到90余次，死亡（含失踪）658余人，农作物损失401.55万公顷，海水养殖损失147.55万公顷，损毁房屋37.11万间，损毁海堤3626.58千米，直接经济损失1358.27亿元，年均135.83亿元。可见，我国台风、风暴潮发生次数和损失情况均有增加趋势。

另外，沿海地区受暴雨影响，水土流失严重。据统计，工程区水土流失面积213.96万公顷，约占区域面积的5%。

七、前期工程规划实施情况

（一）工程建设成就

自2001年以来，工程区各建设单位累计完成各类营造林面积385.38万公顷，其中：人工造林226.67万公顷，封山育林122.70万公顷，低效林改造36.01万公顷。森林覆盖率由35.4%增加到目前的38.6%，提高3.2个百分点；活立木总蓄积量由42215.15万立方米增加到64962.00万立方米，增加22746.85万立方米。沿海地区森林资源总量持续增长，森林生产力逐步提高。

经过近十多年的建设，沿海防护林体系建设工程在改善沿海地区生态状况，维护生态安全中发挥的生态功能在逐渐增强。一是保护了基础设施，发挥了防灾减灾作用；二是改善和调节小气候，减少台风和风暴潮等自然灾害给工农业生产和人民生命财产安全带来的危害；三是保育土壤，有效地减少水土流失和保持土壤肥力；四是涵养水源，净化空气，改善沿海地区生态环境；五是固碳释氧，增加碳循环等。据估算，目前全国沿海防护林体系工程建设年生态效益价值近9000亿元。

工程建设在产生巨大生态效益的同时，也取得了显著的经济效益和社会效益。经济效益方面，一是增加了木材储备和非木质林产品产量；二是不仅改善了沿海地区的生态状况，而且美化了生态环境，吸引了大量的游客，直接带动了当地森林旅游产业的发展。据估算，全国沿海防护林体系工程建设产生的年经济效益价值近5000亿元。社会效益方面，一是为生态文明建设作出了重要贡献，工程建设内容与城镇一体绿化、美丽乡村和生态文明建设等有机结合，极大地改善了沿海城乡人民居住环境，促进了人与自然和谐；二是工程建设增加了就业机会，缓解了社会就业压力。据估算，工程建设产生的年社会效益价值达20余亿元。

（二）工程建设存在的主要问题

1. 受投资标准低等制约，工程规划任务未能如期完成

在前期规划建设任务中，以红树林为主的消浪林带建设面积2.81万公顷，完成规划任务的23.9%；海岸基干林带建设面积36.10万公顷，完成规划任务的46.5%。未完成工程规划任务的主要原因：一是海岸基干林带和消浪林带建设主要靠中央投资，由于投资标准偏低，中央投资不足，导致建设任务难以完成。二是受造林技术和立地条件的制约，红树林和柽柳林造林成活率和保存率不高，影响了消浪林建设进度。

2. 基干林带建设质量不高，难以承担抵御海啸和风暴潮的重任

目前，基干林带总量不足、建设质量总体还不高。在建设标准上，海岸基干林带普遍宽度不够，林带过窄，大多数宽度远达不到泥质海岸营造200米、沙质海岸营造300～500米的基干林带建设标准的要求。不少地方因受台风等自然灾害的影响，出现基干林带折枝断干、成片损毁、断带缺口现象，尤其是在一些泥质海岸的盐碱涝洼地和沙质海岸的风口地段，基干林带建设还是空白。沿海基干林带建设质量不高，难以承担抵御台风、海啸和风暴潮的重任。

3. 体系层次结构简单，与构建防灾减灾体系的要求不相适应

限于当时的经济发展水平，前期沿海防护林工程功能目标定位不高、基干林带建设范围较狭窄，建设标准偏低，体系结构简单，大部分地区没有真正形成由自然海岸线向内陆延伸的多层次防护林体系，沿海防护林体系的整体防护能力不强，与构建防灾减灾体系的要求仍不相适应。

第三章　工程建设SWOT分析

一、工程建设的优势（S）

（一）各级领导重视和积极推动，为工程建设顺利实施提供了保障

党和国家领导人历来高度重视沿海防护林体系建设，上世纪九十年代初，我国政府将沿海防护林体系建设工程列入林业重点生态建设工程；2004年印度洋海啸发生后，党和国家领导人就加强我国沿海防护林体系建设多次作出重要指示批示；党的十八大召开后，新一届中央领导对沿海防护林工程十分重视，多次关心工程建设情况。各级地方政府将造林绿化目标纳入领导干部任期目标责任制，通过层层签订责任状，确保工程建设目标如期实现，有力地推动了沿海防护林体系工程建设。各级领导高度重视和政府积极推动，成为沿海防护林体系建设工程顺利实施的有力保障。

（二）工程建设积累了丰富的经验，为后续工程建设提供了可靠借鉴

1988年工程启动至今，已历经两期工程建设，各地在工程实施过程中积累了丰富经验：一是各级领导高度重视和政府积极推动；二是社会各界和人民群众广泛参与；三是科学编制规划和精心组织准备；四是突出

建设重点结合纵深发展；五是严格执法和加强保护。这些基本经验是二十多年沿海防护林体系工程建设实践的结晶，为本期工程规划提供了重要参考，也为本期工程的实施提供了可靠的借鉴。

（三）工程建设取得了显著的成效，人们对工程建设的热情不断高涨

沿海防护林体系二期工程实施以来，工程区森林面积不断扩大，森林质量不断提高，生态状况大为改善。沿海防护林在保护基础设施、改善和调节小气候、保育土壤、涵养水源、净化空气、固碳释氧等方面发挥着重要功能。工程建设在取得巨大生态效益的同时，也发挥出显著的经济效益和社会效益，为沿海地区木材储备和生产、提供非木质林产品和开展森林旅游等作出了重要贡献，对保障人民生命财产安全、增加就业机会、提高居民收入、加快城乡一体化建设、促进社会和谐稳定发挥了巨大作用。人们在工程建设中，切身感受到了工程建设产生的巨大效益以及给沿海地区人民带来的实实在在的利益。因此，社会各界参与工程建设的热情不断高涨，为沿海防护林体系建设工程顺利实施奠定了社会基础。

二、工程建设的劣势（W）

（一）森林质量不高，沿海防护林功能较弱

沿海防护林体系工程建设质量不高，防护功能较弱，为后续工程建设增加了难度。一是森林单位面积蓄积量低，森林质量不高。根据全国沿海防护林体系工程建设成效评估结果，沿海防护林工程区乔木林每公顷蓄积量47.51立方米，仅占全国乔木林每公顷蓄积量的55.3%。二是局部地带树种单一、结构简单，森林防护功能低。由于工程区范围跨越五个气候带，沿海防护林的树种整体上看起来较多，但局部地带立地条件差、树种单一、结构简单，森林生态系统稳定性差，防护功能先天不足。三是林带退化严重，残次林相较多。部分基干林带林龄老化、退化严重、病虫害增多，加之经过多年风暴潮等自然灾害的袭击，林木断梢、折干现象较多，局部甚至出现断带缺口，形成残次林相，导致防护功能下降。

（二）资金投入不足，难以满足工程建设需要

沿海防护林体系工程建设资金投入不足，严重影响着规划任务的落实和规划目标如期实现。一是工程建设投资预算、标准调整严重滞后，与实际需求差距大。经过多年的工程建设后，剩下的未造林地大多为盐碱地、风口沙地、石质山地等立地条件差、造林难度大的地块，造林成本相对较高。此外，随着劳动力成本的上升和物价水平的提高，单位面积造林直接成本不断攀升，特别是以红树林为主的消浪林带建设投资标准与实际需要相差甚远，目前，红树林建设平均每公顷直接费用需要7万元以上，广东甚至达到每公顷10万元以上，而中央投资标准仅有4500元/公顷，导致造林资金缺口很大。二是中央实际投资总量不足，投资到位率不高。《全国沿海防护林建设成效评估报告（2001—2010）》结果显示，用于沿海基干林带建设的中央投资到位率只有69.2%，与规划要求相差较大。三是工程建设投资构成仅包括营造林的直接费用，而作业设计、工程招投标、工程监理、检查验收、抚育管护等方面的费用未纳入工程总投资，投资结构不合理，无法满足工程建设的实际需要。

（三）新成果应用少，工程建设技术含量不高

工程建设的科技含量低，很大程度上制约了沿海防护林质量的提升和功能的发挥。一方面新技术的研发滞后，沿海防护林建设

中还存在许多重大技术问题没有解决，如红树林引种驯化、低效防护林改造、困难立地造林、重大病虫害防治、高效防护林体系配置、滨海湿地恢复技术等；另一方面科技成果转化率低，许多实用的科技成果、先进的造林模式和方法只停留在试验点和示范区内，得不到全面推广应用，形不成规模效应。

三、工程建设的机遇（O）

（一）大力推进生态文明建设，生态修复工程提上重要地位

党的十八大提出“大力推进生态文明建设，努力建设美丽中国”，将生态文明建设提升至国家战略层面，生态文明建设对新时期林业发展提出了更高要求，赋予了林业前所未有的历史使命。2014 年 1 月，习近平总书记在内蒙古考察时强调，推动生态文明建设下一步的出路主要有两条：一条是继续组织实施好重大生态修复工程；一条是积极探索加快生态文明制度建设。2015 年 4 月，中共中央、国务院在《关于加快推进生态文明建设的意见》中提出，要保护和修复自然生态系统，并把近岸近海生态区作为加快生态安全屏障建设的骨架之一。国家林业局《推进生态文明建设规划纲要（2013—2020年)》提出，要全面实施十大生态修复工程，加快构筑十大生态安全屏障，为建设生态文明和美丽中国作出新贡献。沿海防护林体系建设工程作为森林生态系统重大修复工程之一，迎来了前所未有的发展机遇。

（二）国家综合实力不断增强，工程建设具备坚实经济基础

随着经济社会的快速发展，国家综合实力不断增强，沿海防护林体系建设工程资金投入已具备坚实的基础。一是国家综合实力增强，2010 年我国的 GDP 总量已超过日本，居世界第二位，中央财政有能力加大对生态工程建设的投入力度；二是沿海地区综合实力雄厚，位居全国前列，地方财政能为沿海防护林体系工程建设提供资金保障；三是沿海地区民间资本实力雄厚，投入工程建设的潜力巨大。近十年全国沿海防护林体系建设工程总投入资金中，民间资本、群众投工投劳成为工程建设资金的重要来源。

（三）林业科技水平逐渐提高，科技支撑能力不断增强

随着林业科技水平的整体提高，沿海防护林体系工程建设的技术支撑能力不断增强。一是近年来国外有关生态恢复的基础理论正在得到进一步重视和发展，国内各种防护林科技成果和先进适用技术不断推出，相关理论、技术、方法日趋完善，如容器苗、“ABT”生根粉、高分子吸水剂等保墒促活造林技术等得到广泛应用，能为沿海防护林体系工程的建设提供技术支撑；二是在实施沿海防护林体系建设工程中，各地积累了大量的管理经验，摸索出了许多合理可行的技术方法，提高了营造的技术水平；三是我国生态建设的技术规程与办法相继出台，如《生态公益林建设规划设计通则》、《生态公益林建设技术规程》、《沿海防护林体系工程建设技术规程》等，可为沿海防护林体系工程建设提供技术依据。

四、工程建设的挑战（T）

（一）土地供需矛盾十分突出，基干林带建设用地困难

由于林农、林渔争地现象普遍，土地供给成为沿海基干林带建设重要制约因素。一是沿海地区经济发达、人口稠密，随着经济社会的发展，建设用地需求量不断加大，在沿海基干林带规划范围内进行开发建设的项目增多，占用基干林带建设用地；二是基干

林带规划范围内的农地、养殖塘较多，受传统经营方式和利益驱动的影响，难以作为基干林带建设用地；三是由于多头管理，适于恢复红树林的沿海滩涂，往往难以按规划营造红树林。

（二）边建设边破坏现象严重，沿海防护林保护形势严峻

随着经济社会的发展，沿海防护林保护与经济社会发展的矛盾加剧，沿海防护林遭受破坏的现象严重。一是部分地方为了眼前利益，在沿海防护林范围内毁林开矿、挖沙取土、围滩养殖，甚至出现了毁掉沿海防护林搞房地产开发的情况，沿海防护林保护与经济开发的矛盾十分突出。二是随着沿海地区城市化进程的加快，对土地的需求量越来越大，在国家严格保护基本农田后，很多地方的建设用地转向了林地和湿地，非法占用沿海防护林用地现象时有发生，边建设边破坏的现象较为突出。

（三）基层林业技术力量薄弱，不能适应工程建设需求

基层林业技术力量薄弱，营造林基础保障能力落后，难以满足工程建设需要。一是基层林业管理机构缺失或不健全，沿海经济发达地区保留乡镇林业工作站的地方较少，多数已并入农、水等部门，专职从事林业工作的技术人员缺乏，一岗多责、一职多用的情况普遍，对工程实施极为不利。二是基层现有林业技术人员知识结构不合理、业务素质不高、年龄老化的现象普遍存在，影响了营造林作业设计、技术指导、造林施工、检查验收、抚育管护、档案管理等环节的质量。三是基层林业基础资料，如地形图、卫片等陈旧，更新换代慢，专业技术设备欠缺，难以适应工程建设的需要。

第四章 规划总则

一、指导思想

以科学发展观为指导，深入贯彻落实党的十八大精神，紧紧围绕建设美丽中国的宏伟蓝图，以建设结构稳定、功能完备的沿海防护林体系为目标，以维护国土生态安全、提高抵御台风、海啸和风暴潮等主要自然灾害的能力为核心，以加强沿海基干林带建设为重点，以科学营造和质量提升为手段，以创新投资机制和技术方法为动力，在巩固现有成果的基础上，进一步优化体系结构和布局，增加森林面积、提高森林质量、提升生态防护功能，增强防灾减灾能力，努力构筑沿海地区坚实的生态屏障。

二、基本原则

1. 因地制宜，因害设防。根据沿海地区自然灾害的类型、频次及发生程度，科学确定沿海防护林体系的体系结构、造林树种、造林模式及抚育管理措施。

2. 生态优先，兼顾效益。根据沿海地区经济发达、土地紧张的实际，在生态优先的前提下，坚持防护林与用材林、经济林、风景林相结合，建设多林种多树种防护林体系。

3. 合理布局，突出重点。立足沿海地区的实际，以抵御自然灾害，保护和改善生态环境，促进经济社会可持续发展为出发点，合理确定沿海防护林体系总体布局和工程建设重点。

4. 造改结合，提高效能。针对现有基干林带部分断带、灾损、退化严重和林分质量不高等问题，结合现有宜林地实际，采取造改结合，不断完善建设内容，提高质量，增强沿海防护林体系的生态、社会和经济功能。

5. 科技支撑，示范带动。充分运用先进

科学技术，发挥科技支撑和示范带动作用，确保工程建设质量和成效。

6. 政府主导，社会参与。充分发挥政府投资的引导作用，广泛吸引社会资金参与工程建设，建立多元化投入机制，多渠道、多层次、多方位筹集资金。

三、规划依据

（一）法律法规

1.《中华人民共和国森林法》（2009 年修订）；

2.《中华人民共和国森林法实施条例》（2011 年修订）；

3.《中华人民共和国海洋环境保护法》（2014 年修订）；

4.《中华人民共和国水土保持法》（2010 年修订）；

5.《中华人民共和国自然保护区条例》（2011 年修订）等。

（二）规程规范

1.《生态公益林建设技术规程》（GB/T 18337.3—2001）；

2.《造林技术规程》（GB/T 15776—2006）；

3.《封山（沙）育林技术规程》（GB/T 15163—2004）；

4.《森林抚育技术规程》（GB/T 15781—2009）；

5.《造林作业设计规程》（LY/T 1607—2003）；

6.《低效林改造技术规程》（LY/T 1690—2007）；

7.《沿海防护林体系工程建设技术规程》（LY/T 1763—2008）；

8.《红树林建设技术规程》（LY/T 1938—2011）；

9.《主要造林树种苗木质量分级》（GB 6000—1999）等。

（三）相关规划

1.《推进生态文明建设规划纲要（2013—2020 年）》；

2.《全国造林绿化规划纲要（2011—2020 年）》；

3.《全国林地保护利用规划纲要（2011—2020 年）》；

4.《全国沿海防护林体系建设工程规划（2006—2015 年）》；

5.《全国沿海防护林体系二期工程建设规划（2001—2010 年）》；

6.《全国沿海防护林体系建设可行性研究》（1988 年）。

（四）相关政策文件及其他资料

1.《国家林业局办公室关于开展〈全国沿海防护林体系建设工程规划（2016—2025 年）〉编制工作的通知》（办规字〔2014〕144 号）；

2.《全国沿海防护林体系工程建设成效评估报告》（2011 年）；

3.《全国林业生态建设与治理模式》（2002 年）；

4. 工程区各省（自治区、直辖市）和计划单列市上报的沿海防护林工程建设规划思路。

四、规划期限

规划基准年为 2015 年。规划期限 2016—2025 年。分前期和后期，其中：前期为 2016—2020 年，后期为 2021—2025 年。

五、规划目标

（一）规划总体目标

通过继续保护和恢复以红树林为主的一级基干林带，不断完善和拓展二、三级基干林带，持续开展纵深防护林建设，初步形成结构稳定、功能完备、多层次的综合防护林体系，使工程区内森林质量显著提升，防灾减灾能力明显提高，经济社会发展得到有效保障，城乡人居环境进一步改善。

（二）阶段性目标

前期目标：森林覆盖率达到39.8%，林木覆盖率达到42.7%，红树林面积恢复率达到55.0%，基干林带达标率达到75.0%，老化基干林带更新率达到55.0%，农田林网控制率达到90.0%，村镇绿化率达到27.0%。

后期目标：森林覆盖率达到40.8%，林木覆盖率达到43.5%，红树林面积恢复率达到95.0%，基干林带达标率达到90.0%，老化基干林带更新率达到95.0%，农田林网控制率达到95.0%，村镇绿化率达到28.5%。

第五章　体系结构与分区布局

一、体系结构

全国沿海防护林体系由沿海基干林带和纵深防护林组成。

（一）沿海基干林带

沿海基干林带是沿海防护林体系的核心，是沿海地区防灾减灾的重要屏障。从浅海水域向内陆延伸，沿海基干林带分为一级基干林带（消浪林带）、二级基干林带（海岸基干林带）、三级基干林带（海岸缓冲林带）等三个建设梯级。

1. 一级基干林带

一级基干林带也称消浪林带，是指海岸线以下的浅海水域、潮间带、近海滩涂及河口区域营造的以红树林、柽柳为主的防浪消浪林带，是沿海防护林体系中的第一道防线，是破坏性海浪的“缓冲器”。

消浪林带建设，包括对适宜红树林生长的滩涂实施人工造林，对现有的红树林实行全面保护，以扩大消浪林带面积，提高消浪林带质量，不断增强消浪林带的减灾功能。

2. 二级基干林带

二级基干林带也称海岸基干林带，是指位于最高潮位以上、适宜树木生长的海岸内侧陆地、由乔灌木树种组成的、具有一定宽度的防护林带，是沿海防护林体系中的第二道防线。林带宽度视地形、土壤和潜在危害程度而定，在泥质岸段，从海岸能植树的地方起，向陆地延伸，林带宽度达到200米以上，若一条林带达不到宽度，可营造多条林带；在沙质岸段，从海滩能植树的地方开始，向陆地延伸，林带宽度不小于300米，具备条件的地段可加宽到500米以上，若一条林带达不到宽度，可因地制宜营造多条林带；在岩质岸段，为自临海第一座山山脊开始，面向大海坡面的宜林地段所营造的全部防护林。

海岸基干林带建设，包括断带缺口地段、新围垦区和退塘（耕）地段造林，老化基干林带更新改造，未达标准宽度基干林带加宽，稀疏林带补植补造，灾损基干林带修复。逐步将基干林带建设成多树种混交、林分结构稳定的海岸防护林带，以提升基干林带的建设质量。

3. 三级基干林带

三级基干林带也称海岸缓冲林带，是指从海岸能植树的地方开始，沙质、泥质海岸向陆地延伸1千米范围内，除一、二级基干林带外的全部防护林；岩质海岸，从第一座山脊延伸至第一重山脊间的全部防护林。三级基干林带是沿海防护林体系中的第三道防线，当强台风、强风暴潮或超强台风、超强风暴潮来袭时，在一、二级基干林带正面抵御的基础上，三级基干林带能够发挥进一步抵御或缓冲的作用，对有效保护沿海地区工农业生产和人民生命财产安全具有十分重要的缓冲作用。

海岸缓冲林带建设，包括宜林地段林带新造，原有未达标准宽度林带拓宽，稀疏林带补植补造，灾损基干林带修复。规划范围内的农地、鱼塘优先实施退塘（耕）造林，暂时不能实施退塘（耕）造林的，结合沟、渠、河堤、道路、农田林网等，因地制宜，完善林带建设，提高沿海基干林带抵御台风、风暴潮的整体功能。

（二）纵深防护林

纵深防护林是指从沿海基干林带后侧延伸到工程区范围内广大区域的全部防护林。纵深防护林建设以保护现有森林资源为基础；以加强宜林荒山荒地造林绿化、城乡绿化美化、道路河流通道绿化、农田林网建设为主线；以推进低效防护林改造为重点；以控制水土流失、涵养水源、防风固沙、保护农田、减少水旱灾害等为主要目的。调整结构，完善体系，提升功能，逐步建立起片、带、网、点相结合，多树种、多林种、多功能、多效益、稳定的森林生态系统，切实改善沿海地区生态环境。

二、分区布局

以气候带、自然灾害特点、行政单元为分区布局主导因子，将工程区从北至南划分为4个建设类型区。在4个建设类型区，根据海岸地貌特征、基质类型的不同，划分为13个类型亚区，详见附表5。

（一）环渤海湾沿海地区

本类型区包括辽东半岛沙质基岩海岸丘陵区、辽中淤泥质海岸平原区、辽西冀东沙砾质海岸低山丘陵区、渤海湾淤泥质海岸平原区、山东半岛沙质基岩海岸丘陵区5个治理类型亚区，共99个县，土地面积1377万公顷，占工程区土地总面积的32.14％，海岸线长6378千米，其中大陆海岸线长5021千米。本区是我国沿海生态较脆弱地区，极易遭受旱涝、风沙等自然灾害的危害，受海水侵蚀影响，土地盐碱化、水土流失严重。本区以治理风沙、水土流失、旱、涝、盐、碱为主要任务。

1. 辽东半岛沙质基岩海岸丘陵区

本区位于辽宁鸭绿江口至盖州大清河口，包括辽宁省东港市、宽甸县、凤城市、振安区4个县（市、区），大连庄河市、普兰店市、长海县等7个县（市、区），共计11个县（市、区），土地面积288万公顷；有林地面积1322674公顷，灌木林地11223公顷，未成林造林地28522公顷，苗圃地2098公顷，其他林地29950公顷；生态公益林（地）636264公顷，可造林地54925公顷。海岸线长1700千米，其中大陆海岸线1002千米。

本区属于半岛丘陵区，海拔在400米以下，年降雨量600～1000毫米，水热条件好，适宜植物生长。农业生产易受风沙危害，水土流失现象没有得到很好控制，部分地段沿海基干林带没有达到建设标准，断带情况较严重。

主攻方向：加强沿海基干林带造林、断带补齐和滨海公路绿化建设，同时，通过低效林改造、封山育林等措施，调整林种、树种结构，增强森林防风固沙、水土保持和水源涵养能力。

2. 辽中泥质海岸平原区

本区位于辽宁盖州大清河口至小凌河口，包括盖州市、大石桥市、鲅鱼圈区等9个县（市、区），土地面积159万公顷；有林地面积371704公顷，灌木林地16618公顷，未成林造林地7724公顷，苗圃地380公顷，其他林地47418公顷；生态公益林（地）172107公顷，可造林地61763公顷。海岸线长320千米，其中大陆海岸线长320

千米。

本区主要由辽河、大凌河等携带泥沙入海淤积而成，由于地势低洼，地下水位高，泄流缓慢，土壤盐渍化程度重，脱盐困难，造林成活率很低，导致基干林带缺株断带较普遍。

主攻方向：以新造海岸基干林带、断带补齐和老化基干林带更新为重点，结合道路、沟渠等干线绿化和盐碱地治理、建设高标准农田林网。

3. 辽西冀东沙砾质海岸低山丘陵区

本区从辽宁小凌河口至河北乐亭大清河口，包括辽宁省5个县（市、区）、河北省5个县（市、区），共计10个县（市、区），土地面积119万公顷；有林地面积363416公顷，灌木林地27091公顷，未成林造林地26159公顷，苗圃地463公顷，其他林地78820公顷；生态公益林（地）222565公顷，可造林地184536公顷。海岸线长517千米，其中大陆海岸线376千米。

该区海拔在400～700米之间，年降雨量400～600毫米，且主要集中于7～9月，年蒸发量大，水资源紧张，风沙对人民生产生活造成严重威胁，水土流失严重，造林难度较大，部分地段基干林带断带缺口较多，已老化基干林带急需更新改造。

主攻方向：加强风口地段造林，通过沿海基干林带造林、断带补齐、更新改造和纵深防护林人工造林、封山育林等措施，全面提高森林的水土保持和防风固沙功能。

4. 渤海湾淤泥质海岸平原区

本区位于河北乐亭大清河口至山东莱州虎头崖，包括天津市静海县、宁河县、东丽区等5个县（市、区）、河北省滦南县、丰南区、曹妃甸区等16个县（市、区）及山东省无棣县、沾化县、滨城区等16个县（市、区），共计37个县（市、区），土地面积420万公顷；有林地面积649641公顷，灌木林地89177公顷，未成林造林地45236公顷，苗圃地13609公顷，其他林地55646公顷；生态公益林（地）220678公顷，可造林地212043公顷。海岸线长1309千米，其中大陆海岸线长1150千米。

本区是由黄河、海河等冲积而成的三角洲冲积平原或海积平原。区内岸线平直，滩面宽阔，地势平坦，盐碱涝洼，立地条件差，造林保存率低，耐盐碱树种少，严重影响沿海基干林带建设成效，制约海防林体系建设。

主攻方向：加强耐盐碱适生树种的选育和造林技术攻关，提高海滨滩涂盐碱地造林成活率。通过基干林带的新建和拓宽、断带补齐、老化基干林带更新改造、高标准农田林网建设等措施，建立以治理盐碱地、抗旱防涝、防止海水入侵、农田防护等为主要目的防护林体系。

5. 山东半岛沙质基岩海岸丘陵区

本区位于山东莱州虎头崖至山东与江苏交接处，包括山东省莱州市、招远市、栖霞市等22个县（市、区）及青岛即墨市、胶州市、黄岛区等10县（市、区），共计32个县（市、区），土地面积391万公顷；有林地面积679069公顷，灌木林地28474公顷，未成林造林地69479公顷，苗圃地10548公顷，其他林地28066公顷；生态公益林（地）556947公顷，可造林地49315公顷。海岸线长2532千米，其中大陆海岸线2173千米。

该区大陆海岸线较长，沿海基干林带组成树种单一，林分结构简单，森林生态系统稳定性差。由于遭受台风、病虫害、火灾等危害，防护林带林木枯死、断梢现象较多，导致局部地段基干林带较窄或断带缺口，严重影响防护功能。

主攻方向：通过沿海基干林带造林、断带补齐、防风固沙林带造林、林带拓宽、老化基干林带更新、封山育林、低效林改造等措施，提升森林质量，优化森林结构，增强森林生态系统稳定性，进一步提高沿海防护林体系生态防护功能。

（二）长三角沿海地区

本类型区为长江三角洲淤泥质海岸平原区，位于江苏与山东交界处的岚山至浙江甬江口，包括江苏省、上海市及浙江省部分县，共计56个县（市、区），土地面积588万公顷，占工程区土地总面积的13.73%，海岸线长2251公里，其中大陆海岸线长1784公里。本区是我国经济最发达、人口密集地区，生态环境十分脆弱，也是我国遭受台风、风暴潮危害影响较重的地区。本区以提高森林生态系统稳定性，增强海防林防风护田、抗潮护堤、治理盐碱为主要任务。

6. 长江三角洲淤泥质海岸平原区

本区位于江苏与山东交接处的岚山至浙江甬江口，包括江苏省赣榆区、东海县等21个县（市、区），上海崇明县、宝山区等9个县（区）及浙江省平湖市、海宁市、海盐县等20个县（市、区）及宁波市余姚、慈溪等6个县（市、区），共计56个县（市、区），土地面积588万公顷；有林地面积1095582公顷，灌木林地175918公顷，未成林造林地43542公顷，苗圃地16268公顷，其他林地57834公顷；生态公益林（地）410999公顷，可造林地117597公顷。海岸线长2251千米，其中大陆海岸线长1784千米。

该区以平原为主，地势低洼，局部地区水网密布，为典型江南水乡。人口密集，工农业发达，环境污染日趋严重。遭受台风、风暴潮危害较频繁。近年来，一些地方政府投巨资建设高标准海塘，在提高抗台防风的前提下，滩涂围垦面积较大。

主攻方向：结合标准海塘建设和现代农业示范园建设，新建沿海基干林带，营造防风固沙林带，加强农田林网、护路林建设，通过灾损基干林带修复、老化基干林带更新和低效林改造等措施，进一步提高基干林带整体抵御风暴潮能力。

（三）东南沿海地区

本区包括舟山基岩海岸岛屿区、浙东南闽东基岩海岸山地丘陵区、闽中南沙质淤泥质海岸丘陵台地区3个类型亚区，共79个县（市、区），土地面积836万公顷，占工程区土地总面积的19.51%，海岸线长11980公里，其中大陆海岸线长4981公里。本区是我国受台风、风暴潮严重危害的地区，以提高防护林抵抗台风、风暴潮等自然灾害的能力、减少水土流失为主要任务。

7. 舟山基岩海岸岛屿区

本区为舟山群岛的全部，包括舟山市普陀、定海、岱山、嵊泗4个县（区）的1384个岛屿组成，土地面积13万公顷；有林地面积60246公顷，灌木林地5346公顷，未成林造林地259公顷，苗圃地31公顷，其他林地3579公顷；生态公益林（地）50969公顷，可造林地2643公顷。岛屿海岸线长3237千米。

该区海洋资源丰富，是我国海洋经济示范区，全国远东航道中心，“一带一路”建设的重要节点，具有极其重要的战略和经济地位。由于长期受台风、暴雨危害，土壤瘠薄，松材线虫病危害严重，林分质量较差，结构简单。

主攻方向：本区以低效林改造、封山育

林为重点，灾损基干林带修复、纵深防护林带营造为补充，建立以保持水土、涵养水源、抵御风暴潮等为主要功能的防护林体系，增强森林保持水土、涵养水源能力。

8. 浙东南闽东基岩海岸山地丘陵区

本区为浙江省甬江口至福建省闽江口，包括浙江省三门、临海等 23 个县（市、区）、宁波市奉化、宁海、象山 3 个县（市）和福建省罗源、连江等 10 个县（市、区），共计 36 个县（市、区），土地面积 426 万公顷；有林地面积 2418033 公顷，灌木林地 157153 公顷，未成林造林地 55515 公顷，苗圃地 3427 公顷，其他林地 108041 公顷；生态公益林（地）1326104 公顷，可造林地 58820 公顷。海岸线长 5423 千米，其中大陆海岸线 3046 千米。

本区为典型的基岩海岸地段，山势陡峭，海岸线较长，台风登陆频繁，年均 7 ~ 9 次，遭受台风、风暴潮危害的频率高。马尾松纯林所占比重较大，树种结构较单调，森林病虫害危害较重，林分质量不高，宜红树林滩涂地较多。

主攻方向：通过人工造林、封山育林、低效林改造等措施，巩固和完善临海一面坡基干林带，在适宜海湾内的潮间滩涂营造红树林。

9. 闽中南沙质淤泥质海岸丘陵台地区

本区从福建省闽江口至福建省与广东省交接处，包括福建省长乐、永泰、平潭等 33 个县（市、区）和厦门市同安区、集美区、海沧区等 6 个区，共计 39 个县（市、区），土地面积 397 万公顷；有林地面积 2312341 公顷，灌木林地 53656 公顷，未成林造林地 107802 公顷，苗圃地 364 公顷，其他林地 87031 公顷；生态公益林（地）957089 公顷，可造林地 40732 公顷。海岸线长 3320 千米，其中大陆海岸线长 1935 千米。

该区岩岸与沙岸交替出现，岸线曲折，岬湾多。区内丘陵、台地占主体。台风登陆频繁，台风、风暴潮对工农业生产造成严重威胁。沿海基干林带未达标宽度和断带缺口较多，老化木麻黄基干林带急需更新改造，红树林恢复与保护任务重。

主攻方向：以灾损基干林带修复与窄带拓宽、老化木麻黄林带更新与改造为重点，通过灾损基干林带修复、老化更新等措施，加强临海风口沙荒地段基干林带建设；大力营造和保护滩涂红树林。

（四）珠三角及西南沿海地区

本区包括粤东沙质淤泥质海岸丘陵台地区、珠江三角洲泥质海岸平原、粤西桂南沙质淤泥质海岸丘陵台地区及海南沙质基岩海岸丘陵区 4 个类型亚区，共 110 个县（市、区），土地面积 1483 万公顷，占工程区土地总面积的 34.62 %，海岸线长 9289 公里，其中大陆海岸线长 6554 公里。本区是我国强台风频繁登陆、危害最严重的地区，也是海防林建设的重点区域。本区以不断提高防护林抵御台风、风暴潮的能力为主要任务。

10. 粤东沙质淤泥质海岸丘陵台地区

本区位于从福建省与广东省交界处至广东省大鹏湾，包括广东省饶平县、潮安县、湘桥区等 24 个县（市、区），土地面积 184 万公顷；有林地面积 976887 公顷，灌木林地 31165 公顷，未成林造林地 21935 公顷，苗圃地 119 公顷，其他林地 5734 公顷；生态公益林（地）409819 公顷，可造林地 71839 公顷。海岸线长 1278 千米，其中大陆海岸线长 1096 千米。

该区基岩海岸、沙质海岸与淤泥质海岸交互出现，区内以丘陵、台地为主。大小风口较多，由于港口、养殖场、开发区建设及农业耕作等占用基干林带，以及台风、森林病虫害等危害，部分地区沿海基干林带断带缺口较多，基干林带老化、退化严重，适宜红树林滩涂地较多，急需加强恢复与保护。

主攻方向：以滩涂红树林的造林与保护、近海沙荒地段和风口地段综合治理为重点，营造滨海防风固沙林、护岸林和水土保持林，加强灾损基干林带修复、老化木麻黄基干林带更新改造，逐步实施退塘（耕）造林。

11. 珠江三角洲泥质海岸平原区

本区位于广东省大鹏湾至广海湾一带，包括东莞、增城、番禺等 19 个县（市、区）和深圳市 6 个区，共计 25 个县（市、区），土地面积 158 万公顷；有林地面积 351955 公顷，灌木林地 6309 公顷，未成林造林地 4007 公顷，苗圃地 811 公顷，其他林地 9210 公顷；生态公益林（地）181641 公顷，可造林地 13693 公顷。海岸线长 1308 千米，其中大陆海岸线 533 千米。

该区为华南最大的平原区，地势低平，水资源条件好，土层深厚，土地肥沃，且人口密集，经济发达，人民对绿化、美化环境期望值较高，迫切需要改善生态环境、投资环境和生活环境。

主攻方向：以灾损基干林带修复与窄带拓宽为重点，加强红树林恢复造林、老化基干林带更新、护路林、护岸林、农田林、城镇绿化建设，提高城市和村镇绿化水平，建设美丽乡村。

12. 粤西桂南沙质淤泥质海岸丘陵台地区

本区位于广东省广海湾至广西北仑河口，包括广东省台山市、恩平市、开平市等 25 个县（市、区）和广西灵山、浦北、合浦等 17 个县（市、区），共计 42 个县（市、区），土地面积 802 万公顷；有林地面积 3259992 公顷，灌木林地 255145 公顷，未成林造林地 48146 公顷，苗圃地 2216 公顷，其他林地 331772 公顷；生态公益林（地）918159 公顷，可造林地 341495 公顷。海岸线长 4775 千米，其中大陆海岸线长 3397 千米。

本区地貌以丘陵、台地为主，由于降水较多，在暴雨冲刷下极易造成切沟、崩岗。沿海基干林带树种较单一，纯林多、混交林少，林带遭受台风、病虫害危害较严重，非法占用红树林养殖较突出，老化基干林带更新改造任务重。

主攻方向：强化灾损基干林带修复和老化基干林带更新，加强红树林造林和保护，加大风口地段造林力度，沿海岸营造滨海防风固沙林、护岸林和水土保持林，通过低效林改造、封山育林等措施，提高林分质量，增强森林生态系统稳定性。

13. 海南沙质基岩海岸丘陵台地区

本区范围为海南全省 19 个县（市、区），土地面积 339 万公顷；有林地面积 2066639 公顷，灌木林地 14478 公顷，未成林造林地 83524 公顷，苗圃地 5842 公顷，其他林地 105424 公顷；生态公益林（地）894428 公顷，可造林地 51359 公顷。海岸线长 1928 千米，其中大陆海岸线长 1528 千米。

本区孤悬大陆，地形中高周低，岛东海岸线较平直，呈台地平原状，水热条件好。岛西多分布沙坝，由于风大，造林较困难。整个海岸段间有红树林分布。由于频遭强台风破坏，需修复的灾损基干林带和需更新改造的退化、老化低效基干林带面积较大。

主攻方向：以灾损基干林带修复、老化基干林带更新和红树林恢复与保护为重点，通过封山育林和低效林改造等措施，调整树种结构，提升林分质量，保护和恢复沿海防护林带，增强防护林体系抵御台风、风暴潮、保持水土和涵养水源能力。

第六章　工程建设内容与任务

沿海防护林体系建设内容包括沿海基干林带建设、纵深防护林建设、科技支撑体系建设和基础设施建设四个方面。沿海基干林带和纵深防护林建设任务详见附表6。

一、基干林带建设

基干林带是沿海防护林体系的主体，在抵御台风和风暴潮等自然灾害中发挥着重要作用，是沿海防护林体系工程建设的重点。基干林带建设内容包括人工造林、灾损基干林带修复和老化基干林带更新。其中：

人工造林是指对基干林带范围内可造林地进行造林绿化，也包含退塘（耕）造林。

灾损基干林带修复指对因台风、风暴潮等自然灾害损毁的基干林带进行清理、补植和补造。

老化基干林带更新指对于年龄老化、树木生长下降、防护功能下降、郁闭度低的稀疏老化基干林带进行更新改造。

规划期建设总面积587999公顷。其中，人工造林面积344488公顷，占建设任务的58.6%；灾损基干林带修复面积161832公顷，占27.5%；老化基干林带更新面积81679公顷，占13.9%。规划前期安排总任务的55%，后期安排总任务的45%。基干林带建设分级规划任务详见附表7。

（一）一级基干林带建设

建设范围：海岸线以下浅海水域、潮间带、近海滩涂及河口适宜营造红树林、柽柳的区域。

建设内容：对适宜红树林的滩涂地实施恢复造林，对滩涂盐碱地通过营造柽柳等耐盐碱树种，以改良土壤，提升防护功能。针对建设区域围滩养殖严重的情况，对目前被渔业生产等占用的宜红树林、柽柳滩涂地，要通过政府引导、并给予适当经济补偿方式，逐步实行退塘造林，以扩大红树林、柽柳面积。

红树林造林：一是因地制宜确定红树林树种及配置方式，造林区域要保留适当的裸露泥滩，形成林、滩、沟交错分布的格局；二是根据树种特性选择容器苗造林或胚轴直接插植的造林方法；三是加强红树林造林后的管护，管护措施包括插杆护苗、补植、围网防禽、清除有害生物等。

柽柳造林：一是选择耐水浸、耐盐碱、抵御风暴和固土护坡能力强的乡土品种造林；二是对低洼盐碱地和重盐碱地，先筑台、开沟排碱，然后采用插条或植苗等方式进行人工造林；三是造林后头三年应严格管护、加强抚育。

规划红树林人工造林面积48650公顷，其中前期安排26758公顷，后期安排21892公顷；柽柳人工造林面积10300公顷，其中前期安排5665公顷，后期安排4635公顷。

（二）二级基干林带建设

建设范围：泥质岸段为从适宜植树的地方向内陆延伸200米以上，沙质岸段要求300米以上，岩质岸段为临海第一道山脊的临海坡面，若一条林带达不到宽度，可因地制宜营造多条林带。

建设内容：一是对达不到上述标准宽度的林带、断带缺口地段以及新围垦区范围进行加宽、填空补缺或重新造林，对规划建设范围内的农地、鱼塘，要通过政府引导，采取征地或租地造林方式优先安排实施退塘（耕）造林，逐步建成多树种混交、林分结构稳定的海岸防护林带；二是对因各种自然、人为原因而受破坏的残破、稀疏、灾损林带，通过清除灾损木、补植补造等措施进行修复；三是对生长停滞、防护功能严重下降的老化基干林带进行更新改造，基干林带的更新改造应严格执行审批制度，更新方式采取林冠下更新、分行更新、隔带更新等。

规划人工造林面积 84250 公顷，其中前期安排 46338 公顷，后期安排 37912 公顷；灾损基干林带修复面积 52700 公顷，其中前期安排 28987 公顷，后期安排 23713 公顷；老化基干林带更新面积 81679 公顷，其中前期安排 44959 公顷，后期安排 32760 公顷。

（三）三级基干林带建设

建设范围：从海岸能植树的地方开始，沙质、泥质海岸向内陆延伸 1 千米范围内，除一、二级基干林带外的区域；岩质海岸从第一座山脊至第一重山脊间的区域。

建设内容：一是结合规划范围内沟、渠、河堤、道路绿化和农田林网建设，因地制宜地开展宜林地段人工造林，对原有未达标准宽度林带进行加宽造林，以达到规划宽度；二是通过清除灾损木、补植补造等措施对灾损林带进行修复，提高沿海基干林带抵御台风、风暴潮的整体功能。

规划人工造林面积 201288 公顷，其中前期安排 110709 公顷，后期安排 90579 公顷；灾损基干林带修复面积 109132 公顷，其中前期安排 60024 公顷，后期安排 49108 公顷。

二、纵深防护林建设

纵深防护林是沿海防护林体系的重要组成部分，对进一步防御和减轻登陆台风、台风引起的暴雨、泥石流等危害，提升沿海防护林体系整体防护功能具有重要作用。纵深防护林建设内容包括人工造林、封山育林和低效防护林改造。

规划期建设总面积 887970 公顷。其中，人工造林面积 411287 公顷，占建设任务的 46.3%；封山育林 190400 公顷，占 21.5%；低效防护林改造 286283 公顷，占 32.2%。规划前期安排总任务的 55%，后期安排总任务的 45%。纵深防护林建设规划任务详见附表 8。

（一）人工造林

1. 宜林地造林

包括对除沿海基干林带以外的采伐迹地、火烧迹地、宜林荒山荒地、宜林沙荒地等进行人工造林，以营造水土保持林、水源涵养林和防风固沙林为主。

规划宜林地人工造林面积 209677 公顷。其中，前期安排 115321 公顷；后期安排 94356 公顷。

2. 农田林网建设

根据各地自然条件和农业生产方式，按照高标准农田防护林建设要求，分别采取林带、片林或农林复合种植等营建模式，营造主、副林带结合、疏透结构、间距合理的农田防护林网。主副林带构成的网格面积为 150～300 亩，主林带宽度为 8～16 米，副林带宽度为 4～8 米。

规划营造农田林网总长度 44259 千米，折合面积 29193 公顷。其中，规划前期安排建设林网 24344 千米，折合面积 16056 公顷；规划后期安排建设林网 19915 千米，折合面积 13137 公顷。

3. 道路绿化

结合绿色通道工程建设，沿道路两侧营造护路林，林带宽度 5～50 米。

对原有县级以上道路尚未绿化的，通过一次性征地或租地造林方式进行绿化；对新建或改建的县级以上道路，将绿化用地纳入工程建设征地范围；乡村道路两侧因地制宜营造 1～2 行林带。道路绿化树种选择以乔木树种为主，下层可配置一些观赏灌木树种，以达到绿化美化效果。

规划道路绿化长度 35993 千米，绿化面积40139公顷。其中，前期安排建设长度19795千米，绿化面积22077公顷；后期安排建设长度16198千米，绿化面积18062公顷。

4. 河渠绿化

结合河渠整治工程，在沿河道两侧营造护岸林，林带宽度5～20米。树种选择以抗风和抗逆性强的乡土乔木树种为主，乔木下层栽植灌木和草本，形成乔灌草多层次的立体结构，提高抵御风灾的能力。

规划河渠绿化长度17202千米，绿化面积32686公顷。其中，前期安排建设长度9462千米，绿化面积17977公顷；后期安排建设长度7740千米，绿化面积14709公顷。

5. 村镇绿化

对村镇建成区范围内的公园绿地、道路（河道）两侧以及厂区庭院等，按森林城镇、森林村庄的建设要求，开展四旁植树。树种选择以乔木为主，同时结合村镇特点，适当配置部分经济林果，以发挥绿化美化作用。

规划乡镇植树4013万株、折合绿化面积24316公顷。其中，前期安排植树2207万株、折合绿化面积13375公顷；后期安排植树1806万株、折合绿化面积10941公顷。

规划村屯植树12417万株、折合绿化面积75276公顷。其中，前期安排植树6832万株、折合绿化面积41401公顷；后期安排植树5585万株、折合绿化面积33875公顷。

（二）封山育林

对符合封山育林条件的无林地、疏林地和一般灌木林地实行封山育林。采取全封方式，禁止采伐、砍柴、放牧、割草和其他一切不利于林木生长繁育的人为活动，并在进山路口等显著位置设立警示标牌。

规划封山（沙）育林面积190400公顷。其中，前期安排104720公顷，后期安排85680公顷。

（三）低效防护林改造

对符合《低效林改造技术规程》的低效林分，采取结构调整、树种更替、补植造林、封山育林、林分抚育等营林措施进行改造。改造过程中应注重生物多样性保护，避免对现有植被的破坏。对坡度25度以上的低效防护林，采用带状、块状清理方式，以减少水土流失。

规划期内规划低效防护林改造面积286283公顷。其中，前期安排157523公顷，占改造总面积的55.0%；后期安排128760公顷，占45.0%。

三、科技支撑体系建设

科技支撑体系建设内容包括科技攻关、成果转化、实验示范、技术培训和监测体系建设等五个方面。

（一）科技攻关

沿海防护林体系建设工程是一项综合性的系统工程，特别是随着工程建设的不断深入，剩下的可造林地多为困难立地，造林难度不断加大。因此，必须依托现有科研院所，加强科学研究，开展专题攻关，才能确保工程建设质量和成效。科技攻关应针对沿海防护林体系建设中的技术难点和问题，重点研究解决沙砾质海岸风口地、泥质海岸重盐碱地、基岩海岸岩石裸露地等困难立地的造林技术，以及耐盐碱、耐水浸、抗风性强的优良品种选育。具体攻关项目由建设单位会同高等院校或科研院所共同立项，经专家论证后，由各级主管部门按科研立项程序审批。

（二）成果转化

在沿海防护林体系建设中，要根据工程建设实际需要，从已有科技成果中筛选出技术成熟、先进适用的项目，如沿海防护林优良造林树种选育与引种栽培、不同海岸类型困难立地造林、防护林体系优化配置、退化防护林改造等技术，进行重点推广应用。同时，组织科技人员深入生产一线，积极开展技术服务活动。

（三）试验示范

我国沿海地区南北跨度大，气候差异明显、立地条件复杂，工程建设难度大，必须依靠试验示范带动，才能确保工程建设顺利实施。试验示范应针对造林技术、管护模式中的重点和难点，充分利用现有科研成果和建设经验，建立科技含量高的综合试验示范样板，以辐射带动周边地区，助推规划建设任务的顺利完成。试验示范的内容主要包括：困难立地造林、柽柳和红树林造林、基干林带树种优化配置、老化基干林带更新改造、灾损林带恢复重建等营建技术，以及退塘（耕）造林、有害生物防治等管理模式。

（四）技术培训

技术培训分国家和地方两级进行。国家级培训对象为工程区各省（区、市）和计划单列市的林业部门主管领导及技术骨干。培训内容包括工程建设的方针政策、先进成熟科技成果、工程建设经验、适用生产技术、管理技术等。规划在工程建设前期培训 2 次，后期培训 1 次。地方培训采取省、市、县逐级培训的办法，各级培训对象主要为行政主管领导、林业主管部门领导及主要技术骨干。培训内容主要包括规划设计、质量检查、验收标准、工程核算、生态效益监测、种苗培育、有害生物防治、林火管理、抚育管护等。规划各级建设单位工程建设前期每年培训 1 次，后期每 2 年培训 1 次。

（五）监测体系

监测体系建设内容包括工程信息管理系统和效益监测评价体系建设。

建立国家、省、县三级工程监测信息管理系统。在工程区范围内，以县为单位建立沿海防护林体系工程建设数据库，定期上传相关基础数据，包括工程建设进度、营造林质量检查验收结果、资金使用情况等；各省负责审查、汇总全省数据；国家林业局负责审核、汇总各省信息、及时评价各省规划任务完成情况，并发布全国沿海防护林建设动态信息。

构建科学合理的沿海防护林综合效益评价体系。工程区各省（区、市）、计划单列市应在工程区范围内布设一定数量的固定监测样地，结合资源清查成果，对工程区内森林资源动态变化、防灾减灾、涵养水源、保持水土、固碳释氧、调节气候等指标进行跟踪监测，客观、准确地评价沿海防护林体系建设工程综合效益，并及时上报国家林业局，国家林业局定期向社会发布沿海防护林体系建设成效监测结果。

四、基础设施建设

沿海地区台风、风暴潮等自然灾害频发，沿岸海堤容易遭受损毁。此外，区域人为活动频繁，森林火灾频发，沿海防护林保护面临巨大压力。各地应结合国家水利、交通、森林防火等专项规划，统筹安排，因地制宜开展基础设施建设。基础设施建设包括损毁海堤修复、护岸护坡设施建设、森林防火设施、宣教碑牌、护林站点建设等。

第七章　工程建设重点

一、重点建设内容

本期规划以基干林带造林、灾损基干林带修复和老化基干林带更新等为建设重点。

（一）基干林带造林

对适宜红树林、柽柳生长的滩涂，规划营造以红树林、柽柳为主的消浪林带；针对现有宜林地资源，结合沟、渠、河堤、道路、农田林网等，因地制宜安排人工造林；对宽度达不到标准的林带，实施拓宽造林。进一步扩大基干林带面积，优化基干林带结构，提升基干林带整体功能。

（二）灾损基干林带修复

对工程区内因台风、风暴潮等自然灾害受损的基干林带进行清理、补植和补造，通过修复灾损基干林带，提高其抵御台风、风暴潮的能力。

（三）老化基干林带更新

对于年龄老化、树木生长下降、郁闭度低的稀疏老化基干林带，逐步实施更新改造，提升基干林带质量，增强基干林带的防护功能。

二、重点建设区域

根据沿海地区主要自然灾害及危害特点，选择台风频繁登陆点或主要路径的重点受灾区以及受台风危害后将产生巨大经济损失的工农业发达、人口密集地区作为本期工程重点建设区域，优先安排建设任务，规划一批重点建设项目，实现重点突破。规划确定127个县级单位作为重点建设区域，占工程区县数的36.9%，详见表7-1。

表7-1　全国沿海防护林体系建设工程重点建设区域范围表

省（区、市）	地（市）	县（市、区）名	单位数
合计			127
辽宁省	丹东市	东港市（含大孤山经济区）	6
	营口市	盖州市	
	锦州市	凌海市	
	葫芦岛市	兴城市、绥中县	
	盘锦市	大洼县	
大连市	大连市	普兰店市、庄河市（含花园口经济区）、瓦房店市（含长兴岛临港工业园区）、金州区（含保税区）	4
河北省	沧州市	黄骅市（含南大港管理区、临港经济技术开发区）、海兴县	9
	唐山市	乐亭县、曹妃甸区	
	秦皇岛市	抚宁区（含北戴河新区、经济技术开发区）、昌黎县（含北戴河新区）、山海关区、海港区（含经济技术开发区）、北戴河区	
天津市	天津市	滨海新区	1
山东省	滨州市	无棣县、沾化县	15
	东营市	垦利县、河口区	
	烟台市	莱州市、龙口市、蓬莱市、长岛县、海阳市	
	威海市	环翠区（含高新技术开发区、经济技术开发区、临港开发区）2、文登区2、荣成市、乳山市	
	日照市	东港区（含日照经济技术开发区、山海天旅游度假区、国际海洋城）、岚山区	
青岛市	青岛市	崂山区、即墨市、黄岛区	3

续表

省（区、市）	地（市）	县（市、区）名	单位数
江苏省	盐城市	射阳县、大丰市、东台市	8
	南通市	如东县、启东市	
	连云港市	赣榆区、灌云县、连云区	
上海省	上海市	崇明县	1
浙江省	舟山市	岱山县、嵊泗县、定海区、普陀区	14
	台州市	三门县、临海市、温岭市、玉环县	
	温州市	乐清市、洞头县、瑞安市、平阳县、苍南县、龙湾区	
宁波市	宁波市	慈溪市、宁海县、象山县、北仑区、鄞州区	5
福建省	宁德市	福鼎市、霞浦县	18
	福州市	罗源县、连江县、马尾区、长乐市、福清市、平潭县	
	莆田市	秀屿区（含北岸管委会、湄洲管委会）	
	泉州市	惠安县（含台商管委会）、泉港区、晋江市、石狮市	
	漳州市	龙海市、漳浦县、云霄县、东山县、诏安县	
厦门市	厦门市	同安区、集美区、海沧区、翔安区	4
广东省	潮州市	饶平县	20
	汕头市	澄海区、濠江区、南澳县	
	揭阳市	惠来县	
	汕尾市	海丰县、陆丰市	
	惠州市	惠东县	
	中山市	中山市	
	江门市	台山市	
	阳江市	阳东区、阳西县、江城区（含海陵区）	
	茂名市	电白区	
	湛江市	徐闻县、吴川市、遂溪县、雷州市、坡头区、麻章区	
广西壮族自治区	钦州市	钦南区（含钦州港区）	8
	北海市	合浦县、铁山港区、银海区、海城区	
	防城港市	东兴市、防城区、港口区	
海南省	海南	海口市、三亚市、儋州市、文昌市、琼海市、万宁市、昌江县、东方市、乐东县、陵水县、三沙市	11

三、重点建设项目

本期规划红树林恢复造林、灾损基干林带修复、老化基干林带更新、困难立地基干林带造林、基干林带区位内退塘（耕）造林等5个项目为重点建设项目。建设总规模169245公顷。

（一）红树林恢复造林项目

我国东南沿海地区、珠三角及西南沿海地区台风、风暴潮等自然灾害频发，对人民生命财产安全造成了严重影响。红树林具有较强的消浪护堤作用，受多种因素影响，原有红树林资源遭受破坏严重，大面积宜红树林滩涂地尚未恢复造林，红树林建设速度缓慢。为提高以红树林为主的消浪林带防灾减灾功能、加快红树林建设，规划将红树林恢复造林项目作为重点建设项目。

建设内容：包括红树林引种驯化和标准化育苗基地建设、宜林滩涂整地造林、被破坏的红树林恢复，以及红树林保护与管理模式示范建设。对原生红树林被破坏和宜红树林滩涂，采用胎生苗插植或天然苗移植实施人工造林重建红树林群落，并加强红树林造林后的补植和管护，提高红树林造林成活率和保存率，促进红树林尽早郁闭成林，恢复红树林生态系统，提高红树林防灾减灾功能。

实施范围：涉及东南沿海地区、珠三角及西南沿海地区。具体包括海南省陵水县、东方市、海口市等6个县（市、区），广东省电白区、徐闻县、雷州市等28个县（市、区），广西钦南区、合浦县、防城区等7个县（市、区），福建省晋江市、漳浦县、东山县等11个县（市、区），浙江省乐清市、温岭市、玉环县3个县（市），厦门市翔安区、同安区2个区，深圳市福田区、南山区、宝安区等5个区。详见附表9－1。

建设规模：红树林造林总规模48650公顷。

（二）灾损基干林带修复项目

多年来，受台风风暴潮等自然灾害的影响，沿海基干林带损毁严重，疏林残林较多，很多地方不同程度地出现了断梢、折干、缺口断带，致使防护功能下降的现象，其中东南沿海地区、珠三角及西南沿海地区灾损情况尤为严重。基干林带是沿海地区绿色生态屏障，发挥着重要的防灾减灾作用。为提升基干林带的防护功能，对因遭受台风、风暴潮等自然灾害损毁的基干林带，进行清理修复，规划将灾损基干林带修复项目作为重点建设项目。

建设内容：包括灾损基干林带受损林木清理、断带地段恢复造林、林木稀疏地段补植造林，以及抗风树种选育、灾损基干林带恢复重建示范区建设。对因遭受台风、风暴潮等自然灾害，林木受损严重，防护功能大为降低的疏林、残破的基干林带，清理灾损林木，选择抗风和抗逆性强的适生乡土树种实施补植造林，对因灾损出现缺口断带地段进行填空补缺重新造林，确保受灾基干林带得到及时恢复，发挥防护功能。

实施范围：涉及沿海基干林带因灾受损严重的区域。主要包括海南省文昌市、东方市、儋州市等9个县（市）；广东省徐闻县、吴川市、陆丰市等19个县（市、区）；广西钦南区、合浦县、铁山港区等8个县（市、区）；福建省连江县、霞浦县、惠安县等12个县（市）；浙江省温岭市、瑞安市、苍南县等9个县（市、区）。详见附表9－2。

建设规模：灾损基干林带恢复重建总规模41500公顷。

（三）老化基干林带更新改造项目

我国沿海防护林基干林带有相当一部分是在上世纪五六十年代营造的，其中以木麻黄、刺槐、黑松和杨树等树种为主的基干林带已达到防护成熟龄，老化、退化、枯死情况严重，防护功能下降。为提升沿海基干林带生态防护功能，规划将老化基干林带更新改造作为重点建设项目。

建设内容：包括抗病抗风优良树种选育、老化基干林带逐步更新改造以及不同区域更新改造示范区建设。对基干林带树种平均年龄达到防护成熟龄规定标准，或死亡木（含濒死木）比重占单位面积株数20%以上的，或因老化稀疏保留林木的林分郁闭度低于0.4的，在不破坏沿海基干林带原有生态功能的前提下，按照立地特点配置抗逆性强的优良更新树种，采用块（带）状皆伐更新模式、林冠下造林模式、择伐补造、抚育改造等措施，逐步实施更新改造，营建多树种混交、林分结构稳定的防护林带，全面提升沿海基干林带的林分质量和生态功能，有效发挥基干林带绿色屏障的防护作用。

实施范围：涉及沿海基干林带出现老化的区域。主要包括渤海湾地区河北省北戴河区、山海关区、昌黎县等7个县（区），山东省环翠区、荣成市、乳山市等12个县（市、区），辽宁省绥中县、老边区、兴城市、凌海市4个县（市、区）；长三角地区的江苏省赣榆区、东台市、灌云县等7个县（市、区）；东南沿海地区的福建省霞浦县、漳浦县、平潭县等10个县（区）；珠三角及西南沿海地区的广东省电白区、惠东县、陆丰市等19个县（市、区），广西钦南区、银海区、防城区等8个县（市、区），海南省文昌市、万宁市、东方市等11个县（市）。详见附表9－3。

建设规模：老化基干林带更新改造总规模58831公顷。

（四）困难立地基干林带造林项目

由于特殊地理位置和环境条件的影响，沿海基干林带范围内尚存在不少的盐碱地、岩石裸露地、风口沙滩地等困难造林地。为加强沿海基干林带建设、提高防灾减灾能力，规划将困难立地基干林带造林项目作为重点建设项目。

建设内容：包括耐盐碱、抗风树种选育，盐碱地改良造林、岩石裸露地客土造林、风口沙滩地风帐保护措施等造林及示范区建设。根据海滨滩涂盐碱地、基岩海岸岩石裸露山地、风口沙滩地等困难立地条件，宜乔则乔、宜灌则灌、乔灌结合，综合运用工程改土、化学改土、生物改土、客土造林等措施，并采用容器苗、“ABT”生根粉、高分子吸水剂等保墒促活造林技术实施人工造林，提高困难立地造林成活率，恢复困难立地海岸森林植被，构筑稳定的森林生态系统。

实施范围：涉及滩涂盐碱地、岩石裸露地、风口沙滩地等困难立地较多的区域。盐碱地造林主要包括环渤海湾地区的河北省曹妃甸区、黄骅市、海兴县等6县（市、区），山东省莱山区、莱州市、芝罘区等5个县（市、区），辽宁省盖州市及天津市滨海新区；岩石裸露地造林主要包括东南沿海地区的福建霞浦县、云霄县、泉港区、蕉城区4个县（区），浙江省三门县、温岭市、乐清市、临海市4个县（市）；风口沙滩地造林主要包括东南沿海地区的福建省霞浦县，珠三角及西南沿海地区的广东省廉江市，广西铁山港区、港口区、合浦县3个县（区），海南省澄迈县、昌江县、三沙市3个县（市）。详见附表9－4。

建设规模：困难立地基干林带造林总规模9184公顷。

（五）基干林带区位内退塘（耕）造林项目

由于传统的农业耕作和渔业养殖，在基干林带区位内有大量的耕地和养殖塘（池），严重影响了沿海基干林带的建设。根据沿海防护林体系建设需要，有必要调整农业产业结构，在重点建设区域逐步实施退塘（耕）造林，确保沿海基干林带建设用地之需。因此，规划将基干林带区位内退塘（耕）造林项目作为重点建设项目。

建设内容：在建设退塘（耕）造林示范区的基础上，通过政府引导和适当经济补偿相结合的措施，对重点区域内基干林带达不到建设标准的地段，逐步实施退塘（耕）造林，构筑比较完善的沿海绿色生态屏障。

实施范围：涉及基干林带达不到建设标准的区域。主要包括辽宁省凌海市，河北省黄骅市、海兴县、抚宁区等 9 个县（市、区），天津滨海新区，山东省东港区、环翠区、文登区、荣成市 4 个区（市），江苏省大丰市、响水县、灌云县等 5 个县（市、区），福建省惠安县、云宵县，广东省饶平县、海丰县、潮阳区等 21 个县（市、区），以及海南省海口市。详见附表 9 –5 。

建设规模：退塘（耕）造林总规模 11080 公顷。

第八章　预期效益分析

沿海防护林体系工程建设实施后，将取得明显的生态效益、社会效益和经济效益，为改善沿海地区生态环境、抵御台风和风暴潮等自然灾害、保障人民群众生命财产安全以及增加就业机会等作出巨大贡献。

一、生态效益

沿海防护林是我国沿海地区的绿色生态屏障，以红树林为主的消浪林带在消浪促淤、防灾减灾、净化海洋环境等方面将发挥巨大的作用，其防洪减灾价值可等同于完成一项修筑海堤工程和维持海堤日常管理所需耗费的成本。

沿海基干林带的建设对于改善沿海地区的生态环境、抗击台风风暴潮自然灾害袭击、减轻其破坏程度等方面具有显著的作用，特别是对沿海地区海堤、农田、房屋、公路、通讯、供电等基础设施具有重要的保护作用。沿海防护林体系通过改善和降低林带防护范围内的风速、改变气流性质，同时间接影响其他气候因子、土壤因子，发挥其防风固沙等功能，以达到改善林带防护范围内的生物生长环境、调节工程区小气候的作用。

通过工程实施，也将大幅减少工程区内水土流失面积，抑制风沙量，以发挥森林固土、保肥作用；工程建设在涵养水源、调节水量、净化水质、固碳释氧、保护生物多样性等方面也将发挥重要功能。

二、社会效益

我国沿海地区是对外开放和发展外向型经济的重要基地和窗口，沿海防护林体系工程特别是沿海基干林带建设提供的生态屏障和良好生态、人居环境，将在优化投资条件、吸引外来资本、提高生态承载能力等方面发挥巨大作用。

沿海防护林体系工程建设总体时间长、工程量大，需要大量的劳动力，是吸纳农村剩余劳动力的有效途径之一，有利于维护社会稳定；工程后期的管理、经营、管护、生物多样性保护、科学研究等将提供大量社会就业机会，也能缓解社会就业压力、创造社会就业价值。

沿海防护林体系工程建设过程中设立的各类示范区、保护区可作为高校、科研机构的教学科研基地，其文化、科研、科普宣传、国际合作等方面的社会效益十分显著。

三、经济效益

沿海防护林建设工程区通过人工造林、封山育林等措施，增加森林面积、活立木蓄积，不仅为工程区提供了良好的生态环境，也将大幅度提升木材储备价值，为国家经济建设提供大量木材，对缓解我国木材短缺、维护木材安全具有重要意义；工程还将提供丰富的非木质林产品，能进一步增加沿海地区林农的经济收入；也将逐渐提高工程区林业产值在农业总产值的比重，突出林业的社会经济地位，对于调整经济产业结构、加快林业经济发展具有重要促进作用。

沿海防护林体系建设在改善沿海地区的生态状况、美化生态环境的同时，能吸引大量的游客，直接带动当地森林旅游产业，在森林游憩方面产生巨大的经济效益。

第九章　保障措施

一、加强组织领导，确保工程建设目标顺利实现

强化工程建设组织领导，切实落实规划目标责任，规范工程管理监督，是推进沿海防护林体系工程建设的重要保障。工程建设仍然要继续加强组织领导，强化工程建设监督管理工作，确保工程顺利实施。一是要全面加强组织领导。各级林业主管部门要进一步建立和完善组织管理机制，加强部门之间的沟通、协调与合作，建立健全各级工程建设管理机构，加强乡镇林业工作站建设，充实基层管理人员，改善工作条件，强化管理职能，形成上下联动的管理体系，确保有效发挥其职责，共同推进工程建设。二是要切实落实目标责任。各级人民政府应继续将沿海防护林体系建设工程纳入本地区国民经济发展规划和重点建设计划之中，并实行政府任期目标管理责任制，把工程建设的主要目标、任务完成情况纳入政府领导任期和年度目标考核范围。三是要抓好任务分解落实。各省（区、市）要严格按照工程规划要求，完善、充实、拓展工程建设的内涵，切实将工程建设的目标和任务层层分解落实到县，各工程县要按照省下达的计划任务组织编制年度实施方案，把各项建设任务落实到山头地块。四是要加强工程建设管理。工程规划实施单位要强化工程全过程监督管理，狠抓规划计划、实施方案、年度任务、作业设计、种苗质量、造林施工、检查验收、抚育管护等关键环节，确保工程建设质量。

二、统筹用地管理，确保基干林带建设用地落实

沿海基干林带是沿海防护林体系的核心，是沿海地区防灾减灾的重要屏障。完善相关用地政策，统筹协调用地规划，解决好工程建设用地紧张的问题，切实落实基干林带建设用地，是沿海防护林体系工程建设实施的基础保障。一方面要统筹协调各类用地规划。各级政府要按照生态优先、因害设防、因地制宜的原则，切实统筹协调好林业、国土、农业、水利、海洋、渔业等部门的相关用地规划，将沿海地区台风、风暴潮危害频发、水土流失和风沙危害严重等生态地位极其重要的临海区域优先规划为基干林带建设用地。另一方面要逐步实施退塘（耕）造林。在沿海基干林带建设范围内，将台风、风暴潮危害频发、水土流失、风沙危害和盐碱化严重、养殖环境破坏严重、生产条件较差、粮食（或养殖）产量低而不稳等生态极其脆弱区域的耕地和渔业用地纳入退塘（耕）造林计划，根据基干林带建设的需要，逐步实施退塘（耕）造林。地方政府应根据规划的退塘（耕）造林任务，落实好退塘（耕）补偿及租地专项费用，确保基干林带建设任务顺利完成。

三、广泛筹集资金，确保工程规划任务如期完成

沿海防护林体系建设资金的及时、足额投入与安全使用，是规划顺利实施的根本保障。一是要坚持以各级政府投入为主。沿海防护林体系建设的主体是各级政府。要确立事权有别的政府投入机制，中央投资重点用于基干林带建设，地方投资主要负责纵深防

护林建设。各级政府要加大资金投入力度，将沿海防护林建设、管理和保护等经费纳入本级公共财政预算，确保完成规划任务所需资金能够足额到位。二是建立多元化的资金投入机制。国家鼓励金融和社会资本投入工程建设。要按照《国家发展改革委关于进一步利用开发性和政策性金融推进林业生态建设的通知》（发改投资〔2017〕140号）和《国家发展改革委 国家林业局关于运用政府和社会资本合作模式推进林业建设的指导意见（发改农经〔2016〕2455号）》要求，动员各方力量共同参与到工程建设中来，要借鉴广西"统贷统还、融资担保、契约管理、按期还款"，天津"分贷分还、借用管还、政府回购、委托代建"，张家口"市级统筹、市县分担、平台运作、合同管理"，吉林森工"域外转型、产业升级、促进改革、保障民生"等储备林贷款模式，通过中央财政资金撬动开发性和政策性金融资本投入沿海防护林体系工程建设。要有效拓宽社会投融资渠道，结合林业PPP项目协同推进工程建设，提升工程资金使用效率，提高工程质量。三是要严格工程建设资金管理。建立健全严格资金管理的长效机制，既要严格按照工程建设任务、投资标准和进度要求合理安排建设资金，确保工程建设顺利实施；又要把好建设资金审计关，严格落实管钱用钱责任，确保资金使用安全。

四、强化科技支撑，提高沿海防护林体系建设水平

我国沿海地区南北跨度大，气候差异明显、立地条件复杂，经过两期工程建设后，条件较好的区域大多实现了绿化，剩下的林地多为困难立地，营造林难度越来越大。实施新一期工程规划，必须依靠科学支撑，示范带动，提高沿海防护林体系建设水平。一是各地应按规划要求抓紧开展抗盐碱等新品种选育、困难立地造林、病虫害防治等技术攻关，争取列入国家级和省级科研课题，尽快取得突破。二是要结合规划中要求优先推广的育苗、造林和引种等科技成果，重点开展红树林引种驯化与生物入侵的专项研究、红树林、柽柳林等消浪林带和海岸基干林带建设的科技示范，将现有科研成果和先进管理模式组装配套，尽快在工程建设中推广应用。三是要以品种良种化、质量标准化、生产专业化、运作市场化的科学标准，规范林木种苗生产供应和服务管理，全面加强种苗保障，从源头上保证沿海防护林体系工程建设质量。四是加强中幼林抚育，针对体系建设工程特别是沿海基干林带中的中幼龄林，严格按照相关技术规程，及时、高质地开展中幼林抚育工作，提升沿海防护林的质量。五是要重点解决基层人才短缺问题，按照规划的要求，加强对县、乡两级林业管理、技术人员和林农的培训，努力培养一批基层骨干人才，确保工程建设全面推进。

五、加强法制建设，保护沿海防护林的建设成果

沿海防护林体系建设是国家重点生态建设项目，工程建设管理须做到有法可依，有章可循。一是要抓紧出台相关的法规和规章，把工程建设用地、补偿、基干林带尤其是红树林建设管理等方面的政策措施用法律的形式固定下来，为工程建设和成果保护提供依据和保障。二是要严格执行与沿海防护林建设和保护有关的法律法规，对已经颁布沿海防护林条例的省份，要搞好执法宣传和普法培训。三要加强执法机构和队伍建设，建立健全重大林业行政案件逐级上报制度，对大案要案进行重点督察督办，依法严厉打击乱砍滥伐沿海防护林、乱征滥占沿海林地

和湿地等违法行为，坚决遏制沿海防护林“边建设边破坏”的现象。四是强化沿海防护林保护，切实加强森林防火、防盗、防病虫害工作。针对沿海防护林管理工作现状，各地要结合本地实际，制定管护制度，落实管护人员和责任，有效保护和巩固工程建设成果。

六、大力宣传引导，提高工程建设的社会影响力

沿海防护林体系建设工程是我国生态建设的重要内容，是沿海地区防灾减灾体系建设的重要组成部分。要加大宣传力度，多渠道、多层次、多方式广泛宣传沿海防护林建设的重大意义，为沿海防护林工程体系建设规划的实施创造一个良好的社会氛围。一是各级林业主管部门要联合相关部门，积极组织以沿海防护林体系建设和保护为主题的大型宣传活动，对我国沿海防护林体系建设情况进行全方位、深层次的宣传报道，进一步提高沿海防护林体系建设工程的知晓率，让广大人民群众更加关注、支持、参与沿海防护林体系建设和保护。二是各级政府要充分利用网络、广播、电视、报刊等宣传平台，大力宣传各地沿海防护林体系建设工程取得的成效、经验，及时报道破坏沿海防护林体系建设工程的典型案例，提高各级干部和广大群众依法治林的认识。三是工程建设单位要建立和完善沿海防护林体系工程建设宣传设施，在工程建设区域设立必要的专题宣传栏、标语、标牌等，普及沿海防护林体系建设和保护知识，提高全社会依法建设和保护沿海防护林体系的意识。

规划附表：

附表1　全国沿海防护林体系工程建设范围一览表（略）

附表2　全国沿海防护林体系建设工程区基本情况调查统计表（略）

附表3　全国沿海防护林体系建设工程区各类土地面积调查统计表（略）

附表4　全国沿海防护林体系建设工程区基干林带现状调查统计表（略）

附表5　全国沿海防护林体系工程建设类型区范围一览表（略）

附表6　全国沿海防护林体系建设工程规划任务汇总表（略）

附表7　全国沿海防护林体系建设工程基干林带分级规划任务表（略）

附表8　全国沿海防护林体系建设工程纵深防护林规划任务表（略）

附表9－1　红树林恢复造林项目规划表（略）

附表9－2　灾损基干林带修复项目规划表（略）

附表9－3　老化基干林带更新改造项目规划表（略）

附表9－4　困难立地基干林带造林项目规划表（略）

附表9－5　基干林带区位内退塘（耕）造林项目规划表（略）

规划附录：

全国沿海防护林体系建设工程不同类型区造林典型模式（略）

规划附图：

1. 全国沿海防护林体系建设工程范围示意图（略）

2. 全国沿海防护林体系建设工程分区示意图（略）

3. 全国沿海防护林体系建设工程分亚区示意图（略）

关于进一步放活集体林经营权的意见

（2018年5月8日　林改发〔2018〕47号）

放活集体林经营权，利用好林业资源，有利于吸引社会资本投资林业，有利于推进适度规模经营，有利于实现小农户与林业现代化建设有机衔接，对促进生态美百姓富的有机统一、推进实施乡村振兴战略意义重大。按照党中央、国务院关于集体林权制度改革的决策部署，现就进一步放活集体林经营权提出如下意见。

一、加快建立集体林地三权分置运行机制

推行集体林地所有权、承包权、经营权的三权分置运行机制，落实所有权，稳定承包权，放活经营权，充分发挥“三权”的功能和整体效用，是深入推进集体林权制度改革的重要内容，放活林地经营权是其核心要义。林地经营权人有权依照流转合同依法利用林地林木并获得相应收益，经承包农户同意，可以依法修筑直接为林业生产服务的工程设施，并依照流转合同约定获得合理补偿；再流转或依法依规设定抵押权利须经承包农户或其委托代理人书面同意，并向农民集体（发包方）书面备案。鼓励基层林业主管部门建立林权流转合同鉴证制度，依当事人自愿申请但不强迫的原则进行合同鉴证，出具鉴证报告，探索作为经营权人实现林权抵押、评优示范、享受财政补助、林木采伐和其他行政审批等事项的依据，平等保护所有者、承包者、经营者的合法权益。

二、积极引导林权规范有序流转

鼓励各种社会主体依法依规通过转包、租赁、转让、入股、合作等形式参与流转林权，引导社会资本发展适度规模经营。当前，尤其要重点推动宜林荒山荒地荒沙使用权流转，促进国土绿化。鼓励和支持地方制定林权流转奖补、流转履约保证保险补助、减免林权变更登记费等扶持政策，引导农户有序长期流转经营权并促进其转移就业。可以根据农民意愿，通过预流转、委托流转等方式组织集中连片经营的农户承包林权在公开市场上招商引资。各地要着力完善基础设施，集中项目支持农村致富带头人和社会资本建立基地，引导和支持农民以林权等入股发展林业。建立林权流转市场主体“黑名单”制度，研究制定林权流转市场主体信用记录和信用评价运用办法，充分应用“信用中国”查询平台，限制失信人和林权流转黑名单主体受让林权及申报林业建设项目、补贴、荣誉等。

三、拓展集体林权权能

在林权权利人对森林、林木和林地使用权可依法继承、抵押、担保、入股和作为合资、合作的出资或条件的基础上，进一步拓展集体林权权能。鼓励以转包、出租、入股等方式流转政策所允许流转的林地，科学合理发展林下经济、森林旅游、森林康养等。积极发展森林碳汇，探索推进森林碳汇进入碳交易市场。鼓励探索跨区域森林资源性补偿机制，市场化筹集生态建设保护资金，促进区域协调发展。探索开展集体林经营收益

权和公益林、天然林保护补偿收益权市场化质押担保。各地要积极协调相关部门开发符合林业特点的林权抵质押贷款金融产品，推广规模经营主体间开展林权收储担保业务，探索以自有林权抵押折资+一定比例货币资本作为收储保证资本，并会同金融监管部门建立风险防控机制，支持林权收储机构为林业开发利用经营主体的林权抵押贷款提供森林资源资产评估、林权收储、信贷担保、抵押物处置等服务。

四、创新林业经营组织方式

在坚持家庭经营的基础性地位前提下，积极推进家庭经营、集体经营、合作经营、企业经营、委托经营等共同发展的集体林经营方式创新。引导具有经济实力和经营特长的农户，发展家庭林场、领办林业专业合作社，形成规模化、集约化、商品化经营。支持村集体经济组织创办村集体股份合作林场，将现仍由村集体统一经营的林地林木折股量化到户，鼓励和引导村集体成员以家庭承包林地林木量化折股入场。鼓励以林权量化或作价入股形成利益共同体，由合作组织经营或统一对外流转，建立“林地变股权、林农当股东、收益有分红”的股份合作运行机制。鼓励和引导工商资本到农村流转林权，建立产业化基地，向山区和林区输送现代林业生产要素和经营模式。以规模经营为依托，以利益联结为纽带，积极引导和支持规模经营的林业企业、林业专业合作社、家庭林场领办林业经营联合体，提供农资、生产、供销、金融、技术、信息、品牌等合作共享服务，加快产业化发展。

五、健全完善利益联结机制

探索集体林经营权新的实现形式和运行机制，推广集体林资源变资产、资金变股金、农民变股东的“三变”模式，增加农民财产收益和劳务收入。鼓励引导实物计租货币结算、租金动态调整、入股保底分红等利益分配方式，激发更多的农民主动参与林权流转。推广“林地股份合作社+职业森林经理人+林业综合服务”三位一体的“林业共营制”，大力培育一批职业森林经理人，支持将职业森林经理人纳入城市社保保障范围。鼓励龙头企业+家庭林场（农户）或林业合作社以股份式、合作式、托管式、订单式等模式建立紧密的利益联结机制，让农民分享产业链增值收益。对与林农建立紧密利益联结机制的经营主体，对活化集体林权带动强、为林农增收致富作用明显、发展集体林业效益突出的，在财政资金、产业基金、林下经济补助等项目安排、评优表彰、试点示范等方面给予优先支持。

六、推进产业化发展

产业发展是经营权活化的最直接动因，要按照绿水青山就是金山银山的理念，规划好集体林业资源的利用方式、途径、强度和产业布局，提高林地综合效率和产出率。改造传统用材林，各地要充分利用造林绿化、退耕还林、低产低效林改造、森林抚育等，优化树种组成、林分结构，积极发展乡土大径级和珍贵树种用材林，鼓励探索择伐、渐伐奖励制度。大力发展林下经济等非木质产业，实施枝、叶、花、果、汁综合开发利用，打造林业产业新的增长极。充分利用森林景观和森林生态环境，发展森林旅游休闲康养等绿色新兴产业。加快森林生态标志产品建设工程建设，创建林特产品优势区和林业产业示范园区，推进一二三产业融合发展，培育一批林特小品种大产业基地。

七、依法保护林权

充分尊重林权权利人的主体地位，实现各类市场主体按照市场规则和市场价格依法平等使用林权，提升投资人信心。妥善处理集体林地承包经营纠纷，加大纠纷调处力度，平等保护双方权益，增强农民与林业经营主体产权保护观念和契约意识。严格依照法定权限和程序进行禁止或限制林权权利人经营活动，既不能降低标准也不要层层加码。鼓励在建立完善森林资源资产产权制度和有偿使用制度方面进行探索，对确因生态保护需要禁止或限制林地林木依法开发利用的，要充分尊重农民意愿，探索通过租赁、合作、置换、地役权合同等方式规范流转集体林权，逐步扩大生态保护范围和提高保护等级，实现生态美百姓富的有机结合。通过赎买方式进行市场化补偿的，赎买价格要充分参考征收林地林木补偿费标准和市场价格等合理确定。

八、提升管理服务水平

加快推进“互联网＋政务服务”，推行网上办理，进一步降低制度性交易成本，优化营商环境。要依托林权管理服务机构，以林权权源表为核心，加快推进互联互通的林权流转市场监管服务平台建设，提高林权管理服务的精准性、有效性和及时性。鼓励建立基于智能手机的区域性林业服务综合平台，将林业金融服务、林权流转交易、林业政策、科技推广、林业有害生物防治、林业生产中介服务等信息延伸到每个林农手中，打通信息服务的“最后一公里”。严禁将现有或已取消的林业行政审批事项转为中介服务，严禁将一项中介服务拆分为多个环节。受林业主管部门委托的有关机构，对服务对象开展各类技术评审、评估、审查、检验、检测、鉴定等活动，不得向服务对象收取费用。加强基层林权管理服务中心、乡镇林业工作站等林业公共服务机构能力建设，逐步健全县、乡、村三级林权服务和管理网络，大力推行一站式、全程代理服务模式。鼓励采取政府购买、定向委托、奖励补助、招投标等形式，积极引导基层公共服务机构、科研机构、行业协会、龙头企业、合作社等组织提供林业生产经营服务。

关于促进森林康养产业发展的意见

（2019年3月6日　国家林业和草原局、民政部、国家卫生健康委、国家中医药局　林改发〔2019〕20号）

森林康养是以森林生态环境为基础，以促进大众健康为目的，利用森林生态资源、景观资源、食药资源和文化资源并与医学、养生学有机融合，开展保健养生、康复疗养、健康养老的服务活动。发展森林康养产业，是科学、合理利用林草资源，践行绿水青山就是金山银山理念的有效途径，是实施健康中国战略、乡村振兴战略的重要措施，是林业供给侧结构性改革的必然要求，是满足人民美好生活需要的战略选择，意义十分重大。为促进森林康养产业健康有序发展，现提出如下意见。

一、总体要求

（一）指导思想。全面贯彻党的十九大

和十九届二中、三中全会精神，以习近平新时代中国特色社会主义思想为指导，牢固树立新发展理念，以建设生态文明和美丽中国为统领，以服务健康中国和促进乡村振兴为目标，以优化森林康养环境、完善康养基础设施、丰富康养产品、建设康养基地、繁荣康养文化、提高康养服务水平为重点，向社会提供多层次、多种类、高质量的森林康养服务，不断满足人民群众日益增长的美好生活需要。

（二）基本原则。

坚持生态优化，协调发展。严格执行林地保护利用规划，强化林地用途和森林主导功能管制，在严格保护的前提下，统筹考虑森林生态承载能力和发展潜力，科学确定康养利用方式和强度，实现生态得保护、康养得发展。

坚持因地制宜，突出特色。根据资源禀赋、地理区位、人文历史、区域经济水平等条件及大众康养实际需要，确定森林康养发展目标、重点任务和规划布局，突出地域文化和地方特色，实现布局合理、供需相宜。

坚持科学开发，集约利用。充分利用和发挥现有设施功能，适当填平补齐，不搞大拆大建，不搞重复建设，不搞脱离实际需要的超标准建设，避免急功近利、盲目发展，实现规模适度、物尽其用。

坚持创新引领，制度保障。运用多学科多领域的新成果，加快推进技术创新、产品创新、管理创新，建立健全相关制度规范，强化服务保障，实现规范有序、保障有力。

坚持市场主导，多方联动。立足市场需求，以产权为基础，以利益为纽带，推进全面开放，吸引各类投资主体和社会力量参与，实现部门联动、统筹推进。

（三）发展目标。培育一批功能显著、设施齐备、特色突出、服务优良的森林康养基地，构建产品丰富、标准完善、管理有序、融合发展的森林康养服务体系。到2022年，建成基础设施基本完善、产业布局较为合理的区域性森林康养服务体系，建设国家森林康养基地300处，建立森林康养骨干人才队伍。到2035年，建成覆盖全国的森林康养服务体系，建设国家森林康养基地1200处，建立一支高素质的森林康养专业人才队伍。到2050年，森林康养服务体系更加健全，森林康养理念深入人心，人民群众享有更加充分的森林康养服务。

二、主要任务

（四）优化森林康养环境。遵循森林生态系统健康理念，科学开展森林抚育、林相改造和景观提升，丰富植被的种类、色彩、层次和季相。结合功能布局，有针对性地营造、补植具有康养功能的树种、花卉等植物。着力打造生态优良、林相优美、景致宜人、功效明显的森林康养环境。

（五）完善森林康养基础设施。依托已有林间步道、护林防火道和生产性道路建设康养步道和导引系统等基础设施，充分利用现有房舍和建设用地，建设森林康复中心、森林疗养场所、森林浴、森林氧吧等服务设施，做好公共设施无障碍建设和改造。争取相关部门支持，将森林康养公共基础、健康养老等设施建设纳入当地基础设施建设规划。

（六）丰富森林康养产品。以满足多层次市场需求为导向，着力开展保健养生、康复疗养、健康养老、休闲游憩等森林康养服务。积极发展森林浴、森林食疗、药疗等服务项目。充分发挥中医药特色优势，大力开发中医药与森林康养服务相结合的产品。推动药用野生动植物资源的保护、繁育及利用。加强森林康养食材、中药材种植培育，森林食品、饮品、保健品等研发、加工和销售。依托森林生态标志产品建设工程，培育一批特色鲜明的优质森林康养品牌。

（七）建设森林康养基地。依据林业、健康、卫生、养老等法律法规和政策规定，建立健全森林康养基地建设标准，推进森林康养基地建设。基地建设要选址科学安全、功能分区合理、建设内容完整、特色优势突出。按照“环境优良、服务优质、管理完善、特色鲜明、效益明显”的要求，创建一批国家级和省级森林康养基地，发挥示范引领作用。建立森林康养基地质量评价和动态管理制度。

（八）繁荣森林康养文化。积极推进森林康养文化体系建设，深入挖掘中医药健康养生文化、森林文化、花卉文化、膳食文化、民俗文化以及乡土文化。鼓励创作森林康养文学、书法、摄影、音乐、影视等文化产品。强化自然教育，提高公众对森林康养功能的全面认识。推广森林康养文化，倡导健康生活理念。

（九）提高森林康养服务水平。完善服务标准和技术规范，加强标准实施和监督管理。引进先进经营理念，探索运用连锁式、托管式、共享式、职业经理制等现代经营管理模式，提升运营能力和管理水平。加强从业人员职业技能培训，提高服务品质。开展森林康养环境监测，实时发布生态及服务数据。加强安全防护和引导，强化应急处置，确保安全运营。

三、保障措施

（十）加强组织指导。林业和草原主管部门要强化森林康养服务质量和综合管理，民政、卫生健康、中医药等部门在职责范围内做好相关指导工作。按照“特色突出、符合实际、布局合理、可持续发展”的要求，衔接林业、健康、养老等发展规划，科学制定森林康养产业规划，明确发展重点和区域布局。规范森林康养市场行为，推进诚信体系建设。充分利用各类媒体平台大力宣传森林康养，推广品牌、基地和创新模式。鼓励各地举办以森林康养为主题的公益活动，提升森林康养的社会影响力。

（十一）加大政策扶持力度。各级林业草原主管部门要积极协调有关政府部门，各级民政、卫生健康、中医药等部门要加大对森林康养产业的支持力度，重点支持森林康养生态环境质量提升、森林康养数据监测、森林康养文化传播以及水、电、路、网络、通信、公厕、林间步道、全民健身等基础设施建设。对森林康养基地开展的林相改造、补植补造、森林抚育等按政策给予支持。创新机制模式，通过政府与社会资本合作（PPP）等方式支持引导经营主体投资发展森林康养产业。各地可探索建立政府引导基金，以融资担保、贷款贴息、项目奖补等方式，大力培育森林康养龙头企业，鼓励贫困地区发展森林康养产业，促进就业增收、脱贫致富，支持返乡下乡人员、林业专业合作社、家庭林场和小农户参与森林康养服务工作。

（十二）加强用地保障。依法依规满足森林康养产业用地需求。利用好现有法律和政策规定，对集中连片开展生态修复达到一定规模的经营主体，允许在符合土地管理法律法规和土地利用总体规划、依法办理建设用地审批手续、坚持节约集约用地的前提下，利用一定比例治理面积从事康养产业开发。在不破坏森林植被的前提下，可依据《国家级公益林管理办法》利用二级国家级公益林地开展森林康养活动。认真落实《老年人权益保障法》规定，合理利用农村未承包的集体所有的部分土地、山林、水面、滩涂发展养老产业。

（十三）拓宽投融资渠道。鼓励各类林业、健康、养老、中医药等产业基金进入森林康养产业。将森林康养产业项目纳入林业产业投资基金支持范围。积极争取和协调开发性政策性金融及有关商业金融机构长周期低成本资金支持。对符合政策规定的森林康养产业贷款项目纳入林业贷款贴息范围。促进投资主体多元化，鼓励社会资本以合资、合作、租赁、承包等形式依法合规进入森林康养产业，引导其与林场、合作社、农户等经营主体建立利益联结机制，实现资源优化配置和集约化、规模化经营。支持社会力量结合森林康养资源建设特色养老机构。

（十四）健全共建共享机制。加强部门沟通协调，建立健全协作机制。鼓励地方推进森林康养与医疗卫生、养老服务、中医药产业融合发展，实现互促共赢。鼓励地方探索依法将符合条件的以康复医疗为主的森林康养服务纳入医保范畴和职工疗养休养体系。积极协调相关部门，在森林康养发展要素保障、审批手续等方面给予支持。支持有相关资质的医师及专业人员在森林康养基地规范开展疾病预防、营养、中医调理养生、养老护理等非诊疗行为的健康服务。

（十五）强化科技支撑。鼓励森林康养基地与科研机构开展合作，加强科学研究、新技术新产品研发与应用推广。推进“互联网+森林康养”发展模式，打造森林康养大数据平台，与国家生态大数据平台实现对接和数据共享。推广运用人工智能、物联网和大数据等技术和装备，实现智慧森林康养。

（十六）加强人才培养。将森林康养专业人才培训纳入相关培训计划，支持高校和职业学校建设森林康养相关学科和专业，培养实用型、技能型专业人才。探索开展森林康养从业人员能力水平评价工作，培养一支懂康养业务、爱康养事业、会经营管理的经营型人才队伍和技术优良、服务意识强、职业操守好的康养技术人员。

国家级森林公园总体规划审批管理办法

（2019 年 7 月 16 日　林场规〔2019〕1 号）

第一章　总　则

第一条　为了加强国家级森林公园总体规划（以下简称“总体规划”）的编制审批工作，推进规划管理的规范化、制度化，充分发挥总体规划指导国家级森林公园科学发展的重要作用，依据《国家级森林公园管理办法》等相关规定，制定本办法。

第二条　总体规划的编制（包括新编、修编，下同）、报送、审批，适用本办法。

第三条　国家林业和草原局国有林场和种苗管理司（以下简称“林场种苗司”）具体负责总体规划的批复办理工作。

第四条　总体规划是国家级森林公园建设经营和规范管理的重要依据。未按规定审批或者已超期的总体规划，不能作为工程立项、资金安排和办理使用林地的依据。

第二章　规划编制

第五条　国家级森林公园经营管理机构按照《国家级森林公园管理办法》、《国家级森林公园总体规划规范》（LY/T 2005）及相关规定，组织编制总体规划。

第六条　总体规划应当符合国土空间开发保护的有关要求，并与当地国土空间规划等相关规划相衔接。

第七条　总体规划应当广泛征求相关部门、公众及利益相关者意见，并进行公示。

第八条　总体规划应当由县级以上人民政府或者其林业和草原主管部门逐级行文报至省级林业和草原主管部门，省级林业和草原主管部门组织召开专家评审会并进行审核。专家评审会应当由多学科的专家参与，评审专家不少于5人，专家评审会应当形成书面专家评审意见。

审核通过的，进入报送环节；需要修改后通过的，完成修改后再进入报送环节；审核不予通过的，退回县级以上人民政府或者其林业和草原主管部门。

第三章　规划报送

第九条　总体规划审核通过后，应当由省级林业和草原主管部门报国家林业和草原局审批。

第十条　报送材料应当包括：

（一）省级林业和草原主管部门的上报文件（含审核情况说明）；

（二）总体规划文本及相关图件；

（三）专家评审意见及采纳情况说明；

（四）征求相关部门、公众、利益相关者意见及公示的情况说明。

报送材料（纸质材料1份及其电子文档）不得含有涉密内容。

第十一条　林场种苗司应当在收到报送材料7个工作日内，对材料齐全的进行登记。材料不全的，由林场种苗司告知省级林业和草原主管部门补全补正。

第四章　规划审批

第十二条　林场种苗司自登记之日起组织开展总体规划审查工作，必要时可组织专家论证或者实地考察。

通过审查的，国家林业和草原局原则上10个工作日内作出批复；未通过审查的，林场种苗司及时出具审查意见，退回省级林业和草原主管部门。

第十三条　总体规划批复后，应当在国家林业和草原局官方网站公开批复文件。

第十四条　对已批复的总体规划及相关文件，应当及时立卷归档。

第五章　规划实施监督

第十五条　总体规划批复后，国家级森林公园管理机构要严格按照批复的总体规划开展建设活动，严格控制开发强度，加强对森林、草原、湿地和野生动植物资源的保护。批准后的总体规划需要修订的，应当由省级林业和草原主管部门将修订后的总体规划报原审批机关批准。

第十六条　总体规划中的工程建设项目，要严格按照有关程序履行报批手续。

第十七条　林场种苗司（或委托第三方机构）对总体规划实施情况进行监督。

对于不按照总体规划进行开发和建设的国家级森林公园，责令进行限期整改。整改后仍不符合总体规划要求的，主管部门将依法处理。

第六章　附　则

第十八条　本办法由国家林业和草原局负责解释。

第十九条　本办法自2019年8月1日起施行。原国家林业局于2015年5月4日发布的《国家级森林公园总体规划审批管理办法》（林规发〔2015〕57号）同时废止。

关于深入推进林木采伐“放管服”改革工作的通知

（2019年11月8日　林资规〔2019〕3号）

为进一步落实国务院深化“放管服”改革的要求，创新林木采伐管理机制，强化便民服务举措，提高采伐审批效能，切实解决“办证难、办证繁、办证慢”的问题，依法保护和合理利用森林资源，现将有关事项通知如下：

一、方便林农林木采伐申请

各级林业和草原主管部门要按照“最多跑一次”的要求，事先一次性告知采伐申请人办理条件、申请材料和服务流程，全面推行“一窗受理”、“一站式办理”等便捷高效服务。坚持服务站点向基层延伸，充分发挥乡镇林业站作用，积极为林农采伐办证提供集中受理、统一送审等服务。县级林业和草原主管部门可委托乡镇政府办理林农的采伐审批发证，有条件的地方可在村（组）一级设立林木采伐受理点。省级林业和草原主管部门要运用移动互联网技术，开通林木采伐手机APP系统，实现林农“足不出户”即可申请采伐；进一步拓展林木采伐在线申请、办理服务，让数据多跑路，让群众少跑腿。

二、实行林木采伐告知承诺制

对林农个人申请采伐人工商品林蓄积不超过15立方米的，精简或取消伐前查验等程序，实行告知承诺方式审批。林农填写采伐申请，明确采伐林木的地点、树种、面积、蓄积等内容，并出具采伐承诺书、愿意承担相应责任的，即可办理林木采伐许可证。告知承诺书要列明采伐技术和伐后更新的要求、承诺事项及相关责任等内容。省级林业和草原主管部门要本着依法、便民的原则，尽快明确实行告知承诺制的适用条件、具体办法和权责规定，确保2020年底前全面实行。

三、推进“互联网+采伐管理”模式

各级林业和草原主管部门要以全国林木采伐管理系统为重要平台，将系统应用延伸到乡镇林业站，逐步构建集申请、受理、查询和发证等内容于一体的采伐管理政务服务体系，实现全国林木采伐管理系统全覆盖应用或数据实时无缝对接。加快林木采伐审批数据和森林资源管理“一张图”的互联互通，方便林农和企业申请采伐，推进林木采伐审批“落地上图”，满足审批快捷高效、监管实时有效的管理要求。

四、完善林木采伐公示公开制度

各级林业和草原主管部门要通过乡村告示栏、电视广播等新闻媒介、政府门户网站和手机客户端等多种形式，加大林木采伐管理法规、政策的宣传力度，及时将采伐限额分配、申请审批及采伐监管情况公示公开，接受社会公众监督，确保采伐管理“公开、公平、公正”。县级林业和草原主管部门要依据森林资源分布、可采资源比例和森林抚育任务安排等情况，科学合理分配采伐限额，推进采伐限额“阳光分配”，进一步优化完善限额使用调节机制，为方便林农采伐申请、实行告知承诺制提供基础和保障。严禁截留、倒卖采伐限额和将采伐限额分配给没有森林资源的单位和个人。

五、同步办理附带性林木采伐申请

按照“同类事项整合审批”的原则，同步办理以下两种附带性林木采伐申请。一是森林经营单位修筑直接为林业生产服务的工程设施需要采伐林木的，可同步申报使用林地和林木采伐事项。二是森林病虫害防治作业方案、森林火灾损失评估（勘察）报告等材料内已明确采伐地点、林种、林况、面积、蓄积、方式、强度和伐后更新等内容，可直接用于林木采伐许可证的申请，不需提交伐区调查设计文件。

六、建立林木采伐信用监管机制

构建以信用为基础的林木采伐监管新机制。林木采伐被许可人和为伐区调查设计提供技术服务的机构、直接责任人要对林木采伐申报和设计材料的真实性、准确性及采伐行为负责，并承担相应诚信和法律责任。省级林业和草原主管部门要组织建立林木采伐失信名单，加强对失信主体的约束和惩戒。对诚实守信者实行优先办理、限额保障、简化程序等政策激励机制。对于采伐申请材料弄虚作假、未按采伐许可要求进行采伐、未按时更新造林或更新造林不达标的，在依法追究违法违规责任基础上，记入林木采伐失信名单并录入采伐审批系统，将其作为严格审核和重点监管的对象。

林木采伐“放管服”改革是完善采伐管理机制、管理方式的重大举措。省级林业和草原主管部门要根据本通知的精神和要求，结合本地实际，坚持问题导向，回应社会关切，进一步研究完善林木采伐管理的措施和办法，切实把林木采伐“放管服”改革工作落到实处。各级林业和草原主管部门要坚持森林采伐限额和凭证采伐制度，按照“双随机、一公开”的要求，加强和规范林木采伐许可事中事后监管。结合全国森林督查和执法检查工作，加强对辖区内采伐限额执行情况的监督检查，依法打击乱砍滥伐、毁林开垦、乱占林地等破坏森林资源行为，确保森林资源和森林生态安全。

本通知执行中涉及国家重点保护野生植物名录中的树木、古树名木以及公益林、各类自然保护地范围内的森林、林木，其采伐管理执行相关法律、法规、规章和政策的规定。

关于促进林业和草原人工智能发展的指导意见

（2019 年 11 月 8 日　林信发〔2019〕105 号）

随着新一代人工智能技术不断取得应用突破，全球加速进入智慧化新时代，人工智能将成为未来第一生产力，对人类生产生活、社会组织和思想行为带来颠覆性变革。抢抓人工智能发展机遇，深化智慧化引领，既是全面建成智慧林业的重要举措，更是林草业顺应时代潮流、实现智慧化跃进的良好机遇。为深入贯彻《国务院关于印发〈新一代人工智能发展规划〉的通知》（国发〔2017〕35 号）精神，全面推动人工智能技术在林草业核心业务中的应用，现提出以下意见。

一、总体要求

（一）指导思想。以习近平新时代中国特色社会主义思想为指引，深入贯彻落实中央决策部署，以林草业现代化需求为导向，以新一代人工智能与林草业融合创新为动力，深入把握新一代人工智能发展特点，充分利用新一代信息技术，深化智慧化引领，实行全行业共建，强化全周期应用，推动高质量发展，融合创新，智慧跨越，为全面建成小康社会、建设生态文明和美丽中国作出新贡献。

（二）基本原则。

坚持统一管理。建设智慧林草业，注重信息与林草业各个环节、各种资源、各项业务的深度融合、集约共享和协同推进。从组织管理、顶层设计、基础设施以及应用示范工程等多维度切入，实现重点突破。

坚持创新驱动。实施创新驱动发展战略，加快产业技术创新，用高新技术和先进适用技术改造提升传统产业，加快实现由低成本优势向创新优势的转换。通过科技创新，推动林草业生产力的发展，充分发挥科技第一生产力、创新第一驱动力的重要作用，推进林草业现代化建设。

坚持协同联动。以创新思维来谋划、统筹林草业信息化发展。加强科研机构与林业和草原主管部门的深度合作，不断优化有利于林草业发展的技术环境，积极推动研究成果的产业化。广泛开展国际合作，充分利用国内外科技资源和优势，推动生态建设和发展。注重数据协同共享，建立数据标准规范，实现数据共享交换，推行数据开放服务。加强安全技术体系建设，提高林草业信息安全水平。

坚持与时俱进。以问题为导向，对当前林草业现状进行科学分析、准确判断，充分分析供求关系、消费层次和资源配置方式的变化。以智慧化的手段建设林草业，推动生态发展，用更智慧的决策系统掌控精细管理、促进协同服务，实现最优化的创新管理，跟踪世界林业和草原发展动态，进一步促进全行业的对外开放。

（三）发展目标。

第一阶段，到 2025 年，实现林草人工智能技术在林草业重点建设领域中示范应用。人工智能技术及其应用成为新的林草业重点建设领域的重要支撑和业务创新增长点，运用云计算、物联网、移动互联、大数据、人工智能等新一代信息技术，使管理体系协同高效，公共服务能力显著增强，保障体系完备有效，成为实现林草业现代化的新途径，有力支撑我国林草业建设迈入智慧化的目标。面向林草重大应用的新一代人工智能理论和技术及其研究成果取得重要进展。初步建成面向林草应用的人工智能技术标准、服务体系和产业生态链，从制度上营造全行业重视林草人工智能应用的政策环境。

第二阶段，到2030年，林草人工智能基础理论实现突破，部分技术与应用达到先进水平，在林草业领域试点示范取得显著成果，并开始在大范围区域实现推广。加大物联网、云计算、大数据、人工智能等信息技术在林草管理和公共服务方面的创新应用，加快林草基础资源信息整合工作，林草智能信息平台相互连通，林草数据基本整合完成，基本建成面向全行业统一的林草大数据平台，实现全国林草信息资源的共建共享、统一管理和服务。为林草业生产者、管理人员和科技人员提供网络化、智能化、最优化的科学决策服务，政务管理更加科学高效。主要林业和草原主管部门及生产单位拥有完备的设施和技术装备，保障人工智能技术与林草业务的充分融合。

第三阶段，到2035年，林草人工智能理论、技术与应用总体达到世界领先水平。能够完全发挥人工智能技术在林草业应用的活力，形成成熟的林草信息化产业链，使人工智能技术与林草得到真正完全融合，成为林草管理现代化的有力手段。实现林草信息决策管理定量化、精细化，林草服务信息多样化、专业化和智能化。形成一批全球领先的林草人工智能科技创新和人才培养基地，建成更加完善的林草人工智能政策体系。

二、主要任务

（一）建设生态保护人工智能应用体系。实施创新驱动发展战略，充分运用大数据、物联网、卫星遥感、图像识别、无人机、机器人等新一代信息技术，在森林生态系统保护领域、草原生态系统保护领域、湿地生态系统保护领域、荒漠生态系统保护领域、生物多样性保护领域，创新监管模式，开展智能监测，搞好预警，提供科学决策依据，激发生态保护新动能，实现生态保护智能化，形成生态保护新模式。

森林生态系统保护。通过接收卫星影像并进行分析，跟踪森林生态系统实时变化，运用机器视觉技术和深度学习算法，及时发现森林消长变化，进行动态监测，有效评价森林生态健康状况。

草原生态系统保护。建立卫星遥感、无人机航拍、地面监控探头等立体监控网络，发展人工智能自动图像识别技术，突破对野生动物和草原有害生物的地理位置、群体数量识别技术瓶颈，实现对草原禁牧、草畜平衡、草原有害生物、破坏草资源等情况的实时监控预警，为依法严格保护草原和促进草原合理利用提供强力技术支撑。

湿地生态系统保护。利用下一代多媒体智能技术，将湿地卫片、航片等信息和数据进行综合使用、协同认知，推进湿地规划、保护、监测和管理智能化。

荒漠生态系统保护。充分应用无人机低空遥感技术、图像识别和大数据技术，高效、实时、全自动化地开展数据采集，提高荒漠生态系统监测调查水平、荒漠生态系统安全评价工作效率。

生物多样性保护。通过野外红外相机监测、野生动物声纹、卫星定位追踪、图像的智能识别等技术，加强野生动植物的物种监测与保护。基于泛在通信网络和人工智能技术，运用无人驾驶巡护车和智能巡护机器人，进行自然保护地的监测与巡护管理。利用分布式数据库、云计算、人工智能、认知计算等技术优势，建设自然保护地“多规合一”信息平台，及时掌握资源分布和变化动态，分析各种自然保护地的保护现状和保护成效，为生态治理和预防生态退化提供科学决策依据。提升国家公园等自然保护地智能监测能力，探索形成国家公园等自然保护地智能监测模式，服务自然保护地发展。

（二）建设生态修复人工智能应用体系。生态修复是生态文明建设的主要任务和基本要求，是建设美丽中国的重要途径。通过部署传感器、控制器、监测站和智能机器人、无人机等，在种苗培育领域、营造林领域、草原修复领域、湿地恢复领域，构建智能化分析平台，建立决策支持系统，进行智能无人机自动操作，实现林草业智能化的跨越。

种苗培育。将物联网、移动互联网、云计算、人工智能与传统种苗生产相结合，广泛应用于精品苗木研发、种植、培育、管理和在线销售的各个环节，实现苗木智慧化种植、智能机器人管理、大数据评估和合理化采购等功能，加强林草种质资源监测与保护。

营造林。利用智能控制植树机器人、林业经营智能机器人、林业施肥机器人开展各种作业，感应树木种类和环境变化，利用深度学习技术，分析相关数据，进行精准预测和演算，实现智能无人自动操作。

草原修复。基于草原监测信息，以及草原生态修复技术成果等资料，建立草原大数据，开发草原生态修复专家支持系统，自动生成“草原生态修复处方图”。研发种草改良方面的无人飞机、无人驾驶机械等技术产品，实现自主精确播种改良，提高草原生态修复效率。

湿地恢复。应用深度学习技术，构建湿地动态变化趋势预测模型，对湿地环境进行实时监测和分析，形成科学的湿地修复方案，加强湿地资源的恢复与治理。

（三）建设生态灾害防治人工智能应用体系。利用无人机、智能图像识别等技术和高速的数据处理能力，监控、分析、处理、过滤大量实时数据，在林草火灾防治领域、林草有害生物防治领域、沙尘暴防治领域、野生动植物疫源疫病监测防控领域，实现智能监测、智能预警和智能防控。

林草火灾防治。利用卫星监测、无人机巡护、智能视频监控、热成像智能识别等技术手段，加强林草火情监测。应用通信和信息指挥平台，提高森林草原火险预测预报、火情监测、应急通信、辅助决策、灾后评估等综合指挥调度能力和业务水平。

林草有害生物防治。应用视频监控、物联网监测等技术，通过林草有害生物智能图片识别，结合地面巡查数据，加强数据挖掘分析、提高林草有害生物预警预报与综合防控能力。

沙尘暴防治。应用大数据挖掘、深度学习技术，结合位置、网络、移动终端等服务，形成沙尘暴预报模型，开展智能预报，提高沙尘暴灾情监测和预报预警能力，为降低灾情损失提供智慧手段。

野生动物疫源疫病监测防控。利用人工智能与大数据技术，重点解决疫源候鸟迁徙、野生动物重要疫病本底调查、疫病快速检测等难点问题，提高现场快速诊断、主动预测预警、疫情防控阻断等方面支撑能力，变“被动防控”为“主动预警”。

（四）建设生态产业人工智能应用体系。利用智能芯片、机器人、自然语言处理、语音识别、图像识别等技术，与生态产业深度融合，在经济林和林下经济产业领域、竹藤与花卉产业领域、木材加工利用领域、生态旅游领域，实现智能种植、智能监控、智能引导、智能咨询和智能设计，实现智能化控制、精准化配置、高效率利用、可持续发展。

经济林和林下经济产业。将人工智能技术与经济林产业深度融合，通过科技创新、优化品种，调整产业结构，建设一流的经济林产业原料基地，形成生产、加工、销售、市场完善的产业体系，推动特色经济林产品高质量发展。

竹藤与花卉产业。通过人工智能种植技术，调整种植方案，进行花卉的智能化种植，进行智能设计，使竹藤园林设计、种植、采集、储存、分析变得空前高效和准确，实现体验竹藤园林景观感知新体验。将图像视觉智能搜索与植物园实地场景结合，打造基于 AI 的智慧植物园，为公众提供植物识别、植物地图精准推荐等应用场景。

木材加工利用。利用知识智能化技术，将经验转化为数据，将数据转化为知识，将知识融入到自动化系统，打造无人化生产车间，提高木材加工利用生产过程数字化、自动化和智能化程度。

生态旅游。建设 AI 公园，利用图像识别、语音识别、人脸识别、自然语言处理、情感分析和人机界面等技术，开发“虚拟机器人公众服务系统”，形成自然保护地智能公共服务新模式，为社会公众提供智能咨询服务。通过人工智能 + 地理信息技术，结合大数据、人脸识别、车牌识别、电子门票智能管理，对比分析各项数据，监测游客流量、游人位置，人员密度，进行景点环境承载力监测，对景区进行监控、引导和预警，为游客提供智能服务和新的旅游体验，提升生态旅游景区的智慧化管理水平。

（五）建设生态管理人工智能应用体系。积极探索基于区块链、大数据、人工智能等技术，在生态管理工作领域、生态公共服务领域、生态决策服务领域，为业务管理、舆情分析和领导决策提供智能化服务。

生态管理工作。建设智能办公系统，用先进的办公系统取代传统 OA 进行办公业务处理，最大限度地提高办公效率、办公质量，实现管理的科学化、智能化。建设生态大数据中心，打造生态大数据监测采集体系，加强生态治理，促进产业转型升级，提升公共服务能力，培育经济发展新动力。建设无人值守的智能运维监控平台。依托最先进的云计算、人工智能技术，实现对数据库、操作系统、虚拟机、服务器、存储、网络运行状态的全面监控，对信息更新情况、互动回应情况、服务实用情况和敏感信息等进行综合分析，提高系统运维的专业化、智能化、精细化、实时性、准确性。建设基于人工智能技术基础上的安全态势感知平台，提升行业网络安全管理水平。

生态公共服务。建设智能化的互联网 + 政务服务平台，并以大数据分析为核心，重构智慧感知、智慧评价、智慧决策、智慧管理服务和智慧传播的政府管理新流程，形成政务服务新格局。依托中国林业网，运用人工智能、大数据技术，为林农、林企及社会公众提供方便快捷、权威全面的信息服务，提升智慧服务能力。加大力度推进智能化的新媒体建设，开展林草业态势综合展示、智慧生态系统展示的创新应用，传播绿色生态，传递友爱和谐，普及生态知识。利用自然语言处理技术，采用聊天机器人等人工智能手段，实时在线回答群众疑难问题。

生态决策服务。运用大数据分析挖掘和可视化展现技术开展专项分析，为国家宏观决策提供大数据支撑。开展一体化的智慧林草大数据应用，运用大数据提高政府治理能力，进一步提高林草业事前事中事后监管能力，综合运用海量数据进行态势分析，提供科学决策新手段。以维护国家生态安全、充分发挥林业和草原生态建设主体功能为宗旨，通过集约化整合与分析，形成支撑林草业核心业务的信息基础平台，实现部委间业务协同和信息共享，为国家生态建设、保障和维护生态安全提供决策服务。

三、保障措施

（一）加强政策机制保障。谋划顶层设计，深入研究生态现代化建设的特点、规律和需求，把握人工智能多学科综合、高度复杂的特征，从战略的高度和全局的角度，统筹谋划林草人工智能顶层设计。建立共创共享机制，加强与高等院校、科研机构、IT企业等单位在政策、资金、技术、人才、品牌、市场等资源上的合作，调动行业内外优势资源共同参与林草人工智能建设，推进政产学研用的有机结合。建立共创共享考核评价机制，加强行为引导、规范和评价，将共创共享的内容、数量、质量、存储、使用等纳入考核评价指标。

（二）加强科技支撑保障。加强应用技术研究，以问题为导向，全面增强人工智能科技创新能力，加快建立林草人工智能关键技术体系。推动科技成果转化应用，积极培育林草人工智能产品和服务，开展并推广林草人工智能技术应用示范建设，形成技术研究与行业应用相互促进的良好发展局面。加快建立并完善林草人工智能技术知识产权体系，推动知识产权成果加速转化，带动林草人工智能产业化发展。联合人工智能技术研究领先的政府部门、科研院校、企业等单位，建立科研创新、产业化、咨询服务、人才培养一体化平台，共同推动形成林草人工智能发展创新动力。

（三）加强人才资源保障。创新人才引入渠道，为不同层次和领域的高端人才提供相应的政策扶持和创业平台，鼓励更多的国内外高端人才共同攻克技术难关。加强技术技能培训，充分发挥林草业信息化培训和教育基地主渠道、主阵地方面的优势，联合国内外重点科研院校的培训资源，加强不同层级人员的专业培训。开展科普活动，加大林草人工智能知识普及，让公众了解人工智能的基本知识及在林草业建设中的应用，使林草人工智能真正成为一项政民互动的大工程。设立人才培养合作机构，与林草业院校合作设立人工智能学院，构建林草人工智能复合专业培养新模式；与林草业科研机构合作成立林草人工智能研究重点实验室，专攻技术研发和技术应用；搭建高科技新兴技术平台，提升人工智能行业高度，促进人才行业自律。

（四）加强资金投入保障。充分发挥政府引导作用，通过政府资金支持和政策倾斜，促进人工智能技术在林草业领域的应用创新。充分发挥市场推动作用，积极依靠市场的力量，支持龙头企业加大投入并培育具有自主核心技术的产业化能力。创新资金投入渠道，鼓励和引导社会资本投入林草人工智能应用创新项目，探索政府和社会资本合作的建设方式、合作模式，扩大融资渠道和建设规模。

森林植被恢复费征收使用管理暂行办法

（2002年10月25日　财政部、国家林业局　财综〔2002〕73号）

第一章　总　则

第一条　为保护森林资源，促进我国林业可持续发展，根据《中华人民共和国森林法》和《中华人民共和国森林法实施条例》（国务院令第278号）的有关规定，制定本办法。

第二条　森林植被恢复费属于政府性基金，纳入财政预算管理，实行专款专用，年终结余结转下年安排使用。

第三条　森林植被恢复费的征收、使用和管理应当接受财政、审计部门和上级林业主管部门的监督检查。

第二章　征　收

第四条　凡勘查、开采矿藏和修建道路、水利、电力、通讯等各项建设工程需要占用、征用或者临时占用林地，经县级以上林业主管部门审核同意或批准的，用地单位应当按照本办法规定向县级以上林业主管部门预缴森林植被恢复费。

第五条　县级以上林业主管部门按照下列规定预收森林植被恢复费：

（一）占用或者临时占用国务院确定的国家所有的重点林区（以下简称“重点林区”）林地的，由国务院林业主管部门或其委托的单位负责预收。

（二）占用或者征用除重点林区以外林地的，由省、自治区、直辖市林业主管部门负责预收。

（三）临时占用重点林区以外林地的，由县、地（州、市）、省（自治区、直辖市）林业主管部门按照国家林业局《占用征用林地审核审批管理办法》（国家林业局令第2号）规定的审批权限负责预收。其中，属于国家林业局审批的，由省、自治区、直辖市林业主管部门负责预收。

第六条　森林植被恢复费征收标准按照恢复不少于被占用或征用林地面积的森林植被所需要的调查规划设计、造林培育等费用核定。具体征收标准如下：

（一）用材林林地、经济林林地、薪炭林林地、苗圃地，每平方米收取6元。

（二）未成林造林地，每平方米收取4元。

（三）防护林和特种用途林林地，每平方米收取8元；国家重点防护林和特种用途林地，每平方米收取10元。

（四）疏林地、灌木林地，每平方米收取3元。

（五）宜林地、采伐迹地、火烧迹地，每平方米收取2元。

城市及城市规划区的林地，可按照上述规定标准2倍收取。对农民按规定标准建设住宅占用林地，在“十五”期间暂不收取森林植被恢复费。

第七条　县级以上林业主管部门收取森林植被恢复费，按照财务隶属关系使用财政部和省、自治区、直辖市财政部门统一印制的政府性基金票据。

第三章　缴　库

第八条　县级以上林业主管部门收取的森林植被恢复费，按照预算收入级次上缴国库。

（一）国务院林业主管部门及其委托单位收取的森林植被恢复费，全额缴入中央国库。

（二）省、自治区、直辖市以下各级林业主管部门收取的森林植被恢复费，全额缴入同级地方国库。

第九条　森林植被恢复费实行就地缴库办法。县级以上林业主管部门收取森林植被恢复费后，自取得收入之日起3日内就地缴入同级国库。

第十条　县级以上林业主管部门在办理缴库手续时，应填制一般缴款书，并填列"基金预算收入"科目中第84类"农业部门基金收入"第8409款"森林植被恢复费收入"。国务院林业主管部门及其委托单位在缴款书的"收款单位"栏填写"财政部"，"预算级次"栏填写"中央级"；省、自治区、直辖市以下林业主管部门按同级财政部门的有关规定填写。

第十一条　占用、征用或者临时占用林地未被批准，有关林业主管部门需要将预收的森林植被恢复费退还用地单位时，应当由有关林业主管部门汇总实际发生的退还金额，并附有关证明材料，按照财政部规定的退库项目，向同级财政部门申请办理森林植被恢复费退库手续。

第四章　使用管理

第十二条　森林植被恢复费实行专款专用，专项用于林业主管部门组织的植树造林、恢复森林植被，包括调查规划设计、整地、造林、抚育、护林防火、病虫害防治、资源管护等开支，不得平调、截留或挪作他用。

第十三条　国务院林业主管部门及其委托单位收取的森林植被恢复费，纳入中央财政预算管理。其中：占用或者临时占用大兴安岭林业集团管理的林地收取的森林植被恢复费，列入中央本级支出预算，用于大兴安岭林区植树造林、恢复森林植被；占用或者临时占用内蒙古、吉林、黑龙江森工集团管理的林地收取的森林植被恢复费，列入中央补助地方专款预算，用于有关森工集团管理林区范围内的植树造林、恢复森林植被。

省、自治区、直辖市林业主管部门收取的森林植被恢复费，纳入省级财政预算管理。其中：省、自治区集中用于全省（自治区）范围内异地植树造林、恢复森林植被的比例不得高于20%；通过省、自治区财政专项转移支付返还被占用或征用林地所在地县、地（州、市）级财政，用于植树造林、恢复森林植被的比例不得低于80%。直辖市集中用于全市范围内异地植树造林、恢复森林植被的比例可高于20%。具体比例由各省、自治区、直辖市财政部门商林业主管部门制定。

县、地（州、市）级林业主管部门收取的森林植被恢复费，纳入同级财政预算管理，全部用于本区域范围内的植树造林、恢复森林植被。

第十四条　县级以上林业主管部门应当按照规定编制森林植被恢复费收支预决算报同级财政部门审核，并按照批准的预算以及财政部门核拨的资金安排使用。

第十五条　森林植被恢复费支出时，填列"基金预算支出"科目中的第84类"农业部门基金支出"第8409款"森林植被恢复费支出”。

第五章　违规处理

第十六条　占用或者临时占用林地的单位和个人不按照本办法规定缴纳森林植被恢复费；县级以上林业主管部门违反本办法规定，多收、减收、免收、缓收，或者隐瞒、截留、挪用、坐收坐支森林植被恢复费，由上级或同级财政部门会同有关部门责令改正，并按照《国务院关于违反财政法规处罚的暂行规定》（国发〔1987〕58号）等有关法律、行政法规的规定进行处罚。

第十七条　对违反第十六条规定行为中涉及有关部门或单位直接负责的主管人员和其他直接责任人员，按照《违反行政事业性收费和罚没收入收支两条线管理规定行政处分暂行规定》（国务院令第281号），给予行政处分；构成犯罪的，移交司法机关依法追究其刑事责任。

第六章　附　则

第十八条　本办法自2003年1月1日起执行。各省、自治区、直辖市有关规定与本办法不一致的，一律以本办法为准。

第十九条　本办法由财政部、国家林业局负责解释。

第二十条　各省、自治区、直辖市财政部门、林业主管部门可以根据本办法规定制定具体实施办法，并报财政部、国家林业局备案。

关于调整森林植被恢复费征收标准引导节约集约利用林地的通知

（2015年11月18日　财政部、国家林业局　财税〔2015〕122号）

由占用征收林地的建设单位依法缴纳森林植被恢复费，是促进节约集约利用林地、培育和恢复森林植被、实现森林植被占补平衡的一项重要制度保障。2002年财政部、国家林业局印发《森林植被恢复费征收使用管理暂行办法》（财综〔2002〕73号）以来，各地不断加强和规范森林植被恢复费征收使用管理，对推动植树造林、增加森林植被面积发挥了重要作用。随着我国经济社会快速发展，各项建设工程对占用征收林地需求不断增加，但其支付的补偿标准明显偏低，无序占用、粗放利用林地问题突出，减少的森林植被无法得到有效恢复。根据中共中央、国务院印发的《生态文明体制改革总体方案》的要求，为加快健全资源有偿使用和生态补偿制度，建立引导节约集约利用林地的约束机制，确保森林植被面积不减少、质量不降低，保障国家生态安全，现就调整森林植被恢复费征收标准等有关问题通知如下：

一、制定森林植被恢复费征收标准应当遵循以下原则：

（一）合理引导节约集约利用林地，限制无序占用、粗放使用林地。

（二）反映不同类型林地生态和经济价值，合理补偿森林植被恢复成本。

（三）充分体现公益林、城市规划区林

地的重要性和特殊性，突出加强公益林和城市规划区林地的保护。

（四）保障公共基础设施、公共事业和民生工程等建设项目使用林地，控制经营性建设项目使用林地。

（五）考虑不同地区经济社会发展水平、森林资源禀赋和恢复成本差异，适应各地植树造林、恢复森林植被工作需要。

（六）与经济社会发展相适应，考虑企业承受能力，并建立定期评估和调整机制。

（七）体现公平公正原则，对中央和地方企业不得实行歧视性征收标准。

二、森林植被恢复费征收标准应当按照恢复不少于被占用征收林地面积的森林植被所需要的调查规划设计、造林培育、保护管理等费用进行核定。具体征收标准如下：

（一）郁闭度 0.2 以上的乔木林地（含采伐迹地、火烧迹地）、竹林地、苗圃地，每平方米不低于 10 元；灌木林地、疏林地、未成林造林地，每平方米不低于 6 元；宜林地，每平方米不低于 3 元。

各省、自治区、直辖市财政、林业主管部门在上述下限标准基础上，结合本地实际情况，制定本省、自治区、直辖市具体征收标准。

（二）国家和省级公益林林地，按照第（一）款规定征收标准 2 倍征收。

（三）城市规划区的林地，按照第（一）、（二）款规定征收标准 2 倍征收。

（四）城市规划区外的林地，按占用征收林地建设项目性质实行不同征收标准。属于公共基础设施、公共事业和国防建设项目的，按照第（一）、（二）款规定征收标准征收；属于经营性建设项目的，按照第（一）、（二）款规定征收标准 2 倍征收。

公共基础设施建设项目包括：公路、铁路、机场、港口码头、水利、电力、通讯、能源基地、电网、油气管网等建设项目。公共事业建设项目包括：教育、科技、文化、卫生、体育、环境和资源保护、防灾减灾、文物保护、社会福利、市政公用等建设项目。经营性建设项目包括：商业、服务业、工矿业、仓储、城镇住宅、旅游开发、养殖、经营性墓地等建设项目。

三、对农村居民按规定标准建设住宅，农村集体经济组织修建乡村道路、学校、幼儿园、敬老院、福利院、卫生院等社会公益项目以及保障性安居工程，免征森林植被恢复费。法律、法规规定减免森林植被恢复费的，从其规定。

四、加强森林植被恢复费征收管理。各级林业主管部门要严格按规定的范围、标准和时限要求征收森林植被恢复费，确保及时、足额征缴到位。任何单位和个人均不得违反规定，擅自减免或缓征森林植被恢复费，不得自行改变森林植被恢复费的征收对象、范围和标准。要向社会公开各类建设项目占用征收林地及森林植被恢复费征收使用情况，提高透明度，接受社会监督。上级财政、林业主管部门要加强监督检查，坚决查处不按规定征收森林植被恢复费的行为。

五、做好组织实施和宣传工作。各地要高度重视调整森林植被恢复费征收标准工作，加强组织领导，周密部署，协调配合，抓好落实。要通过政府网站和公共媒体等渠道，加强森林植被恢复费政策宣传解读，及时发布信息，做好舆论引导工作，统一思想、凝聚共识，营造良好的舆论氛围。

各省、自治区、直辖市财政、林业主管部门要在 2016 年 3 月底前，将调整森林植被恢复费征收标准等政策落实到位，并及时报财政部、国家林业局备案。

关于扩大新一轮退耕还林还草规模的通知

（2015 年 12 月 31 日　财政部、国家发展改革委、国家林业局、国土资源部、农业部、水利部、环境保护部、国务院扶贫办　财农〔2015〕258 号）

党中央、国务院高度重视林业生态保护和建设，2014 年启动了新一轮退耕还林还草。总体来看，地方各级党委政府对退耕还林还草工作高度重视，各部门密切配合，有序推进各项工作，基层干部群众的积极性比较高。但在新一轮退耕还林还草推进过程中，各地也反映总体规模偏小和实施进度偏慢等问题。为加快推进退耕还林还草，促进生态环境保护，推进连片特困地区脱贫致富，经国务院批准，现就有关事项通知如下：

一、充分认识扩大新一轮退耕还林还草的重要意义

加快推进新一轮退耕还林还草并扩大实施规模具有重要意义。一是有利于促进生态文明建设和可持续发展。《中共中央关于全面深化改革若干重大问题的决定》要求“稳定和扩大退耕还林范围”。《中共中央关于制定国民经济和社会发展第十三个五年规划的建议》提出“扩大退耕还林还草”。扩大新一轮退耕还林还草规模，把生态承受力弱、不适宜耕种的地退下来，种上树和草，是从源头防治水土流失、减少自然灾害、固碳增汇和应对气候变化的重要措施，是推进生态文明建设、实现可持续发展的重要举措。二是有利于推进连片特困地区脱贫致富。25 度以上坡耕地（以下简称陡坡耕地）集中区域大多是连片特困地区。加快推进新一轮退耕还林还草并适当扩大规模，不仅能直接增加退耕农户现金收入，而且能解放农村劳动力，增加外出务工收入。三是有利于稳增长、促改革、调结构、惠民生。各地普遍将退耕还林还草作为调整农村产业结构的重要契机，在改善生态环境的同时，推动了农村经济发展转型。

各有关省、自治区、直辖市和新疆生产建设兵团（以下简称省）要充分认识扩大新一轮退耕还林还草规模的重要意义，准确把握政策要求，扎实细致地做好相关工作，把新一轮退耕还林还草组织实施好。

二、扩大新一轮退耕还林还草规模的主要政策

（一）将确需退耕还林还草的陡坡耕地基本农田调整为非基本农田。对陡坡耕地划为基本农田且确需退耕还林还草的，各有关省可在充分调查并解决好当地群众生计的基础上，研究拟定区域内扩大退耕还林还草的范围，并提出省级耕地保有量和基本农田保护指标的调整方案。省级调整方案请于 2016 年 3 月底前按法定程序上报国务院，并抄送财政部、国家发展改革委、国家林业局、国土资源部、农业部、水利部、国务院扶贫办。

（二）加快贫困地区新一轮退耕还林还草进度。从 2016 年起，国家有关部门在安排新一轮退耕还林还草任务时，重点向扶贫开发任务重、贫困人口较多的省倾斜。各有关省在具体落实时，要进一步向贫困地区集中，向建档立卡贫困村、贫困人口倾斜，充分发挥退耕还林还草政策的扶贫作用，加快贫困地区脱贫致富。

（三）及时拨付新一轮退耕还林还草补助资金。国家按退耕还林每亩补助1500元（其中中央财政专项资金安排现金补助1200元、国家发展改革委安排种苗造林费300元）、退耕还草每亩补助1000元（其中中央财政专项资金安排现金补助850元、国家发展改革委安排种苗种草费150元）。中央安排的退耕还林补助资金分三次下达给省级人民政府，每亩第一年800元（其中种苗造林费300元）、第三年300元、第五年400元；退耕还草补助资金分两次下达，每亩第一年600元（其中种苗种草费150元）、第三年400元。各地要及时拨付中央下达的新一轮退耕还林还草补助资金。

（四）认真研究在陡坡耕地梯田、重要水源地15—25度坡耕地以及严重污染耕地退耕还林还草的需求。一是关于陡坡耕地梯田。各有关省可在充分调查并解决好当地群众生计的基础上，兼顾保护历史文化遗产的需要，在尊重农民意愿的前提下提出退耕还林还草的需求。二是关于重要水源地15—25度坡耕地。各有关省可根据国务院批准的全国重要江河湖泊一级水功能区划中规定的保护区、保留区迎水面的15—25度非基本农田坡耕地情况，提出退耕还林还草的需求。三是关于严重污染耕地。对于严重污染耕地确需退耕还林还草的，各有关省可按照国家有关土壤污染防治要求，在充分调查认定的基础上提出退耕还林还草的需求。上述三项退耕还林还草需求，请于2017年4月底前，分别报送财政部、国家发展改革委、国家林业局、国土资源部、农业部、环境保护部、水利部、国务院扶贫办。

三、工作要求

（一）坚持农民自愿、政府引导的原则。各有关省在研究扩大新一轮退耕还林还草范围工作时，要始终坚持农民自愿、政府引导的原则，对特殊困难地区以及主要依靠陡坡耕地粮食维持生计的农户，可根据实际情况自愿选择是否退耕。继续由省级人民政府负总责，并由地方政府做好粮食调运等工作，确保特殊困难地区退耕农户口粮安全。

（二）毫不动摇地保护好基本农田。各有关省必须严格遵守《中华人民共和国土地管理法》、《基本农田保护条例》等法律法规，优先划定永久基本农田，坚决保护好基本农田。此次调整仅限于调减陡坡耕地中的基本农田，严禁调减其他区域内基本农田，调减下来的基本农田必须用于退耕还林还草。

（三）加强部门之间沟通协调。财政、发展改革、林业、国土资源、农业、水利、环境保护、扶贫等相关部门要密切配合，积极沟通，妥善解决影响退耕还林还草进度的突出问题，确保各项工作顺利开展。进一步将退耕还林还草与农业结构调整、高标准口粮田建设、避险搬迁、土地整治、坡耕地水土流失治理等工作有机结合起来，采取积极措施，有效解决退耕农户的长远生计，切实巩固退耕还林还草成果。

林业草原生态保护恢复资金管理办法

（2020年4月24日　财政部、国家林业和草原局　财资环〔2020〕22号）

第一章　总　则

第一条　为加强和规范林业草原生态保护恢复资金使用管理，提高资金使用效益，加强林业草原生态保护恢复，根据《中华人民共和国预算法》、《中华人民共和国森林法》等法律法规和有关财政管理制度规定，制定本办法。

第二条　本办法所称林业草原生态保护恢复资金是指中央预算安排的用于林业草原生态保护恢复方面的共同财政事权转移支付资金。

第三条　林业草原生态保护恢复资金由财政部、国家林业和草原局负责管理。

财政部负责编制中期财政规划和年度预算草案，审核资金分配建议方案并下达预算，组织开展预算绩效管理和预算监管，指导地方加强资金使用管理监督等。

国家林业和草原局负责编制相关规划，提出资金分配建议方案，会同财政部下达年度任务计划，做好预算绩效管理，督促和指导地方做好项目和资金使用管理监督工作等。

第四条　地方财政部门负责本地区林业草原生态保护恢复资金的预算分解下达、组织预算执行、资金使用管理和监督以及预算绩效管理工作等。

地方林业和草原主管部门根据职能参与本地区林业草原生态保护恢复资金分配，负责资金的具体使用管理和监督、项目组织实施及预算绩效管理具体工作等。

第五条　林业草原生态保护恢复资金实施期限至2022年，到期前由财政部会同国家林业和草原局评估确定是否继续实施和延续期限。

资金年度预算编制以及预算执行中，财政部会同国家林业和草原局根据政策实施情况和工作需要，开展相关评估工作，根据评估结果完善资金管理政策。

第二章　资金使用范围

第六条　林业草原生态保护恢复资金主要用于天然林资源保护工程（以下简称天保工程）社会保险、天保工程政策性社会性支出、全面停止天然林商业性采伐、完善退耕还林政策、新一轮退耕还林还草、草原生态修复治理、生态护林员、国家公园等方面。

第七条　天保工程社会保险补助用于国务院批准的《长江上游、黄河上中游地区天然林资源保护工程二期实施方案》和《东北、内蒙古等重点国有林区天然林资源保护工程二期实施方案》（林规发〔2011〕21号，以下简称《实施方案》）确定的单位和人员范围内相关职工基本养老、基本医疗、失业、工伤和生育等五项社会保险缴费。

第八条　天保工程政策性社会性支出补助用于《实施方案》确定的天保工程实施单位承担的公检法司、政府事务、教育、医疗卫生、消防、环卫、街道等政府职能和社会公益事业以及改革剥离上述职能等相关支出。

第九条 全面停止天然林商业性采伐补助用于停止国有天然商品林采伐后，保障国有林经营管理单位正常运转、职工基本生活，以及重点国有林区改革和产业转型等相关支出，包括重点国有林区天然林停伐补助、天保工程区外天然林停伐补助和重点国有林区金融机构债务贴息补助。

第十条 完善退耕还林政策补助用于上一轮退耕还林任务（1999—2006 年）粮食和生活费补助期满后，为支持解决退耕农户生活困难发放现金补助。

第十一条 新一轮退耕还林还草补助用于对实施新一轮退耕还林还草农户发放现金补助。

第十二条 草原生态修复治理补助用于退化草原生态修复治理、草种繁育、草原边境防火隔离带建设、草原有害生物防治等相关支出。

第十三条 生态护林员补助用于贫困地区建档立卡贫困人口受聘开展森林、草原、湿地、沙化土地等资源管护人员的劳务报酬支出。

第十四条 国家公园补助用于国家公园勘界、自然资源调查监测、生态保护补偿与修复、野生动植物保护、自然教育与生态体验、保护设施设备运行维护，以及自然资源所有权由中央政府直接行使且国家公园体制试点期间委托地方政府代行的国家公园的人员机构等相关支出。

第十五条 林业草原生态保护恢复资金不得用于兴建楼堂馆所、偿还举借的债务及其他与林业草原生态保护恢复无关的支出。

第三章　资金分配

第十六条 林业草原生态保护恢复资金采取因素法分配，其中承担相关改革或试点任务的可以采取定额补助。

第十七条 天保工程社会保险补助按照《实施方案》确定的单位和人员范围内相关人员数量和缴费补助基数及缴费比例分配。缴费补助基数为《实施方案》确定的天保工程实施单位所在省（自治区、直辖市，以下统称省）相关年份城镇单位就业人员中在岗职工平均工资的 80%，缴费比例执行国家有关规定，各省根据本省社会保障政策具体落实。

第十八条 天保工程政策性社会性支出补助按照天保工程实施单位政策性社会性人员数量、人员减少情况和相关补助标准分配，补助标准根据《实施方案》确定，并根据物价和经济发展水平适时调整，人员数量减少部分按照调整前的补助标准分配。

第十九条 全面停止天然林商业性采伐补助按照以下原则分配：

重点国有林区天然林停伐补助按照截至停伐时点天然林停伐产量、编制人数及核定人数、基层林业局承担社会职能情况、重点国有林区改革情况和相应补助标准分配。

天保工程区外天然林停伐补助按照停伐产量、“十二五”年均采伐限额、天然有林地面积等因素分配，权重分别为 55%、35% 和 10%。

重点国有林区金融机构债务贴息补助按照重点国有林区截至停伐时点与停伐直接相关、为维持林区正常运转产生的金融机构债务和 4.9% 的年利率给予补助，补助期限至 2020 年。

第二十条 完善退耕还林政策补助按照

国务院有关部门下达的年度任务和补助标准确定补助规模。

长江流域及南方地区每亩退耕地每年补助125元，黄河流域及北方地区每亩退耕地每年补助90元。

还生态林补助期限为8年，还经济林补助期限为5年。

第二十一条 新一轮退耕还林还草补助按照国务院有关部门下达的年度任务和补助标准确定补助规模。

退耕还林每亩退耕地补助1200元，五年内分三次下达，第一年500元，第三年300元，第五年400元；退耕还草每亩退耕地补助850元，三年内分两次下达，第一年450元，第三年400元。

第二十二条 草原生态修复治理补助按照退化草原修复任务、草原面积、绩效、政策等因素分配，权重分别为60%、15%、15%和10%。

第二十三条 生态护林员补助存量资金重点巩固前期脱贫攻坚成效，增量资金按照中西部22个省贫困人口数量、资源面积、政策等因素分配，权重分别为70%、20%和10%。

第二十四条 国家公园补助按照国家公园面积、重要程度、人口、绩效等因素分配，权重分别为40%、30%、20%、10%，可以根据财力状况适当调节。

第二十五条 各省在分配林业草原生态保护恢复资金时，应当结合相关工作任务和本地实际，向革命老区、民族地区、边疆地区、贫困地区倾斜，脱贫攻坚有关政策实施期内，向深度贫困地区及贫困人口倾斜。

第二十六条 贫困县开展统筹整合使用财政涉农资金试点期间，分配给832个贫困县的林业草原生态保护恢复资金中草原生态修复治理补助，按照整合试点政策规定执行。

第二十七条 各级财政部门应当会同同级林业和草原主管部门支持涉农资金统筹整合。加强林业草原生态保护恢复资金与中央基建投资等资金的统筹使用，避免重复支持。

第四章 预算下达

第二十八条 省级林业和草原主管部门会同财政部门于每年7月15日前，向国家林业和草原局、财政部报送审核后的《实施方案》确定的单位和人员范围内相关社会保险缴费人数和公检法司、政府事务、教育、医疗卫生以及消防、环卫、街道等岗位人数，以及退耕还林还草、草原生态修复治理、生态护林员、国家公园等任务计划。报送任务计划时，应当同步报送相应资源面积、人员数量等基本情况，对与上年相比变动情况进行说明并附佐证材料。

大兴安岭林业集团公司向国家林业和草原局报送相关材料。

第二十九条 财政部于每年10月31日前，将下一年度林业草原生态保护恢复资金预计数提前下达省级财政部门，抄送国家林业和草原局、财政部各地监管局。

第三十条 国家林业和草原局会同财政部于每年1月15日前，下达当年任务计划。

第三十一条 国家林业和草原局于每年3月15日前，提出当年林业草原生态保护恢复资金各省分配建议方案，报送财政部。

第三十二条 财政部于每年全国人民代表大会批准中央预算后30日内，根据年度预算安排、国家林业和草原局资金分配建议方案等，审核下达当年资金预算，抄送国家林业和草原局、财政部各地监管局。

第三十三条 接到林业草原生态保护恢复资金预算后，省级财政部门应当会同林业和草原主管部门在30日内分解下达，同时将资金分配结果报财政部、国家林业和草原局备案，抄送财政部当地监管局。

第五章 预算绩效管理

第三十四条 林业草原生态保护恢复资金建立“预算编制有目标、预算执行有监控、预算完成有评价、评价结果有反馈、反馈结果有应用”的全过程预算绩效管理机制。

第三十五条 林业草原生态保护恢复资金绩效目标分为整体绩效目标和区域绩效目标，主要内容包括与任务数量相对应的质量、时效、成本以及经济效益、社会效益、生态效益、可持续影响、满意度等。

第三十六条 绩效目标设定、审核、下达的依据：

（一）国家相关法律、法规和规章，党中央、国务院对林业草原领域重大决策部署，国民经济和社会发展规划。

（二）财政部门中期财政规划和年度预算，财政部门制定的预算管理制度。

（三）《实施方案》、林业草原发展规划、林业草原行业标准及其他相关重点规划等。

（四）统计部门或行业主管部门公布的有关林业草原统计数据和财政部门反映资金管理的有关数据等。

（五）符合财政部、国家林业和草原局要求的其他依据。

第三十七条 国家林业和草原局会同财政部于每年1月15日前，随当年任务计划同步下达区域绩效目标申报表指标体系。

省级财政部门会同林业和草原主管部门于每年2月15日前，结合任务计划和本地区实际情况，编制区域绩效目标申报表，连同上一年度资金使用管理情况报送财政部、国家林业和草原局，抄送财政部当地监管局。

国家林业和草原局于每年3月15日前，提出整体绩效目标，对各省区域绩效目标进行审核，随资金分配建议方案同步报送财政部。

财政部于每年全国人民代表大会批准中央预算后30日内，随当年资金预算同步下达区域绩效目标，抄送财政部各地监管局。

第三十八条 各级财政部门会同林业和草原主管部门按要求实施预算绩效监控，林业和草原主管部门是实施预算绩效监控的主体，重点监控林业草原生态保护恢复资金使用是否符合下达的绩效目标，发现绩效运行与预期绩效目标发生偏离时，应当及时采取措施予以纠正。

第三十九条 财政部会同国家林业和草原局统一组织实施林业草原生态保护恢复资金绩效评价。预算执行结束后，地方各级财政部门组织同级林业和草原主管部门、资金使用单位对照确定的绩效目标开展绩效自评。省级财政部门、林业和草原主管部门审核汇总后按时报送本地区绩效自评表和绩效自评报告，对自评结果和绩效评价相关材料的真实性负责。

第四十条 绩效评价的依据除了绩效目标设定、审核、下达的依据外，还包括以下依据：

（一）整体绩效目标和区域绩效目标。

（二）预算下达文件、财务会计资料等有关文件资料。

（三）人大审查结果报告、巡视、审计报告及决定、财政监督稽核报告等，以及有关部门或委托中介机构出具的项目评审或竣工验收报告、评审考核意见等。

（四）反映工作情况和项目组织实施情况的正式文件、会议纪要等。

第四十一条 绩效评价内容包括资金投入使用情况、资金项目管理情况、资金实际产出和政策实施效果。

第四十二条 绩效评价结果采取评分与评级相结合的形式，具体分值和等级按照项目支出绩效评价管理有关规定执行。绩效评价结果作为完善林业草原生态保护恢复资金政策、改进管理以及下一年度预算申请、安排、分配的重要依据。省级财政部门、林业和草原主管部门应当建立绩效评价结果反馈制度和应用机制。

第四十三条 对于草原生态修复治理补助中纳入贫困县涉农资金统筹整合范围的部分，区域绩效目标对应的指标按被整合资金额度调减，不考核该部分资金对应的任务完成情况。

第六章 预算执行和监督

第四十四条 各级财政部门、林业和草原主管部门应当加快预算执行，提高资金使用效益。结转结余的林业草原生态保护恢复资金，按照财政部关于结转结余资金管理的相关规定处理。

第四十五条 林业草原生态保护恢复资金的支付执行国库集中支付制度有关规定。属于政府采购管理范围的，应当按照政府采购有关规定执行。

第四十六条 林业草原生态保护恢复资金使用管理相关信息应当按照预算公开有关要求执行。

第四十七条 各级财政部门、林业和草原主管部门应当加强对资金申请、分配、使用、管理情况的监督，发现问题及时纠正。财政部各地监管局根据工作职责和财政部要求，对林业草原生态保护恢复资金进行监管。

第四十八条 各级财政部门、林业和草原等有关部门及其工作人员在林业草原生态保护恢复资金分配、使用、管理等相关工作中，存在违反本办法规定的行为，以及其他滥用职权、玩忽职守、徇私舞弊等违纪违法行为的，按照《中华人民共和国预算法》、《中华人民共和国公务员法》、《中华人民共和国监察法》、《财政违法行为处罚处分条例》等国家有关规定追究相应责任。构成犯罪的，依法追究刑事责任。

第四十九条 资金使用单位和个人在使用林业草原生态保护恢复资金中存在各类违法违规行为的，按照《中华人民共和国预算法》、《财政违法行为处罚处分条例》等国家有关规定追究相应责任。

第七章 附 则

第五十条 中央单位林业草原生态保护恢复资金管理参照本办法执行，相关支出列入中央部门预算。

第五十一条 省级财政部门会同林业和草原主管部门应当根据本办法和本地区实际情况制定实施办法，报送财政部、国家林业和草原局，抄送财政部当地监管局。

第五十二条 本办法由财政部会同国家林业和草原局负责解释。

第五十三条 本办法自公布之日起施行。《财政部 林草局关于〈林业生态保护恢复资金管理办法〉〈林业改革发展资金管理办法〉的补充通知》（财农〔2019〕39号）中涉及林业生态保护恢复资金的内容、《财政部 国家林业和草原局关于印发〈林业生态保护恢复资金管理办法〉的通知》（财农〔2018〕66号）同时废止。《财政部

国家发展改革委 国家林业局关于印发〈退耕还林财政资金预算管理办法〉的通知》（财农〔2010〕547 号）中有关涉及财政资金管理规定与本办法不符的，执行本办法。

林业改革发展资金管理办法

（2020 年 6 月 2 日 财政部、国家林业和草原局 财资环〔2020〕36 号）

第一章 总 则

第一条 为加强和规范林业改革发展资金使用管理，提高资金使用效益，促进林业改革发展，根据《中华人民共和国预算法》、《中华人民共和国森林法》等法律法规和有关财政管理制度规定，制定本办法。

第二条 本办法所称林业改革发展资金是指中央预算安排的用于林业改革发展方面的共同财政事权转移支付资金。

第三条 林业改革发展资金由财政部、国家林业和草原局负责管理。

财政部负责编制中期财政规划和年度预算草案，审核资金分配建议方案并下达预算，组织开展预算绩效管理和预算监管，指导地方加强资金使用管理监督等。

国家林业和草原局负责编制相关规划，提出资金分配建议方案，会同财政部下达年度任务计划，做好预算绩效管理，督促和指导地方做好项目和资金使用管理监督工作等。

第四条 地方财政部门负责本地区林业改革发展资金的预算分解下达、组织预算执行、资金使用管理和监督以及预算绩效管理工作等。

地方林业和草原主管部门根据职能参与本地区林业改革发展资金分配，负责资金的具体使用管理和监督、项目组织实施及预算绩效管理具体工作等。

第五条 林业改革发展资金实施期限至 2022 年，到期前由财政部会同国家林业和草原局评估确定是否继续实施和延续期限。资金年度预算编制以及预算执行中，财政部会同国家林业和草原局根据政策实施情况和工作需要，开展相关评估工作，根据评估结果完善资金管理政策。

第二章 资金使用范围

第六条 林业改革发展资金主要用于森林资源管护、国土绿化、国家级自然保护区、湿地等生态保护方面。

第七条 森林资源管护支出用于天然林保护管理和森林生态效益补偿，主要是对国务院批准的《长江上游、黄河上中游地区天然林资源保护工程二期实施方案》和《东北、内蒙古等重点国有林区天然林资源保护工程二期实施方案》（林规发〔2011〕21 号，以下简称《实施方案》）确定的国有林、非国有的地方公益林，停伐后的天然商品林，国家级公益林和符合国家级公益林区划界定条件、政策到期的上一轮退耕还生态林等森林资源的保护、管理以及非国有的国家级公益林权利人的经济补偿等。

第八条 国土绿化支出用于林木良种培

育、造林、森林抚育，规模化防沙治沙试点，沙化土地封禁保护补偿以及油茶、油用牡丹、文冠果等木本油料营造。

第九条 国家级自然保护区支出用于国家级自然保护区（不含湿地类型）的生态保护补偿与修复，特种救护、保护设施设备购置维护与相关治理，专项调查和监测，宣传教育等。

第十条 湿地等生态保护支出用于湿地保护与恢复、退耕还湿、湿地生态效益补偿等湿地保护修复，森林防火、林业有害生物防治、林业生产救灾等林业防灾减灾，珍稀濒危野生动物和极小种群野生植物保护、野生动物疫源疫病监测和保护补偿等国家重点野生动植物保护（不含国家公园内国家重点野生动植物保护），以及林业科技推广示范等。

第十一条 林业改革发展资金不得用于兴建楼堂馆所、偿还举借的债务及其他与林业改革发展无关的支出。

第三章 资金分配

第十二条 林业改革发展资金采取因素法分配，其中承担试点或改革任务的可以采取定额补助。森林资源管护和天然林资源保护工程区森林抚育、政策到期的上一轮退耕还生态林抚育支出按照各省（自治区、直辖市、计划单列市，以下统称省）工作任务、中央补助标准等因素确定补助规模，其他支出按照工作任务、资源状况、绩效、政策等因素分配，权重分别为55%、15%、15%、15%，可以根据财力状况适当调节。

第十三条 林业改革发展资金分配结合工作任务和政策因素，适当向承担重大国家战略省份和党中央、国务院关于林业改革发展重点工作任务省份，以及革命老区、民族地区、边疆地区、贫困地区所在省份倾斜。各省应当结合本地实际落实倾斜政策，脱贫攻坚有关政策实施期内，向深度贫困地区及贫困人口倾斜。

第十四条 贫困县开展统筹整合使用财政涉农资金试点期间，分配给832个贫困县的林业改革发展资金中纳入统筹整合范围的部分，按照有关法律法规和整合试点政策规定执行。

第十五条 各级财政部门应当会同同级林业和草原主管部门按照有关法律法规和整合政策支持涉农资金统筹整合。加强林业改革发展资金与中央基建投资等资金的统筹使用，避免重复支持。

第四章 预算下达

第十六条 省级林业和草原主管部门会同财政部门于每年7月15日前，向国家林业和草原局、财政部报送本省下一年度任务计划。任务计划应当与本省林业草原发展规划、中期财政规划等相衔接，根据本办法规定的支出方向和具体补助内容进行细化并根据重要程度排序。报送任务计划时，应当同步报送相应资源面积、人员数量等基本情况，对与上年相比变动情况进行说明并附佐证材料。大兴安岭林业集团公司向国家林业和草原局报送相关材料。

第十七条 财政部于每年10月31日前，将下一年度林业改革发展资金预计数提前下达省级财政部门，抄送国家林业和草原局、财政部各地监管局。

第十八条 国家林业和草原局会同财政部于每年1月15日前，下达当年任务计划。

第十九条 国家林业和草原局于每年3月15日前，提出当年林业改革发展资金各省分配建议方案，报送财政部。

第二十条 财政部于每年全国人民代表大会批准中央预算后30日内，根据年度预算安排、国家林业和草原局资金分配建议方案等，审核下达当年资金预算，抄送国家林业和草原局、财政部各地监管局。

第二十一条 接到林业改革发展资金预算后，省级财政部门应当会同林业和草原主管部门在30日内分解下达，同时将资金分配结果报财政部、国家林业和草原局备案，抄送财政部当地监管局。

第五章 预算绩效管理

第二十二条 林业改革发展资金建立“预算编制有目标、预算执行有监控、预算完成有评价、评价结果有反馈、反馈结果有应用”的全过程预算绩效管理机制。

第二十三条 林业改革发展资金绩效目标分为整体绩效目标和区域绩效目标，主要内容包括与任务数量相对应的质量、时效、成本以及经济效益、社会效益、生态效益、可持续影响、满意度等。

第二十四条 绩效目标设定、审核、下达的依据：

（一）国家相关法律、法规和规章，党中央、国务院对林业草原领域重大决策部署，国民经济和社会发展规划。

（二）财政部门中期财政规划和年度预算，财政部门制定的预算管理制度。

（三）《实施方案》、林业草原发展规划、林业草原行业标准及其他相关重点规划等。

（四）统计部门或行业主管部门公布的有关林业草原统计数据和财政部门反映资金管理的有关数据等。

（五）符合财政部、国家林业和草原局要求的其他依据。

第二十五条 国家林业和草原局会同财政部于每年1月15日前，随当年任务计划同步下达区域绩效目标申报表指标体系。省级财政部门会同林业和草原主管部门于每年2月15日前，结合任务计划和本地区实际情况，编制区域绩效目标申报表，连同上一年度资金使用管理情况报送财政部、国家林业和草原局，抄送财政部当地监管局。

国家林业和草原局于每年3月15日前，提出整体绩效目标，对各省区域绩效目标进行审核，随资金分配建议方案同步报送财政部。

财政部于每年全国人民代表大会批准中央预算后30日内，随当年资金预算同步下达区域绩效目标，抄送财政部各地监管局。

第二十六条 各级财政部门会同林业和草原主管部门按要求实施预算绩效监控，林业和草原主管部门是实施预算绩效监控的主体，重点监控林业改革发展资金使用是否符合下达的绩效目标，发现绩效运行与预期绩效目标发生偏离时，应当及时采取措施予以纠正。

第二十七条 财政部会同国家林业和草原局统一组织实施林业改革发展资金绩效评价。预算执行结束后，地方各级财政部门组织同级林业和草原主管部门、资金使用单位对照确定的绩效目标开展绩效自评。省级财政部门、林业和草原主管部门审核汇总后按时报送本地区绩效自评表和绩效自评报告，对自评结果和绩效评价相关材料的真实性负责。

第二十八条 绩效评价的依据除了绩效目标设定、审核、下达的依据外，还包括以下依据：

（一）整体绩效目标和区域绩效目标。

（二）预算下达文件、财务会计资料等有关文件资料。

（三）人大审查结果报告、巡视、审计报告及决定、财政监督稽核报告等，以及有关部门或委托中介机构出具的项目评审或竣工验收报告、评审考核意见等。

（四）反映工作情况和项目组织实施情况的正式文件、会议纪要等。

第二十九条 绩效评价内容包括资金投入使用情况、资金项目管理情况、资金实际产出和政策实施效果。

第三十条 绩效评价结果采取评分与评级相结合的形式，具体分值和等级按照项目支出绩效评价管理有关规定执行。绩效评价结果作为完善林业改革发展资金政策、改进管理以及下一年度预算申请、安排、分配的重要依据。省级财政部门、林业和草原主管部门应当建立绩效评价结果反馈制度和应用机制。

第三十一条 对于林业改革发展资金中纳入贫困县涉农资金统筹整合范围的部分，区域绩效目标对应的指标按被整合资金额度调减，不考核该部分资金对应的任务完成情况。

第六章 预算执行和监督

第三十二条 各级财政部门、林业和草原主管部门应当加快预算执行，提高资金使用效益。结转结余的林业改革发展资金，按照财政部关于结转结余资金管理的相关规定处理。

第三十三条 林业改革发展资金的支付执行国库集中支付制度有关规定。属于政府采购管理范围的，应当按照政府采购有关规定执行。

第三十四条 各地应当积极创新林业改革发展资金使用管理机制，可采用以奖代补、先建后补、贷款贴息等方式，采用贷款贴息方式的，应当将银行征信查询纳入审核环节。鼓励各地通过购买服务的方式开展国有林区和国有林场造林、管护、抚育等业务。

第三十五条 林业改革发展资金使用管理相关信息应当按照预算公开有关要求执行。

第三十六条 各级财政部门、林业和草原主管部门应当加强对资金申请、分配、使用、管理情况的监督，发现问题及时纠正。财政部各地监管局根据工作职责和财政部要求，对林业改革发展资金进行监管。

第三十七条 各级财政部门、林业和草原等有关部门及其工作人员在林业改革发展资金分配、使用、管理等相关工作中，存在违反本办法规定的行为，以及其他滥用职权、玩忽职守、徇私舞弊等违纪违法行为的，按照《中华人民共和国预算法》、《中华人民共和国公务员法》、《中华人民共和国监察法》、《财政违法行为处罚处分条例》等国家有关规定追究相应责任。构成犯罪的，依法追究刑事责任。

第三十八条 资金使用单位和个人在使用林业改革发展资金中存在各类违法违规行为的，按照《中华人民共和国预算法》、《财政违法行为处罚处分条例》等国家有关规定追究相应责任。

第七章 附 则

第三十九条 中央单位林业改革发展资金管理参照本办法执行，相关支出列入中央部门预算。

第四十条 省级财政部门会同林业和草原主管部门应当根据本办法和本地区实际情况制定实施办法，报送财政部、国家林业和草原局，抄送财政部当地监管局。

第四十一条 各地应当安排资金，用于公益林的营造、抚育、保护、管理和非国有公益林权利人的经济补偿等，并参照本办法制定本地区的具体管理办法。地方使用各级财政安排的用于上述方面的资金，实行专款专用。

第四十二条 本办法由财政部会同国家林业和草原局负责解释。

第四十三条 本办法自公布之日起施行。《财政部 国家林业局关于印发〈森林防火项目资金管理办法〉的通知》（财农〔2007〕70号）、《财政部 国家林业局关于印发〈中央财政林业科技推广示范资金绩效评价暂行办法〉的通知》（财农〔2011〕3号）、《财政部 国家林业局关于印发〈林业改革发展资金管理办法〉的通知》（财农〔2016〕196号）、《财政部 国家林业局关于印发〈林业改革发展资金预算绩效管理暂行办法〉的通知》（财农〔2016〕197号）、《财政部 林草局关于〈林业生态保护恢复资金管理办法〉〈林业改革发展资金管理办法〉的补充通知》（财农〔2019〕39号）同时废止。此前财政部、原国家林业局发布的关于林业改革发展的相关文件与本办法相抵触的，以本办法为准。

关于林权抵押贷款的实施意见

（2013年7月5日 银监会、国家林业局 银监发〔2013〕32号）

为改善农村金融服务，支持林业发展，规范林权抵押贷款业务，完善林权登记管理和服务，有效防范信贷风险，特制定如下实施意见。

一、银行业金融机构要积极开展林权抵押贷款业务，可以接受借款人以其本人或第三人合法拥有的林权作抵押担保发放贷款。可抵押林权具体包括用材林、经济林、薪炭林的林木所有权和使用权及相应林地使用权；用材林、经济林、薪炭林的采伐迹地、火烧迹地的林地使用权；国家规定可以抵押的其他森林、林木所有权、使用权和林地使用权。

二、银行业金融机构应遵循依法合规、公平诚信、风险可控、惠农利民的原则，积极探索创新业务品种，加大对林业发展的有效信贷投入。林权抵押贷款要重点满足农民等主体的林业生产经营、森林资源培育和开发、林下经济发展、林产品加工的资金需求，以及借款人其他生产、生活相关的资金需求。

三、银行业金融机构要根据自身实际，结合林权抵押贷款特点，优化审贷程序，对符合条件的客户提供优质服务。

四、银行业金融机构应完善内部控制机制，实行贷款全流程管理，全面了解客户和项目信息，建立有效的风险管理制度和岗位制衡、考核、问责机制。

五、银行业金融机构应根据林权抵押贷款的特点，规定贷款审批各个环节的操作规则和标准要求，做到贷前实地查看、准确测定，贷时审贷分离、独立审批，贷后现场检查、跟踪记录，切实有效防范林权抵押贷款风险。

六、各级林业主管部门应完善配套服务体系，规范和健全林权抵押登记、评估、流转和林权收储等机制，协调配合银行业金融机构做好林权抵押贷款业务和其他林业金融服务。

七、银行业金融机构受理借款人贷款申请后，要认真履行尽职调查职责，对贷款申请内容和相关情况的真实性、准确性、完整性进行调查核实，形成调查评价意见。尤其要注重调查借款人及其生产经营状况、用于抵押的林权是否合法、权属是否清晰、抵押人是否有权处分等方面。

八、申请办理林权抵押贷款时，银行业金融机构应要求借款人提交林权证原件。银行业金融机构不应接受未依法办理林权登记、权属不清或存在争议的森林、林木和林地作为抵押财产，也不应接受国家规定不得抵押的其他财产作为抵押财产。

九、银行业金融机构不应接受无法处置变现的林权作为抵押财产，包括水源涵养林、水土保持林、防风固沙林、农田和牧场防护林、护岸林、护路林等防护林所有权、使用权及相应的林地使用权，以及国防林、实验林、母树林、环境保护林、风景林，名胜古迹和革命纪念地的林木，自然保护区的森林等特种用途林所有权、使用权及相应的林地使用权。

十、以农村集体经济组织统一经营管理的林权进行抵押的，银行业金融机构应要求抵押人提供依法经本集体经济组织三分之二以上成员同意或者三分之二以上村民代表同意的决议，以及该林权所在地乡（镇）人民政府同意抵押的书面证明；林业专业合作社办理林权抵押的，银行业金融机构应要求抵押人提供理事会通过的决议书；有限责任公司、股份有限公司办理林权抵押的，银行业金融机构应要求抵押人提供经股东会、股东大会或董事会通过的决议或决议书。

十一、以共有林权抵押的，银行业金融机构应要求抵押人提供其他共有人的书面同意意见书；以承包经营方式取得的林权进行抵押的，银行业金融机构应要求抵押人提供承包合同；以其他方式承包经营或流转取得的林权进行抵押的，银行业金融机构应要求抵押人提供承包合同或流转合同和发包方同意抵押意见书。

十二、银行业金融机构要根据抵押目的与借款人、抵押人商定抵押财产的具体范围，并在书面抵押合同中予以明确。以森林或林木资产抵押的，可以要求其林地使用权同时抵押，但不得改变林地的性质和用途。

十三、银行业金融机构要根据借款人的生产经营周期、信用状况和贷款用途等因素合理协商确定林权抵押贷款的期限，贷款期限不应超过林地使用权的剩余期限。贷款资金用于林业生产的，贷款期限要与林业生产周期相适应。

十四、银行业金融机构开展林权抵押贷款业务，要建立抵押财产价值评估制度，对抵押林权进行价值评估。对于贷款金额在30万元以上（含30万元）的林权抵押贷款项目，抵押林权价值评估应坚持保本微利原则、按照有关规定执行；具备专业评估能力的银行业金融机构，也可以自行评估。对于贷款金额在30万元以下的林权抵押贷款项目，银行业金融机构要参照当地市场价格自行评估，不得向借款人收取评估费。

十五、对以已取得林木采伐许可证且尚未实施采伐的林权抵押的，银行业金融机构要明确要求抵押人将已发放的林木采伐许可证原件提交银行业金融机构保管，双方向核发林木采伐许可证的林业主管部门进行备案登记。林权抵押期间，未经抵押权人书面同意，抵押人不得进行林木采伐。

十六、银行业金融机构要在抵押借款合同中明确要求借款人在林权抵押贷款合同签订后，及时向属地县级以上林权登记机关申请办理抵押登记。

十七、银行业金融机构要在抵押借款合同中明确，抵押财产价值减少时，抵押权人有权要求恢复抵押财产的价值，或者要求借款人提供与减少的价值相应的担保。借款人不恢复财产也不提供其他担保的，抵押权人有权要求借款人提前清偿债务。

十八、县级以上地方人民政府林业主管部门负责办理林权抵押登记。具体程序按照国务院林业主管部门有关规定执行。

十九、林权登记机关在受理林权抵押登记申请时，应要求申请人提供林权抵押登记申请书、借款人（抵押人）和抵押权人的身份证明、抵押借款合同、林权证及林权权利人同意抵押意见书、抵押林权价值评估报告（拟抵押林权需要评估的）以及其他材料。林权登记机关应对林权证的真实性、合法性进行确认。

二十、林权登记机关受理抵押登记申请后，对经审核符合登记条件的，登记机关应在10个工作日内办理完毕。对不符合抵押登记条件的，书面通知申请人不予登记并退回申请材料。办理抵押登记不得收取任何费用。

二十一、林权登记机关在办理抵押登记时，应在抵押林权的林权证的“注记”栏内载明抵押登记的主要内容，发给抵押权人《林权抵押登记证明书》等证明文件，并在抵押合同上签注编号、日期，经办人签字、加盖公章。

二十二、变更抵押林权种类、数额或者抵押担保范围的，银行业金融机构要及时要求借款人和抵押人共同持变更合同、《林权抵押登记证明书》和其他证明文件，向原林权登记机关申请办理变更抵押登记。林权登记机关审查核实后应及时给予办理。

二十三、抵押合同期满、借款人还清全部贷款本息或者抵押人与抵押权人同意提前解除抵押合同的，双方向原登记机关办理注销抵押登记。

二十四、各级林业登记机关要做好已抵押林权的登记管理工作，将林权抵押登记事项如实记载于林权登记簿，以备查阅。对于已全部抵押的林权，不得重复办理抵押登记。除取得抵押权人书面同意外，不予办理林权变更登记。

二十五、银行业金融机构要依照信贷管理规定完善林权抵押贷款风险评价机制，采用定量和定性分析方法，全面、动态地进行贷款风险评估，有效地对贷款资金使用、借款人信用及担保变化情况等进行跟踪检查和监控分析，确保贷款安全。

二十六、银行业金融机构要严格履行对抵押财产的贷后管理责任，对抵押财产定期进行监测，做好林权抵押贷款及抵押财产信息的跟踪记录，同时督促抵押人在林权抵押期间继续管理和培育好森林、林木，维护抵押财产安全。

二十七、银行业金融机构要建立风险预警和补救机制，发现借款人可能发生违约风险时，要根据合同约定停止或收回贷款。抵押财产发生自然灾害、市场价值明显下降等情况时，要及时采取补救和控制风险措施。

二十八、各级林业主管部门要会同有关部门积极推进森林保险工作。鼓励抵押人对抵押财产办理森林保险。抵押期间，抵押财产发生毁损、灭失或者被征收等情形时，银行业金融机构可以根据合同约定就获得的保险金、赔偿金或者补偿金等优先受偿或提存。

二十九、贷款需要展期的，贷款人应在对贷款用途、额度、期限与借款人经营状况、还款能力的匹配程度，以及抵押财产状况进行评估的基础上，决定是否展期。

三十、贷款到期后，借款人未清偿债务或出现抵押合同规定的行使抵押权的其他情形时，可通过竞价交易、协议转让、林木采伐或诉讼等途径处置已抵押的林权。通过竞价交易方式处置的，银行业金融机构要与抵押人协商将已抵押林权转让给最高应价者，所得价款由银行业金融机构优先受偿；通过协议转让方式处置的，银行业金融机构要与抵押人协商将所得价款由银行业金融机构优先受偿；通过林木采伐方式处置的，银行业金融机构要与抵押人协商依法向县级以上地方人民政府林业主管部门提出林木采伐申请。

三十一、银行业金融机构因处置抵押财产需要采伐林木的，采伐审批机关要按国家相关规定优先予以办理林木采伐许可证，满足借款人还贷需要。林权抵押期间，未经抵押权人书面同意，采伐审批机关不得批准或发放林木采伐许可证。

三十二、有条件的县级以上地方人民政府林业主管部门要建立林权管理服务机构。林权管理服务机构要为开展林权抵押贷款、处置抵押林权提供快捷便利服务，并适当减免抵押权人相关交易费用。

三十三、各级林业主管部门要为银行业金融机构对抵押林权的核实查证工作提供便利。林权登记机关依法向银行业金融机构提供林权登记信息时，不得收取任何费用。

三十四、各级林业主管部门要积极协调各级地方人民政府出台必要的引导政策，对用于林业生产发展的林权抵押贷款业务，要协调财政部门按照国家有关规定给予贴息，适当进行风险补偿。

关于加强长江经济带造林绿化的指导意见

（2016 年 2 月 24 日　国家发展改革委、国家林业局　发改农经〔2016〕379 号）

长江经济带森林生态系统是沿江绿色生态廊道的重要组成部分，在涵养水源、保持水土、生物多样性保护等方面发挥着不可替代的作用。多年来，在党中央、国务院的坚强领导下，在地方各级党委、政府和广大干部群众的努力下，长江经济带造林绿化工作取得了明显成效，森林面积持续增加、生态功能不断改善。但也要看到，长江经济带造林绿化工作仍然面临着森林生态功能脆弱、低效退化林面积大等问题，与长江经济带“生态文明建设的先行示范带”功能定位还有一定差距。为进一步加强长江经济带造林绿化工作，推进长江经济带绿色生态廊道建设，经商推动长江经济带发展领导小组办公室，特提出以下意见：

一、总体要求

（一）总体思路。全面贯彻落实党中央、国务院实施长江经济带发展战略的重大决策部署，坚持生态优先、绿色发展，以增加森林面积、提高森林质量为主攻方向，以增强森林水源涵养功能、防治水土流失为重点，以体制、机制和科技创新为动力，开展大规模国土绿化行动，加快构筑结构稳定、功能完备的森林生态系统，着力建设好长江经济带绿色生态廊道。

（二）基本原则。坚持生态优先，统筹推进，将造林绿化作为长江经济带绿色生态廊道建设的优先领域积极实施；坚持数量增长、质量提升，全面促进森林资源恢复和功能改善；坚持因地制宜、分类施策，着力加强重点区域综合治理；坚持政府主导、社会参与，鼓励和引导各方面力量参与造林绿化。

（三）总体目标。到2020年，造林绿化工作取得实质性突破，基本建成以各类防护林为主体、农田林网及绿色通道为网络、城镇乡村绿屏为节点的生态防护体系，森林生态系统的水源涵养、水土保持、生物多样性保护等服务功能明显增强，森林生态系统与生物多样性价值得到提升，用材林面积明显增加、结构优化合理，有效促进长江经济带绿色生态廊道建设。森林面积增加290万公顷，森林蓄积增加5亿立方米，森林覆盖率达到43%。

二、加快造林绿化步伐

（四）积极推进宜林地营造林。充分发挥长江经济带丰富的树种资源和良好的水热条件优势，以宜林地面积较大的长江上中游湖北、湖南、重庆、四川、贵州、云南等省市为重点，大力营造以水土保持林、水源涵养林为主的防护林和国家储备林，积极培育优质珍贵大径级阔叶林、短周期工业原料林、木结构建筑原料林、竹林、木本粮油和特色经济林。对区域内造林难度大的宜林地，要强化科技支撑，加大封山育林力度，充分发挥大自然的自我修复能力，加快恢复森林植被。

（五）大力开展退耕还林还草。全面落实《新一轮退耕还林还草总体方案》和《关于扩大新一轮退耕还林还草规模的通知》要求，重点支持长江经济带符合政策的25度以上陡坡耕地、严重沙化耕地、丹江口库区和三峡库区等重要水源地15～25度坡耕地退耕还林还草，向金沙江等中上游地区倾斜。各地在实施中要依据全国第二次土地调查成果，确定符合政策的退耕范围；要加强组织引导，充分尊重农民意愿，做好技术服务，把退耕还林还草工作与调整农业产业结构、发展特色产业、改善农民生产生活条件结合起来，确保农户退耕成果巩固。

（六）加强城镇村庄绿化美化。坚持建设生态型、功能型城乡绿地生态系统的发展方向和构建园林城镇、建设美丽乡村的造林绿化发展思路，加强乡镇建成区、村屯居民区绿化美化。长江上游重庆、四川、贵州、云南等省多山地区要因地制宜，积极运用乡土树种造林，科学配置阔叶树种、彩叶树种，丰富景观异质性，构建与自然生态相协调的城乡绿化景观。长江中下游上海、江苏、浙江、安徽、江西、湖北、湖南等省市平原地区要充分挖掘城镇村庄绿化潜力，拓展绿化空间，规划建绿、见缝插绿、拆违还绿，形成与城镇化建设、美丽乡村建设相适应的城乡绿化美化格局。条件适宜的地区，要结合城乡绿化发展具有地方特色的经济林，建设防护绿地、生产绿地和风景林地，构建乔灌草相结合、经济与生态双赢、融入自然的城乡绿化美化景观，切实改善城乡人居环境。

（七）构建绿色通道和农田防护林网。加快公路、铁路、渠道、堤坝沿线造林绿化，促进绿色通道断带合龙、改造更新，巩固和扩大绿色通道建设成果。重点加强县道、乡道等乡村公路沿线造林绿化，积极推进河渠湖库周边造林绿化，建设和完善河渠湖库周边防护林体系，增强水土保持、水源涵养和兴林灭螺功能，构建完备的绿色通道体系。加快矿区及周边裸露地造林绿化和植被恢复，改善矿区生态状况。江苏、浙江、安徽、江西、湖北、湖南等长江中下游平原地区要坚持建设与提高相结合，加强农田防护林更新、残次林带改造，建设和完善高标准农田防护林网，提高整体防护功能。

（八）加快重点区域治理。集中力量抓好湖北、湖南、重庆、四川、贵州、云南等省市岩溶地区石漠化综合治理，实施石漠化综合治理二期工程，加快林草植被保护与恢复、小型水利水保配套工程建设，有效遏制石漠化扩展趋势。加强四川、云南金沙江干热河谷水土保持林建设，封山育林与人工促进相结合，努力恢复林草植被。加快江西、湖北、湖南、重庆“两湖两库”（洞庭湖、鄱阳湖、三峡库区、丹江口库区）水土保持林、水源涵养林、护湖护堤护岸林建设，防治水土流失、减少水患威胁。

三、强化森林经营和保护

（九）全面推进中幼龄林抚育。要根据长江经济带中幼龄林面积大、比例高，过密过疏过纯林分同时存在的现状，按照森林演替规律和林分发育阶段，全面推进中幼龄林抚育。对密度过大、林木竞争激烈的林分，采取抚育间伐等措施，调整林分密度，优化林分结构，促进林木生长。对密度过疏、目的树种缺乏、天然更新不良的林分，通过补植补造、促进天然更新等抚育措施，调整树种组成，增加乡土树种比例，引导培育混交林。对遭受有害生物侵害等受损林分，采取卫生伐、补植补造等综合抚育措施，改善林分健康状况，增强林分活力。对新造幼林，加大割灌除草等抚育措施，增强幼树竞争能力，促进林木生长，加快幼林郁闭成林。

（十）着力开展低效退化林改造。要按照适地适树原则，有针对性地采取混交林培育措施，促进森林正向演替，发挥林地生产和生态潜力，精准提高森林质量。对结构退化的低效林，采取抚育改造、补植改造、促进更新、封禁育林等改造措施，调整优化林分结构。对生长退化的低效林，采取去弱留强、更新复壮、修枝整形、平茬割灌、施肥浇水等改造措施，恢复森林生长活力。对立地退化的低效林，采取树种替换、抽针补阔、土壤改良、封禁管护等改造措施，改善养分循环，提高林地立地质量。禁止以低效退化林改造为名将天然林、天然次生林转变为人工林、纯林。

（十一）加强森林资源保护。加大天然林保护力度，有序停止天然林商业性采伐。率先划定长江经济带森林生态保护红线，实行严格的保护制度。坚持依法治林，严厉打击乱砍滥伐、乱捕滥猎、毁林开垦、非法占用林地等违法行为，巩固造林绿化成果。加强森林防火、林业有害生物防治和森林管护等基础设施建设，编制应急预案，强化责任，落实到人，全面提升灾害应急管理综合防控能力。

（十二）增强科技支撑能力。加强岩溶地区植被恢复技术、金沙江干热河谷造林技术、云贵高原高寒地区造林技术、重金属污染土地造林治理技术等关键性技术联合攻关，加强林木品种选育、强化种苗繁育技术研发，开展协同创新，突破技术瓶颈。利用现有研究成果和技术储备，总结、筛选、组装配套一批适宜长江经济带不同区域的营造林技术和模式，加大示范推广力度，推动科研成果转化。造林绿化要与林业技术推广同步设计、同步实施。充分运用现代科技手段，建立长江经济带造林绿化成果动态监测与效益评价系统，科学评价建设效果。

四、保障措施

（十三）完善投入机制。国家进一步加大对长江经济带造林绿化的投入力度，在安排防护林体系建设、岩溶地区石漠化综合治理、天然林资源保护等重点工程补助资金时，给予长江经济带以适当倾斜。加快建立和完善生态补偿机制。地方各级政府也要加大投入，整合各渠道资金，建立多元化的造林绿化投入机制，采取入股、合作、承包等多种方式拓宽筹资渠道，鼓励、引导和吸引社会资金投入，统筹推进长江经济带造林绿化工作。

（十四）创新建管机制。进一步完善集体林权制度改革，稳定林地承包关系，鼓励林权依法流转，积极推进林地所有权、承包权、经营权分置，培育新型林业经营主体，促进营造林规模化，大力发展林药、林菌、养生休闲、景观利用等绿色产业，实现生态和经济“双赢”。充分发挥专业造林队伍在标准化、集约化、规范化建设方面的骨干作用，提高资源配置效率，大力推行专业化造林。完善建后管护机制，推行专业队伍管护、承包管护、林农自管等灵活多样的管护模式。

（十五）强化组织领导。地方各级政府要将长江经济带造林绿化工作纳入重要议事日程，统一思想、提高认识，精心组织、加强领导，团结带领广大干部群众，扎实推进长江经济带造林绿化各项工作。要把党中央、国务院的决策部署与当地实际结合起来，明确本地区长江经济带造林绿化的主要目标和任务，并分解落实，制定具体的实施方案和配套措施，做好与城乡、土地利用等规划的统筹与衔接，建立造林绿化质量责任追究制度，确保各项工作落到实处。

（十六）加强指导协调。推动长江经济带发展领导小组办公室要加强对长江经济带造林绿化工作的协调。各有关部门要各司其职、各负其责，密切配合、通力协作，加强对长江经济带造林绿化工作的指导。国家林业局要将目标任务分解落实到各地。各级林业行政主管部门要强化规划设计、组织管理、协调服务、督导检查，加强机构和队伍建设，完善造林绿化建设标准、管理办法和技术规程，稳步推进长江经济带造林绿化工作。

鉴于加强长江经济带造林绿化工作，是贯彻落实长江经济带发展战略的一项重要内容，各地区、各部门要按照党中央、国务院的总体要求，坚定信心，开拓进取、扎实工作，切实做好长江经济带造林绿化工作，为推动长江经济带发展、建设生态文明作出新的更大贡献。

关于加快推进长江两岸造林绿化的指导意见

（2018年9月25日　国家发展改革委、水利部、自然资源部、国家林草局
发改农经〔2018〕1391号）

为全面贯彻落实习近平总书记在深入推动长江经济带发展座谈会上的重要讲话精神，着力解决长江干流两岸绿化缺株断带、森林生态功能脆弱等问题，加快构筑沿江森林生态廊道，经商推动长江经济带发展领导小组办公室，现就加快推进长江两岸造林绿化工作提出以下意见。

一、总体要求

（一）指导思想。全面贯彻落实习近平生态文明思想，牢固树立和践行绿水青山就是金山银山的理念，坚持生态优先、绿色发展，以增加长江两岸林草覆盖、提升森林质量为主攻方向，以机制创新和科技创新为动力，大力推进造林绿化和森林质量精准提升，积极实施沿线村镇绿化美化，加快构筑连续完整、结构稳定的森林生态系统，尽快建成长江两岸绿色生态廊道，让长江上下游、左右岸绿起来、美起来。

（二）基本原则。坚持人与自然和谐共生，落实保护优先、自然恢复为主的方针，统筹长江两岸山水林田湖草系统治理；坚持量质并重、以质为主，依靠科技进步，全面推进长江两岸造林绿化，提升森林质量；坚持因地制宜、分类施策，依据当地实际情况，在保障长江防洪安全的前提下，遵循森林生长演替自然规律，科学开展造林绿化；坚持政府主导、社会参与，通过创新机制，完善政策措施，鼓励和引导各方面力量参与造林绿化。

（三）主要目标。到2020年，全面实现长江两岸宜林地植树造林，整体提升绿化质量，基本建成沿江绿化带。到2025年，长江两岸造林绿化全面完成，实现应绿尽绿，森林质量明显提升，沿江生态防护体系基本完善，连续完整、结构稳定的森林生态系统初步形成，岸绿景美、绵延万里的沿江美丽生态带基本建成。

二、全面推进造林绿化

（四）加快长江两岸护堤护岸林建设。以人工造林为主，多树种配置，增加森林覆盖，扩大生态容量，构筑护堤护岸屏障，健全长江两岸生态防护体系，改善岸线生态景观。有堤防地段，长江干堤临水侧造林限于临水侧护堤地范围内，以发挥防浪护岸功能为主，选择耐水湿、浅根系乡土树种，营造防浪林带，稳固防洪堤坝。背水侧护堤地范围内，在不影响堤防等水利工程安全，留足工程管护、防汛抢险等交通通道，巡堤查险、防汛备料等空间的情况下，科学造林，健全护堤林带，防止风蚀对堤防工程的危害；鼓励各省在背水侧护堤地外通过土地流转租用等方式造林，扩大生态廊道空间，具体宽度由各地根据当地实际情况确定。无堤防地段，长江两岸第一山脊线以内区域，在不影响防洪安全情况下，结合实施新一轮退耕还林还草、重点防护林体系建设和天然林

资源保护等重点工程，实施精准造林，消除现有林地中的“天窗”、宜林荒坡荒丘等裸露地，集中连片建设防护林带，防止水土流失，减少江岸冲刷。两岸第一山脊线不明显地段，防护林带的宽度由各省结合当地地形地貌，按照构筑生态屏障、防止水土流失、减轻环境污染的要求确定，防护林带宽度原则上应在设计洪水位以上且不少于 30 米。（2020 年前完成）

（五）全面实施岸线复绿。依据河道管理等相关法律法规，坚持宜林则林、宜草则草，全面推进岸线整治修复，恢复和增加两岸绿色覆盖。非法码头、采石塘口、船厂以及废弃厂矿和堆积地等侵占的岸线，要采取客土整地等措施，选择抗逆性好、具有固氮作用的深根性乡土树（草）种，进行乔、灌、草多层次栽植复绿，同时加强合法码头、口岸、港口等绿化工作，形成与岸线防护林带融为一体的自然景观。干流堤防临水侧护堤地范围以外的滩地、洲滩民垸要加强绿化，合理栽植耐水湿、净化水质、抑螺防病的草类植物进行复绿，禁止种植高杆农作物、芦苇、杞柳、荻柴等。对于库区消落带，要采取工程治理与生物防治相结合的方式，根据水位消落和土质情况，合理确定绿化范围，筛选耐旱、耐淹、抗冲刷且能固土的植物，沿湿度梯度方向草—灌—乔阶梯状配置近自然植物群落进行修复。（2020 年前完成）

（六）着力沿线城镇村庄道路绿化美化。以建设生态型、功能型城乡绿地生态系统为方向，以改善人居环境为目标，将山水林田湖草作为一个生命共同体，抓好长江两岸沿线城市江边、乡镇建成区、村屯居民区的绿化美化，大幅提升生态宜居水平。要充分挖掘绿化潜力，拓展绿化空间，实施规划建绿、见缝插绿、见空补绿、拆违还绿，科学配置阔叶树种、彩叶树种，在城市江岸建设防护绿地、风景林地，在路旁种植护路林，在水系周边种植护岸林，形成以片林为极、绿道为轴、林园为核、庭院为点的绿化景观格局，建设沿岸美丽城镇、美丽村庄。加快沿线公路、铁路两侧造林绿化，促进绿色通道断带合拢、改造更新，巩固和扩大绿色通道建设成果。（2020 年前完成）

（七）科学推进森林质量提升。坚持先急后缓、严格生境保护，自然修复和人工促进相结合，采取补植补造、更新改造等措施，对长江两岸沿线林分稳定性失调、林木生长发育迟滞、系统功能退化或丧失、景观破坏严重的防护林，选择没有共性病虫害树种，实施退化林分修复，改善林相和林分结构，精准提升林分质量，促进森林正向演替，恢复和提升生态防护功能。长江上游地区，重点对老化、生长衰退的护岸林和生态经果林进行提质增效，恢复和增强沿岸自然生态景观。长江中下游地区，重点对老化、病虫害严重的护堤纯林调整树种结构，培育混交林，设置隔离带，提升防浪护岸、生态保护能力。（2025 年前完成）

三、不断完善政策机制

（八）统筹国土空间规划。围绕长江经济带国土空间资源利用、开发保护和空间治理，坚持生态保护与经济社会发展并重，结合生态保护红线和永久基本农田划定，合理确定长江两岸造林绿化范围，保障长江两岸绿色生态廊道空间。大力推动土地综合整治，优化生产生活生态空间。要按照国务院退耕还林还草工作总体安排，依法逐步将长江两岸水土流失严重、地质灾害隐患大，土质差、粮食产量低的 25 度以上坡耕地、重要水源地中 15—25 度坡耕地、严重污染耕地等退耕，切实破解长江两岸生态修复任务重与绿色生态廊道空间不足的矛盾。

（九）完善资金投入机制。国家进一步加大投入力度，在安排天然林资源保护、重点防护林体系建设等重点工程任务和补助资金时，向长江两岸造林绿化和森林质量提升倾斜，并安排资金支持长江沿线非法码头、采石塘口复绿。各有关地方要建立多渠道投入、多部门协作、多方面参与的造林绿化投入新机制，积极整合各渠道资金，加大投入力度。要按照“政府主导、市场主体、社会参与、风险可控”的原则，通过推行先造后补、以奖代补、贴息贷款、购买服务等多种方式，积极利用国内政策性、开发性金融贷款，鼓励和支持利用国外金融组织和政府贷款，以及引导社会资本投入造林绿化。

（十）健全森林建管制度。推行集体林地所有权、承包权、经营权的“三权分置”运行机制，稳定农户承包权、放活林地经营权，引导林权规范有序流转，培育新型营造林主体，促进规模化经营。推行林地经营权质押、担保、入股，有效盘活林木资源资产，发展营造林主体混合所有制。充分发挥专业造林队伍在标准化、集约化、规范化营造林方面的骨干作用，大力推行专业化造林。完善森林管护机制，鼓励推行专业队伍管护、承包管护和家庭管护等灵活多样的管护模式，大幅提升管护水平。鼓励在长江两岸率先建立和推行“林长制”。严格长江两岸绿色生态廊道内林木采伐审批制度和限额管理，严厉打击乱砍滥伐、毁林开垦、非法占用林地等各种违法犯罪行为，全面加强森林资源保护。

四、保障措施

（十一）强化组织领导。有关省市要按照习近平总书记在深入推动长江经济带发展座谈会上的重要讲话精神，强化主体责任，将推进长江两岸造林绿化工作纳入重要议事日程，统一思想、提高认识，精心组织、加强领导，团结带领广大干部群众，扎实推进长江两岸造林绿化各项工作。要把中央的决策部署与当地实际结合起来，抓紧研究制定省级实施方案和配套措施，明确本地区长江两岸造林绿化的主要目标和任务，并将目标任务分解落实到有关市（州）、县（市、区）；建立目标责任制和造林绿化质量责任追究制度，确保各项工作落到实处。河道管理范围内护堤护岸林营造及管理工作，由河道管理单位牵头负责。长江支流造林绿化由各省结合自身实际统筹推进。

（十二）加强指导协调。国务院有关部门要各司其职、各负其责，密切配合、通力协作，加强对长江两岸造林绿化工作的指导。要加快编制长江经济带国土空间规划，协调划定生态保护红线、永久基本农田，优化和调整长江两岸绿色生态廊道空间用地，指导各地科学编制本地区国土空间规划。要督促长江两岸有关地方人民政府加快护堤地的确权勘界，加强长江干堤两侧护堤地造林绿化和经营管护，并指导有关地方做好长江干流堤防临水侧护堤地范围以外的滩地、洲滩民垸绿化工作。要指导和督促相关省（市）林业部门、河道管理部门强化规划设计、组织管理、协调服务和督导检查，强化技术指导和培训，完善造林绿化建设标准、技术规程，科学选择树种，高质量推进长江两岸造林绿化工作。

（十三）强化科技支撑。加强沿岸码头、废弃厂矿、污染土地、石质山地、库区消落带等生态修复技术攻关，总结、筛选和研发一批适宜长江两岸不同区域的营造林技术和模式，加强林草良种选育技术研发，加大示范推广力度，促进科技成果转化，提高造林成活率和保存率，推进森林质量精准提升。加强营造林创新平台建设，依托“互联网+”，构建高水平的远程技术服务平台，提供直达林间地头的造林绿化技术与管理“配方”，精细化管理和服务，不断提升造林绿化科学管理水平。

森林草原资源培育工程中央预算内投资专项管理办法

（2019年12月31日　国家发展改革委、水利部、农业农村部、应急管理部、海关总署、国家林草局　发改农经规〔2019〕2028号）

第一章　总　则

第一条　为切实加强森林草原资源培育工程中央预算内投资专项管理，管好用好工程建设资金，规范项目建设程序和行为，确保工程质量，及时发挥投资效益，根据《国务院关于探索建立涉农资金统筹整合长效机制的意见》《中央预算内投资补助和贴息项目管理办法》《中央预算内投资监督管理暂行办法》和有关法律法规，制定本办法。

第二条　本办法适用于申请使用中央预算内投资的森林草原资源培育工程建设项目，包括重点防护林及绿化、退耕还林还草、天然林资源保护、退牧还草等工程，具体项目类型和支持范围可视情况作必要调整。

第三条　森林草原资源培育工程中央预算内投资专项采取“大专项+任务清单”管理模式，遵循符合规划、程序完备、统筹兼顾原则，实行定额补助、切块下达，且工程建设目标、任务、资金、责任“四到省”。安排中央预算内投资的森林草原资源培育工程，应符合中央预算内投资支持条件，纳入国务院或国务院有关部门批准、印发的国家级专项规划（方案），全部为约束性任务。

第二章　支持范围与方式

第四条　森林草原资源培育工程为中央补助地方项目，由地方在转发和分解年度中央预算内投资计划时，按规定采取适当方式安排相关工程。有关地方应根据财政承受能力和政府投资能力，统筹采取加大地方财政投入、合理安排地方专项债券、规范和畅通项目融资渠道、鼓励和吸引社会资本特别是民间资本参与工程建设运营等措施，保障工程建设资金需求。

第五条　中央预算内投资对森林草原资源培育工程实行定额补助政策，具体补助标准为：

（一）营造林工程，中央补助标准为人工造乔木林500元/亩、人工造灌木林240元/亩、封山育林100元/亩、飞播造林160元/亩、退化林修复500元/亩；

（二）天然林后备资源培育工程，中央补助标准为补植补造和改造培育300元/亩；

（三）退耕还林还草工程，中央补助标准为退耕还林种苗造林费400元/亩、退耕还草种苗种草费150元/亩；

（四）退牧还草工程，中央补助标准为围栏建设青藏高原区30元/亩，其他地区25元/亩；退化草原改良60元/亩；人工种草200元/亩；黑土滩治理180元/亩；毒害草治理140元/亩；舍饲棚圈6000元/户；

（五）其他工程，依据相关建设规划批准的投资标准执行。

第六条 森林草原资源培育工程中央预算内投资采取切块下达方式。

第三章 投资计划申报

第七条 省级发展改革、林草主管部门根据有关专项规划（方案），按照轻重缓急和投资可能，组织下级有关部门及时开展森林草原资源培育工程前期工作。

第八条 森林草原资源培育工程前期工作要严格执行造林、草原建设质量管理的规定和有关造林、草原建设技术规程，明确建设内容、建设规模、建设地点、投资概算及来源、完成时限，并达到规定的工作深度。申请安排年度中央预算内投资计划的项目，须按有关规定履行审批程序。

第九条 省级有关部门应加强项目储备，合理确定年度建设任务并测算资金需求，及时将符合条件的项目纳入重大建设项目库和三年滚动投资计划。入库项目应根据项目前期工作推进情况，及时更新填报、逐步补充完善项目信息，并进行动态调整。

第十条 省级发展改革、林草主管部门根据规划（方案）任务要求、前期工作批复情况，编制森林草原资源培育工程年度投资计划申请报告，联合上报国家发展改革委、国家林草局。

第十一条 年度投资计划申请报告包括项目的规划依据、前期工作批复情况、年度投资需求、建设内容、绩效目标等，落实项目（法人）单位及项目责任人、日常监管直接责任单位及监管责任人，并在国家重大建设项目库内完成推送。报告文件中应明确“经认真审核，所报投资计划符合我省（区、市）财政承受能力和政府投资能力，不会造成地方政府隐性债务”。

省级发展改革、林草主管部门对申请报告的真实性、合规性负责，对于其他中央投资已支持的建设内容，不得从本专项重复申请投资。项目单位是企业的，要认真审核项目单位征信情况，不予支持已被纳入“黑名单”的严重失信企业。

第四章 投资计划下达与执行

第十二条 国家发展改革委会同国家林草局根据规划（方案）任务、上一年度项目实施情况、以往年度建设绩效，对地方上报的森林草原资源培育工程年度投资计划进行审核和综合平衡后，联合下达中央预算内投资计划，并同步下达绩效目标。

第十三条 省级发展改革、林草主管部门收到中央预算内投资计划后，于20个工作日内联合分解落实到具体项目，将分解下达文件抄送国家发展改革委、国家林草局，并及时在重大建设项目库中报备。

分解后的项目要逐一落实项目（法人）单位及项目责任人、日常监管直接责任单位及监管责任人。

第十四条 项目（法人）单位收到中央预算内投资计划后要尽快开工建设，严格依据批复的作业设计（实施方案）组织施工，对项目的建设质量、工程进度、资金管理和生产安全负责。

第十五条 对公众反映的有关情况，各级发展改革、林草主管部门应及时开展核查，确有问题的，督促项目（法人）单位、施工单位及时进行整改。

第十六条 项目施工完成、达到作业设计（实施方案）成效验收年限的，省、市、县级林草主管部门按照程序组织检查验收。

第十七条 各地应加强建后管护机制建设，积极探索灵活、有效的管护机制，推行专业队伍管护、承包管护、林农自管等多种管护模式，落实管护措施，确保项目建设成果得到巩固，长期发挥效益。

第十八条 对自然灾害等不可抵抗因素造成的损毁，按照国务院有关部门关于自然灾害受损核定的有关规定执行，符合规定的可重新申请中央投资补助。

第五章 监督管理

第十九条 省级发展改革、林草主管部门采取不定期监督检查等方式，加强中央预算内投资计划监管，监督检查和整改落实情况要及时报送国家发展改革委、国家林草局。

第二十条 自分解投资计划的次月起，省级发展改革、林草主管部门要通过重大建设项目库，组织有关单位开展项目建设进展情况统计工作，于每月10日前准确填报投资计划分解下达、项目开工情况、投资完成情况、工程形象进度、竣工验收等信息。

第二十一条 国家发展改革委、国家林草局将通过在线监测、抽查等方式对项目建设情况开展工作检查，并将检查结果作为后续中央预算内投资安排的重要参考。

第六章 附 则

第二十二条 本办法由国家发展改革委、国家林草局负责解释。

第二十三条 省级发展改革委会同林草主管部门根据本办法，制定省级管理办法，细化实化森林草原资源培育工程前期工作、投资申报、计划下达、工程实施、竣工验收、监督检查、信息报送等方面的要求。

第二十四条 本办法自印发之日起施行，有效期5年。《重点防护林工程中央预算内投资专项管理办法（试行）》（发改投资〔2016〕719号）、《天然林资源保护工程二期中央预算内投资专项管理办法（试行）》（发改投资〔2016〕720号）同时废止。

关于进一步规范林权类不动产登记做好林权登记与林业管理衔接的通知

（2020年6月3日 自然资源部办公厅、国家林业和草原局办公室
自然资办发〔2020〕31号）

为落实党中央、国务院关于不动产统一登记的要求，适应林业发展改革需要，解决林权类不动产登记工作不规范、不到位等问题，坚持不变不换、物权法定、便民利民原则，全面履行林权登记职责，现就有关事项通知如下。

一、规范登记业务受理

各地不动产登记机构（以下简称“登记

机构”）要将林权登记纳入不动产登记一窗受理。除法定不予受理情形外，不得以登记资料未移交、数据未整合、调查测量精度不够、地类重叠等原因拒绝受理。

（一）原有权机关依法颁发的林权证书继续有效，不变不换。权利人申请换发林权证书的，按照不动产统一登记要求办理。单独申请森林、林木登记的，不予受理。

（二）当事人要求对已登记的联户林地拆宗申请办理登记的，按照“愿联则联、愿单则单”的原则，由发包方组织相关权利人拆宗，并订立权属无争议、界址清晰、四至明确的林地承包合同后，登记机构依法办理转移登记。

（三）已登记的林地经营权，经营权流转合同依法解除或者合同期限届满未续约的，经营权权利人可以申请经营权注销登记。

（四）当事人以农民集体所有或国家所有依法由农民集体使用的林地、林木进行依法抵押的，登记机构依法办理抵押登记。

二、依法明确登记权利类型

登记机构要适应改革要求，根据《中华人民共和国土地管理法》《中华人民共和国森林法》《中华人民共和国农村土地承包法》等明确规定的权利类型，依法登记。

（五）国家所有的林地和林地上的森林、林木。

国家所有的林地和林地上的森林、林木，按照有批准权的人民政府或者主管部门的批准文件，依法确定给林业经营者使用的，权利类型登记为林地使用权/森林、林木使用权。

（六）集体所有或国家所有依法由农民集体使用的林地和林地上的林木。

1. 以家庭承包方式承包农民集体所有或国家所有依法由农民集体使用的林地从事林业生产的，依据承包合同，权利类型登记为林地承包经营权/林木所有权。

2. 在自留山等种植林木的，依据相关协议或材料，权利类型登记为林地使用权/林木所有权。

3. 未实行承包经营的集体林地以及林地上的林木，由农村集体成立的经济组织统一经营的，依据相关协议或材料，权利类型登记为林地经营权/林木所有权。

4. 采取招标、拍卖、公开协商等家庭承包以外的方式承包荒山荒地荒滩荒沟等农村土地营造林木的，除合同另有约定外，权利类型登记为林地经营权/林木所有权。

5. 农村集体经济组织统一经营的林地、家庭承包和以其他方式承包的林地，依法流转和再流转林地经营权期限 5 年以上（含 5 年）的，依据合同约定，权利类型登记为林地经营权/林木所有权或者林地经营权/林木使用权。

三、创新方式开展林权地籍调查

登记机构要按照相关标准规范，充分利用已有成果，创新方式开展地籍调查，做好林权地籍资料核验。

（七）整宗林地的变更、转移、抵押等登记，要充分利用已有林权登记附图和调查成果办理，矢量数据转换导入，纸质图件转绘录入，形成宗地图层，林草部门和权利人、利害关系人配合核实确认界址，不得要求申请人提交调查成果。

（八）原林权登记档案因图件缺失、界址不清楚无法确定位置的，应根据权属来源资料，在不低于 1∶10000 的遥感影像图上绘制边界，登记机构会同林草部门组织申请人和利害关系人依图辨别或现场勘查明确四至界线，签字确认后办理登记。

（九）本集体经济组织及其成员林权首次登记未完成或者确需开展补充调查的，由登记机构采取“办理一宗、更新一宗”的方式，通过购买服务或组织专业调查队伍，逐宗开展地籍调查，不得增加申请人负担。

（十）林权转移、抵押、流转等涉及已登记的林权界址发生变化的，由当事人自行提供地籍调查成果。

四、积极稳妥解决难点问题

各级登记机构、林草部门要切实维护群众权益，依法依规解决权属交叉、地类重叠等难点问题。

（十一）属于林地承包或流转合同问题引发权属交叉重叠的，由当事人通过协商、承包经营纠纷仲裁、诉讼解决后，再办理登记；属于林木所有权和林地使用权存在争议的，由乡镇人民政府或者县级以上人民政府依法处理，争议解决程序完结后，再办理登记；属于登记错误或技术衔接问题的，由登记机构告知权利人和利害关系人，依法办理更正登记。

（十二）除“一地多证”以及已合法审批的建设用地外，对于分散登记时期因管理不衔接等原因，导致林权证范围内存在耕地、草地等其他情形，权利人申请登记的，登记机构应当办理，保障林权正常流转。地类重叠问题能同时解决的，可一并解决。

（十三）原林业部门已经登簿但尚未向权利人发放林权证的，根据权利人申请，由登记机构会同林草部门对原登记信息进行核实，核实无误的，按照不动产登记簿的标准进行转换，并发放林权类不动产权证。核实发现权属交叉重叠、登记错误等情况的，会同林草部门依法解决后再登簿发证。

五、加快数据资料整合移交

各级登记机构、林草部门要密切配合，基于同一张底图、同一个平台，加快数据资料整合。数据整合不得推倒重来，要最大化利用原林权登记数据，根据位置内业落图，在不做大量外业的前提下实现数据的基本整合。各地要在2020年底前完成数据整合和资料移交，2021年底基本完成数据建库，并汇交到自然资源部。

（十四）原林权登记纸质资料和电子数据全部整合移交至登记机构。原林权登记资料存放在档案部门的，由林草部门会同登记机构协调档案部门移交至登记机构或者建立电子档案共享机制。

（十五）边整合、边移交、边入库。林草部门和登记机构要共同做好原林权登记存量数据整合移交入库。林草部门要尽快整合原林权登记数据和档案，并及时分批移交。登记机构要做好数据接收和建库，编制不动产单元代码，保留并关联原林权登记编号，及时将入库信息反馈林草部门。纸质资料数字化要真实反映原登记成果，不得随意调整。对数据内容缺失、格式不符的，要结合现有档案资料及时采集和补录。非技术精度原因造成的权利交叉、地类重叠，在数据库中备注。

（十六）在数据资料整合移交过渡期，登记机构要会同林草部门建立内部协调办理机制，按照受理一宗、调取一宗、整合一宗的方式保障林权登记的正常办理，不得要求当事人自行提取原林权登记资料。

六、加强林权登记和林业管理工作衔接

林权登记和林业管理要加强工作衔接，统筹协调解决工作推进中的重大问题，推进信息互通共享，内部能够获取的材料不得要求当事人提供，避免折腾群众反复跑路。

（十七）推进信息共享。各级登记机构和林草部门应建立信息共享机制，实现不动产登记信息管理基础平台与林权综合监管平台无缝对接，通过数据交换接口、数据抄送等方式，实现林权审批、交易和登记信息实时互通共享。推动建立信息公开查询系统，方便社会依法查询。

（十八）夯实工作基础。各级登记机构要加强学习培训和自身能力建设，积极争取党委政府在政策、人员、经费等方面的支持。搭建软硬件环境，完善登记信息系统，注意数据管理安全，加快推进互联网 + 登记，提升登簿质量，及时汇交数据，公示办事指南。

自然资源部负责国务院确定的国家重点林区（以下简称重点林区）不动产登记，按照《国土资源部　国家林业局关于国务院确定的重点国有林区不动产登记有关事项的通知》（国土资发〔2016〕190 号）文件执行，并与自然资源确权登记做好衔接。原林业部门颁发的重点林区林权证继续有效，已明确的权属边界不得擅自调整。

本通知自 2020 年 7 月 1 日起执行，各省级登记机构要督促推进各县市区林权登记工作，每季度向部报送进展情况。

最高人民法院关于审理破坏森林资源刑事案件具体应用法律若干问题的解释

（2000 年 11 月 22 日　法释〔2000〕36 号）

为依法惩处破坏森林资源的犯罪活动，根据刑法的有关规定，现就审理这类案件具体应用法律的若干问题解释如下：

第一条　刑法第三百四十四条规定的“珍贵树木”，包括由省级以上林业主管部门或者其他部门确定的具有重大历史纪念意义、科学研究价值或者年代久远的古树名木，国家禁止、限制出口的珍贵树木以及列入国家重点保护野生植物名录的树木。

第二条　具有下列情形之一的，属于非法采伐、毁坏珍贵树木行为“情节严重”：

（一）非法采伐珍贵树木二株以上或者毁坏珍贵树木致使珍贵树木死亡三株以上的；

（二）非法采伐珍贵树木二立方米以上的；

（三）为首组织、策划、指挥非法采伐或者毁坏珍贵树木的；

（四）其他情节严重的情形。

第三条　以非法占有为目的，具有下列情形之一，数量较大的，依照刑法第三百四十五条第一款的规定，以盗伐林木罪定罪处罚：

（一）擅自砍伐国家、集体、他人所有或者他人承包经营管理的森林或者其他林木的；

（二）擅自砍伐本单位或者本人承包经营管理的森林或者其他林木的；

（三）在林木采伐许可证规定的地点以外采伐国家、集体、他人所有或者他人承包经营管理的森林或者其他林木的。

第四条　盗伐林木“数量较大”，以二至五立方米或者幼树一百至二百株为起点；盗伐林木“数量巨大”，以二十至五十立方米或者幼树一千至二千株为起点；盗伐林木“数量特别巨大”，以一百至二百立方米或者幼树五千至一万株为起点。

第五条 违反森林法的规定，具有下列情形之一，数量较大的，依照刑法第三百四十五条第二款的规定，以滥伐林木罪定罪处罚：

（一）未经林业行政主管部门及法律规定的其他主管部门批准并核发林木采伐许可证，或者虽持有林木采伐许可证，但违反林木采伐许可证规定的时间、数量、树种或者方式，任意采伐本单位所有或者本人所有的森林或者其他林木的；

（二）超过林木采伐许可证规定的数量采伐他人所有的森林或者其他林木的。

林木权属争议一方在林木权属确权之前，擅自砍伐森林或者其他林木，数量较大的，以滥伐林木罪论处。

第六条 滥伐林木“数量较大”，以十至二十立方米或者幼树五百至一千株为起点；滥伐林木“数量巨大”，以五十至一百立方米或者幼树二千五百至五千株为起点。

第七条 对于一年内多次盗伐、滥伐少量林木未经处罚的，累计其盗伐、滥伐林木的数量，构成犯罪的，依法追究刑事责任。

第八条 盗伐、滥伐珍贵树木，同时触犯刑法第三百四十四条、第三百四十五条规定的，依照处罚较重的规定定罪处罚。

第九条 将国家、集体、他人所有并已经伐倒的树木窃为己有，以及偷砍他人房前屋后、自留地种植的零星树木，数额较大的，依照刑法第二百六十四条的规定，以盗窃罪定罪处罚。

第十条 刑法第三百四十五条规定的“非法收购明知是盗伐、滥伐的林木”中的“明知”，是指知道或者应当知道。具有下列情形之一的，可以视为应当知道，但是有证据证明确属被蒙骗的除外：

（一）在非法的木材交易场所或者销售单位收购木材的；

（二）收购以明显低于市场价格出售的木材的；

（三）收购违反规定出售的木材的。

第十一条 具有下列情形之一的，属于在林区非法收购盗伐、滥伐的林木“情节严重”：

（一）非法收购盗伐、滥伐的林木二十立方米以上或者幼树一千株以上的；

（二）非法收购盗伐、滥伐的珍贵树木二立方米以上或者五株以上的；

（三）其他情节严重的情形。

具有下列情形之一的，属于在林区非法收购盗伐、滥伐的林木“情节特别严重”：

（一）非法收购盗伐、滥伐的林木一百立方米以上或者幼树五千株以上的；

（二）非法收购盗伐、滥伐的珍贵树木五立方米以上或者十株以上的；

（三）其他情节特别严重的情形。

第十二条 林业主管部门的工作人员违反森林法的规定，超过批准的年采伐限额发放林木采伐许可证或者违反规定滥发林木采伐许可证，具有下列情形之一的，属于刑法第四百零七条规定的“情节严重，致使森林遭受严重破坏”，以违法发放林木采伐许可证罪定罪处罚：

（一）发放林木采伐许可证允许采伐数量累计超过批准的年采伐限额，导致林木被采伐数量在十立方米以上的；

（二）滥发林木采伐许可证，导致林木被滥伐二十立方米以上的；

（三）滥发林木采伐许可证，导致珍贵

树木被滥伐的；

（四）批准采伐国家禁止采伐的林木，情节恶劣的；

（五）其他情节严重的情形。

第十三条 对于伪造、变造、买卖林木采伐许可证、木材运输证件，森林、林木、林地权属证书，占用或者征用林地审核同意书、育林基金等缴费收据以及其他国家机关批准的林业证件构成犯罪的，依照刑法第二百八十条第一款的规定，以伪造、变造、买卖国家机关公文、证件罪定罪处罚。

对于买卖允许进出口证明书等经营许可证明，同时触犯刑法第二百二十五条、第二百八十条规定之罪的，依照处罚较重的规定定罪处罚。

第十四条 聚众哄抢林木五立方米以上的，属于聚众哄抢“数额较大”；聚众哄抢林木二十立方米以上的，属于聚众哄抢“数额巨大”，对首要分子和积极参加的，依照刑法第二百六十八条的规定，以聚众哄抢罪定罪处罚。

第十五条 非法实施采种、采脂、挖笋、掘根、剥树皮等行为，牟取经济利益数额较大的，依照刑法第二百六十四条的规定，以盗窃罪定罪处罚。同时构成其他犯罪的，依照处罚较重的规定定罪处罚。

第十六条 单位犯刑法第三百四十四条、第三百四十五条规定之罪，定罪量刑标准按照本解释的规定执行。

第十七条 本解释规定的林木数量以立木蓄积计算，计算方法为：原木材积除以该树种的出材率。

本解释所称“幼树”，是指胸径五厘米以下的树木。

滥伐林木的数量，应在伐区调查设计允许的误差额以上计算。

第十八条 盗伐、滥伐以生产竹材为主要目的的竹林的定罪量刑问题，有关省、自治区、直辖市高级人民法院可以参照上述规定的精神，规定本地区的具体标准，并报最高人民法院备案。

第十九条 各省、自治区、直辖市高级人民法院可以根据本地区的实际情况，在本解释第四条、第六条规定的数量幅度内，确定本地区执行的具体数量标准，并报最高人民法院备案。

最高人民法院关于审理破坏林地资源刑事案件具体应用法律若干问题的解释

（2005 年 12 月 26 日　法释〔2005〕15 号）

为依法惩治破坏林地资源犯罪活动，根据《中华人民共和国刑法》、《中华人民共和国刑法修正案（二）》及全国人民代表大会常务委员会《关于〈中华人民共和国刑法〉第二百二十八条、第三百四十二条、第四百一十条的解释》的有关规定，现就人民法院审理这类刑事案件具体应用法律的若干问题解释如下：

第一条 违反土地管理法规，非法占用林地，改变被占用林地用途，在非法占用的林地上实施建窑、建坟、建房、挖沙、采石、采矿、取土、种植农作物、堆放或排泄废弃物等行为或者进行其他非林业生产、建设，造成林地的原有植被或林业种植条件严重毁坏或者严重污染，并具有下列情形之一的，属于《中华人民共和国刑法修正案(二)》规定的“数量较大，造成林地大量毁坏”，应当以非法占用农用地罪判处五年以下有期徒刑或者拘役，并处或者单处罚金：

（一）非法占用并毁坏防护林地、特种用途林地数量分别或者合计达到五亩以上；

（二）非法占用并毁坏其他林地数量达到十亩以上；

（三）非法占用并毁坏本条第（一）项、第（二）项规定的林地，数量分别达到相应规定的数量标准的百分之五十以上；

（四）非法占用并毁坏本条第（一）项、第（二）项规定的林地，其中一项数量达到相应规定的数量标准的百分之五十以上，且两项数量合计达到该项规定的数量标准。

第二条 国家机关工作人员徇私舞弊，违反土地管理法规，滥用职权，非法批准征用、占用林地，具有下列情形之一的，属于刑法第四百一十条规定的“情节严重”，应当以非法批准征用、占用土地罪判处三年以下有期徒刑或者拘役：

（一）非法批准征用、占用防护林地、特种用途林地数量分别或者合计达到十亩以上；

（二）非法批准征用、占用其他林地数量达到二十亩以上；

（三）非法批准征用、占用林地造成直接经济损失数额达到三十万元以上，或者造成本条第（一）项规定的林地数量分别或者合计达到五亩以上或者本条第（二）项规定的林地数量达到十亩以上毁坏。

第三条 实施本解释第二条规定的行为，具有下列情形之一的，属于刑法第四百一十条规定的“致使国家或者集体利益遭受特别重大损失”，应当以非法批准征用、占用土地罪判处三年以上七年以下有期徒刑：

（一）非法批准征用、占用防护林地、特种用途林地数量分别或者合计达到二十亩以上；

（二）非法批准征用、占用其他林地数量达到四十亩以上；

（三）非法批准征用、占用林地造成直接经济损失数额达到六十万元以上，或者造成本条第（一）项规定的林地数量分别或者合计达到十亩以上或者本条第（二）项规定的林地数量达到二十亩以上毁坏。

第四条 国家机关工作人员徇私舞弊，违反土地管理法规，非法低价出让国有林地使用权，具有下列情形之一的，属于刑法第四百一十条规定的“情节严重”，应当以非法低价出让国有土地使用权罪判处三年以下有期徒刑或者拘役：

（一）林地数量合计达到三十亩以上，并且出让价额低于国家规定的最低价额标准的百分之六十；

（二）造成国有资产流失价额达到三十万元以上。

第五条 实施本解释第四条规定的行为，造成国有资产流失价额达到六十万元以上的，属于刑法第四百一十条规定的“致使国家和集体利益遭受特别重大损失”，应当以非法低价出让国有土地使用权罪判处三年以上七年以下有期徒刑。

第六条 单位实施破坏林地资源犯罪的，依照本解释规定的相关定罪量刑标准执行。

第七条 多次实施本解释规定的行为依法应当追诉且未经处理的，应当按照累计的数量、数额处罚。

草原资源

中华人民共和国草原法

（1985 年 6 月 18 日第六届全国人民代表大会常务委员会第十一次会议通过　2002 年 12 月 28 日第九届全国人民代表大会常务委员会第三十一次会议修订　根据 2009 年 8 月 27 日第十一届全国人民代表大会常务委员会第十次会议《关于修改部分法律的决定》第一次修正　根据 2013 年 6 月 29 日第十二届全国人民代表大会常务委员会第三次会议《关于修改〈中华人民共和国文物保护法〉等十二部法律的决定》第二次修正)

第一章　总　则

第一条　为了保护、建设和合理利用草原，改善生态环境，维护生物多样性，发展现代畜牧业，促进经济和社会的可持续发展，制定本法。

第二条　在中华人民共和国领域内从事草原规划、保护、建设、利用和管理活动，适用本法。

本法所称草原，是指天然草原和人工草地。

第三条　国家对草原实行科学规划、全面保护、重点建设、合理利用的方针，促进草原的可持续利用和生态、经济、社会的协调发展。

第四条　各级人民政府应当加强对草原保护、建设和利用的管理，将草原的保护、建设和利用纳入国民经济和社会发展计划。

各级人民政府应当加强保护、建设和合理利用草原的宣传教育。

第五条　任何单位和个人都有遵守草原法律法规、保护草原的义务，同时享有对违反草原法律法规、破坏草原的行为进行监督、检举和控告的权利。

第六条　国家鼓励与支持开展草原保护、建设、利用和监测方面的科学研究，推广先进技术和先进成果，培养科学技术人才。

第七条　国家对在草原管理、保护、建设、合理利用和科学研究等工作中作出显著成绩的单位和个人，给予奖励。

第八条　国务院草原行政主管部门主管全国草原监督管理工作。

县级以上地方人民政府草原行政主管部门主管本行政区域内草原监督管理工作。

乡（镇）人民政府应当加强对本行政区域内草原保护、建设和利用情况的监督检查，根据需要可以设专职或者兼职人员负责具体监督检查工作。

第二章　草原权属

第九条　草原属于国家所有，由法律规定属于集体所有的除外。国家所有的草原，由国务院代表国家行使所有权。

任何单位或者个人不得侵占、买卖或者以其他形式非法转让草原。

第十条 国家所有的草原，可以依法确定给全民所有制单位、集体经济组织等使用。

使用草原的单位，应当履行保护、建设和合理利用草原的义务。

第十一条 依法确定给全民所有制单位、集体经济组织等使用的国家所有的草原，由县级以上人民政府登记，核发使用权证，确认草原使用权。

未确定使用权的国家所有的草原，由县级以上人民政府登记造册，并负责保护管理。

集体所有的草原，由县级人民政府登记，核发所有权证，确认草原所有权。

依法改变草原权属的，应当办理草原权属变更登记手续。

第十二条 依法登记的草原所有权和使用权受法律保护，任何单位或者个人不得侵犯。

第十三条 集体所有的草原或者依法确定给集体经济组织使用的国家所有的草原，可以由本集体经济组织内的家庭或者联户承包经营。

在草原承包经营期内，不得对承包经营者使用的草原进行调整；个别确需适当调整的，必须经本集体经济组织成员的村（牧）民会议三分之二以上成员或者三分之二以上村（牧）民代表的同意，并报乡（镇）人民政府和县级人民政府草原行政主管部门批准。

集体所有的草原或者依法确定给集体经济组织使用的国家所有的草原由本集体经济组织以外的单位或者个人承包经营的，必须经本集体经济组织成员的村（牧）民会议三分之二以上成员或者三分之二以上村（牧）民代表的同意，并报乡（镇）人民政府批准。

第十四条 承包经营草原，发包方和承包方应当签订书面合同。草原承包合同的内容应当包括双方的权利和义务、承包草原四至界限、面积和等级、承包期和起止日期、承包草原用途和违约责任等。承包期届满，原承包经营者在同等条件下享有优先承包权。

承包经营草原的单位和个人，应当履行保护、建设和按照承包合同约定的用途合理利用草原的义务。

第十五条 草原承包经营权受法律保护，可以按照自愿、有偿的原则依法转让。

草原承包经营权转让的受让方必须具有从事畜牧业生产的能力，并应当履行保护、建设和按照承包合同约定的用途合理利用草原的义务。

草原承包经营权转让应当经发包方同意。承包方与受让方在转让合同中约定的转让期限，不得超过原承包合同剩余的期限。

第十六条 草原所有权、使用权的争议，由当事人协商解决；协商不成的，由有关人民政府处理。

单位之间的争议，由县级以上人民政府处理；个人之间、个人与单位之间的争议，由乡（镇）人民政府或者县级以上人民政府处理。

当事人对有关人民政府的处理决定不服的，可以依法向人民法院起诉。

在草原权属争议解决前，任何一方不得改变草原利用现状，不得破坏草原和草原上的设施。

第三章　规　划

第十七条　国家对草原保护、建设、利用实行统一规划制度。国务院草原行政主管部门会同国务院有关部门编制全国草原保护、建设、利用规划，报国务院批准后实施。

县级以上地方人民政府草原行政主管部门会同同级有关部门依据上一级草原保护、建设、利用规划编制本行政区域的草原保护、建设、利用规划，报本级人民政府批准后实施。

经批准的草原保护、建设、利用规划确需调整或者修改时，须经原批准机关批准。

第十八条　编制草原保护、建设、利用规划，应当依据国民经济和社会发展规划并遵循下列原则：

（一）改善生态环境，维护生物多样性，促进草原的可持续利用；

（二）以现有草原为基础，因地制宜，统筹规划，分类指导；

（三）保护为主、加强建设、分批改良、合理利用；

（四）生态效益、经济效益、社会效益相结合。

第十九条　草原保护、建设、利用规划应当包括：草原保护、建设、利用的目标和措施，草原功能分区和各项建设的总体部署，各项专业规划等。

第二十条　草原保护、建设、利用规划应当与土地利用总体规划相衔接，与环境保护规划、水土保持规划、防沙治沙规划、水资源规划、林业长远规划、城市总体规划、村庄和集镇规划以及其他有关规划相协调。

第二十一条　草原保护、建设、利用规划一经批准，必须严格执行。

第二十二条　国家建立草原调查制度。

县级以上人民政府草原行政主管部门会同同级有关部门定期进行草原调查；草原所有者或者使用者应当支持、配合调查，并提供有关资料。

第二十三条　国务院草原行政主管部门会同国务院有关部门制定全国草原等级评定标准。

县级以上人民政府草原行政主管部门根据草原调查结果、草原的质量，依据草原等级评定标准，对草原进行评等定级。

第二十四条　国家建立草原统计制度。

县级以上人民政府草原行政主管部门和同级统计部门共同制定草原统计调查办法，依法对草原的面积、等级、产草量、载畜量等进行统计，定期发布草原统计资料。

草原统计资料是各级人民政府编制草原保护、建设、利用规划的依据。

第二十五条　国家建立草原生产、生态监测预警系统。

县级以上人民政府草原行政主管部门对草原的面积、等级、植被构成、生产能力、自然灾害、生物灾害等草原基本状况实行动态监测，及时为本级政府和有关部门提供动态监测和预警信息服务。

第四章　建　设

第二十六条　县级以上人民政府应当增加草原建设的投入，支持草原建设。

国家鼓励单位和个人投资建设草原，按照谁投资、谁受益的原则保护草原投资建设者的合法权益。

第二十七条　国家鼓励与支持人工草地建设、天然草原改良和饲草饲料基地建设，稳定和提高草原生产能力。

第二十八条　县级以上人民政府应当支

持、鼓励和引导农牧民开展草原围栏、饲草饲料储备、牲畜圈舍、牧民定居点等生产生活设施的建设。

县级以上地方人民政府应当支持草原水利设施建设，发展草原节水灌溉，改善人畜饮水条件。

第二十九条 县级以上人民政府应当按照草原保护、建设、利用规划加强草种基地建设，鼓励选育、引进、推广优良草品种。

新草品种必须经全国草品种审定委员会审定，由国务院草原行政主管部门公告后方可推广。从境外引进草种必须依法进行审批。

县级以上人民政府草原行政主管部门应当依法加强对草种生产、加工、检疫、检验的监督管理，保证草种质量。

第三十条 县级以上人民政府应当有计划地进行火情监测、防火物资储备、防火隔离带等草原防火设施的建设，确保防火需要。

第三十一条 对退化、沙化、盐碱化、石漠化和水土流失的草原，地方各级人民政府应当按照草原保护、建设、利用规划，划定治理区，组织专项治理。

大规模的草原综合治理，列入国家国土整治计划。

第三十二条 县级以上人民政府应当根据草原保护、建设、利用规划，在本级国民经济和社会发展计划中安排资金用于草原改良、人工种草和草种生产，任何单位或者个人不得截留、挪用；县级以上人民政府财政部门和审计部门应当加强监督管理。

第五章 利 用

第三十三条 草原承包经营者应当合理利用草原，不得超过草原行政主管部门核定的载畜量；草原承包经营者应当采取种植和储备饲草饲料、增加饲草饲料供应量、调剂处理牲畜、优化畜群结构、提高出栏率等措施，保持草畜平衡。

草原载畜量标准和草畜平衡管理办法由国务院草原行政主管部门规定。

第三十四条 牧区的草原承包经营者应当实行划区轮牧，合理配置畜群，均衡利用草原。

第三十五条 国家提倡在农区、半农半牧区和有条件的牧区实行牲畜圈养。草原承包经营者应当按照饲养牲畜的种类和数量，调剂、储备饲草饲料，采用青贮和饲草饲料加工等新技术，逐步改变依赖天然草地放牧的生产方式。

在草原禁牧、休牧、轮牧区，国家对实行舍饲圈养的给予粮食和资金补助，具体办法由国务院或者国务院授权的有关部门规定。

第三十六条 县级以上地方人民政府草原行政主管部门对割草场和野生草种基地应当规定合理的割草期、采种期以及留茬高度和采割强度，实行轮割轮采。

第三十七条 遇到自然灾害等特殊情况，需要临时调剂使用草原的，按照自愿互利的原则，由双方协商解决；需要跨县临时调剂使用草原的，由有关县级人民政府或者共同的上级人民政府组织协商解决。

第三十八条 进行矿藏开采和工程建设，应当不占或者少占草原；确需征收、征用或者使用草原的，必须经省级以上人民政府草原行政主管部门审核同意后，依照有关土地管理的法律、行政法规办理建设用地审批手续。

第三十九条 因建设征收、征用集体所有的草原的，应当依照《中华人民共和国土地管理法》的规定给予补偿；因建设使用国家所有的草原的，应当依照国务院有关规定对草原承包经营者给予补偿。

因建设征收、征用或者使用草原的，应当交纳草原植被恢复费。草原植被恢复费专款专用，由草原行政主管部门按照规定用于恢复草原植被，任何单位和个人不得截留、挪用。草原植被恢复费的征收、使用和管理办法，由国务院价格主管部门和国务院财政部门会同国务院草原行政主管部门制定。

第四十条 需要临时占用草原的，应当经县级以上地方人民政府草原行政主管部门审核同意。

临时占用草原的期限不得超过二年，并不得在临时占用的草原上修建永久性建筑物、构筑物；占用期满，用地单位必须恢复草原植被并及时退还。

第四十一条 在草原上修建直接为草原保护和畜牧业生产服务的工程设施，需要使用草原的，由县级以上人民政府草原行政主管部门批准；修筑其他工程，需要将草原转为非畜牧业生产用地的，必须依法办理建设用地审批手续。

前款所称直接为草原保护和畜牧业生产服务的工程设施，是指：

（一）生产、贮存草种和饲草饲料的设施；

（二）牲畜圈舍、配种点、剪毛点、药浴池、人畜饮水设施；

（三）科研、试验、示范基地；

（四）草原防火和灌溉设施。

第六章 保 护

第四十二条 国家实行基本草原保护制度。下列草原应当划为基本草原，实施严格管理：

（一）重要放牧场；

（二）割草地；

（三）用于畜牧业生产的人工草地、退耕还草地以及改良草地、草种基地；

（四）对调节气候、涵养水源、保持水土、防风固沙具有特殊作用的草原；

（五）作为国家重点保护野生动植物生存环境的草原；

（六）草原科研、教学试验基地；

（七）国务院规定应当划为基本草原的其他草原。

基本草原的保护管理办法，由国务院制定。

第四十三条 国务院草原行政主管部门或者省、自治区、直辖市人民政府可以按照自然保护区管理的有关规定在下列地区建立草原自然保护区：

（一）具有代表性的草原类型；

（二）珍稀濒危野生动植物分布区；

（三）具有重要生态功能和经济科研价值的草原。

第四十四条 县级以上人民政府应当依法加强对草原珍稀濒危野生植物和种质资源的保护、管理。

第四十五条 国家对草原实行以草定畜、草畜平衡制度。县级以上地方人民政府草原行政主管部门应当按照国务院草原行政主管部门制定的草原载畜量标准，结合当地实际情况，定期核定草原载畜量。各级人民政府应当采取有效措施，防止超载过牧。

第四十六条 禁止开垦草原。对水土流失严重、有沙化趋势、需要改善生态环境的已垦草原，应当有计划、有步骤地退耕还草；已造成沙化、盐碱化、石漠化的，应当限期治理。

第四十七条 对严重退化、沙化、盐碱化、石漠化的草原和生态脆弱区的草原，实行禁牧、休牧制度。

第四十八条 国家支持依法实行退耕还草和禁牧、休牧。具体办法由国务院或者省、自治区、直辖市人民政府制定。

对在国务院批准规划范围内实施退耕还草的农牧民，按照国家规定给予粮食、现金、草种费补助。退耕还草完成后，由县级以上人民政府草原行政主管部门核实登记，依法履行土地用途变更手续，发放草原权属证书。

第四十九条 禁止在荒漠、半荒漠和严重退化、沙化、盐碱化、石漠化、水土流失的草原以及生态脆弱区的草原上采挖植物和从事破坏草原植被的其他活动。

第五十条 在草原上从事采土、采砂、采石等作业活动，应当报县级人民政府草原行政主管部门批准；开采矿产资源的，并应当依法办理有关手续。

经批准在草原上从事本条第一款所列活动的，应当在规定的时间、区域内，按照准许的采挖方式作业，并采取保护草原植被的措施。

在他人使用的草原上从事本条第一款所列活动的，还应当事先征得草原使用者的同意。

第五十一条 在草原上种植牧草或者饲料作物，应当符合草原保护、建设、利用规划；县级以上地方人民政府草原行政主管部门应当加强监督管理，防止草原沙化和水土流失。

第五十二条 在草原上开展经营性旅游活动，应当符合有关草原保护、建设、利用规划，并事先征得县级以上地方人民政府草原行政主管部门的同意，方可办理有关手续。

在草原上开展经营性旅游活动，不得侵犯草原所有者、使用者和承包经营者的合法权益，不得破坏草原植被。

第五十三条 草原防火工作贯彻预防为主、防消结合的方针。

各级人民政府应当建立草原防火责任制，规定草原防火期，制定草原防火扑火预案，切实做好草原火灾的预防和扑救工作。

第五十四条 县级以上地方人民政府应当做好草原鼠害、病虫害和毒害草防治的组织管理工作。县级以上地方人民政府草原行政主管部门应当采取措施，加强草原鼠害、病虫害和毒害草监测预警、调查以及防治工作，组织研究和推广综合防治的办法。

禁止在草原上使用剧毒、高残留以及可能导致二次中毒的农药。

第五十五条 除抢险救灾和牧民搬迁的机动车辆外，禁止机动车辆离开道路在草原上行驶，破坏草原植被；因从事地质勘探、科学考察等活动确需离开道路在草原上行驶的，应当事先向所在地县级人民政府草原行政主管部门报告行驶区域和行驶路线，并按照报告的行驶区域和行驶路线在草原上行驶。

第七章　监督检查

第五十六条 国务院草原行政主管部门和草原面积较大的省、自治区的县级以上地方人民政府草原行政主管部门设立草原监督管理机构，负责草原法律、法规执行情况的监督检查，对违反草原法律、法规的行为进行查处。

草原行政主管部门和草原监督管理机构应当加强执法队伍建设，提高草原监督检查人员的政治、业务素质。草原监督检查人员应当忠于职守，秉公执法。

第五十七条 草原监督检查人员履行监督检查职责时，有权采取下列措施：

（一）要求被检查单位或者个人提供有关草原权属的文件和资料，进行查阅或者复制；

（二）要求被检查单位或者个人对草原权属等问题作出说明；

（三）进入违法现场进行拍照、摄像和勘测；

（四）责令被检查单位或者个人停止违反草原法律、法规的行为，履行法定义务。

第五十八条 国务院草原行政主管部门和省、自治区、直辖市人民政府草原行政主管部门，应当加强对草原监督检查人员的培训和考核。

第五十九条 有关单位和个人对草原监督检查人员的监督检查工作应当给予支持、配合，不得拒绝或者阻碍草原监督检查人员依法执行职务。

草原监督检查人员在履行监督检查职责时，应当向被检查单位和个人出示执法证件。

第六十条 对违反草原法律、法规的行为，应当依法作出行政处理，有关草原行政主管部门不作出行政处理决定的，上级草原行政主管部门有权责令有关草原行政主管部门作出行政处理决定或者直接作出行政处理决定。

第八章 法律责任

第六十一条 草原行政主管部门工作人员及其他国家机关有关工作人员玩忽职守、滥用职权，不依法履行监督管理职责，或者发现违法行为不予查处，造成严重后果，构成犯罪的，依法追究刑事责任；尚不够刑事处罚的，依法给予行政处分。

第六十二条 截留、挪用草原改良、人工种草和草种生产资金或者草原植被恢复费，构成犯罪的，依法追究刑事责任；尚不够刑事处罚的，依法给予行政处分。

第六十三条 无权批准征收、征用、使用草原的单位或者个人非法批准征收、征用、使用草原的，超越批准权限非法批准征收、征用、使用草原的，或者违反法律规定的程序批准征收、征用、使用草原，构成犯罪的，依法追究刑事责任；尚不够刑事处罚的，依法给予行政处分。非法批准征收、征用、使用草原的文件无效。非法批准征收、征用、使用的草原应当收回，当事人拒不归还的，以非法使用草原论处。

非法批准征收、征用、使用草原，给当事人造成损失的，依法承担赔偿责任。

第六十四条 买卖或者以其他形式非法转让草原，构成犯罪的，依法追究刑事责任；尚不够刑事处罚的，由县级以上人民政府草原行政主管部门依据职权责令限期改正，没收违法所得，并处违法所得一倍以上五倍以下的罚款。

第六十五条 未经批准或者采取欺骗手段骗取批准，非法使用草原，构成犯罪的，依法追究刑事责任；尚不够刑事处罚的，由县级以上人民政府草原行政主管部门依据职权责令退还非法使用的草原，对违反草原保护、建设、利用规划擅自将草原改为建设用地的，限期拆除在非法使用的草原上新建的建筑物和其他设施，恢复草原植被，并处草原被非法使用前三年平均产值六倍以上十二倍以下的罚款。

第六十六条 非法开垦草原，构成犯罪的，依法追究刑事责任；尚不够刑事处罚的，由县级以上人民政府草原行政主管部门依据职权责令停止违法行为，限期恢复植被，没收非法财物和违法所得，并处违法所得一倍以上五倍以下的罚款；没有违法所得的，并处五万元以下的罚款；给草原所有者或者使用者造成损失的，依法承担赔偿责任。

第六十七条 在荒漠、半荒漠和严重退化、沙化、盐碱化、石漠化、水土流失的草原，以及生态脆弱区的草原上采挖植物或者从事破坏草原植被的其他活动的，由县级以上地方人民政府草原行政主管部门依据职权责令停止违法行为，没收非法财物和违法所得，可以并处违法所得一倍以上五倍以下的罚款；没有违法所得的，可以并处五万元以下的罚款；给草原所有者或者使用者造成损失的，依法承担赔偿责任。

第六十八条 未经批准或者未按照规定的时间、区域和采挖方式在草原上进行采土、采砂、采石等活动的，由县级人民政府草原行政主管部门责令停止违法行为，限期恢复植被，没收非法财物和违法所得，可以并处违法所得一倍以上二倍以下的罚款；没有违法所得的，可以并处二万元以下的罚款；给草原所有者或者使用者造成损失的，依法承担赔偿责任。

第六十九条 违反本法第五十二条规定，擅自在草原上开展经营性旅游活动，破坏草原植被的，由县级以上地方人民政府草原行政主管部门依据职权责令停止违法行为，限期恢复植被，没收违法所得，可以并处违法所得一倍以上二倍以下的罚款；没有违法所得的，可以并处草原被破坏前三年平均产值六倍以上十二倍以下的罚款；给草原所有者或者使用者造成损失的，依法承担赔偿责任。

第七十条 非抢险救灾和牧民搬迁的机动车辆离开道路在草原上行驶，或者从事地质勘探、科学考察等活动，未事先向所在地县级人民政府草原行政主管部门报告或者未按照报告的行驶区域和行驶路线在草原上行驶，破坏草原植被的，由县级人民政府草原行政主管部门责令停止违法行为，限期恢复植被，可以并处草原被破坏前三年平均产值三倍以上九倍以下的罚款；给草原所有者或者使用者造成损失的，依法承担赔偿责任。

第七十一条 在临时占用的草原上修建永久性建筑物、构筑物的，由县级以上地方人民政府草原行政主管部门依据职权责令限期拆除；逾期不拆除的，依法强制拆除，所需费用由违法者承担。

临时占用草原，占用期届满，用地单位不予恢复草原植被的，由县级以上地方人民政府草原行政主管部门依据职权责令限期恢复；逾期不恢复的，由县级以上地方人民政府草原行政主管部门代为恢复，所需费用由违法者承担。

第七十二条 未经批准，擅自改变草原保护、建设、利用规划的，由县级以上人民政府责令限期改正；对直接负责的主管人员和其他直接责任人员，依法给予行政处分。

第七十三条 对违反本法有关草畜平衡制度的规定，牲畜饲养量超过县级以上地方人民政府草原行政主管部门核定的草原载畜量标准的纠正或者处罚措施，由省、自治区、直辖市人民代表大会或者其常务委员会规定。

第九章 附 则

第七十四条 本法第二条第二款中所称的天然草原包括草地、草山和草坡，人工草地包括改良草地和退耕还草地，不包括城镇草地。

第七十五条 本法自2003年3月1日起施行。

草原防火条例

（1993 年 10 月 5 日国务院令第 130 号公布　2008 年 11 月 29 日国务院令第 542 号修订）

第一章　总　则

第一条　为了加强草原防火工作，积极预防和扑救草原火灾，保护草原，保障人民生命和财产安全，根据《中华人民共和国草原法》，制定本条例。

第二条　本条例适用于中华人民共和国境内草原火灾的预防和扑救。但是，林区和城市市区的除外。

第三条　草原防火工作实行预防为主、防消结合的方针。

第四条　县级以上人民政府应当加强草原防火工作的组织领导，将草原防火所需经费纳入本级财政预算，保障草原火灾预防和扑救工作的开展。

草原防火工作实行地方各级人民政府行政首长负责制和部门、单位领导负责制。

第五条　国务院草原行政主管部门主管全国草原防火工作。

县级以上地方人民政府确定的草原防火主管部门主管本行政区域内的草原防火工作。

县级以上人民政府其他有关部门在各自的职责范围内做好草原防火工作。

第六条　草原的经营使用单位和个人，在其经营使用范围内承担草原防火责任。

第七条　草原防火工作涉及两个以上行政区域或者涉及森林防火、城市消防的，有关地方人民政府及有关部门应当建立联防制度，确定联防区域，制定联防措施，加强信息沟通和监督检查。

第八条　各级人民政府或者有关部门应当加强草原防火宣传教育活动，提高公民的草原防火意识。

第九条　国家鼓励和支持草原火灾预防和扑救的科学技术研究，推广先进的草原火灾预防和扑救技术。

第十条　对在草原火灾预防和扑救工作中有突出贡献或者成绩显著的单位、个人，按照国家有关规定给予表彰和奖励。

第二章　草原火灾的预防

第十一条　国务院草原行政主管部门根据草原火灾发生的危险程度和影响范围等，将全国草原划分为极高、高、中、低四个等级的草原火险区。

第十二条　国务院草原行政主管部门根据草原火险区划和草原防火工作的实际需要，编制全国草原防火规划，报国务院或者国务院授权的部门批准后组织实施。

县级以上地方人民政府草原防火主管部门根据全国草原防火规划，结合本地实际，编制本行政区域的草原防火规划，报本级人民政府批准后组织实施。

第十三条　草原防火规划应当主要包括下列内容：

（一）草原防火规划制定的依据；
（二）草原防火组织体系建设；
（三）草原防火基础设施和装备建设；
（四）草原防火物资储备；
（五）保障措施。

第十四条 县级以上人民政府应当组织有关部门和单位，按照草原防火规划，加强草原火情瞭望和监测设施、防火隔离带、防火道路、防火物资储备库（站）等基础设施建设，配备草原防火交通工具、灭火器械、观察和通信器材等装备，储存必要的防火物资，建立和完善草原防火指挥信息系统。

第十五条 国务院草原行政主管部门负责制定全国草原火灾应急预案，报国务院批准后组织实施。

县级以上地方人民政府草原防火主管部门负责制定本行政区域的草原火灾应急预案，报本级人民政府批准后组织实施。

第十六条 草原火灾应急预案应当主要包括下列内容：

（一）草原火灾应急组织机构及其职责；
（二）草原火灾预警与预防机制；
（三）草原火灾报告程序；
（四）不同等级草原火灾的应急处置措施；
（五）扑救草原火灾所需物资、资金和队伍的应急保障；
（六）人员财产撤离、医疗救治、疾病控制等应急方案。

草原火灾根据受害草原面积、伤亡人数、受灾牲畜数量以及对城乡居民点、重要设施、名胜古迹、自然保护区的威胁程度等，分为特别重大、重大、较大、一般四个等级。具体划分标准由国务院草原行政主管部门制定。

第十七条 县级以上地方人民政府应当根据草原火灾发生规律，确定本行政区域的草原防火期，并向社会公布。

第十八条 在草原防火期内，因生产活动需要在草原上野外用火的，应当经县级人民政府草原防火主管部门批准。用火单位或者个人应当采取防火措施，防止失火。

在草原防火期内，因生活需要在草原上用火的，应当选择安全地点，采取防火措施，用火后彻底熄灭余火。

除本条第一款、第二款规定的情形外，在草原防火期内，禁止在草原上野外用火。

第十九条 在草原防火期内，禁止在草原上使用枪械狩猎。

在草原防火期内，在草原上进行爆破、勘察和施工等活动的，应当经县级以上地方人民政府草原防火主管部门批准，并采取防火措施，防止失火。

在草原防火期内，部队在草原上进行实弹演习、处置突发性事件和执行其他任务，应当采取必要的防火措施。

第二十条 在草原防火期内，在草原上作业或者行驶的机动车辆，应当安装防火装置，严防漏火、喷火和闸瓦脱落引起火灾。在草原上行驶的公共交通工具上的司机和乘务人员，应当对旅客进行草原防火宣传。司机、乘务人员和旅客不得丢弃火种。

在草原防火期内，对草原上从事野外作业的机械设备，应当采取防火措施；作业人员应当遵守防火安全操作规程，防止失火。

第二十一条 在草原防火期内，经本级人民政府批准，草原防火主管部门应当对进入草原、存在火灾隐患的车辆以及可能引发草原火灾的野外作业活动进行草原防火安全检查。发现存在火灾隐患的，应当告知有关责任人员采取措施消除火灾隐患；拒不采取措施消除火灾隐患的，禁止进入草原或者在草原上从事野外作业活动。

第二十二条 在草原防火期内，出现高温、干旱、大风等高火险天气时，县级以上地方人民政府应当将极高草原火险区、高草原火险区以及一旦发生草原火灾可能造成人身重大伤亡或者财产重大损失的区域划为草原防火管制区，规定管制期限，及时向社会公布，并报上一级人民政府备案。

在草原防火管制区内，禁止一切野外用火。对可能引起草原火灾的非野外用火，县级以上地方人民政府或者草原防火主管部门应当按照管制要求，严格管理。

进入草原防火管制区的车辆，应当取得县级以上地方人民政府草原防火主管部门颁发的草原防火通行证，并服从防火管制。

第二十三条 草原上的农（牧）场、工矿企业和其他生产经营单位，以及驻军单位、自然保护区管理单位和农村集体经济组织等，应当在县级以上地方人民政府的领导和草原防火主管部门的指导下，落实草原防火责任制，加强火源管理，消除火灾隐患，做好本单位的草原防火工作。

铁路、公路、电力和电信线路以及石油天然气管道等的经营单位，应当在其草原防火责任区内，落实防火措施，防止发生草原火灾。

承包经营草原的个人对其承包经营的草原，应当加强火源管理，消除火灾隐患，履行草原防火义务。

第二十四条 省、自治区、直辖市人民政府可以根据本地的实际情况划定重点草原防火区，报国务院草原行政主管部门备案。

重点草原防火区的县级以上地方人民政府和自然保护区管理单位，应当根据需要建立专业扑火队；有关乡（镇）、村应当建立群众扑火队。扑火队应当进行专业培训，并接受县级以上地方人民政府的指挥、调动。

第二十五条 县级以上人民政府草原防火主管部门和气象主管机构，应当联合建立草原火险预报预警制度。气象主管机构应当根据草原防火的实际需要，做好草原火险气象等级预报和发布工作；新闻媒体应当及时播报草原火险气象等级预报。

第三章　草原火灾的扑救

第二十六条 从事草原火情监测以及在草原上从事生产经营活动的单位和个人，发现草原火情的，应当采取必要措施，并及时向当地人民政府或者草原防火主管部门报告。其他发现草原火情的单位和个人，也应当及时向当地人民政府或者草原防火主管部门报告。

当地人民政府或者草原防火主管部门接到报告后，应当立即组织人员赶赴现场，核实火情，采取控制和扑救措施，防止草原火灾扩大。

第二十七条 当地人民政府或者草原防火主管部门应当及时将草原火灾发生时间、地点、估测过火面积、火情发展趋势等情况报上级人民政府及其草原防火主管部门；境外草原火灾威胁到我国草原安全的，还应当报告境外草原火灾距我国边境距离、沿边境蔓延长度以及对我国草原的威胁程度等情况。

禁止瞒报、谎报或者授意他人瞒报、谎报草原火灾。

第二十八条 县级以上地方人民政府应当根据草原火灾发生情况确定火灾等级，并及时启动草原火灾应急预案。特别重大、重大草原火灾以及境外草原火灾威胁到我国草原安全的，国务院草原行政主管部门应当及时启动草原火灾应急预案。

第二十九条 草原火灾应急预案启动后，有关地方人民政府应当按照草原火灾应急预案的要求，立即组织、指挥草原火灾的扑救工作。

扑救草原火灾应当首先保障人民群众的生命安全，有关地方人民政府应当及时动员受到草原火灾威胁的居民以及其他人员转移到安全地带，并予以妥善安置；情况紧急时，可以强行组织避灾疏散。

第三十条 县级以上人民政府有关部门应当按照草原火灾应急预案的分工，做好相应的草原火灾应急工作。

气象主管机构应当做好气象监测和预报工作，及时向当地人民政府提供气象信息，并根据天气条件适时实施人工增雨。

民政部门应当及时设置避难场所和救济物资供应点，开展受灾群众救助工作。

卫生主管部门应当做好医疗救护、卫生防疫工作。

铁路、交通、航空等部门应当优先运送救灾物资、设备、药物、食品。

通信主管部门应当组织提供应急通信保障。

公安部门应当及时查处草原火灾案件，做好社会治安维护工作。

第三十一条 扑救草原火灾应当组织和动员专业扑火队和受过专业培训的群众扑火队；接到扑救命令的单位和个人，必须迅速赶赴指定地点，投入扑救工作。

扑救草原火灾，不得动员残疾人、孕妇、未成年人和老年人参加。

需要中国人民解放军和中国人民武装警察部队参加草原火灾扑救的，依照《军队参加抢险救灾条例》的有关规定执行。

第三十二条 根据扑救草原火灾的需要，有关地方人民政府可以紧急征用物资、交通工具和相关的设施、设备；必要时，可以采取清除障碍物、建设隔离带、应急取水、局部交通管制等应急管理措施。

因救灾需要，紧急征用单位和个人的物资、交通工具、设施、设备或者占用其房屋、土地的，事后应当及时返还，并依照有关法律规定给予补偿。

第三十三条 发生特别重大、重大草原火灾的，国务院草原行政主管部门应当立即派员赶赴火灾现场，组织、协调、督导火灾扑救，并做好跨省、自治区、直辖市草原防火物资的调用工作。

发生威胁林区安全的草原火灾的，有关草原防火主管部门应当及时通知有关林业主管部门。

境外草原火灾威胁到我国草原安全的，国务院草原行政主管部门应当立即派员赶赴有关现场，组织、协调、督导火灾预防，并及时将有关情况通知外交部。

第三十四条 国家实行草原火灾信息统一发布制度。特别重大、重大草原火灾以及威胁到我国草原安全的境外草原火灾信息，由国务院草原行政主管部门发布；其他草原火灾信息，由省、自治区、直辖市人民政府草原防火主管部门发布。

第三十五条 重点草原防火区的县级以上地方人民政府可以根据草原火灾应急预案的规定，成立草原防火指挥部，行使本章规定的本级人民政府在草原火灾扑救中的职责。

第四章　灾后处置

第三十六条 草原火灾扑灭后，有关地方人民政府草原防火主管部门或者其指定的单位应当对火灾现场进行全面检查，清除余火，并留有足够的人员看守火场。经草原防火主管部门检查验收合格，看守人员方可撤出。

第三十七条 草原火灾扑灭后，有关地方人民政府应当组织有关部门及时做好灾民安置和救助工作，保障灾民的基本生活条件，做好卫生防疫工作，防止传染病的发生和传播。

第三十八条 草原火灾扑灭后，有关地方人民政府应当组织有关部门及时制定草原恢复计划，组织实施补播草籽和人工种草等技术措施，恢复草场植被，并做好畜禽检疫工作，防止动物疫病的发生。

第三十九条 草原火灾扑灭后，有关地方人民政府草原防火主管部门应当及时会同公安等有关部门，对火灾发生时间、地点、原因以及肇事人等进行调查并提出处理意见。

草原防火主管部门应当对受灾草原面积、受灾畜禽种类和数量、受灾珍稀野生动植物种类和数量、人员伤亡以及物资消耗和其他经济损失等情况进行统计，对草原火灾给城乡居民生活、工农业生产、生态环境造成的影响进行评估，并按照国务院草原行政主管部门的规定上报。

第四十条 有关地方人民政府草原防火主管部门应当严格按照草原火灾统计报表的要求，进行草原火灾统计，向上一级人民政府草原防火主管部门报告，并抄送同级公安部门、统计机构。草原火灾统计报表由国务院草原行政主管部门会同国务院公安部门制定，报国家统计部门备案。

第四十一条 对因参加草原火灾扑救受伤、致残或者死亡的人员，按照国家有关规定给予医疗、抚恤。

第五章　法律责任

第四十二条 违反本条例规定，县级以上人民政府草原防火主管部门或者其他有关部门及其工作人员，有下列行为之一的，由其上级行政机关或者监察机关责令改正；情节严重的，对直接负责的主管人员和其他直接责任人员依法给予处分；构成犯罪的，依法追究刑事责任：

（一）未按照规定制定草原火灾应急预案的；

（二）对不符合草原防火要求的野外用火或者爆破、勘察和施工等活动予以批准的；

（三）对不符合条件的车辆发放草原防火通行证的；

（四）瞒报、谎报或者授意他人瞒报、谎报草原火灾的；

（五）未及时采取草原火灾扑救措施的；

（六）不依法履行职责的其他行为。

第四十三条 截留、挪用草原防火资金或者侵占、挪用草原防火物资的，依照有关财政违法行为处罚处分的法律、法规进行处理；构成犯罪的，依法追究刑事责任。

第四十四条 违反本条例规定，有下列行为之一的，由县级以上地方人民政府草原防火主管部门责令停止违法行为，采取防火措施，并限期补办有关手续，对有关责任人员处2000元以上5000元以下罚款，对有关责任单位处5000元以上2万元以下罚款：

（一）未经批准在草原上野外用火或者进行爆破、勘察和施工等活动的；

（二）未取得草原防火通行证进入草原防火管制区的。

第四十五条 违反本条例规定，有下列行为之一的，由县级以上地方人民政府草原防火主管部门责令停止违法行为，采取防火措施，消除火灾隐患，并对有关责任人员处200元以上2000元以下罚款，对有关责任单位处2000元以上2万元以下罚款；拒不采取防火措施、消除火灾隐患的，由县级以上地方人民政府草原防火主管部门代为采取防火措施、消除火灾隐患，所需费用由违法单位或者个人承担：

（一）在草原防火期内，经批准的野外用火未采取防火措施的；

（二）在草原上作业和行驶的机动车辆未安装防火装置或者存在火灾隐患的；

（三）在草原上行驶的公共交通工具上的司机、乘务人员或者旅客丢弃火种的；

（四）在草原上从事野外作业的机械设备作业人员不遵守防火安全操作规程或者对野外作业的机械设备未采取防火措施的；

（五）在草原防火管制区内未按照规定用火的。

第四十六条 违反本条例规定，草原上的生产经营等单位未建立或者未落实草原防火责任制的，由县级以上地方人民政府草原防火主管部门责令改正，对有关责任单位处5000元以上2万元以下罚款。

第四十七条 违反本条例规定，故意或者过失引发草原火灾，构成犯罪的，依法追究刑事责任。

第六章 附 则

第四十八条 草原消防车辆应当按照规定喷涂标志图案，安装警报器、标志灯具。

第四十九条 本条例自2009年1月1日起施行。

国务院关于加强草原保护与建设的若干意见

（2002年9月16日 国发〔2002〕19号）

为尽快改善草原生态环境，促进草原生态良性循环，维护国家生态安全，实现经济社会和生态环境的协调发展，现就加强草原保护与建设提出以下意见：

一、充分认识加强草原保护与建设的重要性和紧迫性

（一）草原在国民经济和生态环境中具有重要的地位和作用。我国草原面积大，主要分布在祖国边疆。草原是少数民族的主要聚居区，是牧民赖以生存的基本生产资料，是西、北部干旱地区维护生态平衡的主要植被，草原畜牧业是牧区经济的支柱产业。加强草原保护与建设，对于促进少数民族地区团结，保持边疆安定和社会稳定，维护生态安全，加快牧区经济发展，提高广大牧民生活水平，都具有重大意义。

（二）加强草原保护与建设刻不容缓。目前，我国90%的可利用天然草原不同程度地退化，每年还以200万公顷的速度递增，草原过牧的趋势没有根本改变，乱采滥挖等破坏草原的现象时有发生，荒漠化面积不断增加。草原生态环境持续恶化，不仅制约着草原畜牧业发展，影响农牧民收入增加，而且直接威胁到国家生态安全，草原保护与建设亟待加强。要按照统筹规划、分类指导、突出重点、保护优先、加强建设、可持续利用的总体要求，采取有效措施遏制草原退化趋势，提高草原生产能力，促进草原可持续利用。经过一个阶段的努力，实现草原生态良性循环，促进经济社会和生态环境的协调发展。

二、建立和完善草原保护制度

（一）建立基本草地保护制度。建立基本草地保护制度，把人工草地、改良草地、重要放牧场、割草地及草地自然保护区等具有特殊生态作用的草地，划定为基本草地，实行严格的保护制度。任何单位和个人不得擅自征用、占用基本草地或改变其用途。县级以上地方人民政府要切实履行职责，做好本行政区域内基本草地的划定、保护和监督管理工作。实施基本草地保护制度的办法，由国务院有关部门抓紧制定。

（二）实行草畜平衡制度。根据区域内草原在一定时期提供的饲草饲料量，确定牲畜饲养量，实行草畜平衡。农业部要尽快制定草原载畜量标准和草畜平衡管理办法，加强对草畜平衡工作的指导和监督检查。省级畜牧业行政主管部门负责本行政区域内草畜平衡的组织落实和技术指导工作。县级畜牧业行政主管部门负责本行政区域内草畜平衡的具体管理工作，定期核定草原载畜量。地方各级人民政府要加强宣传，增强农牧民的生态保护意识，鼓励农牧民积极发展饲草饲料生产，改良牲畜品种，控制草原牲畜放养数量，逐步解决草原超载过牧问题，实现草畜动态平衡。

（三）推行划区轮牧、休牧和禁牧制度。为合理有效利用草原，在牧区推行草原划区轮牧；为保护牧草正常生长和繁殖，在春季牧草返青期和秋季牧草结实期实行季节性休牧；为恢复草原植被，在生态脆弱区和草原退化严重的地区实行围封禁牧。各地要积极引导，有计划、分步骤地组织实施划区轮牧、休牧和禁牧工作。地方各级畜牧业行政主管部门要从实际出发，因地制宜，制定切实可行的划区轮牧、休牧和禁牧方案。

三、稳定和提高草原生产能力

（一）加强以围栏和牧区水利为重点的草原基础设施建设。突出抓好草原围栏、牧区水利、牲畜棚圈、饲草饲料储备等基础设施建设，合理开发和利用水资源，加强饲草饲料基地、人工草地、改良草地建设，增强牧草供给能力。

（二）加快退化草原治理。县级以上各级地方人民政府应按照因地制宜、标本兼治的原则，采取生物、工程和农艺等措施加快退化草原治理。国家鼓励单位和个人治理退化草原。当前要突出抓好西部地区退化草原的治理，逐步恢复草原生态功能和生产能力。

（三）提高防灾减灾能力。坚持“预防为主、防治结合”的方针，做好草原防灾减灾工作。地方各级人民政府要认真贯彻落实《中华人民共和国草原防火条例》，加强草原火灾的预防和扑救工作，改善防扑火手段；要组织划定草原防火责任区，确定草原防火责任单位，建立草原防火责任制度；重点草原防火区的草原防火工作，实行有关地方人民政府行政领导负责制和部门、单位领导负责制。要加大草原鼠虫害防治力度，加强鼠虫害预测预报，制定鼠虫害防治预案，采取生物、物理、化学等综合防治措施，减轻草原鼠虫危害。要突出运用生物防治技术，防止草原环境污染，维护生态平衡。

四、实施已垦草原退耕还草

（一）明确退耕还草范围和重点区域。对有利于改善生态环境的、水土流失严重的、有沙化趋势的已垦草原，实行退耕还草。近期要把退耕还草重点放在江河源区、风沙源区、农牧交错带和对生态有重大影响的地区。要坚持生态效益优先，兼顾农牧民生产生活及地方经济发展，加快推进退耕还草工作。

（二）完善和落实退耕还草的各项政策措施。国家向退耕还草的农牧民提供粮食、现金、草种费补助。根据国家退耕还林还草有关政策措施，国务院西部地区开发领导小组办公室要会同农业部、国家计委、财政部、粮食局等有关部门制定已垦草原退耕还草的具体实施意见。各有关省、自治区、直辖市要组织项目县编制已垦草原退耕还草工程实施方案，做好乡镇作业设计，把工程任务落实到田头地块，落实到农户。地方各级畜牧业行政主管部门要加强草种基地建设，保证优良草种供应；搞好技术指导和服务，提高退耕还草工程质量。退耕还草任务完成后，由县级以上畜牧业行政主管部门核实登记，依法履行土地用途变更手续，由县级以上人民政府发放草原使用权证。

五、转变草原畜牧业经营方式

（一）积极推行舍饲圈养方式。在草原禁牧、休牧、轮牧区，要逐步改变依赖天然草原放牧的生产方式，大力推行舍饲圈养方式，积极建设高产人工草地和饲草饲料基地，增加饲草饲料产量。国家对实行舍饲圈养给予粮食和资金补助，具体补助标准和办法由农业部会同财政部等有关部门另行制定。

（二）调整优化区域布局。按照因地制宜，发挥比较优势的原则，调整和优化草原畜牧业区域布局，逐步形成牧区繁育，农区和半农半牧区育肥的生产格局。牧区要突出对草原的保护，科学合理地控制载畜数量，加强天然草原和牲畜品种改良，提高牲畜的出栏率和商品率。半农半牧区要大力发展人工种草，实行草田轮作，推广秸秆养畜过腹还田技术。

六、推进草原保护与建设科技进步

（一）加强草原科学技术研究和开发。加强草原退化机理、生态演替规律等基础理论研究，加强草原生态系统恢复与重建的宏观调控技术、优质抗逆牧草品种选育等关键技术的研究和开发。对草种生产、天然草原植被恢复、人工草地建设、草产品加工、鼠虫害生物防治等草原保护与建设具有重大影响的关键技术，各级畜牧业行政主管部门和科技部门要集中力量进行科技攻关。各地要重视生物技术、遥感及现代信息技术等在草原保护与建设中的应用。

（二）加快引进草原新技术和牧草新品种。科研单位要转变观念，加强技术引进与交流。当前要重点引进抗旱、耐寒牧草新品种，加强草种繁育、草原生态保护、草种和草产品加工等先进技术的引进工作。

（三）加大草原适用技术推广力度。加强草原技术推广队伍建设，改善服务手段，增强服务能力。加快退化草原植被恢复、高产优质人工草地建设、生物治虫灭鼠等适用技术的推广。抓紧建立一批草原生态保护建设科技示范场，促进草原科研成果尽快转化。各地有关部门要加强对农牧民的技术培训。

七、增加草原保护与建设投入

（一）科学制定规划，严格组织实施。县级以上地方人民政府依据上一级草原保护与建设规划，结合本地实际情况，编制本行政区域内的草原生态保护与建设规划。经同级人民政府批准后，严格组织实施。草原生态保护建设规划应当与土地利用总体规划、已垦草原退耕还草规划、防沙治沙规划相衔接，与牧区水利规划、水土保持规划、林业长远发展规划相协调。

（二）广辟资金来源，增加草原投入。

地方各级人民政府要将草原保护与建设纳入当地国民经济和社会发展计划。中央和地方财政要加大对草原保护与建设的投入，国有商业银行应增加牧草产业化等方面的信贷投入。同时，积极引导社会资金，扩大利用外资规模，拓宽筹资渠道，增加草原保护与建设投入。

（三）突出建设重点，提高投资效益。国家保护与建设草原的投入，主要用于天然草原恢复与建设、退化草原治理、生态脆弱区退牧封育、已垦草原退耕还草等工程建设。要强化工程质量管理，提高资金使用效益。当前，国务院有关部门要总结天然草原恢复与建设经验，协同配合，重点推进天然草原的恢复与建设。

八、强化草原监督管理和监测预警工作

（一）依法加强草原监督管理工作。各地要认真贯彻落实《中华人民共和国草原法》，依法加强草原监督管理工作。草原监督管理部门要切实履行职责，做好草原法律法规宣传和草原执法工作。当前要重点查处乱开滥垦、乱采滥挖等人为破坏草原的案件，禁止采集和销售发菜，严格对甘草、麻黄草等野生植物的采集管理。

（二）加强草原监督管理队伍建设。草原监督管理部门是各级人民政府依法保护草原的主要力量。要健全草原监督管理机构，完善草原监督管理手段。草原监督管理部门要加强自身队伍建设，提高人员素质和执法水平。

（三）认真做好草原生态监测预警工作。草原生态监测是草原保护的基础。地方各级农牧业行政主管部门要抓紧建立和完善草原生态监测预警体系，重点做好草原面积、生产能力、生态环境状况、草原生物灾害，以及草原保护与建设效益等方面的监测工作。

九、加强对草原保护与建设工作的领导

地方各级人民政府要把草原保护与建设工作纳入重要议事日程，重点牧区省级人民政府要对草原保护与建设工作负总责，并实行市（地）、县（市）政府目标责任制。同时，要按照长期、到户的原则，进一步推行草原家庭承包制，落实草原生产经营、保护与建设的责任，调动农牧民保护和建设草原的积极性。各有关部门要密切配合，做好草原保护与建设的各项配套工作。地方各级畜牧业行政主管部门要做好具体组织工作，保证草原保护与建设工作顺利开展。

关于促进林草产业高质量发展的指导意见

（2019年2月14日　林改发〔2019〕14号）

森林和草原是重要的可再生资源。合理利用林草资源，是遵循自然规律、实现森林和草原生态系统良性循环与自然资产保值增值的内在要求，是推动产业兴旺、促进农牧民增收致富的有效途径，是深化供给侧结构性改革、满足社会对优质林草产品需求的重要举措，是激发社会力量参与林业和草原生态建设内生动力的必然要求。为合理利用林草资源，高质量发展林草产业，实现生态美百姓富有机统一，现提出如下意见。

一、指导思想

全面贯彻落实党的十九大和十九届二中、三中全会精神，以习近平新时代中国特色社会主义思想为指导，践行“绿水青山就是金山银山”理念，深化供给侧结构性改革，大力培育和合理利用林草资源，充分发挥森林和草原生态系统多种功能，促进资源可持续经营和产业高质量发展，有效增加优质林草产品供给，为实现精准脱贫、推动乡村振兴、建设生态文明和美丽中国作出更大贡献。

二、基本原则

（一）坚持生态优先，绿色发展。正确处理林草资源保护、培育与利用的关系，建立生态产业化、产业生态化的林草生态产业体系，筑牢发展新根基。

（二）坚持因地制宜，突出特色。根据林草资源禀赋，培育主导产业、特色产业和新兴产业，培植林草产品和服务品牌，形成资源支撑、产业带动、品牌拉动的发展新格局。

（三）坚持创新驱动，集约高效。加快产品创新、组织创新和科技创新，推动规模扩张向质量提升、要素驱动向创新驱动、分散布局向集聚发展转变，培育发展新动能。

（四）坚持市场主导，政府引导。充分发挥市场配置资源的决定性作用，积极培育市场主体，营造良好市场环境。加强政府引导和监督管理，完善服务体系，健全发展新机制。

三、发展目标

到2025年，林草资源合理利用体制机制基本形成，林草资源支撑能力显著增强，优质林草产品产量显著增加，林产品贸易进一步扩大，力争全国林业总产值在现有基础上提高50%以上，主要经济林产品产量达2.5亿吨，林产品进出口贸易额达2400亿美元；产业结构不断优化，新产业新业态大量涌现，森林和草原服务业加速发展，森林的非木质利用全面加强和优化，林业旅游、康养与休闲产业接待规模达50亿人次，一二三产业比例调整到25∶48∶27；资源开发利用监督管理进一步加强，资源利用效率和生产技术水平进一步提升，产业质量效益显著改善；有效增进国家生态安全、木材安全、粮油安全和能源安全，有力助推乡村振兴、脱贫攻坚和经济社会发展，服务国家战略能力全面增强。

到2035年，林草资源配置水平明显提高，林草产业规模进一步扩大，优质林草产品供给更加充足，产业结构更加优化，产品质量和服务水平全面提升，资源利用监管更加有效，服务国家战略能力持续增强，我国迈入林草产业强国行列。

四、重点工作

（一）增强木材供给能力。突出可持续经营和定向集约培育，加大人工用材林培育力度。以国家储备林为重点，加快大径级、珍贵树种用材林培育步伐。推进用材林中幼林抚育和低质低效林改造。支持林业重点龙头企业或有经营能力的其他社会投资主体参与原料林基地建设。加强竹藤资源培育，发展优质高产竹藤原料基地，增加用材供给。

（二）推动经济林和花卉产业提质增效。坚持规模适度、突出品质、注重特色，建设木本油料、特色果品、木本粮食、木本调料、木本饲料、森林药材等经济林基地和花卉基地，创建一批示范基地，培育特色优势产业集群。加强优良品种选育推广，健全标准体系，推行标准化生产，调整品种结构，培育主导产品。发展精深加工，搞好产销衔接，增强带动能力。

（三）巩固提升林下经济产业发展水平。完善林下经济规划布局和资源保护利用政策。支持小农户和规模经营主体发展林下经济。提升林下经济质量管理和品牌建设能力，完善技术和产品标准，出台林下药用植物种植等技术规程，规范林下经济发展。培育一批规模适度、特色鲜明、效益显著、环境友好、带动力强的林下经济示范基地。

（四）规范有序发展特种养殖。发挥林区生态环境和物种资源优势，以非重点保护动物为主攻方向，培育一批特种养殖基地和养殖大户，提升繁育能力，扩大种群规模，增加市场供给。鼓励社会资本参与种源繁育、扩繁和规模化养殖，发展野生动物驯养观赏和皮毛肉蛋药加工。完善野生动物繁育利用制度，加强行业管理和服务，推动保护、繁育与利用规范有序协调发展。

（五）促进产品加工业升级。优化原料基地和林草产品加工业布局，促进上下游衔接配套。支持农户和农民合作社改善林草产品储藏、保鲜、烘干、分级、包装条件，提升初加工水平。加大生物、工程、环保、信息等技术集成应用力度，加强节能环保和清洁生产，促进加工网络化、智能化、精细化。支持营养功能成分提取技术研究和开发，培育发展森林食品。开发林业生物质能源、生物质材料和生物质产品，挖掘林产工业潜力。鼓励龙头企业牵头组建集种养加服于一体、产学研用相结合的各类林草产业联盟。

（六）大力发展森林生态旅游。制定森林生态旅游与自然资源保护良性互动的政策机制。推动标准化建设，建立统一的信息统计与发布机制。积极培育森林生态旅游新业态新产品。开展服务质量等级评定。加强试点示范基地建设，打造国家森林步道、特色森林生态旅游线路、新兴森林生态旅游地品牌。加强森林生态旅游宣传推介。引导各地围绕森林生态旅游开展森林城镇、森林人家、森林村庄建设。

（七）积极发展森林康养。编制实施森林康养产业发展规划，以满足多层次市场需求为导向，科学利用森林生态环境、景观资源、食品药材和文化资源，大力兴办保健养生、康复疗养、健康养老等森林康养服务。建设森林浴场、森林氧吧、森林康复中心、森林疗养场馆、康养步道、导引系统等服务设施。加强林药材种植培育、森林食品和药材保健疗养功能研发。推动实施森林康养基地质量评定标准，创建国家森林康养基地。

（八）培育壮大草产业。继续实施退牧还草工程，启动草原生态修复工程，保护天然草原资源。加大人工种草投入力度，扩大草原改良建设规模，提高草原牧草供应能力。启动草业良种工程，加大优良草种繁育体系建设力度，逐步形成草品种集中生产区。加大牧草种植业投入，出台草产品加工业发展激励政策。重视发展草坪业，提高草坪应用水平。积极发展草原旅游，开展大美草原精品推介活动，打造草原旅游精品路线。

五、保障措施

（一）壮大经营主体。以林业专业大户、家庭林场、农民专业合作社、龙头企业和专业化服务组织为重点，加快新型林业经营体系建设。培育和壮大林业龙头企业，推动组建国家林业重点龙头企业联盟，加快推动产业园区建设，促进产业集群发展。引导发展以林草产品生产加工企业为龙头、专业合作组织为纽带、林农和种草农户为基础的“企业+合作组织+农户”的林草产业经营模式，打造现代林草业生产经营主体。积极营造林草行业企业家健康成长环境。

（二）完善投入机制。推动林草产权制度和经营管理制度创新。实施好《建立市场化、多元化生态保护补偿机制行动计划》，创新森林和草原生态效益市场化补偿机制。优化林业贷款贴息、科技推广项目等投入机制，重点支持珍贵树种、木本油料、木本饲料、特种经济树种栽培、优质苗木、森林（草原）生态旅游、森林康养等领域。运用政府和社会资本合作（PPP）等模式，引导社会资本进入林草产业。落实国家已确定的用地政策，激励各类经营主体投资林草产业基础设施和服务设施建设。

（三）拓展金融服务。积极争取扩大林权抵押贷款规模，争取金融机构开发林业全周期信贷产品，推广林权按揭贷款，推动林草业经营收益权质押贷款和生态补偿收益权质押贷款。积极协调金融机构拓宽支持林业产业的金融产品，鼓励各地建立林权收储担保服务制度，支持林业规模经营主体创办（领办）林权收储机构，支持其以自有林权抵押折资作为保证资金。鼓励金融机构开展林产品抵押、质押融资。争取保险机构扩大保险覆盖范围。完善林草资源资产评估制度和标准。

（四）加强市场建设。推广“互联网+”模式，建设林草产品电子商务体系，搭建电子商务平台，加强大数据应用，促进线上线下融合发展。大力推行订单生产，鼓励龙头企业与农民、专业合作组织建立长期稳定购销关系。积极推广木竹结构建筑和绿色建材，服务新型城镇化建设需要。深入实施森林生态标志产品建设工程，完善统一规范的产品标准、认定和标识制度。加强区域特色品牌、区域公用品牌、国内知名品牌和国际优良品牌建设。强化企业社会责任管理，健全评价体系和命名制度。实施林草碳汇市场化建设工程，完善碳汇计量监测体系，加快发展碳汇交易。

（五）强化科技支撑。加强用材林、经济林、林下经济、竹藤、花卉、特种养殖、牧草良种培育等关键技术研究，推广先进适用技术。集成创新木质非木质资源高效利用技术和草原资源高效利用技术。推动林区网络和信息基础设施基本全覆盖，加快促进智慧林业发展。推进国家级林草业先进装备生产基地建设，提升先进装备研发和制造能力。开展林业和草原科技特派员科技创业行动，鼓励企业与科研院所合作，培养科技领军人才、青年科技人才和高水平创新团队。

（六）深化“放管服”改革。精简和优化林草业行政许可事项，提升行政审批效率。推进行政许可随机抽查全覆盖，加强事中事后监管。深化林木采伐审批改革，逐步实现依据森林经营方案确定采伐限额，改进林木采伐管理服务。建设林业基础数据库、资源监管体系、林权管理系统和林区综合公共服务平台。强化乡镇林业工作站公共服务职能，全面推行“一站式、全程代理”服务。发挥好行业组织在促进林草产业发展方面的作用。

（七）维护质量安全。健全林草产品标准体系和质量管理体系，完善林草产品质量评价制度和追溯制度。加快推进标准化生产，大力推进产地标识管理、产地条形码制度。培育创建一批林草产品质量提升示范区。建立林草产业市场准入目录、市场负面清单及信用激励和约束机制。建立主要林草产品质量安全抽检机制，及时发布检测结果，引导企业落实产品质量及安全生产责任。

（八）扩大国际合作。实施林草产品引

进来和走出去战略。鼓励和引导企业建立海外森林资源培育基地和林业投资合作示范园区。深化木材加工、林业机械制造等优势产能国际合作，推进林业调查规划、勘察设计等服务和技术输出。依托国内口岸，建立进口木材储备加工交易基地。健全林业贸易摩擦应对和境外投资预警协调机制。

关于进一步加强草原禁牧休牧工作的通知

（2020 年 4 月 2 日　林草发〔2020〕40 号）

草原是我国面积最大的生态系统和自然资源，是生态文明建设的主阵地，对维护国家生态安全、促进草原地区经济社会发展具有重要作用。禁牧休牧制度是草原生态保护的一项基本制度。近年来，各地认真落实草原禁牧休牧制度，取得了明显成效。但一些地方禁牧休牧制度落实不到位，禁而不止、休而不息、监管弱化虚化等问题比较突出。为进一步加强草原禁牧休牧工作，加快草原生态恢复，巩固草原保护成果，现将有关事项通知如下：

一、提高认识，高度重视草原禁牧休牧工作

禁牧是指对草原实行一年以上禁止放牧利用的保护措施；休牧是指在一年内的特定时段禁止放牧的措施，一般在春季牧草返青期和秋季牧草结实期实行休牧。禁牧休牧是加强草原保护修复的重要途径，是促进退化草原休养生息、加快恢复草原植被的主要措施，是山水林田湖草系统治理的必然要求。各地要以习近平生态文明思想为指导，坚持保护优先、自然恢复为主的方针，从维护国家生态安全、建设生态文明的高度，充分认识加强草原禁牧休牧工作的重要意义，切实把禁牧休牧工作放在更加突出的位置，列入重要议事日程，积极推进禁牧休牧工作。

二、建章立制，积极完善草原禁牧休牧制度

《草原法》规定，对严重退化、沙化、盐碱化、石漠化的草原和生态脆弱区的草原，实行禁牧、休牧制度。各地要加强禁牧休牧制度建设，明确划分禁牧休牧区域的原则、实施禁牧休牧的措施以及加强禁牧休牧监管的办法。对违反禁牧休牧规定行为进行处罚尚无法规依据的地方，要积极协调当地立法部门，加快推进相关法规规章的制定工作，完善相关法规依据，为建立完善和落实禁牧休牧制度提供法律保障。

三、因地制宜，科学组织实施禁牧休牧

草原禁牧休牧是一项必须长期坚持的工作。各地要因地制宜、科学划定禁牧区和休牧区，对严重退化、沙化、盐碱化、石漠化的草原和生态脆弱区的草原，自然保护地和生态红线内禁止生产经营活动的草原要依法实行禁牧封育。禁牧区以外的草原应根据草原保护要求和生产利用方式开展季节性休牧，并结合当地气象条件、牧草物候期科学确定季节性休牧的具体区域和期限，并及时向社会公布。休牧期草原管理要同禁牧期管理执行同等的标准。要编绘县乡两级禁牧休牧草原分布图，明确禁牧休牧草原的四至界线、面积。草原面积较大的县级以上林业和草原主管部门要积极促请当地人民政府，及时发布禁牧休牧令。禁牧休牧草原要设立明显的禁牧区和休牧区标志，明确范围、时间、措施、责任人等事项，便于农牧民知晓，便于社会监督。要做好动员和宣传，并协调相关部门组织农牧民做好饲草料储备工作。

四、强化保障，不断提高禁牧休牧成效

禁牧休牧期间，各地要在机构、人员、车辆和经费等方面给予大力保障。要积极推进草原确权承包，依法赋予农牧民长期稳定的草原承包经营权，为禁牧休牧工作奠定基础。要健全监测体系，为禁牧休牧区域、期限设定提供科学的决策依据，及时掌握禁牧休牧成效，对禁牧休牧工作作出评价。禁牧休牧涉及农牧民的生产生活，要做好草原生态保护补助奖励政策的有效衔接，加强协调，联合相关部门，争取加大饲草料基地、舍饲棚圈等基础设施建设力度，强化技术服务，为顺利开展禁牧休牧工作创造有利条件。要充分调动广大农牧民开展禁牧休牧的自觉性、主动性，引导完善村规民约，将禁牧休牧等草原管理作为牧区村规民约的重要内容，鼓励村民开展自我监督、自我管理。要充分利用各种媒体，采取农牧民喜闻乐见的宣传方式，积极向农牧民和社会各界宣传禁牧休牧政策，引导农牧民自觉配合开展好草原禁牧休牧，营造良好的社会氛围。

五、落实责任，切实加强监督管理

各地要把落实草原禁牧休牧作为林草执法监督的重要内容，整合林草系统执法监督力量，加大执法力度，加强执法巡查，落实执法监督责任；没有设置专业执法机构的地方，要协调相关综合执法机构，争取支持，加强配合，形成执法合力。要加大信息化建设力度，运用智能监控、无人机、大数据等科技手段，加强对草原的监管，弥补专业执法力量的不足。要加强草原管护员队伍建设，落实管护经费，建立与禁牧休牧落实成效密切挂钩的考评奖励机制，调动管护员的工作积极性，充分发挥管护员的监督作用。要向社会公布禁牧休牧举报电话，发挥社会监督作用。要层层压实责任，将禁牧休牧责任落实到乡、村、牧户。对违反禁牧休牧制度者进行警告和教育，及时制止偷牧、滥牧行为，情节严重的要依法予以查处。

当前，草原已进入春季返青期，各地要克服新冠肺炎疫情的影响，扎实做好全年禁牧休牧工作。各专员办要加大监督力度，开展督查检查。

草原征占用审核审批管理规范

（2020 年 6 月 19 日　林草规〔2020〕2 号）

第一条　为了加强草原征占用的监督管理，规范草原征占用的审核审批，保护草原资源和生态环境，维护农牧民的合法权益，根据《中华人民共和国草原法》的规定，制定本规范。

第二条　本规范适用于下列情形：

（一）矿藏开采和工程建设等需要征收、征用或者使用草原的审核；

（二）临时占用草原的审批；

（三）在草原上修建为草原保护和畜牧业生产服务的工程设施使用草原的审批。

第三条 县级以上林业和草原主管部门负责草原征占用的审核审批工作。

第四条 草原是重要的战略资源。国家保护草原资源，实行基本草原保护制度，严格控制草原转为其他用地。

第五条 矿藏开采、工程建设和修建工程设施应当不占或者少占草原。严格执行生态保护红线管理有关规定，原则上不得占用生态保护红线内的草原。

除国务院批准同意的建设项目，国务院有关部门、省级人民政府及其有关部门批准同意的基础设施、公共事业、民生建设项目和国防、外交建设项目外，不得占用基本草原。

第六条 矿藏开采和工程建设确需征收、征用或者使用草原的，依照下列规定的权限办理：

（一）征收、征用或者使用草原超过七十公顷的，由国家林业和草原局审核；

（二）征收、征用或者使用草原七十公顷及其以下的，由省级林业和草原主管部门审核。

第七条 工程建设、勘查、旅游等确需临时占用草原的，由县级以上地方林业和草原主管部门依据所在省、自治区、直辖市确定的权限分级审批。

临时占用草原的期限不得超过二年，并不得在临时占用的草原上修建永久性建筑物、构筑物；占用期满，使用草原的单位或者个人应当恢复草原植被并及时退还。

第八条 在草原上修建直接为草原保护和畜牧业生产服务的工程设施确需使用草原的，依照下列规定的权限办理：

（一）使用草原超过七十公顷的，由省级林业和草原主管部门审批；

（二）使用草原七十公顷及其以下的，由县级以上地方林业和草原主管部门依据所在省、自治区、直辖市确定的审批权限审批。修建其他工程，需要将草原转为非畜牧业生产用地的，应当依照本规范第六条的规定办理。

第一款所称直接为草原保护和畜牧业生产服务的工程设施，是指：

1. 生产、贮存草种和饲草饲料的设施；

2. 牲畜圈舍、配种点、剪毛点、药浴池、人畜饮水设施；

3. 科研、试验、示范基地；

4. 草原防火和灌溉设施等。

第九条 草原征占用应当符合下列条件：

（一）符合国家的产业政策，国家明令禁止的项目不得征占用草原。

（二）符合所在地县级草原保护建设利用规划，有明确的使用面积或者临时占用期限。

（三）对所在地生态环境、畜牧业生产和农牧民生活不会产生重大不利影响。

（四）征占用草原应当征得草原所有者或者使用者的同意；征占用已承包经营草原的，还应当与草原承包经营者达成补偿协议。

（五）临时占用草原的，应当具有恢复草原植被的方案。

（六）申请材料齐全、真实。

（七）法律、法规规定的其他条件。

第十条 草原征占用单位或者个人应当向具有审核审批权限的林业和草原主管部门

提出草原征占用申请。

第十一条 征收、征用或者使用草原的单位或者个人，应当填写《草原征占用申请表》。

第十二条 林业和草原主管部门应当自受理申请之日起二十个工作日内完成审核或者审批工作。二十个工作日内不能完成的，经本部门负责人批准，可延长十个工作日，并告知申请人延长的理由。

第十三条 省级以上林业和草原主管部门可以根据需要组织开展现场查验工作。当地县级以上林业和草原主管部门应当将现场查验报告及时报送负责审核的林业和草原主管部门。

现场查验报告应当包括以下内容：拟征收、征用或者使用草原项目基本情况；拟征收、征用或者使用草原的权属、面积、类型、等级和相关草原所有权者、使用权者和承包经营权者数量和补偿情况；是否涉及生态保护红线、各类自然保护地内草原和未批先建等情况。

第十四条 矿藏开采和工程建设等确需征收、征用或者使用草原的单位或者个人应当一次申请。建设项目批准文件未明确分期或者分段建设的，严禁化整为零。

建设项目批准文件中明确分期或者分段建设的项目，可以根据分期或者分段实施安排，按照规定权限分次申请办理征收、征用或者使用草原审核手续。

采矿项目总体占地范围确定，采取滚动方式开发的，可以根据开发计划分阶段按照规定权限申请办理征收、征用或者使用草原审核手续。

国务院或者国务院有关部门批准的公路、铁路、油气管线、水利水电等建设项目中的桥梁、隧道、围堰、导流（渠）洞、进场道路和输电设施等控制性单体工程和配套工程，根据有关开展前期工作的批文，可以向省级林业和草原主管部门申请控制性单体工程和配套工程先行使用草原。整体项目申请时，应当附具单体工程和配套工程先行征收、征用或者使用草原的批文及其申请材料，按照规定权限一次申请办理征收、征用或者使用草原审核手续。

第十五条 组织开展矿藏开采和工程建设等征收、征用或者使用草原现场查验，人员应当不少于三人，其中应当包括两名以上具有中级以上职称的相关专业技术人员。被申请征收、征用或者使用草原的摄像或者照片资料和地上建筑、基础设施建设的视频资料，可以作为《征占用草原现场查验表》的附件。

第十六条 矿藏开采和工程建设等确需征收、征用或者使用草原的申请，经审核同意的，林业和草原主管部门应当按照《中华人民共和国草原法》的规定，向申请人收取草原植被恢复费，经审核不同意的，向申请人发放不予行政许可决定书，告知不予许可的理由。

申请人在获得准予行政许可决定书后，依法向自然资源主管部门申请办理建设用地审批手续。建设用地申请未获批准的，林业和草原主管部门退还申请人缴纳的草原植被恢复费。

第十七条 临时占用草原或者修建直接为草原保护和畜牧业生产服务的工程设施需要使用草原的申请，经审批同意的，林业和草原主管部门作出准予行政许可的书面决定。经审批不同意的，作出不予行政许可的书面决定。

第十八条 申请单位或者个人应当按照批准的面积征占用草原，不得擅自扩大面积。因建设项目设计变更确需扩大征占用草原面积的，应当依照规定权限办理征占用审核审批手续。减少征占用草原面积或者变更征占用位置的，向原审核审批机关申请办理变更手续。

第十九条 违反本规范规定，有下列情形之一的，依照《中华人民共和国草原法》的有关规定查处，构成犯罪的，依法追究刑事责任：

（一）无权批准征收、征用或者使用草原的单位或者个人非法批准征收、征用或者使用草原的；

（二）超越批准权限非法批准征收、征用或者使用草原的；

（三）违反规定程序批准征收、征用或者使用草原的；

（四）未经批准或者采取欺骗手段骗取批准，非法使用草原的；

（五）在临时占用的草原上修建永久性建筑物、构筑物的；

（六）临时占用草原，占用期届满，用地单位不予恢复草原植被的；

（七）其他违反法律法规规定征占用草原的。

第二十条 县级以上林业和草原主管部门应当建立征占用草原审核审批管理档案。

第二十一条 省、自治区、直辖市林业和草原主管部门应当在每年的第一季度将上年度本省、自治区、直辖市征占用草原的情况汇总报告国家林业和草原局。

第二十二条 《草原征占用申请表》《征占用草原现场查验表》式样由国家林业和草原局规定。

第二十三条 本规范自2020年7月31日起施行。

推进草原保护制度建设工作方案

（2016年6月22日　农牧发〔2016〕11号）

为贯彻落实中央决策部署，推进草原保护制度建设，加快构建草原保护建设利用长效机制，制定本方案。

一、重要意义

草原是我国面积最大的陆地生态系统，是主要江河的发源地和水源涵养区，生态地位十分重要。草原畜牧业是牧民收入的主要来源，是牧区脱贫致富奔小康的支柱产业，产业地位十分独特。《中共中央　国务院关于加快推进生态文明建设的意见》和《生态文明体制改革总体方案》明确提出，要建立草原保护制度，稳定和完善草原承包经营制度，实行基本草原保护制度，健全草原生态保护补奖机制，实施禁牧休牧、划区轮牧和草畜平衡等制度。“十三五”期间，推进草原保护制度建设，加快构建草原保护建设利用长效机制，是中央统筹我国经济社会发展全局作出的重大决策，是深入贯彻“创新、协调、绿色、开放、共享”理念、促进城乡区域协调发展的具体体现，是转变农牧业发展方式、打赢扶贫攻坚战的有力支撑。各地要从加快建设生态文明、全面建成小康社会、维护民族团结和边疆稳定的战略高度出发，深刻认识推进草原保护制度建设的重要性和紧迫性，精心组织，周密部署，扎实工作，确保各项制度措施落到实处。

二、总体思路

通过推进草原保护制度建设，全面落实基本草原保护、草原禁牧休牧轮牧和草畜平衡等制度，促进草原生态环境稳步恢复；加快推动草原畜牧业发展方式转变，提升特色畜产品生产供给水平，促进草原地区经济可持续发展；不断拓宽农牧民增收渠道，稳步提高农牧民收入水平，初步建立草原保护建设利用的长效机制，为加快建设生态文明、全面建成小康社会、维护民族团结和边疆稳定作出积极贡献。

三、基本原则

（一）深化改革，完善机制。从统筹草原生态、牧业生产和农牧民生活多维度着手，建立健全草原保护、建设、利用与管护等方面的政策法律法规制度，不折不扣落实草原改革任务要求，构建草原保护建设利用长效机制。

（二）保护生态，绿色发展。遵循“保护生态环境就是保护生产力、改善生态环境就是发展生产力”的理念，坚持“生产生态有机结合、生态优先”的方针，着力保护和恢复草原生态环境，夯实草原地区经济社会可持续发展基础。

（三）因地制宜，分类指导。充分考虑各地自然、经济和社会发展规律，统筹规划，合理布局，针对草原地区发展不平衡的现状，分别采取有针对性的政策措施，加强对贫困地区和薄弱环节的指导支持。

（四）强化监管，依法推进。加强法律监督和行政监察，对各类草原违法违规行为实行“零容忍”，完善草原监测评估和草原监理绩效考核机制，依法严厉查处各类破坏草原资源和违反草原保护制度的行为，巩固草原生态保护建设成果。

四、主要目标

——草原生态环境逐步好转。到2020年，全国草原综合植被盖度达到56%，重点天然草原牲畜基本实现草畜平衡，全国草原生态恶化势头得到有效遏制。

——草原畜牧业发展方式进一步转变。草原畜牧业规模化率、牲畜出栏率和防灾减灾能力明显提高，产业发展水平不断提升，农牧民生产性收入稳步增长。

——草原保护建设利用法律法规制度全面建立。草原法律法规不断完善，草原承包、基本草原保护、草原禁牧休牧轮牧和草畜平衡等制度深入落实，草原保护建设利用长效机制初步形成。

五、重点任务

（一）抓好草原改革任务研究落实。开展草原生态文明体制改革研究，探索建立健全草原产权、生态补偿、用途管制、资源资产负债表、绩效评价考核和责任追究等草原保护重大制度。稳定和完善草原承包经营制度，实现承包地块、面积、合同、证书“四到户”，规范承包经营权流转，推进承包确权登记试点。加快落实基本草原保护制度，依法划定和严格保护基本草原，确保基本草原面积不减少、质量不下降、用途不改变。全面落实禁牧休牧轮牧和草畜平衡制度，切实减轻天然草原承载压力，实现草原休养生息和永续利用。

（二）启动实施新一轮草原补奖政策。研究完善草原补奖政策内容，提高禁牧补助和草畜平衡奖励标准，调整半牧区省份政策实施方式，扩大政策实施范围。召开启动实施新一轮草原补奖政策视频会，制定印发新一轮草原补奖政策实施指导意见（2016—2020 年）。各有关省区要强化组织领导，做好政策宣传解读工作，让广大农牧民群众充分知晓新一轮政策内容，合理确定禁牧补助、草畜平衡奖励具体发放标准以及封顶、保底标准，避免因补贴额度过高垒大户或因补贴过低影响农牧民生活，保证政策平稳过渡和全面落实。

（三）保护和恢复草原生态环境。编制实施“十三五”草原保护建设利用规划。扩大退牧还草工程实施范围，完善工程建设内容。实施新一轮退耕还林还草工程，扩大退耕还草规模。继续实施京津风沙源治理和石漠化综合治理工程，推动启动草原自然保护区建设和草原防灾减灾工程，加大草原有害生物和黑土滩治理力度，扩大农牧交错带已垦草原治理试点。坚持工程措施与自然修复相结合、重点突破与面上治理相结合，实施草原休养生息，着力保护和恢复草原生态环境，不断提高草原生态产品生产能力。

（四）推进依法治草。组织修订《草原法》，推进《基本草原保护条例》立法进程。严格草原征占用审核审批，严控草原非牧使用，加强草原植被恢复费征收使用管理。按照机构设置合理、队伍结构优化、设施设备齐全和执法监督有力的要求，进一步加强草原监督管理工作。在地方机构编制总量内，健全草原监理机构和基层草管员队伍，保障工作经费，改善工作条件，提升工作能力。依法查处和通报非法征占用、乱开滥垦、乱采滥挖及其他破坏草原的案件，及时纠正违反禁牧和草畜平衡制度的行为，保护和巩固草原生态建设成果。

（五）大力发展现代草原畜牧业。继续开展粮改饲和草牧业试验试点，促进种植结构调整和草畜配套，推进现代饲草料产业体系建设。实施南方现代草地畜牧业推进行动和振兴奶业苜蓿发展行动，扶持草产品和畜产品生产加工营销，统筹一、二、三产业发展。推动启动牧区草原畜牧业转型示范工程，加强牲畜棚圈、储草棚库、青贮窖池等基础设施建设，夯实产业发展基础。组织专家和技术人员深入草原地区特别是贫困地区开展生产指导服务，引导养殖户实行良种良法配套，提高生产效率，增加养殖收益。在保护草原生态环境的前提下，加快现代草原畜牧业发展，促进农牧民增收和产业精准脱贫。

全国草原保护建设利用“十三五”规划

（2016 年 12 月 30 日　农牧发〔2016〕16 号）

草原是我国陆地面积最大的绿色生态系统，是最重要的自然资源之一，也是牧区牧民群众最基础的生产生活资料。加强草原保护建设利用，是推进生态文明建设、实现绿色发展、保障国家生态安全的重要任务，也是精准扶贫、改善民生和建设美丽中国的重要举措。为切实做好“十三五”时期草原保护建设利用工作，依据《中华人民共和国国民经济发展和社会发展第十三个五年规划纲要》《中共中央　国务院关于加快推进生态文明建设的意见》《生态文明体制改革总体方案》《草原法》和《全国草原保护建设利用总体规划》，编制本规划。

一、草原保护建设利用“十二五”成效显著

“十二五”时期，国家出台了草原生态保护补助奖励机制，完善了草原保护建设重大工程措施，推进建立了草原保护建设利用政策体系。可以说，这五年是我国草原生态保护建设力度最大的时期，是草原畜牧业转型发展最快的时期，也是牧民收入增加最多的时期，草原生态、牧业生产和牧民生活发生可喜变化。主要表现在以下六个方面。

一是草原各项制度加快落实。在草原生态保护补助奖励等政策的推动下，草原承包、基本草原保护、草畜平衡、禁牧休牧等各项制度落实步伐明显加快。“十二五”期末，全国累计承包草原43.7亿亩，占全国草原面积的72.8%，较2010年增加8.5亿亩；累计落实禁牧休牧轮牧面积24亿亩，较2010年增加7.7亿亩；落实草畜平衡面积25.6亿亩，划定基本草原35.4亿亩，均较“十一五”期末大幅增加。

二是草原生态加快恢复。2015年，全国重点天然草原牲畜超载率为13.5%，较2010年下降了16.5个百分点。全国草原综合植被盖度为54%，连续5年保持在50%以上。全国天然草原鲜草总产量10.28亿吨，连续5年超过10亿吨。草原生物多样性不断丰富，固碳储氮、涵养水源能力明显增强。

三是草原畜牧业加快发展。13个草原牧区省份按照“以草定畜、增草增畜，舍饲圈养、依靠科技，加快出栏、保障供给”的思路，大力发展现代草原畜牧业。2015年，奶牛存栏100头以上、肉牛出栏50头以上、肉羊出栏100只以上的规模养殖比重分别达42.8%、30.6%、43.0%，分别比2010年提高18.7个百分点、5.1个百分点和14.8个百分点。牛、羊肉、奶类和羊毛羊绒产量分别达407万吨、303万吨、2694万吨和44.4万吨，分别比2010年增加7.6%、10.6%、2.3%和10.2%。

四是牧民收入稳定增长。草原生态保护补助奖励政策充分考虑牧民生产生活协调发展问题，通过中央财政对牧民直接补贴和生产性扶持等措施，调动农牧民保护草原和发展生产的积极性，在保护生态的基础上，确保持续稳定增收。2015年，牧区半牧区县农牧民人均纯收入8078元，较2010年增长79.7%。其中，牧业收入从2010年人均2120.7元增加到2015年3685.5元。

五是草牧业发展稳步推进。2015年中央1号文件明确提出要“加快发展草牧业”。各方积极响应和落实中央部署，扎实推进草牧业发展各项工作，取得显著成效。2015年，优质苜蓿种植面积达300万亩，草产品加工企业达532家，秸秆饲用量达到2亿吨；以草原畜牧业为主营业务的农业产业化国家重点龙头企业64家，占畜牧业龙头企业总数的11%。

六是防灾减灾能力明显提升。通过安排草原防火物资储备库项目、草原鼠虫害防治项目和抗灾救灾资金等，不断加强防灾减灾基础设施建设，草原防灾减灾能力明显提升。草原火灾24小时扑灭率稳定在90%以上，草原火灾受害率与重特大草原火灾发生率控制在3‰与3%以内；生物防治比例逐年攀升，草原鼠害、虫害生物防治比例分别达到80%和50%；抵御草原雪灾和旱灾的能力显著增强。

二、草原保护建设利用面临的机遇和挑战

“十三五”时期，我国草原保护建设利用迎来难得的历史机遇。一是大力推进生态文明建设为草原生态保护带来新机遇。以习近平同志为核心的党中央高度重视生态文明建设，将建设生态文明提升到“关系人民福祉、关乎民族未来”的高度。草原作为陆地生态系统的主体，在推进生态文明、建设美丽中国过程中大有可为。二是人民对美好环境的期待为草原政策的稳定完善注入新动力。习近平同志始终强调，人民对美好生活的向往，就是我们的奋斗目标。对广大农牧民群众来说，“碧草蓝天”“腰包鼓鼓”就是大家期盼所在。草原生态生产功能兼备，对实现牧民过上美好生活的目标具有重要作用。三是深入推进农业结构调整为促进草牧业发展开辟新途径。推进农业供给侧结构性改革，加快转变农业发展方式，构建粮经饲统筹、农林牧渔结合、种养加一体、一二三产业融合发展格局，对草牧业发展提出了更高的要求。农牧结合、草田轮作，既可以改良土壤，充分发挥各类土地的生产潜能，又可以有效增加草食畜产品供给，已成为农业生产结构调整的重要内容和保障国家粮食安全的重要途径。

同时，必须清醒地认识到，“十三五”时期草原保护建设工作也将面临不少困难挑战。一是提升草原资源管理利用水平任务艰巨。我国是草原面积大国，但不是草原资源利用强国，在利用方式、承载力水平、管理方式等方面距国际先进水平存在较大差距。我国北方天然草原平均每50亩才能承载一个羊单位，改良后平均8亩承载一个羊单位，与一些发达国家的先进水平相比仍有较大差距。二是巩固草原生态环境建设成果任务艰巨。目前，全国草原生态总体恶化局面尚未根本扭转，中度和重度退化面积仍占1/3以上，草原生态仍很脆弱。随着工业化、城镇化的推进，草原资源和环境承受的压力将越来越大，巩固保护草原生态建设成果任务依然艰巨。三是推动草原畜牧业转型升级任务艰巨。长期以来，牧区牲畜暖棚、青贮窖池、储草棚库等畜牧业生产设施建设投入严重不足，产业转型缓慢，生产效率低下。草原畜牧业作为农牧民收入的主要来源，发展面临缺草料和低水平两只“拦路虎”。四是草原灾害防控任务艰巨。近年来，受全球气候变化异常影响，我国主要草原区高温、干旱、暴风雪等极端天气增多，病、虫、鼠害发生日趋频繁。严重威胁到草原生态安全，影响草原畜牧业生产和牧民增收，成为制约草原地区特别是牧区经济社会持续健康发展的瓶颈。五是南方草原确权任务艰巨。南方省区承包草原比例不足20%，甚至有个别省份尚未开展草原承包工作。部分南方省区对草原重要性认识不够，推进草原确权工作积极性不高。

三、加强草原保护建设利用的必要性

《中共中央关于制定国民经济和社会发展第十三个五年规划的建议》提出了全面建设小康社会新的目标要求和“创新、协调、绿色、开放、共享”的发展理念。加强草原保护建设利用，是实现“十三五”新目标和落实发展新理念的必然要求。

（一）加强草原保护建设利用是实现创新发展的生动实践

创新是发展的第一动力，是推进农业现代化的重要引领。加强草原保护建设利用，有助于实现从“生产功能为主”到“生产生态有机结合、生态优先”的理念创新，从散户为主的小农经济到合作社、现代家庭牧场等为主的经营方式创新，从草原畜牧业到草牧业的产业体系创新，是推动走粮经饲统筹、农林牧渔结合、种养加一体、一二三产业融合的农业现代化道路的重要实践。

（二）加强草原保护建设利用是实现协调发展的战略举措

草原多分布在边疆地区、少数民族地区和贫困地区。全国70%以上国家扶贫开发重点县、70%的贫困人口、70%以上少数民族人口分布在草原区，经济社会发展相对滞后。加强草原保护建设利用，发展特色优势产业，对于促进草原地区经济社会快速发展，巩固民族团结，维护边疆稳定，促进区域协调发展具有重要意义。

（三）加强草原保护建设利用是实现绿色发展的必然选择

绿色发展的理念要求为人民提供更多的优质生态产品，走生态良好的文明发展道路。我国草原面积约60亿亩，占国土面积的2/5，具有涵养水源、保持土壤、防风固沙、固碳储氮、净化空气以及维护生物多样性等重要生态功能，是我国重要的生态屏障和生态文明建设的主战场。加强草原保护建设利用，恢复草原植被，改善草原生态，有助于提供更多优质生态产品，为走生态良好的文明道路奠定坚实基础。

（四）加强草原保护建设利用是实现开放发展的重要依托

开放是国家繁荣发展的必由之路。推进“一带一路”建设是构建对外开放新格局的重要战略。新疆、青海、甘肃、宁夏等草原省区是“一带一路”的重要节点。加强草原保护建设利用，与沿线国家开展草原防灾减灾、草原资源保护利用等生态环境保护重大项目合作，是推进“一带一路”战略的重要内容。同时，实施对外开放战略也需要积极承担国际责任和义务。加强草原保护建设利用，治理退化草原，也是应对气候变化的重要举措。

（五）加强草原保护建设利用是实现共享发展的有效途径

共享发展的理念强调，要使全体人民在共建共享发展中有更多获得感，实现全体人民共同迈入小康社会。草原地区贫困人口比较集中，农牧民收入与全国平均水平有较大差距，是实现全面小康的重点和难点。草原畜牧业收入是农牧民收入的主要来源，加强草原保护建设利用，可以有效推动草原地区生产方式和牧民生活方式转变，促进草牧业发展，拓宽农牧民增收渠道，增加农牧民收入，实现共同富裕和人与自然和谐健康发展的目标。

四、指导思想、基本原则和目标任务

（一）指导思想

全面贯彻党的十八大和十八届三中、四中、五中、六中全会精神，以邓小平理论、“三个代表”重要思想、科学发展观为指导，深入贯彻习近平总书记系列重要讲话精神，牢固树立“创新、协调、绿色、开放、共享”的发展理念，落实加快农业供给侧结构性改革的部署，坚持“生产生态有机结合、生态优先”的基本方针，建立草原分区治理体系，健全草原生态文明制度体系，完善草原政策项目体系，加快改善草原生态，积极推进草牧业发展，培育牧区发展新动能，推动形成草原地区生态改善、生产发展、农牧民富裕的良好局面。

（二）基本原则

一是保护优先，加快恢复。建立草原生态文明制度体系，落实好草原保护建设利用政策项目，让透支的草原得到休养生息，提高草原生态环境质量，为社会持续提供更优质的生态产品。

二是科学规划，分区治理。根据不同地区草原的特点，将全国草原划分为四大区域，有针对性地明确各区域的主攻方向和建设任务，分区域推进草原保护建设工作。

三是因地制宜，综合施策。立足各地区草原类型、生态环境特征、草牧业发展现状等客观实际，通过综合采取自然恢复、工程恢复等有针对性的对策措施，确保草原保护建设取得实效。

四是突出重点，分步实施。草原保护建设利用涉及的草原面积大、地区广、内容复杂，工作量比较大，需要突出重点，有计划、分步骤实施，形成以点带面、有序推进的工作格局。

（三）目标任务

到2020年，全国草原退化趋势得到有效遏制，草原生态明显改善，草原生产力稳步提升，草原科学利用水平不断提高，草原畜牧业因灾损失明显降低，草原基础设施建设得到强化，农牧业和经济结构进一步优化，草牧业发展取得新成效，农牧民收入不断提高。

——草原生态功能显著增强。全国草原综合植被盖度达到56%，划定基本草原面积36亿亩，改良草原达到9亿亩。涵养水源和固碳储氮的能力明显提高。

——草原生产能力稳步提升。全国天然草原鲜草总产量达到10.5亿吨；人工种草保留面积达到4.5亿亩；牧草种子田面积稳定在145万亩，优质牧草良种繁育基地达到35个。

——草原科学利用水平不断强化。草原禁牧面积控制在12亿亩以内，休牧面积达到19.44亿亩，划区轮牧面积达到4.2亿亩。重点天然草原平均牲畜超载率不超过10%，基本实现草畜平衡。县、乡、村三级草原管护体系明显增强。

——草原灾害防控能力明显提高。极高和高火险市（县）草原防火物资储备库（防火站）建设覆盖率达到100%，草原火灾24小时扑灭率95%，易灾区能繁母畜标准化暖棚建设率60%；草原鼠虫害短期预报准确率达到90%以上，鼠害生物防治比例提高到85%，虫害生物防治比例达到60%。草原雪灾和旱灾防控能力得到提升。

——草原基础设施日益完善。全国累计草原围栏面积达到22.5亿亩，牧区新建牲畜棚圈、储草棚和青贮窖100万户，新建50个草原自然保护区，续建5个草原自然保护区。

专栏　草原保护建设利用“十三五”主要目标

类别	指标	2015年	2020年	年均增速〔累计〕
草原生态功能	全国草原综合植被盖度（%）	54	56	〔2〕
	基本草原面积（亿亩）	35.4	36	〔0.6〕
	改良草原面积（亿亩）	2.8	9	26.3%
草原生产能力	天然草原鲜草总产量（亿吨）	10.28	10.5	〔0.22〕
	人工种草保留面积（亿亩）	2.0	4.5	17.6%
	牧草种子田面积（万亩）	133	145	〔12〕
	优质牧草良种繁育基地	30	35	〔5〕

续表

类别	指标	2015 年	2020 年	年均增速〔累计〕
草原科学利用水平	草原禁牧面积（亿亩）	15.8	12	-
	草原休牧面积（亿亩）	7.0	19.44	22.7%
	草原划区轮牧面积（亿亩）	1.2	4.2	28.5%
	重点天然草原平均牲畜超载率（%）	13.5	≤10	-
草原灾害防控能力	极高和高火险市县防火物资库（防火站）覆盖率（%）	50	100	〔50〕
	草原火灾 24 小时扑灭率（%）	90	95	〔5〕
	草原火灾受害率（‰）	3	3	-
	重特大草原火灾发生率（%）	3	3	-
	易灾区能繁母畜标准化暖棚建设率（%）	50	60	〔10〕
	草原鼠虫害短期预报准确率（%）	80	90	〔10〕
	草原鼠害生物防治比例（%）	82	85	〔3〕
	草原虫害生物防治比例（%）	57	60	〔3〕
草原基础设施水平	草原围栏（亿亩）	15.3	22.5	8%
	牧区新建牲畜棚圈、储草棚和青贮窖（万户）	-	100	-
	草原自然保护区（新建）（个）	-	50	-
	草原自然保护区（续建）（个）	-	5	-

五、建立草原分区治理体系

根据我国草原的资源禀赋特点、草原畜牧业发展水平、存在的主要问题和保护建设利用需要，科学划分草原区域，实施分区治理。

（一）区域布局

将我国草原划分为北方干旱半干旱草原区、青藏高寒草原区、东北华北湿润半湿润草原区和南方草地区四大区域。

全国草原保护建设利用分区示意图（略）

（二）分区治理目标任务

依据不同区域的功能定位，确定主攻方向和目标任务，采取不同的治理措施，推进草原生态系统保护与修复，提升草原生态系统稳定性和生态服务功能，筑牢生态安全屏障，促进区域经济社会协调发展。

1. 北方干旱半干旱草原区

基本情况：该区位于我国西北、华北北部以及东北西部地区，涉及河北、山西、内蒙古、辽宁、吉林、黑龙江、陕西、甘肃、宁夏和新疆等 10 个省（区），是我国北方重要的生态屏障。共有草原面积 23.99 亿亩。该区气候干旱少雨，年降水量一般在 400 毫米以下，降水分布不均，部分地区低于 50 毫米。冷季寒冷漫长，暖季干燥炎热，水分蒸发量大，一般为降水量的几倍或几十倍。该区以荒漠化草原为主，生态系统十分脆弱。长期以来，由于重利用轻管护，超载过牧、滥采乱挖等问题较为严重，鼠虫害发生频繁，导致草原严重退化、沙化和盐碱化，水土流失和风沙危害日趋严重，是我国主要的沙尘源。该区也是我国主要的草原高火险区。

目标任务：重点治理退化草原，恢复草原植被，改善草原生态，提高草原生产能力，促进农牧民脱贫致富。实施退牧还草、京津风沙源治理、新一轮退耕还林还草、农牧交错带已垦草原治理、草业良种和草原防灾减灾等工程，全面落实草原生态保护补助奖励政策。到2020年，累计草原围栏面积达到13.35亿亩，人工种草保留面积达到1.95亿亩，改良草原面积达到4.58亿亩；禁牧面积6.8亿亩，休牧面积12.6亿亩，划区轮牧面积2.7亿亩；新建草原自然保护区20处；初步建立较为完善的草原灾害防控体系。

2. 青藏高寒草原区

基本情况：该区位于我国青藏高原，涉及西藏、青海全境及四川、甘肃和云南部分地区，是长江、黄河、雅鲁藏布江等大江大河的发源地，是我国水源涵养、水土保持的核心区，享有中华民族“水塔”之称，也是我国生物多样性最丰富的地区之一。共有草原面积20.86亿亩。该区草原主要分布在海拔3000米以上，空气稀薄，气候寒冷，无霜期短。该区域以高寒草原为主，生态系统极度脆弱，牧草生长期短，产草量低。由于超载过牧、乱采滥挖草原野生植物、无序开采矿产资源等因素影响，加之自然条件恶劣，鼠虫害和雪灾发生严重，致使草原植被盖度降低，草原退化，涵养水源功能减弱，大量泥沙流失，直接影响江河中下游的生态环境和经济社会可持续发展。

目标任务：修复草原生态系统，恢复草原植被，维护江河源头安全，保护生物多样性，改善农牧民生产生活条件。重点实施退牧还草、草原防灾减灾、草原自然保护区建设等工程，大力实施草原生态保护补助奖励政策，加大对“黑土滩”等退化草原的治理力度。到2020年，累计草原围栏面积达到9亿亩，人工种草保留面积达到0.45亿亩，草原改良面积达到2.7亿亩；禁牧面积4.6亿亩，休牧面积6.3亿亩，划区轮牧面积1.2亿亩；新建草原自然保护区15处；草原鼠虫害等灾害得到有效遏制。

3. 东北华北湿润半湿润草原区

基本情况：该区主要位于我国东北和华北地区，涉及北京、天津、河北、山西、辽宁、吉林、黑龙江、山东、河南和陕西等10省（市）。共有草原面积4.44亿亩。该区水热条件较好，年降水量一般在400毫米以上，是我国草原植被覆盖度较高、天然草原品质较好，产量较高的地区，也是草地畜牧业较为发达的地区，发展人工种草和草产品加工业潜力很大。该区草原主要分布在农牧交错带，开垦比较严重，水土流失加剧，沼泽草地面积大幅度减少，部分地区草原盐碱化、沙化。

目标任务：加强草原监督管理，遏制乱开滥垦、乱采滥挖等违法行为。大力推广人工种草，积极发展草产业，拓宽农牧民增收渠道。重点实施风沙源治理、农牧交错带已垦草原治理、新一轮退耕还林还草、草地开发利用等工程和草原生态保护补助奖励政策，完善草原灾害防控基础设施。到2020年，人工种草保留面积达到1.2亿亩，草原改良面积达到0.9亿亩，禁牧面积0.4亿亩，新建草原自然保护区7处，初步建立较为完善的草原灾害防控体系。

4. 南方草地区

基本情况：该区位于我国南部，涉及上

海、江苏、浙江、安徽、福建、江西、湖南、湖北、广东、广西、海南、重庆、四川、贵州和云南等15省（市、区）。共有草原面积9.63亿亩。该区气候温暖，水热资源丰富，年降水量一般在1000毫米以上，牧草生长期长，产草量高。该区草资源开发利用不足，垦草种地问题突出，部分地区草地石漠化严重，水土流失加剧。

目标任务：合理开发利用草地资源，积极发展草地农业和草食畜牧业。加快岩溶地区石漠化草地治理，恢复植被，减少水土流失。重点实施岩溶地区石漠草地综合治理、新一轮退耕还林还草和南方现代草地畜牧业推进行动等工程和草原生态保护补助奖励政策。到2020年，累计草原围栏面积0.15亿亩，人工种草保留面积达到0.9亿亩，草原改良面积达到0.82亿亩；禁牧面积0.2亿亩，休牧面积0.54亿亩，划区轮牧面积0.3亿亩；新建草原自然保护区8处。

六、健全草原生态文明制度体系

按照《推进草原保护制度建设工作方案》要求，认真落实，积极探索，不断完善，全面建立起权属明晰、保护有序、评价科学、利用合理、监管到位的草原生态文明制度体系，促进草原实现休养生息、永续发展。

（一）草原产权制度

——草原承包经营制度。坚持“稳定为主、长久不变”和“责权清晰、依法有序”的原则，依法赋予广大农牧民长期稳定的草原承包经营权，稳定完善现有草原承包关系，规范承包工作流程，完善草原承包合同，颁发草原权属证书，加强草原确权承包档案管理，健全草原承包纠纷调处机制，扎实稳妥推进承包确权登记试点，实现承包地块、面积、合同、证书“四到户”。

——全民所有草原资源分级行使所有权制度。结合全国主体功能区规划，按照生态功能重要程度对国有草原资源空间进行划分，草原重点生态功能区明确由中央政府行使所有权，其他草原区域明确由地方政府行使所有权，提出全民所有中央政府直接行使所有权、全民所有地方政府行使所有权的资产清单，并进行分级管理。

——全民所有草原资源资产有偿使用制度。依据产权、市场配置、地租、制度变迁和生态经济学等基础理论，认真分析国有草原使用管理现状与存在的问题，研究国有草原有偿使用、有偿流转的客观实现途径，建立健全国有草原有偿使用管理政策制度，并积极推动落实。

（二）草原保护制度

——草原生态空间用途管制制度。统筹协调草原生产、生活、生态空间，严守生态保护红线，明确草原用途管制的目标任务和基本要求。采取严格保护、区域准入、用途转用、审批管理和修复提升等手段，加强草原保护、减轻利用活动对草原的占用和扰动，恢复草原生态。

——基本草原保护制度。推动出台基本草原保护条例，依法划定和严格保护基本草原，实行基本草原用途管制、征占用总额控制等制度，加强监督检查，强化基本草原管理，确保基本草原面积不减少、质量不下降、用途不改变。

——草原生态补偿机制。完善财政支持与生态保护成效挂钩机制，有效调动全社会参与草原生态环境保护的积极性，加快草原生态文明建设步伐。

（三）草原监测预警制度

——草原动态监测预警制度。推动开展

草原资源调查，逐步完善草原生态文明目标监测评价体系，综合运用地面监测观测、3S技术等方法，结合草原地区气象信息，对草原基本情况、草原生态状况、草原关键生长期植被生长状况、草原自然灾害和生物灾害情况等进行动态监测预警，及时提供动态监测和预警信息服务。

——草原承载力监测预警机制。通过地面调查、数据统计、3S技术等方法，在完善和参照相关标准的基础上，科学测算全国或某一区域天然草原产草量、合理载畜量、实际载畜量和超载率等数据指标，分析草地资源的实际承载水平，为合理利用天然草原、因地制宜地制定草原保护政策提供支撑。

——草原生态价值评估制度。以“草原类型→健康状况→实物量→价值量”为技术路线，制定主要草原类型生态价值评估技术规程，建立完善草原生态价值评估制度，全面开展各草原类型健康状况年度监测，建立主要草原类型健康指数评价体系，估算草原固土、保水、固碳、供氧等生态产品与服务价值量，综合评估草原生态价值。

（四）草原科学利用制度

——禁牧休牧轮牧和草畜平衡制度。对严重退化、沙化、盐碱化、石漠化的草原，生态脆弱区的草原和重要水源涵养区的草原实行禁牧、休牧制度。继续实施草原生态保护补助奖励政策，对纳入政策范围的草原给予禁牧补助和草畜平衡奖励，实行禁牧、划区轮牧或轮刈等措施，防止过度利用，切实减轻天然草原承载压力，实现草原休养生息和永续利用。

——草原类国家公园体制。借鉴国内外国家公园建设管理经验，系统分析我国草原自然保护区建设管理体制机制存在的问题，推动建立草原类国家公园建设管理体系。探索草原类国家公园建设的指导思想、任务、目标、思路和原则。

（五）草原监管制度

——草原资源资产负债表。紧跟自然资源资产负债表编制试点进展，确定编制草原资源资产负债表方案，建立草原资源资产专业统计制度，依据不同类型草原水源涵养、水土保持、固碳储氮等生态作用和价值，真实反映草原生态“家底”变化情况。

——领导干部草原自然资源资产离任审计制度。建立领导干部草原资源资产离任审计指标体系，区别对待自然与人为因素影响，客观反映草原保护建设利用成效和工作业绩，提出离任审计建议。

——草原生态环境损害评估和赔偿制度。研究确定草原生态环境损害的评估主体、评估办法、赔偿范围、赔偿对象以及实施途径等，从制度层面破解当前草原生态环境损害赔偿制度不完善、破坏草原违法成本低的难题。

——草原生态保护建设成效评价制度。引入第三方评价机构，建立健全草原生态保护建设成效评价指标体系，完善评价方法，开展动态评价考核工作，全面评价草原政策项目目标实现情况。根据评价结果，进一步提高草原生态保护建设政策项目的管理水平，提升政策项目实施效果。

七、完善草原保护建设利用政策项目体系

从生态保护建设、开发利用和防灾减灾三个方面，实施一批草原保护建设利用重点政策项目，不断提升草原生态保护、科学利用和防灾减灾的能力和水平。

（一）草原生态保护建设政策项目

——草原生态保护补助奖励政策。继续

在内蒙古、四川、云南、西藏、甘肃、青海、宁夏、新疆和河北、山西、辽宁、吉林、黑龙江等13省（自治区）以及新疆生产建设兵团、黑龙江省农垦总局实施草原补奖政策。在内蒙古等8省区实施禁牧补助、草畜平衡奖励和绩效评价奖励；在河北等5省实施“一揽子”政策和绩效评价奖励，补奖资金可统筹用于国家牧区半牧区县草原生态保护建设。扩大实施范围，构建和强化京津冀一体化发展的生态安全屏障。通过实施草原补奖政策，促进草原生态环境稳步恢复、牧区经济可持续发展、农牧民增收，为加快建设生态文明、全面建成小康社会、维护民族团结和边疆稳定作出积极贡献。

——退牧还草工程。继续在内蒙古、辽宁、吉林、黑龙江、四川、云南、西藏、陕西、甘肃、青海、宁夏、新疆、贵州等13省区及新疆生产建设兵团实施退牧还草工程，将这些省区面积较大、退化严重的县区纳入治理范围。实施草原围栏、退化草原改良、人工饲草地建设、舍饲棚圈建设、黑土滩治理、毒害草治理等内容，推进禁牧休牧划区轮牧和草畜平衡措施，减轻天然草原放牧压力，加快恢复草原植被，推进草原畜牧业生产方式转变，促进草原生态和畜牧业协调发展。

——京津风沙源治理工程。继续在北京、河北、山西、内蒙古、陕西等5省（自治区、直辖市）实施京津风沙源治理工程。实施人工饲草基地、围栏封育、飞播牧草、草种基地、牲畜棚圈、青贮窖、贮草棚等建设内容，遏制沙化土地扩展趋势，明显改善草原生态环境、基本建成京津地区绿色生态屏障，进一步减轻京津地区风沙危害，促进草原资源得到合理利用，全面实现草畜平衡，推动草原畜牧业转型升级。

——岩溶地区石漠化综合治理工程。继续在湖北、湖南、广西、重庆、四川、云南、贵州等7省（自治区）实施岩溶地区石漠化综合治理工程。安排人工草地、草种基地、青贮窖等建设内容，着力恢复草原植被，全面提升草原自然生态服务功能，大力推进草食畜牧业发展，加快构建人与自然和谐发展的新局面。

——新一轮退耕还林还草工程。继续在25度以上陡坡耕地、重要水源地15—25度坡耕地以及严重沙化耕地实施退耕还林还草工程，提高草原植被盖度，恢复草原生态，进一步加快水土流失和土地沙化治理步伐。

——农牧交错带已垦草原治理工程。继续在河北、山西、内蒙古、甘肃、宁夏和新疆等6省（自治区）实施农牧交错带已垦草原治理工程，治理已垦草原1750万亩。建植多年生人工草地，引导配套建设饲草贮藏库、推广应用饲草播种加工贮运机械等措施，提高治理区植被覆盖率和饲草生产、储备、利用能力，保护和恢复草原生态，促进农业结构优化，实现当地“生态、生产、生活”三生共赢和可持续发展。

——草原自然保护区建设工程。推动新建50个草原自然保护区和续建5个草原自然保护区，重点保护一批草原生物多样性丰富区域、典型生态系统分布区域和我国特有的、珍稀濒危的、开发价值高的草原野生物种。优先建设纳入《全国草原保护建设利用总体规划》范围内的草原自然保护区，主要建设内容包括管护、办公和生活设施，购置交通、通讯、科研、监测、宣传与教育设备等。

（二）草原合理开发利用政策项目

——现代种业提升工程草种项目。继续

实施现代种业提升工程草种项目，通过建设种质资源中期库、种质资源圃，提升牧草种质资源保护利用能力；建设牧草育种创新基地，提升牧草育种创新能力；建设牧草区域性品种试验站，提升牧草品种审定科学化水平；建设牧草良种繁育基地，提升牧草良种生产和供应能力。

——南方现代草地畜牧业推进行动。继续实施南方草地畜牧业推进行动，开展天然草地改良、优质稳产人工饲草地建植、标准化集约化养殖基础设施建设、草畜产品加工设施设备建设和技术培训服务等，保护生态环境，合理开发利用南方草山草地资源，推动南方现代草地畜牧业发展，开辟南方肉牛肉羊产业带，促进农民增收。

——粮改饲项目。将粮改饲范围扩大到整个“镰刀弯”地区和黄淮海玉米主产区，坚持以养定种、因地制宜，合理确定粮改饲面积、品种，持续加强饲草料生产规模化、产业化，提升饲草质量水平，推动农业结构调整，实现“粮、经、饲（草）”三元结构协调发展。

——振兴奶业苜蓿发展行动。继续在苜蓿优势产区和奶牛主产区实施振兴奶业苜蓿发展行动，建设高产优质苜蓿示范基地，促进草畜配套，为奶牛提供优质苜蓿产品。

——草牧业发展试验试点工程。推动启动实施该工程，通过建设一批标准化规模化的草种和草产品生产基地，集中解决草牧业发展中优质饲草供应不足的瓶颈，夯实产业发展基础，推进牧区生产方式转型升级；打造一批效益好、技术精、示范带动能力强的现代草业生产经营主体，推动形成草原生态环境好、产业发展优势突出、农牧民收入水平高的现代草牧业生产经营新格局。

——草原畜牧业转型示范工程。推动启动该工程，通过建设家庭示范牧场、合作示范牧场、饲草示范基地、良种繁育体系、草原畜牧业综合服务，加快草原保护建设步伐，推进草原畜牧业转型发展。

——农区草地开发利用工程。推动在南方草地区的安徽、福建、江西、湖北、湖南、广西、四川、贵州、云南等9省（区），东北华北湿润半湿润草原区的河北、山西、辽宁、吉林、黑龙江、山东、河南、陕西等8省，以及位于北方干旱半干旱草原区的山西部分地区启动实施农区草地开发利用工程，开展天然草地改良、人工种草、草田轮作等建设，保护生态环境，提高草地生产力，促进草产品加工业和草牧业发展。

（三）草原防灾减灾与支撑保障政策项目

——草原防灾减灾工程。推动在全国重点草原灾害易发频发高发区启动实施草原防灾减灾工程，建设草原防灾减灾监控信息系统，建立健全国家—省—重点区域监测预警网络，实现对草原火灾、雪灾、生物灾害的监测、预警、灾情评估、应急指挥，增强草原灾害综合防控能力。采取有效措施，切实做好青藏高原区草原鼠害防控和鼠荒地综合治理工作。

——草原监理监测体系建设工程。推动启动该工程，草原执法基础设施建设以完善交通、通讯、办案取证以及宣传培训设施设备为主要内容，改善各级草原执法机构的执法装备条件，增强执法监督手段，提高草原违法案件查处率，有效保护草原资源和生态环境，维护农牧民合法权益。建设国家级草原固定监测点，填补相关监测区域和指标空白，全面提升草原监测数据采集能力。完善国家—省—地—县草原资源与生态监测网络，建立健全草原资源与生态监测与评价体系。组织开展草原承载力监测评价与草原禁牧、休牧、轮牧和草畜平衡执行效果考核评价。

——牧区水利工程。推动在内蒙古中部、新疆北部、青海三江源区及环青海湖、甘肃南部、四川北部等草原生态恶化的牧区，通过采取“大、中、小、微”并举，“蓄、引、提、节”结合的方式，合理开发利用水资源，优化配置和节约保护水资源，优先对现有工程进行续建配套节水改造，确保工程发挥最佳效益。

——金融扶持草牧业发展政策。推动建立完善草原保险、贷款和融资担保制度。设置并推广草牧业大型机具、设施、草种制种、畜牧业和草场遭受灾害损失等保险业务。探索推进“一次核定、随用随贷、余额控制、周转使用、动态调整”的牧户信贷新模式。推广以草牧业机械设备、运输工具、承包草原收益权为标的的新型抵押担保方式。积极创新保险产品、金融产品和贷款服务、抵（质）押担保方式和融资工具，进一步提升草牧业发展的金融支持力度和水平。

八、保障措施

（一）强化组织领导。各级政府要从实现全面建成小康社会目标的高度，按照“创新、协调、绿色、开放、共享”的发展理念，深刻认识本规划的重要意义，切实加强组织领导，建立健全规划实施的目标责任制，做到认识到位、责任到位、措施到位，加大工作力度，确保规划从蓝图变成现实。

（二）强化政策支持。各级政府要在政策创设、规划选址、项目报批、用地保障、资金安排等各方面给予充分支持，加快重点工程项目落地。出台饲草运输绿色通道等政策，降低草产品流通成本，促进草牧业健康发展。大力推进草牧业领域政府和社会资本合作（PPP）模式，提升草牧业投资整体效率与效益。运用好“互联网+”等手段，提高草牧业生产、经营、管理和服务水平。

（三）强化依法治草。贯彻落实全面推进依法治国有关加强立法、严格执法的新要求，落实《草原法》，完善相关规章制度，为草原保护建设利用工作提供更加有力的法制保障。加强对草原征用使用审核审批的监管，严格控制草原非牧使用。加强草原执法监督和管护员队伍建设，依法查处草原违法案件，巩固草原生态保护建设成果。

（四）强化科技支撑。坚持用先进科学技术指导草原保护建设，加强重大、关键技术的科技攻关，注重先进科研成果的转化和应用。提升牧草良种覆盖率和自育草种市场占有率，推广人工种草、草田轮作、草畜配套、草地改良、天然草原保护与可持续利用、草原灾害综合防控等实用技术和机械设备。

（五）强化宣传引导。大力宣传草原保护建设在推进生态文明建设方面的重要地位和作用，弘扬爱草、护草、种草的绿色发展理念，努力营造全社会关心支持草原保护建设的良好氛围。当前，要着力推进树立大农业发展观念，把草原保护建设与农业结构调整、畜牧业发展紧密结合起来，推动粮经饲统筹、农牧渔结合、种养加一体化发展。

关于同意收取草原植被恢复费有关问题的通知

（2010年4月27日　财政部、国家发展改革委　财综〔2010〕29号）

为保护和恢复草原植被，改善生态环境，根据《中华人民共和国草原法》的规定，现将草原植被恢复费有关问题通知如下：

一、进行矿藏勘查开采和工程建设征用或使用草原的单位和个人，应向相关省、自治区、直辖市（以下简称省级）草原行政主管部门或其委托的草原监理站（所）缴纳草原植被恢复费。

因工程建设、勘查、旅游等活动需要临时占用草原且未履行恢复义务的单位和个人，应向县级以上地方草原行政主管部门或其委托的草原监理站（所）缴纳草原植被恢复费。

在草原上修建直接为草原保护和畜牧业生产服务的工程设施，以及农牧民按规定标准建设住宅使用草原的，不缴纳草原植被恢复费。

二、草原植被恢复费收费标准由国家发展改革委、财政部另行制定。

三、勘查、开采矿藏和工程建设需征用或使用草原的，用地单位和个人应按规定权限向省级以上草原行政主管部门提出申请，经审核同意的，向省级草原行政主管部门或其委托的草原监理站（所）缴纳草原植被恢复费。用地单位和个人在办理建设用地审批手续时未获批准的，省级草原行政主管部门或其委托的草原监理站（所）应当将收取的草原植被恢复费全部退还用地单位和个人。

四、县级以上地方草原行政主管部门或其委托的草原监理站（所）收取草原植被恢复费，使用省级财政部门统一印制的财政票据。

五、县级以上地方草原行政主管部门或其委托的草原监理站（所）收取的草原植被恢复费，全额缴入地方国库，具体缴库办法按照省级财政部门的规定执行。草原植被恢复费收入列“政府收支分类科目”第103类“非税收入”02款“专项收入”13项“草原植被恢复费收入”。

六、征用或使用草原未获得建设用地批准，省级草原行政主管部门或其委托的草原监理站（所）需将收取的草原植被恢复费退还用地单位和个人时，应由省级草原行政主管部门或其委托的草原监理站（所）按实际发生的退还金额，附有关证明材料，向省级财政部门申请办理草原植被恢复费退库手续。

七、草原植被恢复费纳入财政预算管理，专项用于草原行政主管部门组织的草原植被恢复、保护和管理。使用范围包括：草原调查规划、人工草原建设、草原植被恢复、退化沙化草原改良和治理、草原生态监测、草原病虫害防治、草原防火和管护等开支。任何单位和个人不得截留或挪作他用。

八、省级财政部门商同级草原行政主管

部门根据省以下各级草原行政主管部门承担的恢复草原植被职责，确定草原植被恢复费在省以下各级之间的资金使用比例，并报财政部备案。

九、县级以上地方草原行政主管部门应按规定编制草原植被恢复费收支预算，报同级财政部门审核。财政部门根据县级以上地方草原行政主管部门开展草原植被恢复、保护和管理工作需要，核定草原植被恢复费支出预算。草原植被恢复费支出列“政府收支分类科目”第213类“农林水事务”01款“农业”53项“草原植被恢复费支出”。草原植被恢复费的支付按照财政国库管理制度有关规定执行。

十、县级以上地方草原行政主管部门及其委托的草原监理站（所）应严格按照本规定执行，不得多收、减收、缓收、停收或者侵占、截留、挪用草原植被恢复费，并自觉接受财政、价格、审计部门和上级草原行政主管部门的监督检查。

关于做好建立草原生态保护补助奖励机制前期工作的通知

（2010年12月31日　财政部、农业部　财农〔2010〕568号）

根据国务院常务会议决定，国家从2011年开始在内蒙古、新疆、西藏、青海、四川、甘肃、宁夏和云南8个主要草原牧区省（区）及新疆生产建设兵团，全面建立草原生态保护补助奖励机制，对牧民实行草原禁牧补助、草畜平衡奖励、牧业生产补贴等政策措施。为确保草原生态保护补助奖励政策落到实处，现就做好有关前期工作通知如下：

一、充分认识做好前期工作的重要性

在8个牧区省份及新疆生产建设兵团全面建立草原生态保护补助奖励机制是党中央、国务院统筹我国经济社会发展全局作出的重大决策，是贯彻落实科学发展观，推动科学发展，构建和谐社会的具体体现，是加快草原保护，促进牧民增收，实现牧区经济社会和生态环境协调发展的重要举措。草原生态保护奖励机制政策实施范围广、时间紧、任务重、工作难度大，关系到千百万牧民的切身利益，需要切实做好前期工作。各级财政、农牧部门要早动员、早部署、早落实，为全面启动草原生态保护补助奖励机制奠定扎实的基础。

二、扎实做好前期工作

（一）推进草原承包。

草原禁牧补助和草畜平衡奖励按照已承包到户（含联户）的草原面积发放。农牧部门要加强草原承包管理，尚未实行草原承包的，要尽快落实到户，签订承包合同；已承包到户的，要进一步规范承包合同内容，特别要明确承包经营者落实草畜平衡、保护草原生态的义务和责任；实行联户承包的，要尽快在承包合同中确定联户成员的具体权益和责任。

（二）划定禁牧区域。

各级财政、农牧部门要按照草原生态、

牧业生产和社会发展实际，结合主体功能区划，以乡镇或村组为基本单元，将生态脆弱、生存环境恶劣、草场严重退化、不宜放牧以及位于大江大河水源涵养区的草原划为禁牧区，其他草原划为草畜平衡区。划定区域要有明确的四至界限，禁牧面积和草畜平衡面积要落实到已承包草原的牧户。

（三）落实基本草原制度。

各级农牧部门要根据《草原法》有关规定，加快推进基本草原划定工作，把禁牧区和草畜平衡区草原全部纳入基本草原范围，并设立保护标志，实施最严格的保护，确保基本草原用途不改变，数量不减少，质量不下降。要对划定的基本草原进行统一登记建档，对划定的基本草原要按照县级1∶10万、乡级1∶5万比例尺全部转绘上图，并做详细的标注和说明。

（四）核定草原载畜量。

各级农牧部门要按照《天然草地合理载畜量的计算》（NY/T 635—2002）标准，根据天然草原可食产草量、牧草利用率和再生率等指标，制定适合本地区的载畜量核定标准，确定天然草原合理载畜量并分解到户。各地根据核定的载畜量，制定减畜计划，将减畜数量分解到户。

（五）核实牧户数量。

各级财政、农牧部门要对已承包草原并实施禁牧和草畜平衡的牧户，进行逐级逐户统计核实，切实把牧户基础情况统计完整。

（六）搜集整理本底资料。

各级财政、农牧部门要做好草原资源与生态、气候、土壤、水文、经济社会、牧业生产、牧民收入等方面的历史及现状资料的整理收集，为开展草原监测、执法监督、绩效评价提供依据。

（七）建立电子档案管理系统。

各级财政、农牧部门要尽快收集整理牧民草原承包、禁牧休牧和草畜平衡等信息资料，采用农业部统一开发的电子档案管理系统，做好录入工作，实现上下联网，加强动态管理。

三、切实加强组织领导

一是明确工作责任。各级财政、农牧部门要把落实好草原生态保护补助奖励机制作为当前的重点工作，切实抓紧抓好。要及时向同级政府汇报工作进展情况，尽快成立草原生态保护补助奖励机制工作领导小组，明确责任，落实任务，确保各项工作有力有序有效开展。

二是密切协调配合。各级财政、农牧部门要积极争取相关部门的理解支持，对草原生态保护补助奖励机制前期工作中的重大事项，及时沟通交流，统一思想，达成共识，形成合力，保质保量地完成各项任务。

三是搞好基础调查。各级财政、农牧部门要以认真负责的态度，求真务实的精神，深入基层，深入牧户，认真倾听农牧民的意见建议，充分掌握基本情况，为制定和落实具体政策措施奠定基础。

四是加大保障力度。各级财政部门要加大经费保障力度，确保前期工作需要。各级农牧部门要进一步加强草原执法监督和技术推广队伍建设，合理调配人力物力，充实力量，加强培训，提高工作能力和水平。

五是加强宣传引导。各级财政、农牧部门要积极会同有关部门，通过广播电视、入户宣讲、政策明白纸等多种形式，加大政策宣传力度，使广大牧民充分了解政策内容，为落实草原生态保护补助奖励机制营造良好氛围。

有关省（区）财政、农牧厅（局）要加快工作进度，于2011年3月31日前完成各项前期工作，联合向财政部、农业部上报草原生态保护补助奖励机制前期工作情况、经费申请及实施方案，并填写《草原和牧民基础情况统计表》，相关数据与此前上报数据有较大出入的，请详细说明原因和数据口径。财政部、农业部将把前期工作完成状况纳入绩效考核。

附件：草原和牧民基础情况统计表（略）

关于深入推进草原生态保护补助奖励机制政策落实工作的通知

（2014年5月20日　农业部办公厅、财政部办公厅　农办财〔2014〕42号）

2014年，草原生态保护补助奖励机制政策（以下简称草原补奖政策）继续在内蒙古、四川、云南、西藏、甘肃、青海、宁夏、新疆和河北、山西、辽宁、吉林、黑龙江等13个省区，以及新疆生产建设兵团、黑龙江省农垦总局实施。为深入推进草原补奖政策落实，现将有关事项通知如下。

一、加快补奖任务资金落实

各省区要进一步加大工作力度，按照目标、任务、责任、资金“四到省”的总体要求和任务落实、补助发放、服务指导、监督管理、建档立卡“五到户”的工作原则，切实把各年度任务资金落实到草场牧户，补奖资金不得长期滞留在各级财政。要将任务资金落实情况纳入绩效考核指标体系，扎实开展绩效评价，深化评价结果与绩效考核奖励资金安排相挂钩的机制。任务资金落实情况较差的地区，不得安排奖励资金，并在适当范围予以通报。要严格补奖资金专账管理，严禁自行跨科目调剂或挪作他用。年度结余资金要及时上报财政和农牧部门，申请结转下年同科目使用。资金发放到“一卡通”或“一折通”的，要注明资金项目名称，强化农牧民对草原补奖政策的认知。牧草良种补贴实行项目管理的，要加强项目资金的使用监管。加强对禁牧和草畜平衡工作的组织指导，完善草原载畜量标准和草畜平衡管理办法，健全禁牧管护和草畜平衡核查机制。各级草原监理机构要严格巡查禁牧区、休牧期的牲畜放牧情况，发现问题及时处理，努力确保补奖政策实施成效。

二、及时准确填报补奖信息

为全面及时掌握草原补奖政策任务资金落实情况，农业部组织开发了草原补奖机制管理信息系统，建立了补奖信息定期报送制度。目前，信息系统和报送制度总体运行情况良好，但部分地区仍存在信息系统填报进度较慢、月报表格报送不及时、数据质量较差等问题。请各地高度重视，加大投入力度，明确专人管理，开展技术培训，确保及时准确完成补奖信息填报工作。请于今年6月底前完成2012年牧户信息采集录入工作，

8月底前完成2013年牧户信息采集录入工作，10月底前完成牧草良种补贴信息和草地地块信息的采集录入工作。严格按照时间节点要求报送补奖信息定期月报表格。财政部和农业部将在今年对各省区的绩效考核评价指标体系中，增加补奖信息填报方面的指标赋分权重。请各省区在对下开展绩效考核评价中，也相应增加赋分权重，并在督导检查时，注意提前抽取补奖信息系统数据，实地比对审核，审核不合格的不能评定为优秀等次。

三、开展政策实施成效评估研究

各省区要组织有关草原科研教学、监理监测和技术推广单位，分区域、分类型开展草原补奖政策实施成效评估研究。评估研究既要有面上总体情况调度，又要深入到基层一线草场牧户调查研究，多研究一些典型案例，务求摸清现状、掌握实质。调研中发现的典型经验和做法，要采取多种形式及时进行宣传报道。要加快草原监测网点建设，定期开展监测工作，及时发布监测信息，为评估研究政策实施成效提供科学依据。各省区都要组织开展专题研究，将研究成果于12月底前报农业部畜牧业司。

四、划定和保护基本草原

今年的中央1号文件明确提出，要稳定和完善草原承包经营制度，2015年基本完成草原确权和基本草原划定工作。要继续按照“权属明确、管理规范、承包到户”的要求，明确草原权属及用途，加强承包合同管理，做到承包草原地块、面积、合同、证书“四到户”。要加快划定基本草原，划定的基本草原面积不应少于本地草原面积的80%。草原补奖政策涉及的禁牧区和草畜平衡区草原，以及享受牧草良种补贴的人工草地，要全部划为基本草原。划定的基本草原要进行县级公告，设立保护标志，统一绘图建档。推进基本草原划定和保护的立法进程，制定出台符合本地实际的地方性法律法规和规章制度。探索建立最严格的损害赔偿制度和责任追究制度，对破坏草原生态环境、造成严重后果的单位和个人，要求恢复、修复、赔偿，实行终身追究制。要采取切实措施，确保基本草原用途不改变、数量不减少、质量不下降。

五、扶持草原畜牧业转型发展

各省区要用足用好绩效考核奖励资金中扶持草原畜牧业发展的资金，推动牧区草原畜牧业转型升级。扶持的主体，既可以是纳入草原补奖政策的家庭牧场和专业大户，也可以是农牧民合作社和农牧业企业。合作社成员要以纳入草原补奖政策的农牧户为主体，农牧业企业要与补奖政策户签订生产购销合同，开展订单生产经营。通过草原补奖政策的实施，不断改善草原畜牧业基础设施和科技支撑条件，优化生产经营方式和产业体系，提高草原资源利用率和劳动生产率，逐步提升草原畜牧业综合生产能力，保障和促进牛羊肉生产供给与农牧民增收，最终实现“禁牧不禁养、减畜不减肉、减畜不减收”。各省区2012年和2013年草原畜牧业发展资金的使用分配方案，务必于6月20日前报送财政部农业司、农业部财务司和畜牧业司。

新一轮草原生态保护补助奖励政策实施指导意见（2016—2020年）

（2016年3月1日　农业部办公厅、财政部办公厅　农办财〔2016〕10号）

经国务院批准，“十三五”期间，国家在内蒙古、四川、云南、西藏、甘肃、宁夏、青海、新疆等8个省（自治区）和新疆生产建设兵团（以下统称“8省区”），以及河北、山西、辽宁、吉林、黑龙江等5个省和黑龙江省农垦总局（以下统称“5省”），启动实施新一轮草原生态保护补助奖励政策（以下简称“草原补奖政策”）。为切实做好贯彻落实工作，现提出如下指导意见。

一、重要意义

草原在我国生态文明建设和经济社会发展大局中具有重要战略地位。“十二五”期间，国家在河北、山西、内蒙古、辽宁、吉林、黑龙江、四川、云南、西藏、甘肃、青海、宁夏、新疆等13省（区）以及生产建设兵团和黑龙江省农垦总局启动实施草原补奖政策，取得了显著成效，有力促进了牧区草原生态、牧业生产和牧民生活的改善。“十三五”期间启动实施新一轮草原补奖政策，是中央统筹我国经济社会发展全局作出的重大决策；是深入贯彻“创新、协调、绿色、开放、共享”理念，促进城乡区域协调发展的具体体现；是加快草原保护，建设生态文明的重要举措。各地要从加快建设生态文明、全面建成小康社会、维护民族团结和边疆稳定的战略高度出发，深刻认识启动实施新一轮草原补奖政策的重要性和必要性，精心组织，周密部署，把落实好这项工作作为稳当前、保长远的重要任务抓实抓好。

二、任务目标

通过实施草原补奖政策，全面推行草原禁牧休牧轮牧和草畜平衡制度，划定和保护基本草原，促进草原生态环境稳步恢复；加快推动草牧业发展方式转变，提升特色畜产品生产供给水平，促进牧区经济可持续发展；不断拓宽牧民增收渠道，稳步提高牧民收入水平，为加快建设生态文明、全面建成小康社会、维护民族团结和边疆稳定作出积极贡献。

三、基本原则

（一）保护生态，绿色发展。遵循“创新、协调、绿色、开放、共享”的发展理念，坚持“生产生态有机结合、生态优先”的基本方针，全面推行各项草原管护制度，保护和恢复草原生态环境，夯实牧区经济社会可持续发展基础。

（二）权责到省，分级落实。坚持草原补奖资金、任务、目标、责任“四到省”，逐级建立目标责任制，分解任务指标。完善政策落实工作机制，建立健全绩效评价制度，加强资金管理和监督检查，确保资金任务落实到位。

（三）公开透明，补奖到户。坚持政策实施全程透明，做到任务落实、资金发放、建档立卡、服务指导、监督管理“五到户（项目单位）”，保证政策落实公平、公正、公开，切实使政策成为社会认同、群众满意的德政项目和民心项目。

（四）因地制宜，稳步实施。尊重客观实际，坚持分类指导，因地制宜制定政策实施方案。科学合理确定补奖标准以及封顶、保底标准。第一轮实施禁牧的草原植被恢复达到解禁标准可转为草畜平衡区的，要由省级行业主管部门重新核定。

四、政策内容

在8省区实施禁牧补助、草畜平衡奖励和绩效评价奖励；在5省实施“一揽子”政策和绩效评价奖励，补奖资金可统筹用于国家牧区半牧区县草原生态保护建设，也可延续第一轮政策的好做法。其中，将河北省兴隆、滦平、怀来、涿鹿、赤城5个县纳入实施范围，构建和强化京津冀一体化发展的生态安全屏障。

（一）禁牧补助。对生存环境恶劣、退化严重、不宜放牧以及位于大江大河水源涵养区的草原实行禁牧封育，中央财政按照每年每亩7.5元的测算标准给予禁牧补助。5年为一个补助周期，禁牧期满后，根据草原生态功能恢复情况，继续实施禁牧或者转入草畜平衡管理。

（二）草畜平衡奖励。对禁牧区域以外的草原根据承载能力核定合理载畜量，实施草畜平衡管理，中央财政对履行草畜平衡义务的牧民按照每年每亩2.5元的测算标准给予草畜平衡奖励。引导鼓励牧民在草畜平衡的基础上实施季节性休牧和划区轮牧，形成草原合理利用的长效机制。

（三）绩效考核奖励。中央财政每年安排绩效评价奖励资金，对工作突出、成效显著的省区给予资金奖励，由地方政府统筹用于草原生态保护建设和草牧业发展。

五、工作要求

（一）强化组织宣传。各级农牧、财政部门要密切配合，相互协调，全力做好新一轮草原补奖政策落实各项工作。要及时向同级党委政府汇报工作进展情况，建立健全由地方党政领导任组长的政策实施工作领导小组，强化组织领导，明确责任分工，完善工作机制。要广泛通过广播电视、报纸杂志、手机网络等载体，以及进村入户宣讲培训、发放政策明白纸等形式，做好政策宣传解读工作。要让广大牧民群众充分知晓新一轮草原补奖政策内容，保证政策平稳过渡和全面落实。

（二）强化基础工作。各有关省区均要根据草原类型、植被状况和生产特点，因地制宜编制政策实施方案。8省区要合理确定禁牧补助、草畜平衡奖励具体发放标准以及封顶、保底标准，避免出现因补贴额度过高“垒大户”和因补贴过低影响牧民生活的现象，确保牧民享受草原补奖政策的收益不降低。5省要做好政策衔接，既可延续第一轮政策的做法，也可根据相关资金管理办法，围绕草原生态保护建设中存在的重点难点问题，有针对性地安排项目内容，与中央财政安排的支持粮改饲、振兴奶业苜蓿发展行动等资金做好统筹衔接，避免重复投入。扎实做好草原补奖信息系统数据录入和管理工作。稳定和完善草原承包经营制度，划定和保护基本草原，严守草原生态红线。

（三）强化绩效评价。新一轮草原补奖政策继续开展绩效评价，对获得合格以上评价等级的地区，按照等级排名，综合考虑草原面积、工作难度等因素安排绩效评价奖励资金；对不合格的地区，不安排绩效评价奖励资金。各有关省区安排使用绩效评价奖励资金时，用于草原生态保护建设和草牧业发展的资金比例不得低于70%。继续统筹利用绩效评价奖励资金，推进草牧业试验试点，加大对新型经营主体发展现代草牧业的支持力度。各有关省区农牧、财政部门负责本地区的政策实施情况绩效评价工作，从生态、生产和生活等三方面科学设定绩效指标，严格开展评价考核。

（四）强化资金管理。建立健全省级草原补奖资金管理规章制度，规范资金使用和管理。各有关省区财政部门要会同农牧部门按照实施方案制定补奖资金分配方案，设立补奖资金专账，并下设各分项资金明细账户，分别核算，专款专用。要通过“一卡通”或“一折通”将补奖资金及时足额发放给牧民，并在卡折中明确政策项目名称。草原补奖资金发放严格实行村级公示制，接受群众监督。草原补奖资金原则上不能形成结余，如因特殊原因形成结余的，需商财政部后，按有关规定由同级财政部门收回统筹使用或者上交中央财政，不得擅自调剂或挪用。

（五）强化监督检查。各级农牧、财政部门要会同纪检、监察、审计等部门，加强对政策任务和资金落实情况的监督检查。要按照政策实施需求，完善草原监测体系，定期开展定点监测和入户调查，分年度评估政策实施成效。建立健全县、乡、村三级草原管护网络，调动和发挥牧民自我管理与相互监督的作用。各级草原监理机构要加大对草原禁牧休牧轮牧、草畜平衡制度落实情况的监督检查力度，巡查禁牧区、休牧期的牲畜放牧情况，核查草畜平衡区放牧牲畜数量，发现问题及时纠正，保护和巩固政策实施成效。

各有关省区农牧、财政部门于今年6月20日前，将经省级政府批复的草原补奖政策实施方案（2016—2020年）联合报农业部、财政部备案；于每年11月30日前将政策实施情况总结，报农业部、财政部；在中央财政绩效评价奖励资金下达后的1个月内，将绩效评价奖励资金分配使用方案报农业部、财政部备案。

最高人民法院关于审理破坏草原资源刑事案件应用法律若干问题的解释

（2012年11月2日　法释〔2012〕15号）

为依法惩处破坏草原资源犯罪活动，依照《中华人民共和国刑法》的有关规定，现就审理此类刑事案件应用法律的若干问题解释如下：

第一条　违反草原法等土地管理法规，非法占用草原，改变被占用草原用途，数量较大，造成草原大量毁坏的，依照刑法第三百四十二条的规定，以非法占用农用地罪定罪处罚。

第二条 非法占用草原，改变被占用草原用途，数量在二十亩以上的，或者曾因非法占用草原受过行政处罚，在三年内又非法占用草原，改变被占用草原用途，数量在十亩以上的，应当认定为刑法第三百四十二条规定的“数量较大”。

非法占用草原，改变被占用草原用途，数量较大，具有下列情形之一的，应当认定为刑法第三百四十二条规定的“造成耕地、林地等农用地大量毁坏”：

（一）开垦草原种植粮食作物、经济作物、林木的；

（二）在草原上建窑、建房、修路、挖砂、采石、采矿、取土、剥取草皮的；

（三）在草原上堆放或者排放废弃物，造成草原的原有植被严重毁坏或者严重污染的；

（四）违反草原保护、建设、利用规划种植牧草和饲料作物，造成草原沙化或者水土严重流失的；

（五）其他造成草原严重毁坏的情形。

第三条 国家机关工作人员徇私舞弊，违反草原法等土地管理法规，具有下列情形之一的，应当认定为刑法第四百一十条规定的“情节严重”：

（一）非法批准征收、征用、占用草原四十亩以上的；

（二）非法批准征收、征用、占用草原，造成二十亩以上草原被毁坏的；

（三）非法批准征收、征用、占用草原，造成直接经济损失三十万元以上，或者具有其他恶劣情节的。

具有下列情形之一，应当认定为刑法第四百一十条规定的“致使国家或者集体利益遭受特别重大损失”：

（一）非法批准征收、征用、占用草原八十亩以上的；

（二）非法批准征收、征用、占用草原，造成四十亩以上草原被毁坏的；

（三）非法批准征收、征用、占用草原，造成直接经济损失六十万元以上，或者具有其他特别恶劣情节的。

第四条 以暴力、威胁方法阻碍草原监督检查人员依法执行职务，构成犯罪的，依照刑法第二百七十七条的规定，以妨害公务罪追究刑事责任。

煽动群众暴力抗拒草原法律、行政法规实施，构成犯罪的，依照刑法第二百七十八条的规定，以煽动暴力抗拒法律实施罪追究刑事责任。

第五条 单位实施刑法第三百四十二条规定的行为，对单位判处罚金，并对其直接负责的主管人员和其他直接责任人员，依照本解释规定的定罪量刑标准定罪处罚。

第六条 多次实施破坏草原资源的违法犯罪行为，未经处理，应当依法追究刑事责任的，按照累计的数量、数额定罪处罚。

第七条 本解释所称“草原”，是指天然草原和人工草地，天然草原包括草地、草山和草坡，人工草地包括改良草地和退耕还草地，不包括城镇草地。